ORESTE F. PUCCIANI
JACQUELINE HAMEL
UNIVERSITY OF CALIFORNIA, LOS ANGELES

LANGUE ET LANGAGE

LE FRANÇAIS
PAR
LE FRANÇAIS

HOLT, RINEHART AND WINSTON
New York   Toronto   London

Permissions and Sources

Sources of the quotations used in the text are as follows:

TEXT PAGE

[274]   Paul Valéry, *Regards sur le Monde actuel.* Gallimard, 1931. Pp. 152-153.

[322-323]   J.-P. Sartre, *Situations III.* Gallimard, 1949. Pp. 101-102, 109-111.

[354]   Marcel Proust, *A la Recherche du Temps Perdu.* Vol. I. Gallimard, 1919. P. 70.

[388-389]   Paul Hazard, *La Crise de la Conscience européenne.* Arthème Fayard, 1935. Pp. 61-64.

[394-395]   Simone de Beauvoir, *La Force des Choses.* Gallimard, 1963. Pp. 50-51.

[414]   Antoine Adam, *Histoire de la littérature française au 17e siècle.* Vol. III. Éditions Domat, 1952. Pp. 7-8.

[420]   J.-P. Sartre, *Situations II.* Gallimard, 1948. Pp. 152-153.

[428]   J.-P. Sartre *in* Gaétan Picon, *Panorama de la nouvelle littérature française.* Gallimard, 1949. P. 522.

[428]   Albert Camus, *Le Mythe de Sisyphe.* Gallimard, 1942. P. 168.

[430]   André Gide, *Thésée.* Gallimard, 1946. Pp. 112-113.

PREFACE

The UCLA Experiment:

Langue et Langage was originally conceived as the result of an experiment in first-year French instruction conducted at the University of California, Los Angeles in 1960–61. In preparation for an NDEA Institute our Department embarked on a study of the work of the late Professor Émile B. de Sauzé of Western Reserve University in the hope that it would prove relevant to our own situation. There were many reasons for this choice. Chief among them was our knowledge of the excellent results which Professor de Sauzé had achieved at the secondary level; it seemed probable that his method might prove equally effective at the college level. With the encouragement of Professor de Sauzé himself, under whom I had received my own early training and whom I had served as assistant in 1940 and 1941, his elementary text, *Nouveau Cours Pratique de Français pour Commençants*, was adopted for use in a pilot section of our French 1 course. This class, taught by an assistant and myself, was observed regularly by all interested members of our teaching staff. As we had expected, its progress was far superior to that of our conventional sections. By the end of the semester there was unanimous agreement that we should convert to the de Sauzé methodology.

A second phase of our experimentation began in the fall of 1961. During this period we made use of Professor de Sauzé's materials, retrained our teaching assistants and staff, created demonstration and observation classes. It soon became clear, however, that new materials would be needed for college level work. Professor de Sauzé agreed with this view and kindly offered assistance with any materials we should develop. In 1962 a contract was signed with Professor de Sauzé's publishers, Holt, Rinehart and Winston, for an elementary text which would embody his pedagogical principles as well as our own findings. Preliminary materials were produced and tried out in our classes in 1962 and 1963. It was not until early 1964, however, that the future outlines of *Langue et Langage* began to be clear. What was required was an elementary text containing the following: 1) a thorough presentation of the basic language; 2) an elementary though sophisticated presentation of French culture at the level of college freshmen and sophomores.

Our experimentation entered a third phase at this point. It also received additional impetus from the association of Miss Jacqueline Hamel who brought to our work the fruits of her long experience in teaching French to foreigners at the Alliance Française in Paris. She undertook, in a new pilot section of French 1, a reassessment of our needs, developing new and superior materials of her own which now form the basis of the linguistic structure of *Langue et Langage*. Meanwhile, in a pilot section of French 2, I devoted my own efforts to the cultural aspects of the work. Our joint efforts have resulted in the present text which has had four subsequent revisions since 1964 and wide trial use at UCLA, Pomona College and San Fernando Valley State College. *Langue et Langage* has consequently had the benefit of the criticism of many colleagues to whom our indebtedness is too great to be discharged.

Émile B. de Sauzé:

We have said that from a methodological point of view *Langue et Langage* is based on the work of the late Professor Émile de Sauzé. A word of explanation is required.

The work of Professor de Sauzé was that of a great innovator and pioneer. He perceived, early in the century, many of the fundamental facts of language learning that were later to emerge in the work of professional linguists. His insistence on the use of the language as the medium of instruction, inductive grammar, the primacy of understanding and speaking over writing and reading, multiple approach and single emphasis, spontaneous and automatic response, his repeated assertion that ". . . language *is* culture . . ." are all reminiscent, when they do not go even farther, of what another generation was to call the "New Key" methodologies. But even more in practice than in theory, Professor de Sauzé had achieved results which had never been equalled before. By the simple device of adopting the language itself as the sole medium of instruction, he appealed to the spontaneity and interest of his students. Language learning became the creation of mental structures which carried with them something of the original nominal nature of all speech. His success was due in large measure to his enthusiasm and idealism. It was due also to the implicit humanism of his approach which remains relevant in today's mechanical world and to teachers who are concerned about the preservation of the humanistic value of their discipline.

Humanism:

While *Langue et Langage* adds nothing to the methodology of Professor de Sauzé, it nonetheless has a point of view of its own. It attempts to respond to the intellectual and cultural needs of the American undergraduate. It is essential in our view to establish the study of elementary language as early as possible as an approach to the humanities and to relate the field of French to the broader aspects of Western European civilization. More and more there is agreement today that "culture" is neither a privilege nor a luxury, but a need and process of the human mind. At the same time, however, the language itself cannot be sacrificed as the basic goal of all elementary study. These are difficult objectives to reconcile. Our approach has been to consider that the chief cultural gain of the elementary student is an early participation in the foreign culture through the medium of the language. Such participation, it seems to us, is the unique contribution of the foreign language field. We have consequently tried to supply material interesting and useful in itself of the sort that is referred to in French as *culture générale*. This procedure both solves the problem of substance for the elementary course and avoids the precipitous introduction of literary texts which the student is not ready to handle.

Philosophy: A Phenomenological View:

Too often elementary language is thought of as the mere acquisition of a mechanical skill. Such a view cannot satisfy the humanist. Language is never purely utilitarian and the most uncultivated language contains resources of poetry that are apparent to us all. This brings us to the heart of the question of the nature of language. Behind all language methodology lies a philosophy of language, implicit or explicit. The "pattern-drill" pre-supposes the conditioned reflex; the "grammar method" assumes that language is a conceptual system; the "reading method" assumes that language is the literary word; "Berlitz" assumes that it is utilitarian as does the "Army method" though for different reasons. What is language? Or perhaps the question is better put if we ask what language is to the student and teacher of language. It is a subjective rather than an objective phenomenon; its existence is ideal before it is real; it is a mode of being. Husserl puts it very well when he speaks of "l'idéalité du langage": ". . . le langage a l'objectivité des objectités du monde qu'on appelle spirituel ou monde de la culture et non pas l'objectivité de la simple nature physique . . .". In other words and more simply, language is first of all a phenomenon of the human mind and not of physical nature. Further, this subjectivity itself has an objective component in "culture" which is the proper domain of humanistic study. The methodology of Professor de Sauzé finds here its natural justification. Behind it lies the humanist's conviction that language is an ideal symbolic structure of human reality. These ideas, developed in the course on French culture in our NDEA Institute in 1961, formed the basis for the project that was to result in *Langue et Langage*. For its authors language means two things: *langue*, the objective, historical language existing in the world; and *langage*, the subjective experience of language as we know it and speak it, existing potentially within the historical, normative language, yet having norms of its own and both an ideal and a real existence. It was in this sense that Valéry defined poetry as *un langage dans un langage*. This is language at least in the humanistic experience, its educative and enlightening force. By means of it we penetrate into other realities than our own where we come to know what we can of total human universality.

O.F.P.

Acknowledgments

The authors wish to express their personal indebtedness to the many friends and colleagues who have assisted and encouraged them in their work. We should especially like to thank our colleagues at San Fernando Valley State College and Pomona College — Professor Micheline Sakharoff and Miss Phyllis Johnson in particular — for providing a necessary testing ground other than on our own campus. Their comments and suggestions have been invaluable. At UCLA the names would be too numerous to be included in their entirety. First, we should like to thank Professor Gabriel Bonno and Professor Anne Fabre-Luce for reading and criticizing portions of the manuscript. We must also mention Professor Clinton C. Humiston, Professor Marc Bensimon, Professor Jean Decock, Mrs. Marcienne Rocard, Mrs. Annie Lowitz, Miss Anne-Marie Deval, Mrs. Marie-Claire Hackstaff, Mr. Henri Servin and Mr. Padoue de Martini. Their personal kindness and professional acumen have made a major contribution to our work. A major contribution also, the patience and enthusiasm of our Teaching Assistants who have given repeated proof that some of the best teaching on a college campus is contributed by the junior staff. We should also like to include, in recognition of their interest and encouragement, our colleagues in University Extension at Los Angeles.

Los Angeles
March, 1967

O.F.P.
J.H.

A la mémoire
de mon ami et maître
Émile B. de Sauzé
qui n'a pu participer
comme il le désirait
à cet ouvrage
destiné à poursuivre
son œuvre de penseur et de pédagogue.

O.F.P.

TABLE DES MATIÈRES

TABLE DES MATIÈRES

QUATRIÈME ÉCHELON

idée de temps • Pronoms relatifs composés • **devoir** • Pronoms personnels accentués •

Exercices.

• Pronoms démonstratifs • **ce qui, ce que, ce dont** • **ceci, cela** • Pronoms interrogatifs •

• Le temps et les temps

SIXIÈME ÉCHELON

• Présent du subjonctif •

Exercices.

• Passé du subjonctif • Subjonctif après certaines conjonctions • Forme passive du verbe • Prépositions devant un nom géographique •

Exercices.

• Conditionnel présent • Conditionnel passé • Conditionnel de politesse • Conditionnel exprimant une idée de futur • **devoir** au conditionnel présent et passé •

Exercices.

• Passé simple • Concordance des temps • Discours indirect •

Exercices.

• Le mode •

INTRODUCTION

Plan:

Langue et Langage is a complete first-year course in French which presents some 135 basic structures of the language within a vocabulary range of something less than 3000 words. It is divided into 6 *échelons*, each containing 8 lessons which correspond to a certain level of complexity (or simplicity) of expression. A grammar lesson alternates with a reading lesson, the latter illustrating the grammatical principles which have been set forth in the former. After *échelons* 1, 2, 3, 5, 6 sections entitled *Grammaire générale* are included. These deal with general syntactical problems and will be of use to students who require supplementary grammatical work. An all French lexicon at the end is coordinated with the reading lessons after lesson 25. New words are marked both in the reading lessons and in the vocabularies with a symbol indicating that they may be found in the lexicon. The appendix contains an extensive list of verb forms for reference. Each grammar lesson is composed of a list of *points de repère* given at the beginning, the two or three most important items occurring first. There follows a section entitled *Développement grammatical* which takes up the *points de repère* in order and develops them inductively. Each grammar lesson is followed by a series of exercises. Similarly each reading lesson which is followed also by a vocabulary without English equivalents for the sake of reference. Through lesson 32 each reading lesson is followed by a section dealing with some particular aspect of pronunciation.

The course is intended to cover one year's work at the college level without additional outside reading. Normally the first three *échelons* would constitute the first semester's work; the remaining three would constitute the work of the second semester. Under a quarter system two *échelons* would constitute the work of a single quarter.

It is intended that two lessons, one of grammar, one of reading, will constitute one week's work if classes meet 5 hours per week. In the case of three-hour courses, more work will of a necessity have to be assigned for individual study and some of the benefit of the inductive approach will be lost. This is, of course, an administrative rather than a pedagogical problem and teachers should, when possible, attempt to secure recognition for the five-hour beginning course. Increasingly, the latter seems to be the pattern.

Methodology: Multiple Approach

Langue et Langage is committed to the use of French as the medium of classroom instruction and to "multiple approach" with respect to the four skills of understanding, speaking, writing and reading.

The choice of teaching in the foreign language or in English is a basic one and will entail, as a natural result, all other phases of methodology. In our view the advantage of teaching in the foreign language is that it obliges the student to conceptualize and to feel in French; it cuts off the easy recourse to the native language. If this radical decision is not made, English will remain in the foreground and the number of French contact-hours will be greatly reduced. This is a compelling argument and weighs more heavily than the arguments of speed, ease and economy which are advanced in defense of teaching in English. Further, there is no need to teach in English. There is no point of French grammar or vocabulary which cannot be taught in French by an imaginative teacher provided the work has been carefully programmed. Student resistance to the new language quickly disappears once this essential point has been established.

Multiple approach will follow as a necessary consequence of the decision to teach in French. Inevitably there will have to be an order of priorities. If understanding and speaking are given first place, second place will fall to reading and writing. The question which will remain, however, is the interval of time which should separate the two. In our view the question is not one of time sequence, but of logical sequence. Writing and reading should follow immediately upon speaking and understanding. There is no advantage, except in the case of very young children, in delaying the step to literacy. Literacy, once acquired, cannot be set aside at will. It is moreover a great aid to learning. It should be used; not withheld. With adult students there is no interference from reading and writing unless the oral language has been allowed to slip into second place. They will on the contrary reenforce learning.

Grammar:

Grammar has been vastly discredited in recent years by efforts to modernize foreign language teaching. It is pointed out that we do not learn our mother tongue by means of grammar, that grammar is not indispensable and may even be inimical to fluent speech. This is to misstate the question and to confuse the issue. We do not learn our native language by means of grammar because it is impossible to do so. The child learning his native tongue is not learning a language as we use the term in our schools. He is learning to speak. This is quite a different process. Moreover, like reading, once achieved, it cannot be undone. Grammar remains as a result the mainstay of the foreign language course. This reasoning, however, should not be turned into an apology for the misuse of grammar. Grammar is not language; it is an explanation of language. When it is substituted for language, the result is an abstraction that exists *in vacuo*. It has no reference. It is true that languages can be learned at great cost without grammar; but it is equally true that they cannot be learned without it in the school situation. The question is rather to what extent the learning of a new language is a cognitive process? Certainly only partially. The basic process is rather a *prise de conscience* which permits us to grasp the language in a creative act of intuition.

We reason subsequently. It is important, however, that we should reason by means of the language and upon the language. This is what the inductive approach will allow. The authors of *Langue et Langage* have consequently adhered rigorously to an inductive presentation of grammar. To assist the teacher in his own preparation and the student in his review we have given numerous examples of each grammatical rule. To be effective, of course, they must first be presented by the teacher in the classroom and assigned only subsequently to the student for personal study. Grammar assignments like reading assignments must follow, never preceed classroom presentation.

The sections entitled *grammaire générale* are intended to supplement the chapters on specific points of French grammar. They may be assigned or omitted as the teacher sees fit. Their intent is to furnish the student, as necessary, with schematic information on such general questions as subject-object relationship, adjectives and pronouns, clauses, direct and indirect objects, time, tenses and modes. In our experience undergraduates often meet such questions for the first time in their French class. If this is not the case elsewhere, they will be superfluous.

Reading:

The great difficulty in bringing a student to read a foreign language spontaneously is his natural tendency to translate. Reading is, besides, a solitary enterprise, occurring under circumstances highly unfavorable to the elementary student. A first step in the solution to this problem lies in the adoption of a multiple approach method. Anything that will give reality and substance to the new language will assist the student when he is struggling with a text on his own. Absence of English reference in the classroom will permit the student to build up personal associations with the language which will support his individual efforts. But speaking and understanding alone will not enable the student to read. The reading material itself must be carefully selected and adapted. Nor must reading as a process be confused with the reading of literary texts. The student reads in the classroom when he sees sentences written on the blackboard; he likewise reads when he studies the reading selections or the grammar explanations in his textbook. Too frequently, however, this is not what is meant by reading. Reading is thought to be the deciphering of a literary text. Great harm is done the elementary student by the premature introduction of this sort of exercise. The most elementary literary text is far too complex, both in vocabulary and grammatical structure, to be available to the first-year student. The authors have, in fact, after long experience, given up the search for a proper literary text at this level. Such texts do not exist. Meanwhile, the use of even such simple texts as *Le Petit Prince* in French will require deciphering and translation by the student. He will as a result not learn to read. This legitimate concern for literary quality, which we share, must be recognized for what it is: a pedagogical trap. The authors have, therefore, included their own reading material in *Langue et Langage*. It is sufficient in quantity for the first year. Reading content has been determined as described in the following paragraph.

The first *échelon* remains within the world of the school, an obvious choice necessitated by our method. Inevitably, the only possible subjects of conversation or reading at the beginning are those of the immediate environment. The first *échelon* introduces approximately 400 vocabulary items. The second *échelon* introduces about 470 new words and deals with the next most immediate realm of the student, the home. The third *échelon*, with about 375 new vocabulary items, moves into the area of daily life. The fourth *échelon* begins to explore the world of travel. Some 480 new vocabulary items are introduced. The fifth *échelon* deals with contemporary France as it is known to two fictional students who have supposedly just returned from a brief trip and who are now interpreting their experience to their friends. This device has the advantage of avoiding the frequent pitfall of attempting to interpret concrete French reality to students who themselves have not been abroad. Some 460 further vocabulary items are introduced. The sixth *échelon* is frankly academic and proposes a series of situational essays on French culture of a sort which the student might well have occasion to read in English. There has been no pretense of any great originality of interpretation. We have assumed that conventional knowledge is both interesting and necessary at this level of the student's career. Our own experience has convinced us that undergraduates welcome all attempts to relate the elementary language course to broader intellectual issues. In this *échelon* there are approximately 540 new vocabulary items.

The teaching of reading is difficult since, by nature, so much of the task must lie in the student's hands. Eventually he must learn to come to grips with a text by himself. Much, however, can be done to assist him. We have mentioned the relation of reading to speaking as well as the selection of material. There are one or two further points. The reading material has been built into the grammatical structure of the book so that it uses and illustrates only those points of structure which have previously been explained in the grammar lessons. Also, in the sixth *échelon*, the reading problem itself is the subject of the text of lesson 42. Further, through lesson 24, the scope of the reading lessons has been rigorously limited so that they may be taught thoroughly in the classroom before they are assigned. After lesson 25, as the material necessarily begins to expand, new words are indicated with a symbol, as previously mentioned, so that the teacher may make a selection of items to be presented in class. He may thus use his own judgment in determining what items can reasonably be left to the students' ingenuity.

In the classroom reading should be taught by context rather than page by page analysis and, of course, never by translation. The subject of the reading lesson should form the *cadre* within which the teacher will introduce new words and constructions. It may even be useful to anticipate some of the reading context in the presentation of the grammar. At all events the teacher should, with the context of the lesson as a starting point, work out his own oral presentation of the material. By a question-answer approach, the students should be involved in the process. The lesson should be a dialogue between teacher and student, not a lecture. The result for the student will be the ability to "make sense" out of the text when it is assigned.

One final point: it will be observed that a great number of quotations occur in the later reading lessons from classical and modern authors. We have thus hoped to compensate in some measure for the mute tones of the "voiceless textbook".

Also, allusion and reference are great teachers. While we have in no way edited the texts, we have in some instances deleted difficulties, using the usual suspension marks. We have hoped in this way to give our students, within their linguistic capacity, some contact with French writers themselves and to lay the ground for future work.

Vocabulary:

Vocabulary is not and should not be of prime concern in an elementary language class. New words are readily acquired when they are learned in context and when the student himself has formulated his own lexical needs. The vocabulary range of *Langue et Langage* is consequently limited to those concrete items which are currently used in daily life with a generous admixture of cognates. There are such abstract words as the content of the reading lessons requires. Our point of departure for choice of vocabulary was *Le français fondamental*. (Approximately 1400 words.) To these we added some 1500 more chosen subjectively according to our own experience. It is more important in the elementary course, we feel, to place emphasis on archtypal structures which will enable the student to bend French to his own specific needs. In the final analysis they will determine the vocabulary he will require.

Pronunciation:

A correct pronunciation in a foreign language is acquired slowly over a long period of time. It is a relatively simple matter to learn at first how the new sounds are produced, but considerable time is required to gain personal mastery of them. Both teacher and student should, as a matter of course, acquire the automatic habit of constant correction. Sections on pronunciation are consequently distributed throughout the first 32 lessons of the book. They should be dealt with systematically though briefly in class and should form the basis of imitation drills. Phonetic symbols are given with a view to assisting the student in his future work. Of course, no special insistence should be placed on phonetic transcription at this stage. Phonetic symbols in themselves are no guarantee of a correct pronunciation.

Exercises:

Langue et Langage contains a great variety of exercises which should be assigned in the order adopted by the teacher for the presentation of the *points de repère*. Normally they should not be corrected in class, but handed in by the student and returned corrected the next day. The classroom hour is far too valuable to be used for any routine work. The exercises themselves are never of the simple substitution variety, but are so designed as to challenge the reasoning powers of the student. They should, of course, only be assigned after the points they cover have been taught in class.

Photographs:

The photographs which illustrate the text have been chosen for their intrinsic interest and with the pedagogical purpose of bringing visual French reality to the student. In the first 4 *échelons* there has been no attempt to match reading material and photographs. On the contrary, we have simply presented the chief monuments of Paris and then scenes from French life outside of Paris. In *échelons* 5 and 6, however, photographs have been chosen with reference to the reading material and as an aid to the study of French culture.

The "Lab" Program:

Langue et Langage is accompanied by two laboratory programs: a basic program and a supplementary program. The basic program contains exercises which we have developed at UCLA and have found useful. They are closely coordinated with the text and will offer the student invaluable additional practice. The supplementary program ranges more widely and will be useful when time and circumstances permit. It will be of special value to the teacher in assigning additional corrective exercises on an individual basis.

The authors of *Langue et Langage* would like to state here their philosophy concerning the use of the Language Laboratory. The Language Laboratory is beyond doubt one of the most effective devices that exist for increasing the range of the student's language experience. It is, however, secondary to the more essential classroom experience. Its proper function is to free both teacher and student from certain of the more mechanical aspects of language learning and to create time in the classroom for more important matters. Miracles, however, must not be expected of the language laboratory. A machine remains a machine; it can talk, but it cannot speak. The elementary student often finds it disconcerting. It isolates him and mechanizes the creative learning process. It should consequently be used with discretion. Still, if its limitations are understood, it can vastly aid though never replace the authentic learning process. Pedagogy is an art; not a science. The foreign language teacher has a rare opportunity to make the facts of humanism apparent.

* * *

Suggestions to Students:

Foreign language study requires an unusual degree of cooperation between student and teacher. It is a permanent dialogue which cannot operate in the absence of one of the parties. The problem is for students to know, in an area entirely new to them, how they may best offer the teacher the assistance he will need. The teacher himself will tell you better than we can here. There are, however, a few suggestions we should like to make:

- Make a constant effort to understand everything that is said in class. The classroom, not the textbook, is the primary source for all first-year work.

- Ask questions constantly on points you have not understood. The best learning results from questions we have formulated ourselves.

- Do exercises regularly as they are assigned and follow instructions carefully. Each exercise has been designed to give you practice in using a specific French structure.

- Do not fall behind in your work. "Catching up" is extremely difficult in an elementary language course. Success depends largely on regular contact with the material. By the same token do not miss class. In the final analysis your own mind is the material with which the teacher must work. Your constant presence is indispensable.

- Make a constant effort of memory as well as of understanding. This is not quite the same thing as memorization. In our experience American students tend to think that their work is complete when they have understood. This is only one-half the process. Material must not only be understood; it must be personally acquired.

- Read grammar explanations and reading lessons aloud after they have been explained in class. There is a double advantage in this: you will improve your pronunciation; you will also acquire the self-discipline of following each line of the text rather than skimming.

- Read slowly at first. Do not be concerned with speed. Your natural reading rate will increase as you grow more familiar with French.

- Do not use a French-English dictionary at any time.

- Do not write the English translations of words into your textbook or lab manual. You will remember the English and forget the French.

- Never translate the French texts into English.

- Use the all-French lexicon at the end of the book as your teacher directs.

- If you have forgotten the meaning of a word and cannot find it in the lexicon, mark it and ask your teacher what it means. Above all, do not be afraid of your own feeling of confusion when this occurs. There is no learning without confusion. It is by the organization of this confusion that you will progress.

- Finally, do not be impatient if your progress seems slow. Learning a foreign language requires a great deal of time. You will perhaps hear claims of miracle-methods by which languages can be learned in a few days or weeks or even while you are asleep. Such claims are utterly irresponsible and unfounded. But having said this, you will be surprised, if you make the proper use of your instruction, how rapidly — on a long term basis — you will progress. By the end of your first year you would not be at a loss if you were suddenly set down in the city of Paris.

* * *

It will be clear from the above that the program of *Langue et Langage* is to teach the total language at an elementary level. Nothing less in our view will constitute a general introductory course in which language is taught as an integral part of the academic curriculum. Premature limiting of objectives for the attainment of supposedly economical goals will merely prove self-defeating. We do not mean, of course, that limited objectives do not have their place. They have every justification at graduate and professional levels for students who are not primarily students of language. At the undergraduate level they are out of place. Here opportunity of learning must be our prime consideration. It becomes our professional duty to offer our students the best we have so that the *prise de conscience* may occur.

O.F.P.

J.H.

PREMIER ÉCHELON

La Tour Eiffel.

INITIATION

POINTS DE REPÈRE

Comment allez-vous?

Je vais très bien, merci. Et vous?

*

Comment vous appelez-vous?

Je m'appelle monsieur . . .

madame . . .

mademoiselle . . .

*

Quelle est la date aujourd'hui?

Aujourd'hui, c'est le 20 septembre.

*

LE PROFESSEUR. — Bonjour, monsieur. (Bonjour, madame. Bonjour, mademoiselle.)

L'ÉTUDIANT. — Bonjour, madame.

LE PROFESSEUR. — Je m'appelle Madame White. Et vous, comment vous appelez-vous?

L'ÉTUDIANT. — Je m'appelle Paul Wilson.   5

LE PROFESSEUR. — Comment allez-vous, monsieur?

L'ÉTUDIANT. — Je vais très bien, merci. Et vous?

LE PROFESSEUR. — Je vais très bien aussi, merci.

Écoutez la question: «Comment vous appelez-vous?»

Répétez la question: «Comment vous appelez-vous?»   10

L'ÉTUDIANT. — Comment vous appelez-vous?

LE PROFESSEUR. — Écoutez la réponse: «Je m'appelle monsieur . . .

madame . . .

mademoiselle . . .»

Répétez la réponse: «Je m'appelle monsieur . . .   15

madame . . .

mademoiselle . . .»

L'ÉTUDIANT. — Je m'appelle monsieur . . . (madame . . ., mademoiselle . . .)

LE PROFESSEUR. — Écoutez la question: «Comment allez-vous?»

Répétez la question: «Comment allez-vous?»   20

L'ÉTUDIANT. — Comment allez-vous?

LE PROFESSEUR. — Écoutez la réponse: «Je vais très bien, merci. Et vous?»

Répétez la réponse: «Je vais très bien, merci. Et vous?»

L'ÉTUDIANT. — Je vais très bien, merci. Et vous?

LE PROFESSEUR. — Très bien aussi, merci.

Maintenant, regardez. Voilà la date. Aujourd'hui, c'est le 20 septembre. 5
Aujourd'hui, c'est lundi. Aujourd'hui, c'est le lundi 20 septembre. Répétez, s'il
vous plaît, monsieur Wilson.

L'ÉTUDIANT. — Aujourd'hui, c'est le 20 septembre. Aujourd'hui, c'est le lundi 20
septembre.

LE PROFESSEUR. — Maintenant, écoutez la question: Quelle est la date aujourd'hui, 10
monsieur Jones?

L'ÉTUDIANT. — Aujourd'hui, c'est le 20 (vingt) septembre.

LE PROFESSEUR. — Demain, c'est le 21 septembre. Répétez s'il vous plaît.

L'ÉTUDIANT. — Demain, c'est le 21 (vingt et un) septembre.

LE PROFESSEUR. — Très bien. Maintenant, comptez. Prononcez bien: 15
zéro, un, deux, trois, quatre, cinq, six, sept, huit, neuf, dix.
   0   1   2   3   4   5   6   7   8   9   10
Mon numéro de téléphone est: 2-7-1-2-3-2-5. Quel est votre numéro de téléphone,
mademoiselle Robertson?

L'ÉTUDIANTE. — Mon numéro de téléphone est: 4-7-5-3-2-3-7.

LE PROFESSEUR. — Merci mademoiselle. Maintenant, répétez l'alphabet français.[1]   20

L'ÉTUDIANTE. — a, b, c, d, e, f, g, h, i, j, k, l, m, n, o, p, q, r, s, t, u, v, w, x, y, z.

LE PROFESSEUR. — Très bien. Au revoir, monsieur, (madame, mademoiselle). A
demain.

[1] Voilà *l'alphabet français:*

a, b, c, d, e, f, g, h, i, j, k, l, m, n, o, p, q, r, s, t, u, v, w, x, y, z.

Voyelles: a, e, i (y), o, u.

Consonnes: b, c, d, f, g, h, j, k, l, m, n, p, q, r, s, t, v, w, x, z.

1

POINTS DE REPÈRE

Qu'est-ce que c'est?
>> **C'est un** livre. **C'est une** table.
>> **C'est un** exercice. **C'est une** adresse.

>> *

Montrez-moi un stylo.
>> Voilà un stylo.
>> C'est **le** stylo **de** Robert.

>> *

Où est **le** stylo de Suzanne?
>> **Il est sur** la table.
Où est **la** table de Robert?
>> **Elle est devant** le bureau.

>> *

DÉVELOPPEMENT GRAMMATICAL

1. Qu'est-ce que c'est?
> **C'est un** livre. **C'est une** table.
> **C'est un** exercice. **C'est une** adresse.

Comparez:

C'est **un** livre.   C'est **une** boîte.
 un stylo.   **une** chaise.
 un sac.   **une** serviette.
 un bureau.   **une** table.
 un mur.   **une** porte.
 un tableau noir.   **une** fenêtre.
 un cahier.   **une** lampe.
 un crayon.   **une** leçon.
 un appartement.   **une** auto.
 un exercice.   **une** adresse.
 un exemple.   **une** enveloppe.

■ En français, un *nom* (un substantif) est *masculin* ou *féminin*.
Un est un *article indéfini masculin*.
Une est un *article indéfini féminin*.
NOTEZ: Un nom en **-eau** est généralement *masculin*.
> EXEMPLES: un bureau, un tableau, un manteau, un chapeau, un drapeau, un oiseau, un bateau, un gâteau, un château, etc.

Un nom en **-tion** est généralement *féminin*.
> EXEMPLES: une addition, une action, une civilisation, une composition, une conversation, une affirmation, une négation, etc.

2. Montrez-moi un stylo.
> Voilà un stylo.
> C'est **le** stylo **de** Robert.

Comparez:

  Le livre de Barbara   **La** chaise de Charles
  Le stylo de Robert   **La** table de Patricia
  Le sac de Jeannette   **La** serviette de Fred

■ **Le** est un *article défini masculin*.
La est un *article défini féminin*.

Comparez:

      Le livre de Madame White   **L'**étudiant de Madame White
      Le sac de Jeannette   **L'**appartement de Jeannette
      La table de Charles   **L'**adresse de Charles
      La serviette de Fred   **L'**auto de Fred

■ Devant une voyelle: **a, e, i (y), o, u:**   le → l'   (') = une apostrophe
                                          la → l'

Comparez:

      C'est **un** livre.   C'est **le livre de** Robert.
      C'est **un** appartement.   C'est **l'**appartement **de** Jeannette.
      C'est **un** exercice.   C'est **l'**exercice **de** Catherine.

      C'est **une** chaise.   C'est **la** chaise **de** Marc.
      C'est **une** serviette.   C'est **la** serviette **de** Barbara.
      C'est **une** auto.   C'est **l'**auto **de** Madame White.

■ En français, un *article* est généralement placé *devant un nom commun.* Notez la différence entre l'article *indéfini* et l'article *défini.*

3. **Où** est **le** stylo de Suzanne?
               Il est sur la table.
  Où est **la** table de Robert?
               Elle est devant le bureau.

Comparez:

      Où est **Paul?**   **Il est** devant Jeannette.
      Où est **Barbara?**   **Elle est** derrière Marc.

      Où est **le stylo** de Paul?   **Il est** dans la serviette.
      Où est **le livre** de Jeannette?   **Il est** sur la table.
      Où est **l'exercice** de Catherine?   **Il est** dans le cahier.

      Où est **la chaise** de Suzanne?   **Elle est** devant la table.
      Où est **la serviette** de Marc?   **Elle est** sur la chaise.
      Où est **l'adresse** de Robert?   **Elle est** sur l'enveloppe.

■ En français, le *pronom* **il** (masculin) ou **elle** (féminin) remplace le nom d'*une personne* ou d'*un objet* (une chose).

Exercices

1. Écrivez un article indéfini devant chaque nom.

   1. C'est __ mur. 2. C'est __ boîte. 3. C'est __ crayon. 4. Voilà __ fenêtre.
   5. Voilà __ chaise. 6. C'est __ tableau noir. 7. Voilà __ exemple. 8. Voilà
   __ sac et __ serviette. 9. Voilà __ table et __ bureau. 10. Montrez-moi __
   étudiant et __ étudiante.

2. Écrivez un article défini devant chaque nom.

   1. C'est __ cahier de Marc. 2. Voilà __ serviette de Fred. 3. Où est __
   exercice de Charles? 4. Montrez-moi __ porte. 5. Regardez __ chapeau
   et __ manteau de Véra. 6. Où est __ auto de Robert? 7. Voilà __ stylo et
   __ cahier de Diane. 8. Montrez-moi __ bureau et __ chaise de Madame White.
   9. __ sac de Jeannette est sur __ table. 10. __ adresse de Daniel est sur __
   enveloppe.

3. Complétez chaque phrase. EXEMPLE: **Le** sac **de** Jeannette est sur **la** chaise.

   1. Voilà __ manteau __ Richard. 2. C'est __ bureau __ Madame Brown.
   3. Répétez __ question __ Fred. 4. Écoutez __ réponse __ Betty. 5. Voilà
   __ stylo et __ serviette __ Charles. 6. C'est __ adresse __ Robert et __ Charles.
   7. Voilà __ livre et __ exercice __ Paul. 8. Regardez __ cahier et __ sac __
   Christine. 9. Montrez-moi __ adresse __ Monsieur Allan. 10. C'est __
   appartement __ Jeannette et __ Barbara.

4. a) Écrivez un article indéfini devant chaque nom. b) Changez la phrase.

   EXEMPLE: a) Voilà **un** livre.
          b) **C'est un livre; c'est le livre de Jeannette.**

   1. Voilà __ bureau. 2. Voilà __ serviette. 3. Voilà __ auto. 4. Voilà __
   cahier. 5. Voilà __ crayon. 6. Voilà __ adresse. 7. Voilà __ sac. 8. Voilà
   __ exercice. 9. Voilà __ appartement. 10. Voilà __ chaise.

5. Remplacez les mots en italiques par **il** ou par **elle**. Écrivez chaque phrase.

   1. *Bob* est devant le bureau. 2. *Hélène* est dans l'auto de Madame Brown.
   3. *Jeannette* est devant Charles. 4. Où est *le professeur?* 5. *La serviette* est sur la
   chaise. 6. *L'enveloppe* est dans le sac. 7. *Richard* est derrière Barbara. 8. *La
   table de Marc* est devant le tableau noir. 9. Où est *l'adresse de Catherine?*
   10. *L'étudiante* est devant la fenêtre.

2

RÉALITÉS: La classe

Le Professeur. — Monsieur Wilson?

L'Étudiant. — Présent.

Le Professeur. — Monsieur Harris?

Un Étudiant. — Absent.

Le Professeur. — Mademoiselle Brown? 5

L'Étudiante. — Présente.

Le Professeur. — Mademoiselle Williams?

Une Étudiante. — Absente.

Le Professeur. — Regardez. Qu'est-ce que c'est? C'est un livre. Répétez, s'il vous plaît, monsieur Roberts. 10

L'Étudiant. — C'est un livre.

Le Professeur. — Oui, c'est un livre. Et ça, qu'est-ce que c'est? C'est un stylo. Répétez, s'il vous plaît.

L'Étudiant. — C'est un stylo.

Le Professeur. — Qu'est-ce que c'est? C'est un cahier. C'est un bureau. C'est un 15 papier. C'est un mur. C'est un tableau noir. Répétez, s'il vous plaît.

L'Étudiant. — C'est un cahier. C'est un bureau. C'est un papier. C'est un mur. C'est un tableau noir.

Le Professeur. — Très bien. Maintenant, écoutez. Voilà un sac. Montrez-moi un sac, monsieur Wilson. 20

L'Étudiant. — Voilà un sac.

Le Professeur. — Montrez-moi un cahier et un stylo, mademoiselle Stone.

L'Étudiante. — Voilà un cahier et un stylo.

Le Professeur. — Montrez-moi un livre et un papier, maintenant.

L'Étudiante. — Voilà un livre et un papier. 25

Le Professeur. — C'est très bien. Maintenant, regardez. Qu'est-ce que c'est? C'est une porte. C'est une chaise. C'est une table. C'est une boîte. C'est une fenêtre. C'est une lampe. Répétez, s'il vous plaît, mademoiselle Barrow.

L'Étudiante. — C'est une porte. C'est une chaise. C'est une table, . . . etc. . . .

Le Professeur. — Montrez-moi une fenêtre, monsieur Jones. 30

L'Étudiant. — Voilà une fenêtre.

Le Professeur. — Montrez-moi une table et une chaise.

L'Étudiant. — Voilà une table et une chaise.

L'Église de la Madeleine vue de la Place de la Concorde.

LE PROFESSEUR. — C'est parfait. Maintenant, écoutez bien. Qu'est-ce que c'est? C'est un sac, c'est une serviette. C'est un papier, c'est une enveloppe. C'est un crayon, c'est une adresse. C'est un bureau, c'est une salle de classe. C'est un étudiant, c'est une étudiante. Montrez-moi un crayon et une enveloppe, mademoiselle Brown. 5

L'ÉTUDIANTE. — Voilà un crayon et une enveloppe.

LE PROFESSEUR. — Voilà un sac et une serviette, n'est-ce pas?

L'ÉTUDIANTE. — Oui, madame. Voilà un sac et une serviette.

LE PROFESSEUR. — Regardez. Voilà un autre sac, voilà une autre serviette. Maintenant, voilà un autre exemple. Montrez-moi un stylo et une table. 10

L'ÉTUDIANTE. — Voilà un stylo et une table.

LE PROFESSEUR. — Montrez-moi un autre stylo et une autre table, monsieur Shannon.

L'ÉTUDIANT. — Voilà un autre stylo et une autre table.

LE PROFESSEUR. — Très bien. Continuons. Voilà un livre. C'est le livre de mademoiselle Barrow. Et ça, qu'est-ce que c'est?

L'ÉTUDIANT. — Le stylo de mademoiselle Barrow.

LE PROFESSEUR. — Non. Répondez par une phrase complète, avec un verbe, s'il vous
plaît.   5

L'ÉTUDIANT. — Pardon, madame. C'est le stylo de mademoiselle Barrow.

LE PROFESSEUR. — C'est parfait. C'est une phrase complète avec un verbe. Maintenant, montrez-moi le cahier de mademoiselle Barrow.

L'ÉTUDIANT. — Voilà le cahier de mademoiselle Barrow.

LE PROFESSEUR. — Le cahier est sur la table. Il est sur la table. Où est le cahier? 10
Où est-il?

L'ÉTUDIANT. — Il est sur la table.

LE PROFESSEUR. — Où est le stylo de mademoiselle Barrow? Où est-il?

L'ÉTUDIANT. — Il est sur la table aussi.

LE PROFESSEUR. — Oui, le cahier est sur la table avec le stylo. Voilà la serviette de 15
mademoiselle Barrow. Où est la serviette? Où est-elle?

L'ÉTUDIANT. — Elle est sur la chaise, n'est-ce pas, madame?

LE PROFESSEUR. — Oui, elle est sur la chaise. Voilà un crayon. C'est le crayon de
monsieur Wilson. Où est le crayon de monsieur Wilson? Il est dans la serviette.
Où est le livre de monsieur Wilson, monsieur Jones?   20

L'ÉTUDIANT. — Il est dans la serviette aussi. Il est dans la serviette avec le crayon.

LE PROFESSEUR. — Maintenant, regardez. Voilà un étudiant. C'est monsieur Jones.
Où est-il? Il est devant monsieur Wilson. Voilà une étudiante. C'est mademoiselle
Brown. Où est-elle?

L'ÉTUDIANT. — Elle est devant monsieur Roberts.   25

LE PROFESSEUR. — Oui, elle est devant monsieur Roberts et elle est derrière monsieur
Stone. Où est monsieur Stone?

L'ÉTUDIANT. — Il est devant le professeur.[1]

LE PROFESSEUR. — Où est le sac de mademoiselle Brown, monsieur Harrisson?

L'ÉTUDIANT. — Il est sur la chaise.   30

LE PROFESSEUR. — C'est parfait. «Le sac est sur la chaise», qu'est-ce que c'est?
C'est une phrase, n'est-ce pas?

L'ÉTUDIANT. — Oui, madame. C'est une phrase.

LE PROFESSEUR. — C'est une phrase complète avec un verbe. «Est» est un verbe.
Comprenez-vous?   35

L'ÉTUDIANT. — Oui, madame. «Est» est un verbe.

LE PROFESSEUR. — «Sac» est un nom, un substantif. «Chaise» est un autre nom,
un autre substantif.

L'ÉTUDIANT. — «Le livre est sur la table» est une autre phrase, n'est-ce pas, madame?

---

[1] **Le** professeur. Le nom "professeur" est un nom *masculin*.

LE PROFESSEUR. — Parfaitement. «Le livre est sur la table» est une autre phrase. *Le* est un article, *la* est un article aussi. *Livre* est un nom masculin, *table* est un nom féminin. *Livre* est un mot, *est* est aussi un mot, *la* est un autre mot. Vous comprenez, n'est-ce pas?

L'ÉTUDIANT. — Oui, madame. Je comprends. 5

LE PROFESSEUR. — Maintenant, comptez de 10 (dix) à 20 (vingt). Répétez après moi. Prononcez bien.

dix, onze, douze, treize, quatorze, quinze, seize, dix-sept, dix-huit, dix-neuf,
10   11   12   13   14   15   16   17   18   19

vingt. Voilà une addition: trois plus six égalent neuf.
20   3 + 6 = 9

Maintenant, écrivez une autre addition: $8 + 5 = ?$ 10

L'ÉTUDIANT. — Huit plus cinq égalent treize.

LE PROFESSEUR. — Douze moins deux égalent dix. C'est une soustraction.
12   − 2 = 10

Écrivez une autre soustraction: $15 − 6 = ?$

L'ÉTUDIANT. — Quinze moins six égalent neuf.

LE PROFESSEUR. — C'est juste. Maintenant, la classe de français est finie. Au revoir, 15 monsieur (madame, mademoiselle). A demain.

Exercices

1. Écrivez **un autre** ou **une autre** devant chaque nom. Écrivez chaque phrase.
   1. C'est __ phrase. **2.** C'est __ verbe. **3.** Voilà __ question. **4.** Écoutez __ exemple. **5.** Montrez-moi __ étudiante. **6.** Écrivez __ addition. **7.** Voilà __ réponse. **8.** C'est __ adresse. **9.** Voilà __ papier. **10.** Montrez-moi __ tableau noir et __ table.

2. Placez l'article défini + **autre** devant chaque nom. Écrivez chaque phrase.
   1. Voilà __ réponse de Robert. **2.** __ exercice de Suzanne est dans le cahier. **3.** Prononcez __ mot. **4.** L'enveloppe est dans __ sac avec __ crayon. **5.** Écoutez __ question de Jeannette. **6.** __ livre de Robert est sur __ table. **7.** Où est __ étudiant? **8.** Il est avec __ professeur. **9.** Madame White est dans __ salle de classe. **10.** Je comprends __ phrase maintenant.

3. Questions sur la lecture. Répondez par une phrase complète à chaque question.
   1. Où est le cahier de Mlle Barrow?[2] **2.** Où est la serviette de Mlle Barrow? **3.** Où est le crayon de M. Wilson? **4.** Où est M. Jones? **5.** Où est Mlle Brown? **6.** Où est M. Stone? **7.** Où est le professeur? **8.** Où est le livre de M. Wilson? **9.** Quelle est la date aujourd'hui? **10.** Comment allez-vous?

[2] M. = monsieur. Mme = madame. Mlle = mademoiselle.
Une abréviation est possible avec le nom de la personne (excepté dans une adresse, sur une enveloppe).
Exemple: **Mme** White est dans la classe.
Au revoir, **madame**.

4. Indiquez en lettres le résultat de chaque addition.

    1. quatre + cinq =   2. huit + trois =   3. onze + huit =

    4. treize + deux =   5. six + douze =   6. dix + six =

    7. neuf + cinq =   8. quatorze + six =

5. Indiquez en lettres le résultat de chaque soustraction.

    1. quinze − trois =   2. dix-sept − huit =   3. dix − quatre =

    4. treize − six =   5. vingt − trois =   6. sept − cinq =

    7. dix-neuf − sept =   8. dix-huit − cinq =

Prononciation

A. Écoutez bien et prononcez chaque mot après le professeur:

[i]	livre	[e]	répétez	[ɛ]	serviette	[a]	salle
[ɑ]	classe	[ɔ]	porte	[o]	mot	[u]	vous
[y]	une	[ø]	deux	[œ]	neuf		
[ɛ̃]	cinq	[ɑ̃]	France	[œ̃]	un	[ɔ̃]	non

B. Écoutez le son de la voyelle et prononcez chaque phrase:

[i] le livre de Christine
le stylo de Lise

[ɛ] C'est parfait.
la serviette de Claire

[ɔ] quatorze portes
le professeur de golf

[u] écoutez
après vous

[ø] deux
monsieur

[ɛ̃] c'est bien
quinze et cinq

[ɔ̃] onze questions
la réponse: non

[e] Écoutez et écrivez.
Répétez: cahier.

[a] Voilà le Canada, madame.
le sac de Barbara

[o] le mot «rose»
l'autre numéro

[y] une université
sur le mur

[œ] le professeur
l'acteur

[ɑ̃] en France
un excellent exemple

[œ̃] un
lundi

C. Prononcez le groupe:

ai = è = ê [ɛ]   chaise, parfait, s'il vous plaît

au, eau = o [o]   autre, bureau, manteau, chapeau

oi = wa   oiseau, moi, noir, mademoiselle, boîte

ou = [u]   vous

Vocabulaire

NOMS

une adresse
un appartement
une auto
un bateau
une boîte
un bureau
un cahier
une chaise
un chapeau
un château
une civilisation
une classe
une consonne

un crayon
un drapeau
un échelon
une enveloppe
un(e) étudiant(e)
un exemple
un exercice
une fenêtre
la France
un gâteau
une lampe
une leçon
un livre

un manteau
un monsieur
un mot
un mur
un nom
un numéro
un oiseau
un papier
une phrase
un point (de repère)
une porte
un professeur
une réalité

une réponse
un sac
une salle (de classe)
septembre (*m.*)
une serviette
une soustraction
un stylo
un substantif
une table
un tableau (noir)
un verbe
une voyelle

ADJECTIFS

absent(e)
autre
chaque
complet, complète

excellent(e)
fini(e)
français(e)

juste
parfait(e)
placé(e)

premier, première
présent(e)
quelle

VERBES

allez
je vais
je m'appelle
Comprenez-vous?

je comprends
être: (il est, elle est)
comptez
continuons

écoutez
écrivez
montrez-moi
prononcez

regardez
répétez
répondez

MOTS INVARIABLES ET EXPRESSIONS

à
après
aujourd'hui
au revoir
aussi
avec
bien
bonjour

dans
de
demain
derrière
devant
en
et
excepté
généralement

lundi
madame
mademoiselle
maintenant
merci
moins
n'est-ce pas
non
où

oui
pardon
plus
s'il vous plaît
sur
très
voilà

3

POINTS DE REPÈRE

Je suis devant le professeur.

Vous êtes derrière Robert.

*

C'est la table **du** professeur.

C'est la chaise **de l'**étudiant.

*

Est-ce que vous êtes américain?

Oui, je suis américain.

*

Marc est grand et blond.

Barbara est grand**e** et blond**e.**

*

Qui est devant vous?

Jeannette est devant moi.

*

Montrez-moi **votre** livre et **votre** serviette.

Voilà **mon** livre et **ma** serviette.

*

C'est le livre de français.

Il est rouge.

*

DÉVELOPPEMENT GRAMMATICAL

1. **Je suis** devant le professeur.

                Vous êtes derrière Robert.

■ Voilà le verbe **être** :

    Je suis un(e) étudiant(e) de français.   **Il est** anglais.

    Vous êtes américain(e).   **Elle est** mexicaine.

      Attention : La lettre **e** est employée :
                    avec *un accent aigu:* **é** (étudiant, américain, université)
                    avec *un accent grave:* **è** (première, complète, très)
                    avec un accent *circonflexe:* **ê** (être, fenêtre)
                    Prononcez **é** comme dans : papi**er**, cahi**er**.
                    Prononcez **è, ê** comme dans : fran**çai**s, ch**ai**se.

2. C'est la table **du** professeur.

                  C'est la chaise **de l'**étudiant.

Comparez :

    C'est le livre **du** professeur.   C'est le sac **de la** jeune fille.

    C'est le bureau **du** président.   C'est la porte **de la** classe.

    C'est la veste **du** jeune homme.   C'est la serviette **de l'**étudiant.

    C'est la première page **du** livre.   C'est le président **de l'**université.

■ **Du** est la contraction de la préposition **de** et de l'article défini **le**.

$$\boxed{\text{de} + \text{le} = \textbf{du}}$$

Du est un article défini contracté.

3. **Est-ce que** vous êtes américain?

                  Oui, je suis américain.

Comparez :

    Vous êtes dans la classe.   **Est-ce que** vous êtes dans la classe?

    Robert est à l'université.   **Est-ce que** Robert est à l'université?

    Barbara est anglaise.   **Est-ce que** Barbara est anglaise?

    Il est brun.   **Est-ce qu'**il est brun?

    Elle est blonde.   **Est-ce qu'**elle est blonde?

■ **Est-ce que** indique une question. (*que* → *qu'* devant une voyelle)

4. Marc est grand et blond.
Barbara est grand**e** et blond**e**.

Comparez:

Le sac de Marianne est **grand**.	La serviette de Paul est grand**e**.
Paul est **petit**.	Barbara est petit**e**.
Il est **blond**.	Elle est blond**e**.
Il est **américain**.	Elle est américain**e**.
Il est **sympathique**.	Elle est **sympathique**.

■ a) En français, *l'adjectif qualificatif* (grand, petit, blond, américain) est *variable*. Il est *masculin* ou *féminin* comme le nom. Généralement:

$$\left[\begin{array}{c} \text{Adjectif qualificatif} \\ \text{féminin} \end{array} \right] = \left[\begin{array}{c} \text{Adjectif qualificatif} \\ \text{masculin} \end{array} \right] + \text{e}$$

b) Le féminin de
| **moderne** |
| **difficile** |
| **sympathique** |
| **pratique** |
| **jaune** |
| **rouge** |
est comme le masculin
| **moderne.** |
| **difficile.** |
| **sympathique.** |
| **pratique.** |
| **jaune.** |
| **rouge.** |

L'adjectif qualificatif terminé par **-e** au masculin est *invariable* au féminin.

c) NOTEZ: le féminin de **blanc** est **blanche**.
  EXEMPLE: Un tricot **blanc** / une chemise **blanche**.

5. Qui est devant vous?
Jeannette est devant moi.

Comparez:

Qui est devant le tableau noir?	**Richard** est devant le tableau noir.
Qui est à côté de la fenêtre?	**Barbara** est à côté de la fenêtre.
Derrière **qui** est-ce que vous êtes?	Je suis derrière **Anne**.
Devant **qui** est-ce que je suis?	Vous êtes devant **Robert**.

■ **Qui** est un pronom interrogatif. Il représente *une personne*.

6. Montrez-moi **votre** livre et **votre** serviette.

Voilà **mon** livre et **ma** serviette.

Comparez:

Voilà **le sac** de Catherine.   C'est **son** sac.
Voilà **le stylo** de Philippe.   C'est **son** stylo.
Voilà **le manteau** de Florence.   C'est **son** manteau.

Voilà **la veste** de Paul.   C'est **sa** veste.
Voilà **la blouse** de Barbara.   C'est **sa** blouse.
Voilà **la chemise** de Robert.   C'est **sa** chemise.

Montrez-moi **votre** bureau et **votre** chaise.   Voilà **mon** bureau et **ma** chaise.
Montrez-moi **votre** cahier et **votre** serviette.   Voilà **mon** cahier et **ma** serviette.

◼ **Mon** est un adjectif possessif. Et aussi: **son, ma, sa, votre.**
Employez: **mon, son,** devant un *nom masculin.*

ma, sa, devant un *nom féminin.*

votre devant un *nom masculin ou féminin.*

7. C'est le livre de français.

Il est rouge.

Comparez:

C'est **le bureau** de Madame White.   **Il est** moderne et pratique.
C'est **la classe** de français.   **Elle est** intéressante.
C'est **mon appartement.**   **Il est** confortable.

C'est **le professeur** de physique.   **Il est** anglais.
C'est **une étudiante** américaine.   **Elle est** grande et blonde.
C'est **un étudiant** mexicain.   **Il est** brun.

◼ En français, le pronom **il** ou **elle** remplace le nom d'un objet ou d'une personne.
(Cf. leçon I)

ATTENTION: **C'est** un étudiant mexicain.

C'est une jeune fille brune.

C'est un livre de français.

C'est une université moderne.

◼ Employez **c'est** devant un substantif (devant un nom).
En français, un *article* est généralement placé devant *un nom commun.*
Mais: Madame White, monsieur Williams, Paul, Jeannette, etc. et le bureau **de** Barbara, le manteau **de** Marianne, le cahier **de** Paul.

Exercices

1. Complétez chaque phrase. Employez un *article défini*, ou un *article défini contracté*, ou **de** + un *article défini*, ou **de** seulement.

    1. Voilà __ adresse __ président __ université. 2. __ craie est sur __ bureau __ étudiante. 3. __ livre __ Jeannette est à côté __ serviette __ professeur. 4. Voilà __ professeur de français. Il est devant __ tableau noir __ salle de classe. 5. Regardez __ première page __ livre de français. 6. Écoutez __ question __ professeur et __ réponse __ étudiant. 7. Montrez-moi __ porte __ salle de classe. 8. __ livre __ Richard est dans __ serviette __ jeune homme avec __ stylo __ étudiant. 9. __ professeur est devant __ classe, à côté __ fenêtre. 10. Voilà __ clé __ appartement __ Georges.

2. Remplacez le nom en italiques par **il** ou par **elle.** Écrivez chaque phrase.

    1. *Paul* est à côté de la fenêtre. 2. *Hélène* est brune. 3. *Le cahier* est devant moi. 4. *La salle de classe* est moderne. 5. *Mon livre* est intéressant. 6. *Son sac* est joli et pratique. 7. *Sa serviette* est sur la chaise. 8. *Votre question* est simple. 9. *Son professeur* est espagnol. 10. *Votre réponse* est correcte.

3. Complétez chaque phrase avec: a) la forme correcte du verbe **être.**
      b) la forme correcte de l'*adjectif possessif.*

    a) 1. Je __ américain et vous __ français. 2. Barbara __ jolie; elle __ petite et blonde. 3. Paul __ grand et brun. Il __ sympathique. 4. Est-ce que vous __ le professeur? Non, je __ un(e) étudiant(e) de français.

    b) Paul est à l'université; __ livre est sur __ table; __ crayon est à côté de __ stylo. Voilà __ serviette. Elle est sous __ chaise avec __ cahier et __ sac. La veste de Paul est bleue; __ chemise (blouse) est beige et __ pantalon (jupe) est noir(e).

4. Changez l'exercice 3b. Commencez par: a) **Je suis . . .**
      b) **Vous êtes . . .**

5. Ecrivez **c'est** ou **il est** ou **elle est.**

    EXEMPLE: **C'est** la veste de Florence. / **Elle est** rouge.

    1. __ l'étudiant de M. Allen. / __ canadien. 2. __ la question de Paul. / __ difficile. 3. __ l'exemple de Jeannette. / __ excellent. 4. __ la chemise de Robert. / __ bleue. 5. __ l'exercice I. / __ simple. 6. __ la réponse de Patricia. / __ stupide. 7. __ le pantalon de Robert. / __ beige. 8. __ l'étudiante de Mme White. / __ chinoise. 9. __ l'appartement de M. Brown. / __ moderne. 10. __ l'auto de Philippe. / __ pratique.

4

RÉALITÉS: Dans la classe de français

Je suis à l'université; je suis dans une salle de classe de l'université. C'est la classe de
français. Elle est moderne et pratique. Voilà un étudiant. C'est un jeune homme
américain. Il est grand et blond; il est sympathique. Il s'appelle Daniel. Il est à
côté de la porte, à droite. Le cahier du jeune homme est sur la table. La serviette
de l'étudiant est sous sa chaise.   5

Voilà une étudiante. C'est une jeune fille américaine. Elle est petite et brune. Elle
est jolie. Elle s'appelle Marianne. Le sac de la jeune fille est par terre à côté de
la chaise de Daniel. La veste de Marianne est derrière la jeune fille. La veste de
Marianne est bleue; sa blouse est blanche et sa jupe est noire. Le tricot de Daniel
est bleu; son pantalon est gris et sa chemise est blanche. Qui est à côté de 10
Marianne, à gauche? C'est une autre étudiante. Elle s'appelle Hélène. Sa robe
est rouge et son manteau est beige.

Voilà un grand arbre devant la fenêtre. De quelle couleur est-il? Il est vert. Où est-il?
Il est dehors; il est dans le jardin.

Le professeur est derrière son bureau à côté du tableau noir. Il est debout.[1] Je suis 15
assis(e) sur ma chaise à côté de la fenêtre. Mon cahier de français est devant moi.
Il est fermé. J'ouvre mon cahier. Maintenant, mon cahier est ouvert. Ma
serviette est par terre entre ma chaise et la chaise d'un autre étudiant. Comment
est-elle? Elle est ouverte. Je ferme ma serviette.

La leçon de français commence. Je regarde le professeur. J'écoute la leçon. Je parle 20
français.

LE PROFESSEUR. — Est-ce que vous êtes américain, monsieur Wilson?

L'ÉTUDIANT. — Oui, madame. Je suis américain.

LE PROFESSEUR. — Et vous, mademoiselle Williams? Est-ce que vous êtes américaine?

L'ÉTUDIANTE. — Oui, madame. Je suis américaine.   25

LE PROFESSEUR. — Vous êtes grand et blond, n'est-ce pas, monsieur Shannon?

L'ÉTUDIANT. — Oui, madame. Je suis grand et blond; mais Paul Roberts est petit
et brun.

LE PROFESSEUR. — C'est exact. Et vous, mademoiselle Barrow, est-ce que vous êtes
grande et blonde?   30

L'ÉTUDIANTE. — Non, madame. Je suis petite et brune.

---

[1] **debout** est une expression *invariable*.

 Ex: Je suis debout. Il est debout. Elle est debout.

LE PROFESSEUR. — C'est vrai. Maintenant, regardez. Je suis à côté de la porte. Et vous, où êtes-vous, mademoiselle Stone?

L'ÉTUDIANTE. — Je suis à côté de la fenêtre, madame, derrière Jeannette.

LE PROFESSEUR. — Oui, vous êtes à côté de la fenêtre. Je suis à côté du bureau. Est-ce que vous comprenez le mot "du"? 5

L'ÉTUDIANTE. — Non, madame.

LE PROFESSEUR. — C'est très simple. Le mot "du" est la contraction de "de" et de "le". Maintenant, voilà un autre exemple. Regardez. Voilà une clé. C'est la clé du professeur. Est-ce que vous comprenez le mot "du"?

L'ÉTUDIANTE. — Oui, madame, je comprends. Vous êtes à côté du bureau. C'est la 10 clé du professeur. "Du" est une contraction.

LE PROFESSEUR. — Attention. Voilà une autre question. Où est monsieur Wilson?

L'ÉTUDIANTE. — Il est à côté du tableau noir.

LE PROFESSEUR. — C'est très bien. Voilà une serviette. Est-ce que c'est la serviette de monsieur Wilson? 15

L'ÉTUDIANTE. — Oui, c'est la serviette de monsieur Wilson.

LE PROFESSEUR. — Où est-elle? Elle est par terre à côté de sa chaise avec son livre.

L'ÉTUDIANTE. — Pardon, madame. Pourquoi *sa* chaise et *son* livre? C'est la chaise de monsieur Wilson et c'est le livre de monsieur Wilson, n'est-ce pas?

LE PROFESSEUR. — C'est vrai. Voilà une question excellente. Écoutez bien l'explica- 20 tion. En français, *chaise* est un substantif féminin et *livre* est un substantif masculin. Dites *son* livre et *sa* chaise et aussi *mon* livre et *ma* chaise parce que le mot *livre* est masculin et le mot *chaise* est féminin. Est-ce que vous comprenez maintenant?

L'ÉTUDIANTE. — Oui, madame. Je comprends très bien. Merci beaucoup.

LE PROFESSEUR. — Eh bien, continuons. Voilà le cahier du professeur. C'est mon 25 cahier. Où est votre cahier, mademoiselle Barrow?

L'ÉTUDIANTE. — Dans mon sac.

LE PROFESSEUR. — Non. Faites attention. Faites une phrase complète.

L'ÉTUDIANTE. — Pardon, madame. Mon cahier est dans mon sac avec mon stylo et mon crayon. 30

LE PROFESSEUR. — Très bien. Voilà une phrase complète. Allez au tableau noir. Prenez la craie et écrivez votre phrase.

L'ÉTUDIANTE. — . . . crayon . . .?

LE PROFESSEUR. — Oui, le mot *crayon* est difficile. Épelez le mot *crayon*, monsieur Harrisson, s'il vous plaît. 35

L'ÉTUDIANT. — C . . . R . . . A . . . Y . . . O . . . N.

LE PROFESSEUR. — C'est parfait. Maintenant, écoutez une autre question. Où est votre veste, monsieur Wilson? Où est-elle?

L'ÉTUDIANT. — Elle est sur ma chaise derrière moi; mais ma serviette est sous ma chaise avec mon livre. 40

LE PROFESSEUR. — Qui est devant vous, monsieur Harrisson?

L'ÉTUDIANT. — Le professeur est devant moi. Vous êtes devant moi.

LE PROFESSEUR. — Oui, c'est vrai. Je suis devant vous. Est-ce que vous êtes à l'université, monsieur Williams?

L'ÉTUDIANT. — Oui, madame. Je suis à l'université. Je suis dans la classe de français. 5 Je suis un étudiant de français. Vous êtes le professeur de français.

LE PROFESSEUR. — Qui est à côté de vous, mademoiselle Brown?

L'ÉTUDIANTE. — Barbara Stone est à côté de moi, madame. Barbara est une étudiante de français. Je suis aussi une étudiante de français.

LE PROFESSEUR. — C'est très bien. Maintenant, comptez tous ensemble. Répétez 10 après moi. Comptez de vingt à quarante.

vingt, vingt et un, vingt-deux, vingt-trois, etc.
  20   21   22   23

trente, trente et un, trente-deux, trente-trois, etc.
  30   31   32   33

quarante, quarante et un, quarante-deux, etc.
  40   41   42

Exercices

1. Questions sur la lecture. Répondez à chaque question; employez **il** ou **elle**.

    1. Où est Daniel? **2.** Est-ce que mademoiselle Barrow est grande? **3.** La veste de Marianne est bleue, n'est-ce pas? **4.** Où est le grand arbre? **5.** Où est le professeur? **6.** Est-ce que la salle de classe est moderne? **7.** Est-ce que la craie est noire? **8.** Est-ce que le professeur est assis? **9.** Hélène est à gauche de Marianne, n'est-ce pas? **10.** Est-ce que la chemise de Daniel est grise?

2. Faites une question avec chaque phrase.

    1. Votre professeur est français. **2.** L'étudiante blonde est chinoise. **3.** La classe est intéressante. **4.** Jeannette est à côté de vous. **5.** Votre livre est ouvert. **6.** L'exercice est très simple. **7.** Ma serviette est par terre. **8.** Votre réponse est correcte. **9.** La fenêtre est fermée. **10.** Je suis debout.

3. Écrivez la forme correcte de *l'adjectif qualificatif*.

    1. Voilà une réponse (excellent). **2.** Patricia est une jeune fille (brun). **3.** La veste de Daniel est (gris) et son pantalon est (noir). **4.** La robe de Barbara est (vert) et (blanc). **5.** Son sac est (rouge). **6.** C'est une question très (difficile). **7.** La salle de classe est (grand) et (moderne). **8.** La porte de la salle de classe est (fermé), mais la fenêtre est (ouvert). **9.** La première leçon de français est (simple). **10.** C'est une phrase (français).

4. Changez la phrase. Employez le mot entre parenthèses.

    1. Voilà un tricot vert (une jupe). **2.** Le papier est blanc (la craie). **3.** C'est un jeune homme intelligent (une étudiante). **4.** Le livre est ouvert (l'enve-

loppe).   **5.** Mon manteau est noir (ma veste).   **6.** Pedro est espagnol (Teresa).
7. Son sac est fermé (sa serviette).   **8.** Votre pantalon est bleu (votre chemise).
9. Voilà un étudiant suédois (une jeune fille).   **10.** Est-ce que le jardin est
grand (l'université)?

5. Faites une phrase avec chaque expression.

    1. à gauche   **2.** debout   **3.** fermé   **4.** à côté de   **5.** assise   **6.** Qui?
    7. ouvert   **8.** où?   **9.** à droite   **10.** par terre

6. *Composition:*

    a) Faites votre portrait.
    b) Faites le portrait d'un étudiant (ou d'une étudiante) de votre classe de français.
    c) Faites le portrait de votre professeur de français.

Prononciation

A. Prononcez correctement.

Un tricot noir	Une robe noire
bleu	bleue
rouge	rouge
jaune	jaune
beige	beige

B. Prononcez après le professeur. Écoutez le son de la consonne finale.

Il est grand et blond.	Elle est grande et blonde.
Robert est français.	Claire est française.
Son livre est gris.	Sa chemise est grise.
Il est petit.	Elle est petite.
Le livre est ouvert.	La serviette est ouverte.
Il est vert.	Elle est verte.
C'est un étudiant.	C'est une étudiante.
Il est américain.	Elle est américaine.
Il est brun.	Elle est brune.

C. Prononcez correctement.

C'est un étudiant.	C'est une étudiante.
Il est intelligent.	Elle est intelligente.
C'est un arbre.	C'est une adresse.
C'est un exercice.	C'est une université.
Un autre exemple.	Une autre enveloppe.

D. Prononcez correctement chaque mot; le son de la voyelle est différent.

        douze / du   deux / de
                douze / du / deux / de

E. Attention.

Le groupe **ch** est généralement prononcé : [ʃ]

    EXEMPLE : **ch**aise, **ch**emise, **ch**âteau, **ch**aque, blan**ch**e.

La lettre **c** + a, o, u = [k]

    ç + a, o, u = [s]

    c + e, i   = [s]

    EXEMPLES : **c**amarade, **c**ontraction, **c**ouleur, **c**ulture

               français, gar**ç**on

               cinéma, **c**ertain

Vocabulaire

NOMS

un appartement	une clé	un jardin	un pantalon
un arbre	une contraction	une jeune fille	un président
une blouse	une couleur	un jeune homme	un professeur
un(e) camarade	la craie	une jupe	une robe
une chemise	une explication	une lettre	un tricot
une chose	un garçon	une page	une veste

ADJECTIFS

américain(e)	correct(e)	invariable	pratique
assis(e)	difficile	jaune	rouge
anglais(e)	espagnol(e)	joli(e)	simple
beige	exact(e)	mexicain(e)	stupide
blanc(he)	fermé(e)	moderne	suédois(e)
bleu(e)	grand(e)	noir(e)	sympathique
blond(e)	gris(e)	ouvert(e)	vert(e)
chinois(e)	intelligent(e)	petit(e)	vrai(e)
confortable	intéressant(e)		

VERBES

allez	j'écoute	faites	je parle français
il (elle) s'appelle	épelez	faites attention	prenez
je commence	être : je suis, vous êtes,	je ferme	je regarde
dites	il est, elle est	j'ouvre	

MOTS INVARIABLES ET EXPRESSIONS

à côté de	debout	par terre	seulement
à droite (de)	dehors	parce que	sous
à gauche (de)	en français	parfaitement	tous ensemble
comment?	entre	pourquoi?	très bien
de . . . à . . .	est-ce que?	qui?	

5

POINTS DE REPÈRE

Est-ce que **vous êtes** à l'heure?

Oui, **nous sommes** à l'heure.

*

Voilà un laboratoire moderne.

Voilà **des** laboratoires modernes.

*

L'exercice est difficile.

Les exercices sont difficiles.

*

Sommes-nous à l'université le dimanche?

Les étudiants **sont-ils** à l'heure?

*

Y a-t-il des voitures sur le campus?

Oui, **il y a** des voitures sur le campus.

*

Voilà des étudiants avec **leur** professeur.

C'est **mon** ami Marc et **mon** amie Jeannette.

*

M. et Mme Shaw sont **à** San Francisco.

Ils sont **en** Amérique.

*

DÉVELOPPEMENT GRAMMATICAL

1. Est-ce que **vous êtes** à l'heure?

Oui, **nous sommes** à l'heure.

■ Voilà le verbe **être:**

> **Je** **suis** en retard.
> **Vous** **êtes** à l'heure.
> **Nous** **sommes** en Amérique.
>
> **Il** **est** grand.
> **Elle** **est** blonde.
> **C'** **est** une maison confortable.
>
> **Ils** **sont** debout.
> **Elles** **sont** assises.
> **Ce** **sont** des maisons confortables.

2. Voilà un laboratoire moderne.

Voilà **des** laboratoires moderne**s**.

Comparez:

Voilà **un** arbre vert.　　　　　　　Voilà **des** arbres vert**s**.
Voilà **un** bâtiment moderne.　　　　Voilà **des** bâtiment**s** moderne**s**.
C'est **un** étudiant canadien.　　　　Ce sont **des** étudiant**s** canadien**s**.

Voilà **une** blouse blanche.　　　　　Voilà **des** blouse**s** blanche**s**.
Voilà **une** fleur rouge.　　　　　　Voilà **des** fleur**s** rouge**s**.
C'est **une** étudiante française.　　　Ce sont **des** étudiante**s** française**s**.

■ a) **Des** est un article. C'est le pluriel de **un** et de **une**.

Singulier	*Pluriel*
un	**des**
une	

b) En français, les *noms sont variables*. Les *adjectifs qualificatifs sont variables* aussi. En général, la terminaison des noms et des adjectifs pluriels est **-s**.

$$\begin{bmatrix} \text{Nom et adjectif} \\ \text{pluriel} \end{bmatrix} = \begin{bmatrix} \text{Nom et adjectif} \\ \text{singulier} \end{bmatrix} + s$$

NOTEZ : Un nom singulier avec la terminaison **-s** est invariable au pluriel.

Un adjectif masculin avec la terminaison **-s** est invariable au masculin pluriel.

EXEMPLES : un autobu**s** vert / des autobu**s** vert**s**.

un étudiant françai**s** / des étudiants françai**s**.

3. L'exercice est difficile.

Les exercices sont difficile**s**.

Comparez :

C'est le laboratoire de physique.	Ce sont **les** laboratoires de chimie.
C'est la classe de sculpture.	Ce sont **les** classes de musique.
C'est l'université de Paris.	Ce sont **les** universités américaine**s**.
Voilà l'autre bâtiment.	Voilà **les** autres bâtiments.

■ **Les** est un article défini. C'est le pluriel de **le, la, l'**.

Singulier	*Pluriel*
le	
la	**les**
l'	

ATTENTION : Notez l'absence de l'article après **de** pour indiquer un type de laboratoire, un type de classe, un type de livre, etc.

EXEMPLES : Le laboratoire **de** physique, le laboratoire **de** chimie, la classe **d'**anglais, les classes **de** musique, le livre **de** français, etc.

4. Sommes-nous à l'université le dimanche?

Les étudiants **sont-ils** à l'heure?

Comparez :

Nous sommes en retard.	⎰ **Est-ce que nous sommes** en retard? ⎱ **Sommes-nous** en retard?
Elle est française.	⎰ **Est-ce qu'**elle est française? ⎱ **Est-elle** française?
Ils sont américains.	⎰ **Est-ce qu'**ils sont américains? ⎱ **Sont-ils** américains?

■ En français, deux formes interrogatives sont possibles :

1) avec **est-ce que**
2) avec *l'inversion* (Le verbe est devant le sujet.)

NOTEZ : *A la première personne du singulier*, employez **est-ce que**.

EXEMPLES : **Est-ce que** je suis en retard? **Est-ce que** je parle français?

Comparez:

Richard est à Paris.
- Richard **est-il** à Paris?
- **Est-ce que** Richard est à Paris?

Jeannette est française.
- Jeannette **est-elle** française?
- **Est-ce que** Jeannette est française?

Les étudiants sont sympathiques.
- Les étudiants **sont-ils** sympathiques?
- **Est-ce que** les étudiants sont sympathiques?

Les classes sont intéressantes.
- Les classes **sont-elles** intéressantes?
- **Est-ce que** les classes sont intéressantes?

◼ A la *troisième personne* du *singulier* et du *pluriel*, quand le *sujet* est un *nom*, employez **est-ce que** ou *l'inversion* (avec le nom sujet avant le verbe et le pronom sujet après le verbe).

5. Y a-t-il des voitures sur le campus?

Oui, **il y a** des voitures sur le campus.

Comparez:

Est-ce qu'il y a un restaurant à l'université?

Oui, **il y a** un restaurant à l'université.

Est-ce qu'il y a un arbre devant la fenêtre?

Oui, **il y a** un arbre devant la fenêtre.

Est-ce qu'il y a des étudiants et des étudiantes dans la classe?

Oui, **il y a** des étudiants et des étudiantes dans la classe.

◼ Après **il y a** employez le *singulier* ou le *pluriel*.

NOTEZ: La forme interrogative de **il y a** est:

Est-ce qu'il y a? ou **Y a-t-il?** (Remarquez le **t** entre **a** et **il.**)

EXEMPLE: Est-ce qu'il y a des exercices? = Y a-t-il des exercices?

6. Voilà des étudiants avec **leur** professeur.

C'est **mon** ami Marc et **mon** amie Jeannette.

Comparez:

Nous sommes dans la classe de chimie.   Voilà **notre** professeur.
Vous êtes des étudiants de français.   Voilà **votre** livre de français.
Voilà la voiture de M. et de Mme Gordon.   Voilà **leur** voiture.

◼ **Notre, votre, leur** sont des adjectifs possessifs.
Employez: **notre, votre, leur** avec un nom masculin ou féminin.

Voilà la première série des adjectifs possessifs:

Voilà {
mon
votre
notre appartement et
son
son
leur
} {
ma (je)
votre (vous)
notre (nous)
sa voiture. (Marc)
sa (Barbara)
leur (M. et Mme Smith)
}

Comparez:

Voilà une serviette brune.	C'est **ma** serviette.
Voilà une adresse.	C'est **mon** adresse.
Voilà la veste de Florence.	C'est **sa** veste.
Anne est une amie de Jeannette.	C'est **son** amie.
Voilà une université célèbre.	C'est **mon** université.
C'est ma clé.	C'est **mon** autre clé.

■ Employez **mon, son** devant un nom (ou un adjectif) féminin singulier qui commence par une voyelle.

7. M. et Mme Shaw sont **à** San Francisco.
Ils sont **en** Amérique.

Comparez:

Nous sommes **en** Amérique.	La Cinquième Avenue est **à** New York.
Paris est **en** France.	Le Palais de Buckingham est **à** Londres.
Moscou est **en** Russie.	Le Vatican est **à** Rome.
en Europe, **en** Afrique, **en** Suisse	**à** Madrid, **à** Bruxelles, **à** Jérusalem
en Chine, **en** Californie, **en** Floride	**à** Genève, **à** Tokio, **à** San Francisco
en Espagne, **en** Belgique, **en** Autriche	**à** Vienne, **à** Miami, **à** Stockholm

■ Employez **en** devant un nom féminin de pays ou d'état (en général les noms de pays sont féminins.) Employez **à** devant un nom de ville.

Exercices

1. Écrivez la forme correcte du verbe **être**.

1. Je __ dans le jardin. 2. Les arbres du jardin __ verts. 3. Voilà un jeune homme. C'__ mon ami Bob. 4. Il __ grand et sympathique. 5. Marianne et Hélène __ avec Bob. 6. Marianne __ très jolie. 7. Sa robe et son manteau __ bleus. 8. Nous __ devant le tableau noir. 9. Notre leçon __ difficile. 10. Trois étudiants __ assis sous les arbres.

2. Écrivez l'*article indéfini*.

1. Écrivez __ phrases correctes.   2. Voilà __ bâtiments modernes.   3. C'est __ date importante.   4. Ce sont __ classes d'histoire.   5. Voilà __ bureau confortable.   6. C'est __ étudiante sympathique.   7. Il y a __ exercices intéressants.   8. Ce sont __ universités célèbres.   9. Notre professeur est __ monsieur.   10. Il y a __ laboratoires à l'université.

3. Écrivez l'*article défini simple* ou **de** + l'*article défini* ou l'*article défini contracté* ou **de** (**d'**).

1. Ce sont __ arbres __ jardin __ Betty.   2. Voilà __ étudiants __ classe __ physique.   3. Écoutez __ question __ professeur.   4. Ce sont __ bâtiments __ université.   5. Voilà __ cahiers __ Robert.   6. __ porte __ laboratoire __ chimie est fermée.   7. Ce sont __ fenêtres __ bibliothèque.   8. C'est __ numéro __ maison __ Barbara.   9. Voilà __ clé __ appartement __ Mme White.   10. Où sont __ livres __ Robert?

4. Écrivez à la forme interrogative (deux formes pour chaque phrase).

1. Il est en retard.   2. Vous êtes content.   3. Elles sont à l'heure.   4. Le laboratoire est ouvert à neuf heures.   5. Sa voiture est pratique.   6. Le restaurant est fermé.   7. Les leçons sont faciles.   8. Votre classe est intéressante.   9. Votre ami Marc est à San Francisco.   10. Les professeurs sont américains.

5. Écrivez l'*adjectif possessif* convenable.

a) Nous sommes dans __ classe de français. __ professeur est américain. Voilà __ serviette sur __ bureau et __ veste sur __ chaise. __ livre de français est fermé.

b) Dans la salle de classe, les étudiants sont assis devant __ professeur. Aujourd'hui, __ leçon est difficile.

c) Un étudiant est debout devant le tableau noir. __ phrase et __ prononciation sont correctes.

6. Écrivez la *préposition* convenable.

1. La statue de la Liberté est __ New York, mais la Tour Eiffel est __ Paris.   2. __ Chine, il y a un grand mur; il y a aussi un mur célèbre __ Berlin, __ Allemagne.   3. Les Champs-Élysées sont __ Paris, __ France; mais le Vatican est __ Rome, __ Italie.   4. Madrid est __ Espagne et Buenos Aires est __ Argentine.   5. Le Kremlin est __ Moscou, __ Russie et la Maison Blanche est __ Washington.   6. Hollywood est __ Californie, mais Miami est __ Floride.   7. Le Mont-Blanc est __ Europe et le Mont Everest est __ Asie.   8. Le musée Guggenheim est __ New York; le Musée Britannique est __ Londres, __ Angleterre.

6

RÉALITÉS: A l'université

Je m'appelle Jean Decker. Je suis un étudiant de français à l'université de notre ville. Ma vie est très simple, mais je suis souvent très occupé. Je suis à l'université tous les jours, excepté le samedi et le dimanche. Aujourd'hui, c'est le 8 octobre; c'est lundi. Lundi est le premier jour de la semaine. Vendredi est le dernier jour de la semaine à l'université. Le vendredi, je suis toujours content parce que le samedi 5 et le dimanche, je suis libre. Les professeurs et les étudiants sont à l'université cinq jours par semaine. Les étudiants sont dans leur classe avec leur professeur. Ils sont quelquefois aussi dans les laboratoires ou à la bibliothèque.

Trois fois par semaine, le lundi, le mercredi et le vendredi[1], ma première classe est à 8 heures du matin. C'est une classe de sciences politiques. Elle est intéressante 10 et importante. Je suis généralement dans la classe à 8 heures: je suis à l'heure parce que ma maison est près de l'université et parce que mon auto est une petite voiture rapide et pratique. Mon ami Robert est quelquefois en retard parce que sa maison est loin de l'université et parce que son auto est une Ford très "fatiguée". 15

Dans ma classe de français, il y a des étudiants et des étudiantes. Je suis assis entre mon ami Bob et mon amie Anne. Notre professeur de français est une dame. C'est madame White. C'est un professeur excellent; elle est toujours très élégante. Aujourd'hui, son costume est particulièrement joli: une robe beige et une veste rouge. Ma classe de français est assez facile. J'aime ma classe de français, mais 20 je préfère ma classe de sciences politiques.

Après ma classe de français, il y a . . . hélas! . . . une classe de mathématiques. Les mathématiques sont très compliquées. Notre professeur est un monsieur. C'est un homme très intelligent . . . et mon intelligence est probablement très ordinaire. Je suis souvent fatigué dans la classe de mathématiques. Alors, je regarde la 25 cravate du professeur: elle est toujours extraordinaire et . . . horrible, à mon avis.

Deux fois par semaine, le mardi et le jeudi, ma dernière classe est à une heure de l'après-midi. C'est une classe d'histoire. Je déteste l'histoire. Les dates sont terriblement difficiles et le professeur est très sévère. Je suis assis à côté de la fenêtre et je regarde dehors. En face de moi, il y a des bâtiments; ce sont les 30

---

[1] NOTEZ: **le** lundi, **le** mercredi, **le** vendredi = **chaque** lundi, **chaque** mercredi, **chaque** vendredi. Et aussi: **le** matin, **le** soir = **chaque** matin, **chaque** soir.

bâtiments de physique, de chimie et de biologie. Ils sont blancs et rouges; ils sont en briques et en pierre. Ils sont assez hauts et assez modernes.

J'aime mon université. Le campus est joli: il y a des arbres et des fleurs entre les bâtiments. Il y a aussi un restaurant[2], un théâtre et un magasin pour les livres et les cahiers. Il y a un hôpital pour les étudiants malades. A midi, les étudiants 5 sont souvent sous les arbres avec quelques amis et . . . leur déjeuner. Dans mon université, il y a des classes intéressantes, des professeurs sympathiques et des étudiants intelligents. Il y a aussi des devoirs et des leçons, le soir, un ou deux examens à la fin de chaque semaine et des notes . . . des A ou des D! C'est un problème important pour un étudiant. Un autre problème important est le 10 problème du "parking". Mais c'est une autre histoire!

En Amérique, il y a des universités importantes à Chicago, à New York, à Los Angeles et généralement dans les grandes villes. Quelques universités sont très célèbres comme Harvard, Princeton et Yale.

Le Professeur. — Quel jour est-ce, aujourd'hui, monsieur Williams? 15

L'Étudiant. — Aujourd'hui, c'est lundi; c'est le premier jour de la semaine.

Le Professeur. — C'est exact. Voilà les jours de la semaine: lundi, mardi, mercredi, jeudi, vendredi, samedi, dimanche. Sommes-nous à l'université tous les jours, monsieur Edwards?

L'Étudiant. — Non, madame. Nous sommes à l'université cinq jours par semaine. 20 Mais quelques étudiants sont à l'université le samedi et le dimanche.

Le Professeur. — Où sont-ils?

L'Étudiant. — Ils sont à la bibliothèque. Le samedi et le dimanche, la bibliothèque est ouverte de 10 heures du matin à 7 heures du soir.

Le Professeur. — Et vous, où êtes-vous? 25

L'Étudiant. — Je suis quelquefois à la bibliothèque; mais souvent, je suis à la maison. Êtes-vous aussi à la maison, madame?

Le Professeur. — Bien sûr. Je suis toujours à la maison[3], le dimanche. Est-ce que vous aimez le dimanche, mademoiselle Stone?

L'Étudiante. — Oui, madame. J'aime le dimanche, mais je préfère le samedi parce 30 que je suis à ma leçon de danse le samedi matin. Les autres jours je suis dans ma classe de mathématiques, le matin, et . . . je déteste les mathématiques.

Le Professeur. — Votre professeur est-il sévère?

L'Étudiante. — Non, madame. Mais les mathématiques sont difficiles pour moi.

Le Professeur. — Votre classe de mathématiques est-elle après notre classe de 35 français?

L'Étudiante. — Oui, madame. Elle est à midi. Quelquefois, je suis en retard et malheureusement le professeur est toujours à l'heure.

---

[2] **un** restaurant, **un** étudiant, **un** appartement, **un** complément, **un** accent, **un** président, etc. Les noms en **-nt** sont en général masculins.
[3] **à la maison, à l'heure, en retard** sont des expressions invariables.

LECTURE

Un bâtiment de l'Île de la Cité: la Conciergerie.

LE PROFESSEUR. — Y a-t-il une classe de mathématiques tous les jours?

L'ÉTUDIANTE. — Oh non, madame. Il y a une classe de mathématiques trois fois par semaine seulement.

LE PROFESSEUR. — Est-ce qu'il y a une classe de français tous les jours, monsieur Harris? 5

L'ÉTUDIANT. — Oui, madame. Il y a une classe de français tous les jours, excepté le samedi et le dimanche, naturellement.

LE PROFESSEUR. — Quel jour préférez-vous, mademoiselle Barrow?

L'ÉTUDIANTE. — Je préfère le mercredi parce que le mercredi, je suis dans ma classe favorite. C'est une classe d'art. J'aime ma classe d'art parce qu'elle est très 10 intéressante.

LE PROFESSEUR. — Où est votre classe d'art?

L'ÉTUDIANTE. — Elle est dans le bâtiment des Beaux-Arts. Il y a des classes de peinture, de dessin et de sculpture. Il y a aussi un petit musée.

LE PROFESSEUR. — Où est le bâtiment des Beaux-Arts? 15

L'ÉTUDIANTE. — Il est en face du bâtiment de l'administration.

LE PROFESSEUR. — Comment est-il? De quelle couleur est-il? En quoi est-il?

L'ÉTUDIANTE. — Il est très moderne. Il est blanc et rouge. Il est en pierre et en briques. Sur le bâtiment, il y a une pendule.

SIXIÈME LEÇON

LE PROFESSEUR. — Oui, c'est vrai. Il est en pierre et en briques comme les autres bâtiments de l'université. Il y a une pendule aussi dans notre salle de classe. Quelle heure est-il à la pendule de la classe?

Il est dix heures.

Il est dix heures dix.

Il est dix heures et quart.

Il est dix heures vingt-cinq.

Il est dix heures et demie.

Il est onze heures moins vingt.

Il est onze heures moins le quart.

Il est onze heures moins cinq.

Quand les deux aiguilles de la pendule (ou de la montre) sont sur le numéro 12:

Il est midi, le jour.

Il est minuit, la nuit.

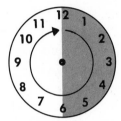

De minuit à midi, c'est le matin. (EXEMPLES: six heures du matin, neuf heures du matin.)

De midi à cinq heures, c'est l'après-midi. (EXEMPLE: deux heures de l'après-midi.)

De cinq heures à minuit, c'est le soir. (EXEMPLES: six heures du soir, onze heures du soir.)

───────────────

Voici les nombres de 40 à 69:

quarante, quarante et un, quarante-deux, quarante-trois, etc.
  40   41   42   43

cinquante, cinquante et un, cinquante-deux, cinquante-trois, etc.
  50   51   52   53

soixante, soixante et un, soixante-deux, soixante-trois, etc.
  60   61   62   63

Exercices

1. Questions sur la lecture. Répondez par des phrases complètes.

    1. Qui est Jean Decker? Est-ce que sa vie est compliquée?   2. Jean est-il à l'université le vendredi?   3. A quelle heure est-il à l'université le lundi? Pourquoi?   4. Est-ce que la maison de Jean est loin de l'université?   5. Qui est le professeur de français de Jean?   6. Quelle classe y a-t-il après la classe de français?   7. Comment est le professeur d'histoire de Jean?   8. Son professeur de mathématiques est-il une dame?   9. Où sont les étudiants à midi?   10. Où y a-t-il des universités importantes en Amérique? Où y a-t-il des universités importantes dans votre état?

2. Répondez à chaque question par une phrase complète.

    1. A quelle heure êtes-vous à l'université?   2. A quelle heure est votre première classe?   3. A quelle heure êtes-vous à la maison après votre dernière classe?   4. Y a-t-il un hôpital près de votre université?   5. Est-ce qu'il y a des arbres sur le campus? Et des fleurs?   6. De quelle couleur sont les bâtiments de votre université?   7. Où êtes-vous à midi? Et à minuit?   8. Quelle est votre classe favorite? Pourquoi?   9. Votre professeur de français est-il un monsieur ou une dame?   10. Êtes-vous à l'université tous les jours?

3. Écrivez l'*adjectif possessif* convenable.

    1. C'est Brigitte. Voilà __ ami Patrick et __ amie Sylvie.   2. J'aime __ maison et __ jardin.   3. Je déteste __ livre de physique.   4. Voilà l'adresse d'Anne. C'est __ adresse.   5. Vous aimez __ université, n'est-ce pas?   6. Florence aime __ blouse rouge, mais elle préfère __ autre blouse; elle préfère __ blouse blanche.   7. Voilà le professeur; __ auto est devant __ maison.   8. Je regarde __ amie Hélène; elle est élégante; __ robe est bleue.

4. Écrivez au pluriel.

    1. Je suis en retard.   2. C'est une classe très importante.   3. Le livre de Robert est par terre.   4. Voilà un étudiant chinois.   5. Il y a un arbre devant la fenêtre.   6. Voilà l'exercice de Patricia; il est correct.   7. C'est là question de Mme White; elle est difficile.   8. Elle est à la maison le dimanche.   9. Il est à l'université; il est très occupé parce qu'il y a un examen.   10. Où est l'étudiant de M. Brown?

5. Répondez par une phrase complète et employez les noms de pays ou de villes.

    Où est: Le Parthénon? Disneyland? Le musée du Louvre? Amsterdam? Le carnaval? Florence? L'Empire State Building? Où sont les Pyramides? (New York — Athènes — la Californie — Rio de Janeiro — Paris — l'Egypte — la Hollande — l'Italie).

6. *Composition*
   a) Faites une description de votre classe de français ou d'une autre classe.
   b) Faites une description de votre université.
   c) Décrivez votre vie d'étudiant(e).

Prononciation

A. Prononcez correctement:

> Voilà son‿adresse. / Un‿exercice. / C'est mon‿ami.
> Les‿étudiants. / Vous‿êtes debout. / Voilà des‿arbres.
> C'est‿important. / Il est‿intelligent. / Elle est‿américaine.
> Où est-il? / C'est‿un‿étudiant. / C'est‿un petit‿appartement.

Dans la prononciation française, les mots sont liés. C'est *le phénomène de la liaison.* Il y a généralement une liaison entre l'article (ou le possessif), l'adjectif et le nom, entre le pronom-sujet et le verbe.

NOTEZ: le son de la consonne change dans la liaison.

> s → [z]   des‿enveloppes / les‿universités.
>   z   z
> d → [t]   un grand‿arbre / un grand‿hôtel.[4]
>   t   t
> f → [v]   *dans:* neuf‿heures.
>   v

B. Prononcez après votre professeur:

> des livres rouges / Nous sommes dans la classe de français. /
> le grand tableau / souvent / un tricot vert / ils sont /
> deux / trois / vingt / cent (100)

Généralement, les consonnes finales sont *muettes* en français, excepté dans les liaisons.

C. Prononcez **l** et **r** finals:[5]

> le mur noir / un jour / une fleur / un bal / un bol

Prononcez **c** [k] final généralement:

> un sac / un lac / avec / sec

Prononcez la consonne finale dans:

> cinq / sept / neuf / un autobus
> (k)   (t)   (f)   (s)

---

[4] **h** est muet en français. Cf. Leçon 8, page 52, E.
[5] Cf. prononciation de **-er** final, Leçon 10, page 69.

Vocabulaire

NOMS

une administration
une aiguille
un(e) ami(e)
un après-midi
un autobus
un bâtiment
une bibliothèque
une classe d'anglais
　　　　d'art
　　　　de biologie
　　　　de chimie
　　　　de danse
　　　　de dessin
　　　　d'histoire
　　　　de mathématiques
　　　　de peinture
　　　　de physique
　　　　de sciences
　　　　de sculpture

un cinéma
un costume
une cravate
une dame (un monsieur)
un déjeuner
un devoir
un état
un examen
une expression
une fin
une fleur
une heure
une histoire
un hôpital
une intelligence
un jour
un laboratoire
un magasin
une maison

un matin
une montre
un musée
une note
une pendule
un problème
une semaine: lundi
　　　　　　mardi
　　　　　　mercredi
　　　　　　jeudi
　　　　　　vendredi
　　　　　　samedi
　　　　　　dimanche
un soir
une terminaison
un théâtre
une vie
une ville
une voiture

ADJECTIFS

canadien(ne)
célèbre
compliqué(e)
content(e)
dernier / dernière
élégant(e)

extraordinaire
facile
fatigué(e)
favori(te)
haut(e)
horrible

important(e)
libre
malade
occupé(e)
ordinaire
politique

possible
premier / première
quel / quelle
quelques
rapide
sévère

VERBES

il y a / y a-t-il?
j'aime / vous aimez
je déteste / vous détestez

être: je suis, vous êtes, il
(elle) est, nous sommes,
vous êtes, ils (elles) sont

je préfère / vous préférez
remarquez

MOTS INVARIABLES ET EXPRESSIONS

à la maison
à l'heure ≠ en retard
à mon avis
assez
avant ≠ après
bien sûr

deux (trois) fois
du matin ≠ du soir
en briques
en face de
en général
en pierre

en quoi?
loin de ≠ près de
malheureusement
midi ≠ minuit
naturellement
par (semaine, jour)

particulièrement
quelquefois
souvent
terriblement
toujours
tous les jours

7

POINTS DE REPÈRE

Je suis à l'heure.

Je **ne** suis **pas** en retard.

*

Avez-vous une voiture?

Oui, **j'ai** une voiture.

*

J'ai un appartement.

Je **n'ai pas de** jardin.

Il y a un scooter devant la maison.

Il **n'**y a **pas de** taxi devant la maison.

*

Voilà un **beau** magasin.

Voilà une **belle** maison.

*

C'est une **bonne** question.

C'est une question **intéressante.**

*

Il y a **beaucoup de** classes.

Il y a **beaucoup d'**étudiants à l'université.

*

DÉVELOPPEMENT GRAMMATICAL

1. Je suis à l'heure.
Je **ne** suis **pas** en retard.

Comparez:

Regardez le tableau.	**Ne** regardez **pas** la pendule.
Je suis fatigué(e).	Je **ne** suis **pas** fatigué(e).
Le magasin est ouvert.	Il **n'**est **pas** fermé.
Ma voiture est beige.	Elle **n'**est **pas** blanche.
C'est ma serviette.	Ce **n'**est **pas** votre serviette.
Nous sommes en Amérique.	Nous **ne** sommes **pas** en France.
Les étudiants sont assis.	Ils **ne** sont **pas** debout.
Vous êtes en bonne santé.	Vous **n'**êtes **pas** malade.

■ En français, la forme négative est formée avec:

$$\textbf{ne} + verbe + \textbf{pas}.$$

Ne est placé *avant* le verbe. **Pas** est placé *après* le verbe.
Ne → **n'** devant une voyelle: a, e, i (y), o, u.

Voilà le verbe **être** à la forme négative:

Je	**ne**	suis	**pas**	à la bibliothèque.
Vous	**n'**	êtes	**pas**	à la banque.
Nous	**ne**	sommes	**pas**	dans le magasin.
Il	**n'**	est	**pas**	français.
Elle	**n'**	est	**pas**	jolie.
Ce	**n'**	est	**pas**	mon auto.
Ils	**ne**	sont	**pas**	absents.
Elles	**ne**	sont	**pas**	assises.
Ce	**ne**	sont	**pas**	les bâtiments de l'université.

2. Avez-vous une voiture?
Oui, **j'ai** une voiture.

GRAMMAIRE

■ Voilà le verbe **avoir**:

> J' **ai** un crayon.
> Vous **avez** une auto.
> Nous **avons** une maison.
>
> Il **a** des devoirs.
> Elle **a** une bicyclette.
>
> Ils **ont** un appartement.
> Elles **ont** des professeurs.

ATTENTION: A la *forme interrogative*, 3ᵉ personne du singulier:

> Est-ce qu'il a des devoirs? = A-t-il des devoirs?
> Est-ce qu'elle a une auto? = A-t-elle une auto?

Il y a **t** entre **a** et **il**, entre **a** et **elle** parce que **a, e, i,** sont des voyelles. (Cf. "Y a-t-il?" leçon 5, page 30)

3. J'ai un appartement.
  Je **n'ai pas de** jardin.
Il y a un scooter devant la maison.
  Il **n'**y a **pas de** taxi devant la maison.

Comparez:

J'ai une serviette.   Je   n'ai   **pas de** serviette.
Vous avez un scooter.   Vous n'avez **pas de** scooter.
Elle a une auto.   Elle n'a   **pas d'**auto.
Ils ont des devoirs.   Ils n'ont **pas de** devoirs.

■ A la *forme négative*, employez **pas de** (**pas d'**) à la place de **un, une, des.**
Voilà le verbe **avoir** à la forme négative:

> Je **n'ai** **pas de** stylo.
> Vous **n'avez** **pas de** bateau.
> Nous **n'avons** **pas d'** appartement.
>
> Il **n'a** **pas de** leçons.
> Elle **n'a** **pas de** voiture.
>
> Ils **n'ont** **pas de** maison.
> Elles **n'ont** **pas d'** amis.

Comparez:

Il y a un taxi devant la maison.	**Il n'y a pas de** taxi devant la maison.
Il y a une voiture dans le garage.	**Il n'y a pas de** voiture dans le garage.
Il y a des fleurs dans la classe.	**Il n'y a pas de** fleurs dans la classe.
Il y a des autos devant la banque.	**Il n'y a pas d'**autos devant la banque.

◼ La forme négative de **il y a** $\begin{cases} \textbf{un} \\ \textbf{une} \dots \textbf{est:} \\ \textbf{des} \end{cases}$ **Il n'y a pas de (d')** devant un nom singulier ou pluriel.

---

4. Voilà un **beau** magasin.
Voilà une **belle** maison.

Comparez:

un **bon** étudiant	une **bonne** étudiante
un **beau** boulevard	une **belle** maison
un **vieux** bâtiment	une **vieille** école
l'exercice est **long**	la leçon est **longue**

◼ Le féminin de quelques adjectifs est irrégulier.

Comparez:

un garage **neuf**	une auto **neuve**
un verbe **négatif**	une phrase **négative**
un garçon **sportif**	une jeune fille **sportive**

◼ Le féminin des adjectifs en **f** est en **ve**.

---

5. C'est une **bonne** question.
C'est une question **intéressante.**

Comparez:

un restaurant **moderne**	un **petit** restaurant
un magasin **neuf**	un **grand** magasin
une ville **célèbre**	une **belle** ville
une maison **confortable**	une **jolie** maison
une rue **tranquille**	une **petite** rue
une réponse **stupide**	une **bonne** réponse
une question **intelligente**	une **mauvaise** question
un costume **élégant**	un **beau** costume

■ En français, *l'adjectif qualificatif* est en général placé *après* le nom.

Mais: quelques adjectifs sont placés *avant* le nom; ce sont:

grand • **petit** • **jeune** • **joli** • **mauvais** • **dernier** • **premier**

et

beau (belle) • **bon** (bonne) • **long** (longue) • **vieux** (vieille)

EXEMPLES: C'est une **vieille** maison **grise**.

Voilà une **petite** rue **tranquille**.

J'ai un **grand** appartement **confortable**.

Notez:

Le magasin et la banque sont ouvert**s**.

Charles et Patricia sont américain**s**.

La maison et le garage sont fermé**s**.

Sa robe et son sac sont élégant**s**.

■ Après un *nom masculin* + *un nom féminin*, le *masculin pluriel* est employé pour l'adjectif qualificatif.

6. Il y a **beaucoup de** classes.

Il y a **beaucoup d'**étudiants à l'université.

Comparez:

Il y a **beaucoup de** circulation dans la rue.

Il y a **beaucoup de** bruit dans ma maison.

Betty a **beaucoup d'**imagination.

Il y a **beaucoup de** gens dans le magasin.

Il y a **beaucoup de** voitures dans le garage.

Il y a **beaucoup d'**étudiants à l'université.

■ Employez **beaucoup de** (**beaucoup d'** devant une voyelle) avec un nom *singulier* ou avec un nom *pluriel*.

Exercices

1. Écrivez les phrases suivantes à la forme négative.

1. Les étudiants sont contents parce que l'examen est facile. 2. Les magasins sont ouverts avant 8 heures du matin. 3. Vous êtes à l'université tous les jours. 4. Répétez votre phrase; elle est correcte. 5. Mon auto est neuve; elle est moderne. 6. Le dimanche je suis à la bibliothèque. 7. C'est votre manteau et ce sont les livres de Philippe. 8. Je suis content quand ma composition est bonne. 9. Regardez la pendule; la classe est finie. 10. J'aime mon appartement; il est assez moderne.

2. Écrivez la forme correcte du verbe **avoir** ou du verbe **être**.

1. Je ne ___ pas à l'université le dimanche parce que je ne ___ pas de classes.
2. Nous ___ des exercices pour demain. 3. Est-ce que vous ___ une auto? 4. Il ___ onze heures du matin. 5. Les étudiants ___ une classe de français tous les jours. 6. Les bâtiments de l'université ___ hauts. 7. Je ___ beaucoup d'amis. 8. Vous ne ___ pas content quand vous ___ une mauvaise note. 9. Mon livre et mon cahier ___ sur ma table. 10. Nous ne ___ pas de bateau, mais nous ___ une auto.

3. Écrivez à la forme négative.

1. Il y a beaucoup de bruit dans ma rue. 2. Nous avons un examen aujourd'hui. 3. Il y a une banque près de l'université. 4. Il y a des enfants dans la classe de français. 5. Vous avez un jardin. 6. Suzanne a une bicyclette. 7. Nous avons un garage à côté de la maison. 8. M. et Mme Roberts ont un appartement. 9. Il y a un restaurant sur le campus. 10. Les étudiants ont des livres neufs.

4. Écrivez **beaucoup de** à la place de chaque *article indéfini* et faites les changements nécessaires.

1. Il y a des enfants dans le jardin. 2. Écrivez des phrases correctes. 3. Il y a un bâtiment neuf. 4. En ville, il y a des magasins. 5. Voilà une voiture moderne. 6. A l'université, il y a des laboratoires. 7. Nous avons des exercices. 8. Employez un verbe. 9. Vous avez des arbres dans votre jardin. 10. Les étudiants ont une leçon difficile.

5. Écrivez la forme correcte de l'*adjectif*.

1. Voilà une (beau) auto. 2. Ce sont des questions (stupide). 3. Regardez la bicyclette (neuf) de Jeannette. 4. La (petit) fille est (content). 5. C'est une leçon (intéressant), mais elle est (long). 6. Voilà des exercices (important), mais ils sont (difficile). 7. Répétez la phrase (négatif). 8. Le professeur est une (jeune) femme; elle est (grand) et (joli). 9. Il y a un (vieux) monsieur et une (vieux) dame devant le magasin. 10. Ma veste et mon tricot sont (neuf).

8

RÉALITÉS: Dans la rue

Aujourd'hui, c'est vendredi. Le vendredi, j'ai deux classes l'après-midi. Je n'ai pas de classes le matin. Je suis à la maison dans ma chambre. Je regarde par la fenêtre.

Devant notre maison, il y a quelques voitures. Nous avons deux voitures; mon père a une grande Ford noire et ma mère a une petite auto française. Je n'ai pas de 5 voiture, mais j'ai un scooter. Les deux autos et mon scooter sont dans notre garage. Notre maison est au coin d'une petite rue et d'un grand boulevard. Le boulevard est long et large. La rue est longue, mais elle n'est pas très large. De chaque côté de la rue, il y a des bâtiments, des maisons. Les maisons ne sont pas hautes; elles ont des murs gris ou blancs; il n'y a pas de jardins parce que nous 10 sommes en ville.

Dans la rue, il y a beaucoup de voitures: des autos de toutes les couleurs, des taxis jaunes ou verts, des autobus bleus. Il y a aussi des bicyclettes et des scooters. Il y a beaucoup de circulation parce qu'il est neuf heures du matin. La circulation est intense et, naturellement, il y a beaucoup de bruit: la rue n'est pas tranquille. 15 Il y a aussi des gens (= des personnes) dans la rue. Voilà des enfants, des garçons et des filles, devant une école. Ils sont seuls ou ils sont avec des amis ou avec des grandes personnes, des hommes et des femmes, jeunes ou vieux.

Beaucoup de magasins sont ouverts. Mais le cinéma et la banque sont fermés; ils ne sont pas ouverts. A côté de la banque, il y a une église, et devant l'église, une 20 vieille marchande de fleurs avec son chien. Voici un restaurant de l'autre côté de la rue. Des gens sont assis à l'intérieur. C'est l'heure du petit déjeuner. Regardez le beau magasin neuf: il est très moderne. Mais devant le garage, entre le magasin et une station-service, il y a une auto qui n'est pas neuve. Elle est vieille, très vieille, et elle n'est pas belle. C'est probablement la voiture d'un 25 étudiant. Les étudiants ne sont pas riches!

Voilà un avion qui passe dans le ciel. Le ciel est bleu aujourd'hui. Il n'est pas gris, il n'est pas couvert, il n'y a pas de nuages. Il fait soleil, mais il y a beaucoup de vent. Il fait beau, il ne fait pas mauvais. J'aime le beau temps; je suis content quand il fait beau. Je n'aime pas le mauvais temps; le mauvais temps est désagréable. 30

Au bout de la rue, je vois les arbres d'une belle avenue, et à l'horizon, je vois les montagnes parce que le temps est clair. Le temps est toujours clair quand il y a beaucoup de vent.

Un théâtre célèbre: l'Opéra de Paris.

LE PROFESSEUR. — Est-ce dimanche, aujourd'hui, mademoiselle Brown?

L'ÉTUDIANTE. — Non, madame. Ce n'est pas dimanche, c'est vendredi. Nous ne
sommes pas à la maison, nous sommes à l'université.

LE PROFESSEUR. — Vous comprenez «nous ne sommes pas», n'est-ce pas?

L'ÉTUDIANTE. — Oui, madame, je comprends très bien. «Nous ne sommes pas à la 5
maison » est une phrase . . . .

LE PROFESSEUR. — C'est une phrase négative. NE . . . PAS . . . indique le négatif.
« *Négatif* » est le contraire de «*affirmatif* ». Faites une phrase affirmative, monsieur
Harris.

L'ÉTUDIANT. — «Je suis à côté de la porte » est une phrase affirmative. 10

LE PROFESSEUR. — Très bien. Faites une phrase négative maintenant.

L'ÉTUDIANT. — «Je ne suis pas à côté de la porte » est une phrase négative. Mais ce
n'est pas vrai. En réalité, je suis à côté de la porte.

LE PROFESSEUR. — Tous les étudiants ne sont pas présents, aujourd'hui. Beaucoup
d'étudiants sont absents. Est-ce que M. Wilson est présent? 15

L'ÉTUDIANT. — Non, madame. Il n'est pas ici, il est absent. Mais mademoiselle Jensen
n'est pas absente, elle est présente.

LE PROFESSEUR. — Où êtes-vous mademoiselle Jensen? Vous n'êtes pas devant moi
aujourd'hui, comme d'habitude?

L'ÉTUDIANTE. — Non, madame. Aujourd'hui, je ne suis pas devant vous. Je suis à côté d'une grande fenêtre.

LE PROFESSEUR. — Est-ce que vous regardez par la fenêtre quelquefois?

L'ÉTUDIANTE. — Non, madame. Je ne regarde pas par la fenêtre. Je regarde le tableau noir et j'écoute le professeur. 5

LE PROFESSEUR. — Bravo! Vous êtes une bonne étudiante, une étudiante parfaite. Eh bien, regardez par la fenêtre. Qu'est-ce que vous voyez?

L'ÉTUDIANTE. — Je vois beaucoup de choses. Je vois des maisons et des magasins; je vois aussi des voitures. Au coin de la rue, il y a un garage et une station-service. Devant le garage, je vois une grande auto rouge. C'est une Cadillac. Elle est 10 très belle. Elle est probablement neuve. Et probablement, ce n'est pas la voiture d'un étudiant! Voilà un grand autobus jaune et une petite voiture de sport anglaise.

LE PROFESSEUR. — Avez-vous une auto, mademoiselle Stone?

L'ÉTUDIANTE. — Non, madame. Je n'ai pas de voiture personnelle. J'ai la voiture de 15 ma mère. C'est une vieille Chevrolet bleue. Elle n'est pas jolie, elle n'est pas neuve, mais elle est très utile.

LE PROFESSEUR. — Votre père a-t-il aussi une voiture?

L'ÉTUDIANTE. — Certainement, madame. Il a une voiture neuve. Sa voiture est splendide. C'est une Mustang noire. Dans une famille de cinq personnes, deux 20 voitures sont nécessaires. Et naturellement, nous avons un grand garage.

LE PROFESSEUR. — Est-ce que votre rue est tranquille, monsieur Roberts?

L'ÉTUDIANT. — Non, madame. Ma rue n'est pas tranquille. Il y a beaucoup de circulation et il y a beaucoup de bruit, hélas!

LE PROFESSEUR. — Bien sûr! Nous sommes en ville; la circulation est intense dans les 25 villes modernes. Mais y a-t-il seulement des choses dans la rue? Il y a aussi des gens, n'est-ce pas, mademoiselle Jensen.

L'ÉTUDIANTE. — Je ne comprends pas le mot «gens», madame.

LE PROFESSEUR. — «Des gens», c'est-à-dire «des personnes». Regardez par la fenêtre, monsieur Shannon. Est-ce que vous voyez des gens dans la rue? 30

L'ÉTUDIANT. — Oui, madame. Je vois des gens.[1] Voici une vieille dame avec un petit garçon, et un vieux monsieur avec son chien noir. Devant l'école, il y a des enfants et des grandes personnes.

LE PROFESSEUR. — Écoutez. Qu'est-ce que c'est?

L'ÉTUDIANT. — C'est le bruit d'un avion qui passe dans le ciel. 35

LE PROFESSEUR. — De quelle couleur est le ciel aujourd'hui?

L'ÉTUDIANT. — Il est bleu et très clair. Il fait soleil, il n'y a pas de nuages. Je vois les montagnes au bout de la rue, à l'horizon.

LE PROFESSEUR. — Oui, aujourd'hui, il fait très beau. Est-ce que vous aimez le beau temps, monsieur Edwards? 40

---

[1] *Les gens*—le nom "gens" est toujours pluriel.

L'ÉTUDIANT. — Oui, madame. J'aime le beau temps, j'aime le soleil. Quand il fait mauvais, je ne suis pas content, je suis triste.

LE PROFESSEUR. — Eh bien, vous êtes content aujourd'hui, je suppose?

L'ÉTUDIANT. — Oui, madame, je suis content parce qu'il fait beau. Mais je suis content aussi parce que c'est vendredi. C'est le dernier jour de la semaine à l'université, ₅ et demain, c'est samedi. Le samedi, nous ne sommes pas ici; nous n'avons pas de classes!

LE PROFESSEUR. — Pas de classes! Pas d'étudiants! Pas de professeurs! Alors bon week-end!

L'ÉTUDIANT. — Bon week-end, madame. Au revoir, à lundi. ₁₀

LE PROFESSEUR. — A lundi. Au revoir!

Exercices

1. Questions sur la lecture. Répondez par des phrases complètes.
   1. Qu'est-ce qu'il y a dans les rues?   2. Pourquoi y a-t-il beaucoup de bruit?
   3. Où sont les enfants? Avec qui sont-ils?   4. La banque est-elle ouverte avant neuf heures du matin?   5. Qui est devant l'église?   6. Un étudiant a-t-il généralement une Cadillac? Pourquoi?   7. Où est l'avion?   8. Fait-il mauvais?
   9. Le ciel est-il couvert? Comment est-il?   10. Où est l'avenue? Qu'est-ce qu'il y a à l'horizon?

2. Répondez à chaque question par une phrase complète.
   1. Avez-vous une classe le soir? Quelle classe?   2. Avez-vous une auto, une bicyclette ou un scooter?   3. Comment sont les maisons de votre rue?   4. A quelle heure la circulation est-elle intense?   5. Y a-t-il une école dans votre rue?
   6. Y a-t-il beaucoup de gens dans les rues à minuit?   7. Aimez-vous le mauvais temps?   8. Comment est le ciel aujourd'hui?   9. Les étudiants ont-ils des classes le dimanche?   10. Êtes-vous à l'université le samedi soir?

3. Écrivez les phrases suivantes et placez correctement les adjectifs. (Attention! les adjectifs sont variables en français!)
   1. Voilà une phrase (long, correct).   2. C'est un bâtiment (grand, neuf).
   3. Il y a une auto (rouge, beau) devant la maison.   4. J'aime la robe (joli, blanc).   5. Voilà sa jupe (vieux, gris).   6. Regardez la maison (petit, jaune).
   7. C'est une jeune fille (grand, brun).   8. Il y a un magasin (moderne, beau) au coin de la rue.   9. J'aime mon tricot (vieux, noir).   10. Ils sont dans une université (grand, français).

4. Écrivez 3 phrases négatives avec: **il y a.**
   Écrivez 3 phrases négatives avec le verbe **être.**
   Écrivez 4 phrases négatives avec le verbe **avoir.**

5. Faites une phrase avec chaque expression.

    1. au bout de   **2.** au coin de   **3.** en ville   **4.** tous les jours   **5.** de chaque côté de   **6.** en face de   **7.** à l'heure   **8.** souvent   **9.** quelques   **10.** loin de

6. *Composition:*

    a) Faites la description de votre rue ou d'une rue intéressante de votre ville.

    b) Le campus de votre université. Comment est-il? Qu'est-ce que vous voyez?

Prononciation

A. Remarquez la prononciation de:

$$c \ + \ \begin{cases} a \\ o \\ u \end{cases} = [k]$$

un **c**amarade, une expli**c**ation
une é**c**ole, au **c**oin, **c**ontent, beau**c**oup
curieux, la **c**ulture

$$c \ + \ \begin{cases} i(y) \\ e \end{cases} = [s]$$

le **c**inéma, le **c**iel, la bi**c**yclette
l'exer**c**ice, la Fran**c**e, je commen**c**e

$$ç \ + \ \begin{cases} a \\ o \\ u \end{cases} = [s]$$

fran**ç**ais
la le**ç**on, le gar**ç**on
re**ç**u

B. Remarquez la prononciation de:

$$g \ + \ \begin{cases} a \\ o \\ u \end{cases} = [g]$$

le **g**arage, re**g**ardez, le ma**g**asin
le **g**olf
Gustave, **g**uttural

$$g \ + \ \begin{cases} e \\ i(y) \end{cases} = [ʒ]$$

les **g**ens, la **g**éographie, **G**eorges
Gi**g**i, a**g**ile, **g**ymnastique

$$gu \ + \ \begin{cases} e \\ i(y) \end{cases} = [g]$$

fati**gu**é, lon**gu**e
guitare

C. Remarquez la prononciation de:

s	entre deux voyelles = [z]	une mai**s**on, une égli**s**e un maga**s**in, mauvai**s**e
ss	entre deux voyelles = [s]	la cla**ss**e, le profe**ss**eur, a**ss**is, au**ss**i
t	devant **ion** = [s]	l'ac**t**ion, la préposi**t**ion, l'explica**t**ion, la civilisa**t**ion, atten**t**ion

D. Notez la différence de prononciation entre:

j'ai	*et*	je
il a		il est
elle a		elle est
ils ont		ils sont
elles ont		elles sont

E. Notez la différence de prononciation entre:

La maison est horrible. La maison est haute.

Les maisons ne sont pas horribles. Les maisons ne sont pas hautes.

Il y a deux **h** en français: **h** *muet* et **h** *aspiré*. En réalité les deux sont muets, mais il n'y a pas de liaison quand un mot commence par **h** *aspiré*.

Vocabulaire

NOMS

une avenue	un cinéma	une femme	un père
un avion	la circulation	un garage	une personne
une banque	la civilisation	les gens	une rue
une bicyclette	un contraire	l'horizon (*m.*)	la santé
un boulevard	une différence	l'imagination (*f.*)	un scooter
un bruit	une école	une marchande	le soleil
une chambre	une église	une mère	une station-service
un chien	un(e) enfant	une montagne	le temps
le ciel	une famille	un nuage	le vent

ADJECTIFS

affirmatif(ve)	intense	négatif(ve)	tous / toutes
beau / belle	jeune	neuf(ve)	tranquille
bon / bonne	large	personnel(le)	triste
clair(e)	long(ue)	riche	utile
couvert(e)	mauvais(e)	seul(e)	vieux / vieille
désagréable	nécessaire	splendide	

VERBES

avoir: j'ai, vous avez, tu as, il (elle) a, nous avons, vous avez, ils (elles) ont

j'écoute / vous écoutez

il fait beau / il fait mauvais

il fait soleil

il passe

je suppose

je vois / vous voyez

MOTS INVARIABLES ET EXPRESSIONS

à l'intérieur	beaucoup de	comme d'habitude	en bonne santé
au bout de	bravo!	de chaque côté de	en ville
au coin de	c'est-à-dire	de toutes les couleurs	quand

GRAMMAIRE GÉNÉRALE

Verbe—Sujet—Objet

I. Etudiez les exemples suivants:

> L'étudiant regarde le tableau noir.
> Christine commence l'exercice.
> Je vois des autos.
> Il ferme son livre.

a) Dans chaque phrase, il y a un verbe. **Regarde, commence, vois** et **ferme** sont des verbes, des actions. Chaque verbe a un sujet. Le sujet du verbe est l'agent de l'action. **Je, il, l'étudiant, Christine** sont les sujets de **vois, ferme, regarde** et **commence.**

b) Dans les phrases, il y a un objet pour chaque verbe. C'est le complément d'objet direct. L'objet de l'action est: **le tableau noir, l'exercice, des autos, son livre.** Dans une phrase française simple, il y a généralement un SUJET, un VERBE et un OBJET.

II. Le verbe est la partie essentielle de la phrase. Il exprime *une action* (Je ferme la fenêtre) ou *un état* (Je suis assis).

Le verbe est conjugué à différentes personnes. Il y a *six personnes* en français comme en anglais.

> 1re personne du singulier: **je**
> 2e personne du singulier: **tu**
> 3e personne du singulier: **il, elle**
>
> 1re personne du pluriel: **nous**
> 2e personne du pluriel: **vous**
> 3e personne du pluriel: **ils, elles**

Vous est pluriel ou singulier. **Vous** (singulier) est la forme de politesse.
Tu est une forme familière. Employez «tu» avec un ami ou avec un jeune enfant.

L'Arc de Triomphe.

Un endroit élégant de Paris: la Place Vendôme.

Un artiste de la rue qui imite Picasso.

DEUXIÈME ÉCHELON

PHOTOGRAPHIES DU 2ᵉ ÉCHELON:
Monuments de Paris et magasins

9

POINTS DE REPÈRE

Faites-vous des sports d'hiver?

Oui, **je fais** des sports d'hiver.

*

Allez-vous à la bibliothèque?

Oui, **nous allons** à la bibliothèque.

*

Quel exercice faites-vous?

Quelle classe avez-vous à midi?

*

Le samedi soir, je vais **au** cinéma.

Aux États-Unis, il n'y a pas de classes le samedi.

*

Les fleurs **des** jardins sont belles en juin.

*

En France, il y a beaucoup de **beaux** châteaux.

*

J'ai besoin de mon auto tous les jours.

Avez-vous besoin de dollars?

*

A gauche:
Le Pont Alexandre III et les Invalides. (Morath from Magnum)

DÉVELOPPEMENT GRAMMATICAL

1. Faites-vous des sports d'hiver?

Oui, **je fais** des sports d'hiver.

■ Voilà le verbe **faire:**

Je	**fais**	un devoir de français.
Vous	**faites**	(tu fais) des compositions.
Nous	**faisons**	des exercices.
Il	**fait**	des fautes.
Elle	**fait**	une promenade.
Ils	**font**	un pique-nique.
Elles	**font**	une excursion.

La *forme interrogative* est:

Est-ce que vous faites des compositions?　　**Faites-vous** des compositions?

Est-ce que Paul fait une faute?　　**Paul fait-il** une faute?

Est-ce que les étudiants font des exercices?　　**Les étudiants font-ils** des exercices?, etc.

La *forme négative* est:

Je **ne** fais **pas de** compositions.

Paul ne fait **pas de** faute.

Ils **ne** font **pas d'**exercices.

etc. (Cf. leçon 7)

2. Allez-vous à la bibliothèque?

Oui, **nous allons** à la bibliothèque.

■ Voilà le verbe **aller:**

Je	**vais**	à la banque le vendredi.
Vous	**allez**	(tu vas) à la bibliothèque.
Nous	**allons**	à la maison.
Il	**va**	à sa classe d'anglais.
Elle	**va**	à l'église.
Ils	**vont**	à la montagne.
Elles	**vont**	à la campagne.

La *forme interrogative* est:

Est-ce qu'il va à la maison?	**Va-t-il** à la maison?
Est-ce que Jeannette va à la campagne?	**Jeannette va-t-elle** à la campagne?
Est-ce que votre mère va à l'église le dimanche?	**Votre mère va-t-elle** à l'église le dimanche?
Est-ce que les étudiants vont à leur classe d'anglais?	**Les étudiants vont-ils** à leur classe d'anglais?
Est-ce que les professeurs vont à l'université tous les jours?	**Les professeurs vont-ils** à l'université tous les jours?

Notez le **t** à la troisième personne du singulier dans l'inversion.

La *forme négative* est:

> Je **ne** vais **pas** à la bibliothèque.
> Nous **n'**allons **pas** à New York.
> Vous **n'**allez **pas** à la banque.
> Ils **ne** vont **pas** à Paris.

ATTENTION: Notez les expressions très importantes:

> aller **à pied** (à l'école)
> aller **en auto** (en ville)
> aller **en train** (à New York)
> aller **en bateau** (en Europe)
> aller **en avion** (en Europe)
> aller **à bicyclette** (à la campagne)

Notez aussi l'emploi idiomatique du verbe **aller** dans:

> **Comment allez-vous —Je vais très bien.** (Cf. page 5)
> **Comment vos parents vont-ils? —Ils vont très bien.**

---

3. Quel exercice faites-vous?
      Quelle classe avez-vous à midi?

Comparez:

Quel livre avez-vous?	**Quelle** classe préférez-vous?
Quel sport préférez-vous?	**Quelle** composition faites-vous?
Quels jours êtes-vous à l'université?	**Quelles** fleurs aimez-vous?
Avec **quels** étudiants faites-vous un pique-nique?	Dans **quelles** villes y a-t-il des universités?

■ **quel, quelle** } sont des *adjectifs interrogatifs* { *Singulier*
  quels, quelles }   { *Pluriel*

Ils sont variables. Ils sont employés pour les questions, devant un nom. Il y a quelquefois une préposition devant l'adjectif interrogatif.

4. Le samedi soir, je suis **au** cinéma.

Aux États-Unis, il n'y a pas de classes le samedi.

Comparez:

Je vais **à la** banque.	Vous allez **au** laboratoire.
Ils vont **à la** campagne.	Nous allons **au** concert.
Il est **à l'**hôpital.	Elle est **au** bureau.
Nous allons **à l'**église.	Ils vont **au** restaurant.
Nous sommes **aux** États-Unis.	Faites attention **aux** questions.

■ **Au** est la contraction de la préposition **à** et de l'article défini **le.**

$$à + le = au$$

Aux est la contraction de la préposition **à** et de l'article défini **les.**

$$à + les = aux$$

Au et **aux** sont des *articles définis contractés.*

NOTEZ: **au** est employé *devant* un nom de *pays* ou d'état *masculin.*

EXEMPLES:		
	le Japon	Il est **au** Japon.
	le Viet-Nam	Il est **au** Viet-Nam.
	le Canada	Il est **au** Canada.
	le Mexique	Il est **au** Mexique.
	le Maroc	Il est **au** Maroc.
	le Brésil	Il va **au** Brésil.
	le Danemark	Il va **au** Danemark.
	le Pérou	Il va **au** Pérou.
	le Portugal	Il va **au** Portugal.
	les États-Unis	Il est **aux** États-Unis.
	les Iles Hawaii	Il va **aux** Iles Hawaii.

Mais:

	la France	Il est **en** France.
	la Belgique	Il est **en** Belgique.
	la Géorgie	Il va **en** Géorgie.
	la Louisiane	Il va **en** Louisiane.
	l'Angleterre	Il va **en** Angleterre.
	l'Espagne	Il va **en** Espagne.
	la Suède	Il va **en** Suède.

(Cf. Leçon 5, p. 31)

5. Les fleurs **des** jardins sont belles en juin.

Comparez:

les feuilles **de l'**arbre	les feuilles **des** arbres
les fenêtres **de la** classe	les fenêtres **des** classes
les livres **du** professeur	les livres **des** professeurs
la porte **du** laboratoire	les portes **des** laboratoires

■ **Des** est la contraction de la préposition **de** et de l'article défini **les**.

$$de + les = des$$

Des est un *article défini contracté*.

Voilà la liste complète des articles contractés:

(avec **de**)
du
des

(avec **à**)
au
aux

6. En France, il y a beaucoup de **beaux** châteaux.

Comparez:

Voilà un bateau.	Voilà des bateaux.
Regardez l'oiseau.	Regardez les oiseaux.
Le bureau est fermé.	Les bureaux sont fermés.
Le jardin est beau.	Les jardins sont beaux.

■ Les noms et les adjectifs qualificatifs terminés par **au** ont un **-x** au pluriel. La prononciation ne change pas.

7. J'ai besoin de mon auto tous les jours.
Avez-vous besoin de dollars?

Notez l'expression **avoir besoin de**:

Mon auto est vieille. **J'ai besoin d'**une auto neuve.
En classe, **nous avons besoin de** notre stylo et **de** notre cahier.
Pour l'été, **vous avez besoin de** vêtements légers.
Les étudiants **ont souvent besoin de** dollars (ou **d'**argent).

■ Avec «avoir besoin de», n'employez pas l'article «des» au pluriel.
Employez **de** (à la place de «des») *devant le nom pluriel*.

Exercices

1. Écrivez la forme correcte des verbes.

   1. (aller) Où __-vous après votre dernière classe?   2. (faire) Il __ un grand voyage en bateau.   3. (aller) Mon père et ma mère __ à la campagne chaque week-end.   4. (faire) Qu'est-ce que les étudiants __ le dimanche?   5. (faire) Le professeur ne __ pas de fautes.   6. (faire) Vous __ un pique-nique à la fin du semestre.   7. (aller) Où __-vous?   8. (aller) Mon père __ souvent en Europe.   9. (avoir) Les plantes __ besoin d'eau.   10. (être) Les arbres __ magnifiques en automne.

2. Écrivez la forme correcte des adjectifs interrogatifs.

   1. __ classes avez-vous aujourd'hui?   2. __ sports faites-vous en été?   3. __ jours êtes-vous à l'université?   4. Dans __ bâtiment avez-vous votre classe d'art?   5. __ heure est-il?   6. De __ couleurs sont les roses?   7. A côté de __ étudiante êtes-vous?   8. __ exercices faites-vous?   9. A __ banque allez-vous?   10. __ professeur préférez-vous?

3. Complétez les phrases avec l'article contracté **au** ou **aux,** ou avec **à** + *l'article défini*.

   1. Paul est __ laboratoire de chimie.   2. Allez-vous quelquefois __ musée?   3. Nous sommes fatigués __ fin du semestre.   4. Les étudiants vont souvent __ cinéma ou __ théâtre.   5. Faites attention __ mots français.   6. Ma mère va __ église le dimanche.   7. Boston est __ États-Unis.   8. Ma voiture est __ garage.   9. Jeannette va __ université.   10. Le père de Paul est __ Brésil.

4. Écrivez les phrases suivantes au pluriel.

   1. La porte du magasin est fermée.   2. L'auto du professeur n'est pas neuve.   3. Regardez le joli petit oiseau.   4. Je fais un voyage agréable.   5. Voyez-vous le beau bateau?   6. La fenêtre du bureau est ouverte.   7. Le grand bâtiment est beau; il est en pierre blanche.   8. Il y a un château très célèbre.   9. Les couleurs de l'arbre sont splendides.   10. Le mur de la maison est en briques.

5. Répondez négativement à chaque question.

   1. Y a-t-il des autobus sur le campus?   2. Avez-vous un avion?   3. Avons-nous un examen de français tous les jours?   4. Sommes-nous à l'université à minuit?   5. Les banques sont-elles ouvertes le dimanche?   6. Les étudiants ont-ils des Cadillacs?   7. Allez-vous au cinéma le matin?   8. Y a-t-il des enfants à l'université?   9. Faites-vous des sports d'hiver en juillet?   10. Les exercices des étudiants sont-ils toujours corrects?

6. Écrivez 4 questions avec **faire**.
   Écrivez 4 questions avec **aller** à des personnes différentes.
   Écrivez 2 questions avec des adjectifs interrogatifs.

10

RÉALITÉS: Le temps et les saisons

Quel temps fait-il aujourd'hui? Est-ce qu'il fait beau? Non, il ne fait pas beau; il fait
mauvais. Le ciel est gris et il pleut.

En quelle saison sommes-nous? Nous sommes en automne. En quel mois sommes-nous?
Nous sommes en octobre, à la fin du mois d'octobre. L'automne est la saison de
la pluie et du brouillard. C'est une saison humide; c'est la saison des parapluies. 5
Je n'aime pas les parapluies. Ils ne sont pas pratiques quand il y a beaucoup de
vent. Alors, j'ai un imperméable. Aujourd'hui, nous avons besoin d'un parapluie
ou d'un imperméable. Je déteste la pluie, mais le brouillard a quelquefois un
certain charme, une certaine poésie. Dans le brouillard, les choses ont des formes
étranges et les arbres sont très beaux. En automne, les arbres sont toujours 10
beaux: les couleurs des feuilles sont magnifiques.

Après l'automne, c'est l'hiver. En hiver, il fait froid; il neige quelquefois. J'aime la
neige et le froid. J'aime l'hiver parce que c'est la saison de Noël. Noël est une
grande fête. Quand est Noël? Noël est le 25 décembre. A Noël, les écoles et les
universités sont fermées; nous avons des vacances.[1] Pendant les vacances, beau- 15
coup de gens vont à la montagne et ils font des sports d'hiver. Je n'ai pas de
skis et je ne fais pas de sports d'hiver. Mais en hiver, je vais souvent au théâtre
et au concert.

Le printemps est après l'hiver. Au printemps,[2] il ne fait pas froid généralement, mais
il fait frais au commencement du printemps. Les arbres ont des feuilles, les 20
plantes sont vertes, il y a des fleurs dans les jardins: des roses, des tulipes, des
pétunias, des géraniums. La nature est belle et les oiseaux sont joyeux. Au
printemps, la grande fête est Pâques. Quand est Pâques? Pâques est à la fin de
mars, ou en avril. La tradition des œufs de Pâques existe en France comme aux
États-Unis, mais en France, il n'y a pas de «lapin» de Pâques! (*Easter Bunny!*) 25

A la fin du printemps, la belle saison commence enfin. C'est l'été. En été, il fait beau
et chaud.[3] Les jours sont longs et les nuits sont courtes. Il fait jour[3] très tôt en
juin, à quatre ou cinq heures du matin et il fait nuit[3] très tard, à huit ou neuf
heures du soir. Nous avons besoin de vêtements légers, en coton. En été, les
étudiants et les élèves des écoles sont en vacances. J'aime l'eau et le soleil. Nous 30

---

[1] NOTEZ: **des vacances.** Le nom "vacances" est toujours au *pluriel.* (*f.*)
[2] **en** été, **en** hiver, **en** automne, mais **au** printemps.
[3] **Il fait** beau/mauvais, chaud/froid, jour/nuit.

La Place de la Concorde, le soir, après la pluie.

n'avons pas de piscine derrière notre maison. Alors, je vais souvent à la plage, au bord de la mer, au bord de la rivière ou au bord du lac. Quelquefois je fais un voyage avec des amis; nous faisons des excursions ou un pique-nique à la campagne.

Combien de semaines de vacances avez-vous en été? Nous avons dix semaines de 5 vacances.

Combien de mois y a-t-il dans l'année? Il y a douze mois: janvier, février, mars, avril, mai, juin, juillet, août[4], septembre, octobre, novembre, décembre.

Combien de saisons y a-t-il? Il y a quatre saisons: le printemps, l'été, l'automne, l'hiver. 10

LE PROFESSEUR. — En quel mois sommes-nous, monsieur Wright?

L'ÉTUDIANT. — Nous sommes en novembre, au commencement de novembre.

LE PROFESSEUR. — Est-ce le printemps, maintenant, mademoiselle Jones?

L'ÉTUDIANTE. — Non, madame. Ce n'est pas le printemps, c'èst l'automne.

LE PROFESSEUR. — Aimez-vous l'automne? 15

L'ÉTUDIANTE. — Oui, madame. J'aime beaucoup l'automne quand il fait beau parce que la nature est belle en automne. Les feuilles des arbres sont brunes, jaunes, rouges, dorées. Mais je n'aime pas l'automne quand il pleut. Je déteste la pluie, le brouillard, les parapluies et les imperméables.

LE PROFESSEUR. — Et vous, monsieur Shannon, aimez-vous l'automne ou préférez- 20 vous une autre saison?

L'ÉTUDIANT. — J'aime l'automne, mais pour une autre raison. Pour moi, l'automne, c'est le commencement de la saison de football.

LE PROFESSEUR. — C'est une bonne raison. Êtes-vous sportif?

L'ÉTUDIANT. — Certainement, madame, je suis sportif. Je fais des sports et je vais 25 souvent au stade; je regarde un match de football ou de basketball avec plaisir.

LE PROFESSEUR. — Avez-vous des vacances en automne, mademoiselle Robertson?

L'ÉTUDIANTE. — Nous n'avons pas de vacances en octobre, mais nous avons des vacances à la fin de novembre, pour *Thanksgiving*. Y a-t-il un jour de *Thanksgiving* en France, madame? 30

LE PROFESSEUR. — Non, mademoiselle. Il n'y a pas de *Thanksgiving* en France. C'est une fête typiquement américaine. Mais il y a la fête de Noël comme aux États-Unis.

L'ÉTUDIANTE. — Est-ce que Noël est une grande fête en France? Y a-t-il des cadeaux de Noël aussi? Les étudiants ont-ils des vacances?

LE PROFESSEUR. — Bien sûr. Il y a des cadeaux de Noël dans chaque famille et les 35 écoles sont fermées.

UN ÉTUDIANT. — En France, les magasins sont-ils ouverts le jour de Noël?

LE PROFESSEUR. — Non, les magasins et les bureaux sont fermés. Et pendant les vacances de Noël, beaucoup de gens vont à la montagne où ils font des sports d'hiver. Faites-vous des sports d'hiver, M. Wilson? 40

---

[4] Prononcez **août** comme **ou**.

L'ÉTUDIANT. — Je fais quelquefois des sports d'hiver, madame. Mais l'hiver n'est pas ma saison favorite. Je préfère le printemps et j'aime particulièrement l'été.

LE PROFESSEUR. — Pourquoi?

L'ÉTUDIANT. — Eh bien, à mon avis, l'automne et l'hiver sont des saisons tristes, mélancoliques. Les nuits sont si longues! Moi, j'aime le soleil et la chaleur. Je 5 déteste le froid et l'humidité. A la fin du printemps et en été, le temps est sec; il fait généralement beau et chaud.

LE PROFESSEUR. — Qu'est-ce que vous faites pendant la belle saison?

L'ÉTUDIANT. — Je fais un voyage avec mon père et ma mère ou je fais des promenades avec des amis. Chaque année, nous faisons un grand pique-nique. 10

LE PROFESSEUR. — Je suis d'accord avec vous; l'été est une saison très agréable. Êtes-vous d'accord, mademoiselle Brown?

L'ÉTUDIANTE. — Certainement, madame, je suis d'accord. L'été est une saison très agréable, mais je n'aime pas l'été quand je vais à l'école d'été. Beaucoup d'étudiants vont à l'école d'été. 15

LE PROFESSEUR. — Et vous, monsieur Harris, aimez-vous l'été?

L'ÉTUDIANT. — Oh oui, madame. J'adore l'été. Il n'y a pas de piscine à côté de notre maison. Alors, je vais tous les jours à la plage; je suis au soleil. Je fais des promenades en bateau. La vie est belle!

LE PROFESSEUR. — Et après la classe de francais, où allez-vous? 20

L'ÉTUDIANT. — Hélas! Je vais au laboratoire de français. Je préfère la plage.

LE PROFESSEUR. — Oui, je comprends. Mais allez au laboratoire; c'est une bonne idée. Le laboratoire est très utile pour vous. Et faites attention à la prononciation. Faites attention aux verbes. Répondez correctement aux questions. Ne faites pas de fautes. Bon courage et bonne chance. 25

Exercices

1. Questions sur la lecture. Répondez par des phrases complètes.

1. En quelle saison est Noël? En quelle saison est Pâques? **2.** Quelle fête y a-t-il en novembre aux États-Unis? Quand est-ce? **3.** Quel temps fait-il en hiver? **4.** Est-ce que les étudiants ont des vacances en hiver? Quand? **5.** De quoi les gens ont-ils besoin quand il pleut? **6.** Combien de semaines de vacances avez-vous en été? **7.** En quelle saison les arbres ont-ils des feuilles vertes? **8.** Fait-il froid en été? **9.** Quand les arbres sont-ils jaunes? **10.** Quelle tradition y a-t-il aux États-Unis et non en France pour Pâques?

2. Répondez aux questions par des phrases complètes.

1. Aimez-vous l'hiver? Pourquoi? **2.** Faites-vous des sports d'hiver? Pourquoi? **3.** Où allez-vous après votre classe de français? **4.** Y a-t-il une piscine près de votre maison? **5.** Avez-vous des cadeaux à Noël? **6.** Combien de fois par semaine allez-vous au laboratoire de français? **7.** Avez-vous besoin de votre imperméable aujourd'hui? Pourquoi?   **8.** Quel jour les gens vont-ils à l'église en général?   **9.** Quand allez-vous au cinéma? Allez-vous au cinéma seul(e)? **10.** L'été est une belle saison. Êtes-vous d'accord? Pourquoi?

3. Écrivez **en, au** ou **aux** pour compléter les phrases.

1. Tokio est __ Japon.   **2.** Mon père va __ Europe.   **3.** La famille de Lisa est __ Brésil.   **4.** Elle fait un voyage __ Texas (*m.*).   **5.** Paul et Robert sont __ Canada.   **6.** Votre ami va-t-il __ Mexique ou __ Argentine?   **7.** La Californie est __ Amérique, __ États-Unis.   **8.** Pendant les vacances, je vais __ Danemark et __ France. Je vais aussi __ Italie (*f.*) et __ Grèce (*f.*).   **9.** Bruxelles est __ Belgique et Lisbonne est __ Portugal (*m.*).   **10.** L'hiver est agréable __ Floride, mais il fait très froid __ Norvège (*f.*).

4. Écrivez à la forme interrogative avec inversion.

1. Richard a sa voiture aujourd'hui.   **2.** Les étudiants font des exercices au laboratoire.   **3.** Marc et Jeannette vont au concert.   **4.** Barbara va à la montagne; elle fait des sports d'hiver.   **5.** Votre professeur est anglais.   **6.** Jacques et Bob vont au bord de la mer.   **7.** Votre mère fait beaucoup de voyages. **8.** La famille de son père est en France.   **9.** Il y a beaucoup d'étudiants absents. **10.** Jean a un ami canadien.

5. *Composition:*

a) Quelle saison préférez-vous? Pourquoi?
b) Votre semaine d'étudiant. (Où allez-vous? Avec qui? Que faites-vous? Quand? Pourquoi?)
c) Les différentes saisons dans votre ville ou dans votre état.

Prononciation

A. Les voyelles [i] et [e]. Prononcez après votre professeur:

[i]   Le livre gris de **Gigi** est **ici.**
Mon am**i** Henr**i** est pet**it.**
L'exerc**i**ce diff**i**cile est f**i**n**i.**
La c**i**vilisation de la S**i**cile.

[e]   **É**coutez et répétez.
J'**ai** des cahiers et des papiers.
Préf**é**rez-vous l'**é**té?

B. Prononcez [e] pour: **é**

       er   (terminaison des noms et des verbes)
       ez   (2ᵉ personne du pluriel des verbes)
       et   et les articles: **les, des,** etc.
       j'ai

c. La voyelle [u] (groupe **ou**). Prononcez après votre professeur :

[u] nous, vous, sous, rouge,
toujours, tous les jours.
Où êtes-vous?
Douze blouses rouges.

Vocabulaire

NOMS

une année	un lac	la nature	une raison
le brouillard	un match	Noël	une rivière
un cadeau	la mer	la nuit ≠ le jour	une rose
la chaleur ≠ le froid	un mois	un œuf	une saison
la chance	janvier	Pâques	le printemps
le charme	février	un parapluie	l'été (*m.*)
un commencement ≠ une fin	mars	un pétunia	l'automne (*m.*)
le coton	avril	un pique-nique	l'hiver (*m.*)
le courage	mai	une piscine	un sport (d'hiver)
l'eau (*f.*)	juin	une plage	un stade
une excursion	juillet	un plaisir	une tradition
une fête	août	une plante	une tulipe
un géranium	septembre	la pluie	des vacances (*f.*)
l'humidité (*f.*)	octobre	la poésie	un vêtement
une idée	novembre	une promenade	un voyage
un imperméable	décembre		

ADJECTIFS

agréable	étrange	léger / légère	sec / sèche
court(e) ≠ long(ue)	humide ≠ sec	magnifique	sportif(ve)
doré(e)	joyeux / joyeuse	mélancolique	

VERBES

aller: je vais, tu vas, il va,
    nous allons, vous allez, ils vont
avoir besoin de
être d'accord

faire: je fais, tu fais, il fait,
    nous faisons, vous faites, ils font
faire attention à
il fait chaud ≠ froid

il fait frais
il fait nuit ≠ jour
il neige
il pleut

MOTS INVARIABLES ET EXPRESSIONS

à mon (votre) avis	au soleil	en automne	pendant
au bord de	certainement	en été	tard ≠ tôt
au commencement ≠ à la fin	combien de . . .?	en hiver	typiquement
au printemps	comme	enfin	

11

POINTS DE REPÈRE

Parlez-vous anglais dans la classe de français?

Non, nous ne **parlons** pas anglais, nous **parlons** français.

*

Vos exercices sont-ils difficiles?

Oui, quelquefois, **nos** exercices sont difficiles.

*

Voilà un journ**al** amusant.

Voilà des journ**aux** amusants.

*

C'est un garçon curi**eux.**

C'est une jeune fille curi**euse.**

*

Ces journaux sont intéressants.

Cet étudiant est sérieux.

*

Dans mon jardin, il y a **de** beaux arbres et **de** belles fleurs.

*

Qui prépare le dîner dans votre famille?

Qu'est-ce que vous faites après le dîner?

*

Le dimanche, je reste **chez** moi.

*

C'est mon ami. Il est **architecte.**

*

DÉVELOPPEMENT GRAMMATICAL

1. Parlez-vous anglais dans la classe de français?

Non, nous ne **parlons** pas anglais, nous **parlons** français.

Comparez:

Où **habitez-**vous?	J'**habite** dans la rue Lincoln.
Barbara **habite-**t-elle en ville?	Non, elle **habite** à la campagne.
Où votre père **travaille-**t-il?	Il **travaille** à la compagnie I.B.M.
Arrivez-vous en retard en classe?	Non, je n'**arrive** pas en retard, j'**arrive** à l'heure.
Où **étudiez-**vous à la maison?	J'**étudie** dans ma chambre.
A quelle heure **dînez-**vous?	Nous **dînons** à six heures du soir.
Parlez-vous français dans votre famille?	Non, nous ne **parlons** pas français, nous **parlons** anglais.
Les étudiants **travaillent-**ils beaucoup avant un examen?	Oui, ils **travaillent** beaucoup avant un examen.

◼ **J'habite, il travaille, j'arrive, nous dînons, nous parlons, ils travaillent, vous étudiez,** etc. sont des formes du PRÉSENT DE L'INDICATIF des verbes: **habiter, travailler, arriver, dîner, parler, étudier.**

La forme en **-er** est l'*infinitif*. L'infinitif est formé de deux parties:

ARRIV ER

le radical   la terminaison

Les verbes en **-er** sont généralement des verbes *réguliers*. Dans la conjugaison des verbes réguliers, le *radical ne change pas*.

parler		écouter	
Je **parle** français.		J' **écoute** la radio.	
Vous **parlez** anglais.		Vous **écoutez** la musique.	
Tu **parles** anglais.		Tu **écoutes** la musique.	
Nous **parlons** au professeur.		Nous **écoutons** le professeur.	
Il **parle** chinois.		Il **écoute** des disques.	
Elle **parle** chinois.		Elle **écoute** des disques.	
Ils **parlent** espagnol.		Ils **écoutent** la conversation.	
Elles **parlent** espagnol.		Elles **écoutent** la conversation.	

Les verbes réguliers en **-er** (excepté **aller**) sont conjugués comme **parler** et **écouter**. Les terminaisons du présent de l'indicatif sont:

	Singulier	*Pluriel*
1re *personne*	**-e**	**-ons**
2e *personne*	**-ez, -es**	**-ez**
3e *personne*	**-e**	**-ent**

Beaucoup de verbes français sont des verbes réguliers en **-er**.

aimer	dîner	fermer	ressembler (à)
arriver	détester	fumer	rester
continuer	donner	habiter	travailler
compter	écouter	inviter	téléphoner (à)
déjeuner	étudier	préférer	trouver
demander	expliquer	parler	etc.

NOTEZ: a) Ne prononcez pas **-es** (2e personne du singulier).

Ne prononcez pas **-ent** (3e personne du pluriel).

b) Quand le verbe commence par une voyelle ou par **h** muet, la négation est: **n' . . . pas.**

> Il **n'**écoute **pas** le professeur.
> Elle **n'**arrive **pas** en retard.
> Nous **n'**habitons **pas** à la campagne.

c) Il y a quelquefois une modification dans le radical de certains verbes pour des raisons de prononciation.

Les verbes en **-cer** (commencer) ont un **ç** devant **ons**.

> Nous commen**ç**ons notre examen à dix heures.

Les verbes en **ger** (corriger, manger) ont un **e** devant **ons**.

> Nous corri**geons** les exercices.
> Nous ne man**geons** pas dans la classe.

2. Vos exercices sont-ils difficiles?

Oui, quelquefois, **nos** exercices sont difficiles.

Comparez:

Mon ami est en Europe.   **Mes** amis sont en Europe.
Votre maison est confortable.   **Vos** livres sont intéressants.
Son père est riche.   **Ses** parents sont riches.
Leur fille est mariée.   **Leurs** enfants sont intelligents.

■ **Mes, vos, ses, leurs** sont des *adjectifs possessifs pluriels.*

Voilà la liste complète des *adjectifs possessifs:*

Dans **ma**	poche, j'ai	**mon** stylo et	**mes** clés.
Dans **ta**	poche, tu as	**ton** stylo et	**tes** clés.
Dans **votre**	poche, vous avez	**votre** stylo et	**vos** clés.
Dans ⎰ **sa**	poche, il a	⎰ **son** stylo et ⎰	**ses** clés.
Dans ⎱ **sa**	poche, elle a	⎱ **son** stylo et ⎱	**ses** clés.
Dans **notre**	poche, nous avons	**notre** stylo et	**nos** clés.
Dans **votre**	poche, vous avez	**votre** stylo et	**vos** clés.
Dans ⎰ **leur**	poche, ils ont	⎰ **leur** stylo et ⎰	**leurs** clés.
Dans ⎱ **leur**	poche, elles ont	⎱ **leur** stylo et ⎱	**leurs** clés.

ATTENTION: Mes parents ont une auto. **Leur** auto est noire.
Les étudiants ont **leur** stylo à la main.
M. et Mme Gordon sont avec **leurs** amis dans **leur** jardin.

(Mes parents ont **une** seule auto. Chaque étudiant a **un** stylo.
M. et Mme Gordon ont quelques amis, mais ils ont un seul jardin.)

---

3. Voilà un journ**al** amusant.
Voilà des journ**aux** amusants.

Comparez:

un journ**al** amusant	des journ**aux** amusants
un anim**al** domestique	des anim**aux** domestiques
un hôpit**al** moderne	des hôpit**aux** modernes
le problème princip**al**	les problèmes princip**aux**
un examen or**al**	des examens or**aux**

■ Le *pluriel* des adjectifs et des *noms* en **-al** est en **-aux**.
Le *féminin* des adjectifs en **-al** est régulier:

EXEMPLES: une autorisation **spéciale**
une composition **originale**
des idées **originales**

---

4. C'est un garçon curi**eux.**
C'est une jeune fille curi**euse.**

Comparez:

un livre ennuy**eux**	une leçon ennuy**euse**
un enfant joy**eux**	une personne joy**euse**
des étudiants séri**eux**	des étudiantes séri**euses**
des enfants heur**eux**	des jeunes filles heur**euses**

GRAMMAIRE

■ Le féminin des adjectifs qualificatifs en **-eux** est en **-euse.**

■ Les adjectifs qualificatifs en **-eux** au masculin singulier ne changent pas au pluriel.

---

5. Ces journaux sont intéressants.
Cet étudiant est sérieux.

Comparez :

Ce jardin est beau.   **Cette** jeune fille est canadienne.
Cet appartement est petit.   **Cette** maison est moderne.
Ces bâtiments sont hauts.   **Ces** universités sont célèbres.

■ **Ce, cet** (devant une voyelle ou **h** muet)
Cette   } sont des *adjectifs démonstratifs.*
Ces

Employez **ce, cet** devant un nom *masculin singulier.*
Employez **cette**   devant un nom *féminin singulier.*
Employez **ces**   devant un nom *pluriel* (masculin et féminin).

Notez les expressions de temps :   **Ce matin, ce soir, cet après-midi, cette semaine, cette année.**

---

6. Dans mon jardin, il y a **de** beaux arbres et **de** belles fleurs.

Comparez :

Voilà **des** maisons neuves.   Ce sont **de** belles maisons.
Il y a **des** arbres magnifiques.   Ce sont **de** vieux arbres.
Anne fait **des** compositions excellentes. Elle fait **de** bonnes compositions.
Voilà **des** livres intéressants.   J'ai **d'**autres livres à la maison.

■ Employez **de** à la place de **des** (*article indéfini pluriel*) devant un *adjectif qualificatif.*

NOTEZ : a) J'aime **les** promenades, **les** longues promenades à pied.
Mes parents préfèrent **les** vieilles maisons.

L'article *défini* pluriel ne change pas devant un adjectif qualificatif.

b) Les feuilles **des** grands arbres sont jaunes en automne.

Ici, **des** n'est pas un article indéfini, mais un article défini contracté :
des = de + les.

Comparez:

Qui est devant vous?
Jeannette est devant moi.
Qui déjeune avec vous?
Robert déjeune avec moi.

Qu'est-ce qui est à droite?
Notre maison est à droite.
Qu'est-ce qui est sur la table?
Mon livre est sur la table.

Qui regardez-vous?
Je regarde **Richard**.
Qui invitez-vous?
J'invite **mes amis**.

Qu'est-ce que vous regardez? **Que** regardez-vous?
Je regarde **la pendule de la classe**.
Qu'est-ce que vous faites? **Que** faites-vous?
Je fais **des exercices**.

Devant **qui** êtes-vous?
Je suis devant **Marc**.
A **qui** parlez-vous?
Je parle à **Daniel**.

Devant **quoi** êtes-vous?
Je suis devant **le tableau noir**.
A côté de **quoi** est-il?
Il est à côté de **la porte**.

■ **Qui, que, quoi**
Qu'est-ce qui, qu'est-ce que } sont des *pronoms interrogatifs*.

Pour une personne: employez **qui** { comme *sujet*.
comme *objet direct*.
après une préposition (avec, pour, devant, derrière, chez, etc.).

Pour une chose: employez **qu'est-ce qui** comme *sujet*.
qu'est-ce que
que { comme *objet direct*.
quoi *après une préposition* (à, de, avec, etc.).

Étudiez les phrases suivantes:

Je reste **chez** moi le dimanche soir.
Jean habite **chez** ses parents.
Je vais **chez** le dentiste.

■ **Chez** est une préposition (= à la maison de . . ., dans la maison de . . .)

Après **chez** employez seulement un nom ou un pronom qui représente une personne.

chez mes parents, **chez** vous, **chez** nous, **chez** moi
mais: **à** la banque, **à** l'université, **à** la bibliothèque, **dans** la classe, etc.

GRAMMAIRE

9. C'est mon ami. Il est **architecte.**

Comparez:

C'est mon père; il est américain.   C'est mon père; il est **médecin.**
Voilà ma sœur; elle est très jolie.   Voilà ma sœur; elle est **infirmière.**
Mon oncle est protestant.   Mon oncle est **dentiste.**
Ma tante est catholique.   Ma tante est **secrétaire.**

■ En français, les noms de professions après le verbe **être** sont considérés comme des adjectifs. Il n'y a pas d'article devant ces noms.

Il **est acteur,** (professeur, étudiant, architecte, ingénieur,
fermier, vétérinaire, chimiste, pharmacien, etc.)

ATTENTION: Il y a un article quand le nom de la profession est accompagné par un adjectif ou par une autre expression.

Il est **architecte.**   Ma tante est **secrétaire.**
Ils sont **étudiants.**   Elles sont **étudiantes.**

mais: C'est **un** architecte célèbre.   C'est **la** secrétaire de mon père.
Ce sont **des** étudiants sérieux.   Ce sont **les** étudiantes de Mme White.

Dans ces cas, employez **c'est** à la place de $\begin{cases} \text{il est} \\ \text{elle est} \end{cases}$

ce sont à la place de $\begin{cases} \text{ils sont} \\ \text{elles sont} \end{cases}$

Exercices

1. Écrivez la forme correcte du verbe.

1. Pourquoi (fermer)-vous la fenêtre? – Je (fermer) la fenêtre parce qu'il (faire) froid.   2. Ces étudiants (arriver) en retard parce qu'ils (habiter) loin.   3. Nous ne (aimer) pas la télévision, nous (préférer) la radio.   4. Quand il y (avoir) un bon programme, mes parents (regarder) la télévision.   5. Les étudiants (rester)-ils à la maison le samedi soir? – Non, ils (aller) au cinéma.   6. Votre père (travailler)-il le dimanche? – Il (rester) à la maison, il ne (aller) pas au bureau.   7. Quand je (inviter) mes amis, ils (arriver) à l'heure.   8. Le professeur (expliquer) la leçon, mais quelques étudiants ne (écouter) pas ses explications.   9. A qui (téléphoner)-vous? – Je (téléphoner) à mon ami Bob. 10. Où (étudier)-vous? – Je (étudier) à la bibliothèque.

2. Écrivez: a) à la forme interrogative avec inversion.
b) à la forme négative.

1. Sa mère travaille dans un bureau.   2. Vos amis Jones habitent à la campagne.   3. Le professeur explique les mots difficiles.   4. Cet appartement est

assez grand pour vous.   **5.** Jacques invite ses amis au restaurant.   **6.** Les étudiants déjeunent dans la classe.   **7.** Votre père voyage toujours en avion.   **8.** Son petit frère va à l'école élémentaire.   **9.** Jeannette a une sœur.   **10.** Lisa continue ses études à l'université.

3.   Employez la forme correcte de l'adjectif possessif.

1. Quand il pleut, les gens ont ___ parapluie ou ___ imperméable.   **2.** Nous habitons avec ___ parents; ___ maison est très agréable.   **3.** Vous faites ___ exercices et j'étudie ___ leçons.   **4.** J'ai ___ livres et ___ cahiers devant moi.   **5.** Voici Mme Simpson; ___ appartement est joli; mais ___ auto est vieille.   **6.** Les étudiants font ___ devoirs et ils étudient ___ leçons à la maison.   **7.** Pierre habite chez ___ grand-père et ___ grand-mère. Il fait des promenades avec ___ amis.   **8.** Je comprends ___ professeur de français; ___ explications sont claires.   **9.** Je vais souvent à la plage avec ___ amis Bob et Patrick et ___ sœurs.   **10.** Nous étudions pour ___ examen.

4.   Écrivez au féminin.

1. Ce jeune homme est très sérieux.   **2.** Voici le bâtiment central. (la bibliothèque)   **3.** C'est un problème capital. (une question)   **4.** Cet arbre est vieux. (la maison)   **5.** Ces étudiants sont curieux.

Écrivez au pluriel.

1. Voilà un hôpital neuf.   **2.** C'est un problème médical.   **3.** C'est un homme intelligent et ambitieux.   **4.** Cette magnifique église est célèbre.   **5.** Il y a un bureau spécial pour les étudiants.   **6.** Ce vieux texte est original.   **7.** C'est une question très générale.   **8.** Cet étudiant a une idée originale.

5.   Écrivez 6 questions avec des *pronoms interrogatifs;* répondez à ces questions.

6.   Placez les adjectifs correctement et faites les changements nécessaires.

1. Nous avons des fleurs dans notre jardin (beau, rouge).   **2.** A l'université, il y a des bâtiments (neuf, grand).   **3.** Barbara a une robe (joli, brun).   **4.** Ce sont des voitures (petit, pratique).   **5.** Dans cette ville, il y a des maisons (joli, espagnol).   **6.** Je vois des nuages (petit, blanc).   **7.** Près du lac, y a-t-il des hôtels (grand, moderne)?   **8.** Charles a des notes (mauvais), mais Richard a des notes (bon).   **9.** A la télévision, il y a des programmes (amusant, bon).   **10.** Marc a des livres (vieux, intéressant).

12

RÉALITÉS: Photo de famille

JEANNETTE. — Bonjour Richard. Qu'est-ce que vous faites?

RICHARD. — Oh! Jeannette! Quelle bonne surprise! Vous voyez, je regarde de vieilles photographies de ma famille. Voici une photo de l'année dernière. Ce n'est pas une très bonne photo parce que mes talents de photographe sont limités. Tout le monde[1] a l'air[2] un peu stupide sur mes photos, excepté nos deux chats 5 et notre chien. Les animaux sont toujours très naturels.

JEANNETTE. — Montrez-moi cette photo, s'il vous plaît. J'adore les photos de famille un peu ridicules et très traditionnelles . . . Mais où est-ce? Ce jardin est absolument ravissant et ces arbres sont splendides.

RICHARD. — Oh! Nous sommes chez nous, en Nouvelle-Angleterre. Il y a de très 10 grands arbres dans notre jardin . . . Regardez, voilà mes parents. Ici à droite, c'est mon père.

JEANNETTE. — Pas possible! Votre père? Il a l'air si jeune!

RICHARD. — Mais mon père n'est pas vieux; il a quarante-cinq ans. Il est blond et assez grand. Et voici ma mère devant lui. 15

JEANNETTE. — Quel âge a-t-elle?

RICHARD. — Elle a quarante ans. Elle est petite et très élégante. Elle a les yeux et les cheveux bruns. Et elle est désolée parce qu'elle a aussi quelques cheveux blancs.[3]

JEANNETTE. — Vous ressemblez à votre mère, Richard. Vous êtes brun aussi et vous avez les mêmes yeux. Qu'est-ce qui est à gauche sur la photo? 20

RICHARD. — C'est la porte du garage où il y a nos deux voitures et ma motocyclette.

JEANNETTE. — Que fait votre père dans la vie?

RICHARD. — Il travaille à la compagnie I.B.M. où il est ingénieur. Ma mère ne travaille pas. Elle reste chez nous, mais en réalité, elle a beaucoup de travail parce que notre maison est grande. Mes parents invitent souvent leurs amis. Ma 25 mère est une excellente cuisinière; elle fait très bien la cuisine.

JEANNETTE. — A côté de qui est-elle sur la photo?

---

[1] **tout le monde** = toutes les personnes d'une famille, d'une classe, d'un groupe. Après cette expression, le *verbe* est au *singulier*.

[2] **avoir l'air** (+ adjectif) = avoir l'apparence.

[3] le nom **cheveux** est généralement employé au pluriel.

(André de Dienes from Rapho Guillumette)

Au bord de la Seine: Notre-Dame de Paris.

RICHARD. — Elle est à côté de mon frère aîné, John. Il n'habite pas chez nous parce
qu'il est marié. Il habite dans un appartement avec sa femme. Ma belle-sœur
s'appelle Jacky. Mon frère est le mari de Jacky. Vous voyez Jacky assise sur
l'herbe, ici à droite.

JEANNETTE. — Qui est ce bébé? 5

RICHARD. — C'est ma nièce, Mary-Anne; c'est la fille de John et de Jacky. Elle a six
mois; elle est jolie et gracieuse. Elle a toujours l'air heureuse.

JEANNETTE. — Quelle est la profession de votre frère?

RICHARD. — Mon frère est avocat. Il travaille beaucoup parce qu'il est très ambitieux.
Il a beaucoup d'énergie et de courage. 10

JEANNETTE. — Avez-vous un neveu?

RICHARD. — Non, je n'ai pas de neveu, mais j'ai beaucoup d'oncles et de tantes. Mes
oncles et mes tantes sont les frères et les sœurs de mes parents. J'aime beaucoup
leurs enfants, mes cousins et mes cousines. En été, je vais chez mon oncle Larry

et chez ma tante Dorothée. Ils habitent à la campagne. Mon oncle est fermier; il a une grande ferme pleine d'animaux: des vaches, des moutons, des chevaux. Ma cousine Irène et moi, nous faisons des promenades à cheval dans la forêt. La vie à la campagne est merveilleuse.

JEANNETTE. — Oui, pendant les vacances d'été! Moi, je préfère la ville . . . Richard, 5
avez-vous des sœurs?

RICHARD. — J'ai seulement une sœur. Elle n'est pas sur cette photo. Ma sœur
Christine est en Suisse. Elle travaille dans un hôpital où elle fait ses études; elle
est infirmière.

JEANNETTE. — Quel âge a-t-elle? 10

RICHARD. — Elle a vingt et un ans. Elle n'est pas mariée, elle est célibataire. Mais
elle est fiancée. Voyez-vous ce grand jeune homme derrière ma belle-sœur?
C'est Marc, le fiancé de ma sœur. Il est médecin et il continue ses études de
médecine à l'université.

JEANNETTE. — Et cette vieille dame? 15

RICHARD. — C'est ma grand-mère, la mère de mon père. Elle est âgée, elle a soixante-
douze ans. Elle est très gaie et très amusante. Elle parle anglais avec l'accent
suédois parce qu'elle est née en Suède.

JEANNETTE. — A qui parle-t-elle sur la photo?

RICHARD. — Elle parle à son petit-fils, mon jeune frère Henri. 20

JEANNETTE. — Mais . . . que fait votre petit frère?

RICHARD. — Oh! Il joue avec sa tortue et notre chien Ric. Mon petit frère adore les
animaux. Il a des poissons rouges dans un aquarium et une souris blanche. Ma
mère est furieuse quand elle trouve dans la maison un lézard ou une grenouille.

JEANNETTE. — Quel âge a Henri? 25

RICHARD. — Il a six ans. Quelquefois il est très gentil.[4] Mais assez souvent il est absolument insupportable. Cette année, il est à l'école une partie de la journée. Alors
la maison est calme. C'est un grand avantage.

JEANNETTE. — Et votre grand-père?

RICHARD. — Mon grand-père est mort l'année dernière. Mes autres grands-parents 30
sont morts avant ma naissance.

JEANNETTE. — Quelle est votre date de naissance? Quand êtes-vous né et où êtes-
vous né?

RICHARD. — Je suis né à la Nouvelle-Orléans, le 23 novembre 1948 (dix-neuf cent
quarante-huit).[5] 35

JEANNETTE. — Mais aujourd'hui, c'est le 22! Eh bien, bon anniversaire, Richard.
A bientôt.

---

[4] Le féminin de **gentil** est **gentille**.
[5] L'abréviation de cette date est: 23/11/48. (Le jour est avant le mois et l'année.)
6/10/54 = le 6 octobre 1954; 12/3/65 = le 12 mars 1965.
Attention: le beau-frère/la belle-sœur; le beau-père/la belle-mère; le mari/la femme; l'homme/la femme;
le fils/la fille; le garçon/la fille.

Voici les nombres de 70 à . . .

soixante-dix; soixante et onze; soixante-douze; soixante-treize; etc.
    70   71   72   73

quatre-vingts; quatre-vingt-un; quatre-vingt-deux; quatre-vingt-trois; etc.
    80   81   82   83

quatre-vingt-dix; quatre-vingt-onze; quatre-vingt-douze; etc.
    90   91   92

cent; cent un; cent deux; etc. deux cents; deux cent un; etc.
100   101   102   200   201

mille; deux mille; trois mille; etc. cent mille; un million.
1.000   2.000   3.000   100.000   1.000.000

Exercices

1. Questions sur la lecture. Répondez par des phrases complètes.

    1. Quelle est la profession du père de Richard? Quel âge a-t-il? **2.** Le frère aîné de Richard est-il célibataire? Habite-t-il avec ses parents? **3.** Comment s'appelle la nièce de Richard? Quel âge a-t-elle? **4.** Richard est-il en ville en été? Où est-il? **5.** Richard aime-t-il la vie à la campagne? Jeannette est-elle d'accord? **6.** Où est Christine? Que fait-elle? **7.** Quels animaux y a-t-il chez Richard? **8.** Quand la maison est-elle calme? **9.** La grand-mère de Richard est-elle née aux États-Unis? Parle-t-elle très bien anglais? **10.** Quand la mère de Richard est-elle furieuse?

2. Répondez aux questions par des phrases complètes.

    1. Quel âge avez-vous? Quand est votre anniversaire? **2.** Quand et où êtes-vous né(e)? **3.** Quel âge ont vos parents? **4.** Avez-vous des frères et (ou) des sœurs? Comment s'appellent-ils (-elles)? Quel âge ont-ils (-elles)? **5.** Parlez-vous français chez vous? Quelle langue votre famille parle-t-elle? **6.** Avez-vous des cousins et des cousines? Sont-ils à l'université? Où habitent-ils? **7.** A quelle heure arrivez-vous à l'université? Avec qui? **8.** Téléphonez-vous souvent à vos amis? Quand? **9.** Avez-vous des grands-parents? Où sont-ils? **10.** Quand écoutez-vous la radio? Quand regardez-vous la télévision?

3. Faites une phrase avec chaque verbe.

    1. téléphoner (à) **2.** ressembler (à) **3.** écouter **4.** fumer **5.** rester
    6. détester **7.** travailler **8.** inviter **9.** déjeuner **10.** regarder

4. Remplacez les mots en italiques par un pronom interrogatif et écrivez la question.

    1. *Un étudiant* est à côté de vous. **2.** *Un avion* fait ce bruit. **3.** Vous voyez *des autos.* **4.** *Henri* téléphone tous les jours à votre frère. **5.** Vous arrivez à l'université avec *Bob.* **6.** *Le professeur* corrige les fautes. **7.** Le professeur explique *la leçon.* **8.** Vous faites votre devoir avec *votre stylo.* **9.** Vous habitez chez *M. Simpson.* **10.** Votre sœur fait *ses études de médecine.*

5. Écrivez en toutes lettres en français les dates suivantes.

   a) 5/6/36; 15/12/63; 13/9/47; 24/8/44; 30/5/51
   b) 1914; 1939; 1945; 1789; 1776; 1492; 1984; 1802

6. *Composition:*

   a) Décrivez votre famille.
   b) Faites le portrait d'une personne de votre famille.
   c) Imaginez une conversation entre deux étudiants à propos de leur famille.

Prononciation

A. Les voyelles [a] *et* [ɛ]. Prononcez après votre professeur:

[a]   La famille arrive mardi.
       Marc travaille à l'hôpital.
       La dame parle à sa chatte.
       Voilà l'avocat de la famille Laplace.

[ɛ]   Il **est** français; elle **est** anglaise.
       Estelle reste chez elle.
       La semaine dernière.
       Elle **fait** des **exercices** de français.

[a] [ɛ]   Elle aime cet appartement moderne.
           Isabelle parle à cette vieille dame.
           Quel âge a-t-elle?
           Bon Anniversaire, Jeannette!

B. Prononcez [ɛ] *pour* **è**
                          ê
                          ai (excepté: j'**ai**, g**ai**)
                          e + consonne prononcée dans la même syllabe:
                          cette, rester, belle.

C. La voyelle [ɑ̃] Prononcez après votre professeur:
                          dans, avant, grand, blanc, fiancé
                          accent, appartement, parents, enfant,
                          campagne.

Ce son est *une voyelle nasale.* Il y a quatre voyelles nasales en français.

Prononcez [ɑ̃] pour **an, am** ⎱ + consonne, excepté *m* et *n*
                      en, em ⎰

EXCEPTIONS:
    femme (Prononcez comme **d**ame.)
    examen, bien, chien (Prononcez **en** comme dans **vi**ngt.)

Vocabulaire

NOMS

un accent
un acteur
un âge
un anniversaire
un aquarium
un architecte
un avantage
un avocat
un bébé
un chat
un cheval
des cheveux (*m.*)
un chimiste
une conversation
un(e) cousin(e)
une cuisinière
un dîner

l'énergie (*f.*)
des études (*f.*)
une femme / un mari
une ferme
un fermier
un fils / une fille
une forêt
un frère / une sœur
une grand-mère /
   un grand-père
des grands-parents
une grenouille
un groupe
une infirmière
un ingénieur
un journal

une journée
un lézard
une main
un mari / une femme
un médecin
la médecine
une motocyclette
un mouton
la musique
une (date de) naissance
un neveu / une nièce
une occupation
un oncle / une tante
des parents
un petit-fils / une
   petite-fille

un pharmacien
un photographe
une photographie
un poisson
un programme
une radio
une secrétaire
une sœur/un frère
une souris
un talent
une tante/un oncle
une tortue
un travail
une vache
un vétérinaire
les yeux (*m.*)

ADJECTIFS

âgé(e)
aîné(e)
amusant(e)
calme
célibataire
chinois(e)
curieux / curieuse

désolé(e)
domestique
ennuyeux / ennuyeuse
fiancé(e)
furieux / furieuse
gentil(le)
heureux / heureuse

insupportable
japonais(e)
limité(e)
marié(e)
merveilleux / merveilleuse
mort(e)
naturel(le)

né(e)
original(e)
plein(e)   de
ridicule
sérieux / sérieuse
traditionnel(le)

VERBES

adorer
aimer
arriver
avoir l'air
commencer
compter
continuer
corriger

déjeuner
demander
dîner
donner
écouter
étudier
expliquer
faire la cuisine

faire ses études
fermer
fumer
habiter
inviter
jouer
manger
parler

préférer
prononcer
regarder
ressembler à
rester
téléphoner à
travailler
trouver

MOTS INVARIABLES ET EXPRESSIONS

à propos de   absolument   chez   tout le monde   un peu

13

POINTS DE REPÈRE

Les autos américaines sont **plus** grandes **que**
les autos européennes.

La composition de Richard est **meilleure**
que la composition de Barbara.

*

Que **voyez-**vous par la fenêtre?

Je **vois** les arbres de l'avenue.

*

Qu'est-ce que vous **lisez**?

Je **lis** un roman policier.

Que **dites-**vous le matin?

Nous **disons** "bonjour"

*

Je vois un étudiant **qui** n'écoute pas le professeur.

*

Richard est mon ami; je travaille avec **lui.**

*

Je n'**ai** pas **le temps de lire** des romans.

Je **suis obligé de faire** la cuisine.

*

On dîne à 7 heures ou à 8 heures en France.

A quelle heure dîne-t-**on** aux États-Unis?

*

Ma serviette est **pleine de** livres.

*

DÉVELOPPEMENT GRAMMATICAL

1. Les autos américaines sont **plus** grandes **que** les autos européennes.

La composition de Richard est **meilleure que** la composition de Barbara.

Comparez:

J'ai dix-huit ans; mon frère Marc a quinze ans; ma sœur Betty a vingt ans.

Marc est **plus** jeune **que** moi; je suis **plus** âgé **que** lui. Betty est **plus** âgée **que** nous.

L'auto est rapide.

L'avion est **plus** rapide **que** l'auto.
L'auto est **moins** rapide **que** l'avion.
Le train n'est pas **aussi** rapide **que** l'avion.

Chicago est grand.

Chicago est **moins** grand **que** New York, mais San Francisco est **plus** petit **que** Chicago.

Ma maison est grande.

Votre appartement est **aussi** grand **que** ma maison.

La composition de Barbara est bonne. La composition de Bob est excellente.

La composition de Bob est **meilleure que** la composition de Barbara.

◼ L'adjectif qualificatif a différents degrés. Voilà *le comparatif:*

Le comparatif *de supériorité:* **plus**
Le comparatif *d'infériorité:* **moins** $\Big\}$ + (adjectif) + **que**
Le comparatif *d'égalité:* **aussi**

L'adjectif est variable, naturellement.

ATTENTION: La cuisine de ma mère est bonne; elle est **meilleure que** la cuisine de la maison d'étudiants.

Le comparatif de supériorité de

bon		meilleur
bonne	est	meilleure
bons		meilleurs
bonnes		meilleures

2. Que **voyez**-vous par la fenêtre?

Je **vois** les arbres de l'avenue.

Comparez:

Qu'est-ce que vous **voyez** par la fenêtre de votre chambre?	Je **vois** une petite rue et des arbres.
Que **voyons**-nous quand nous allons au théâtre?	Nous **voyons** une pièce de théâtre.
Voyez-vous souvent des films étrangers?	Oui, je **vois** souvent des films italiens.
Les étudiants **voient**-ils toujours leurs fautes?	Non, malheureusement, ils ne **voient** pas toujours leurs fautes.

■ Ce verbe est le verbe **voir**. C'est un verbe irrégulier (comme **aller** et **faire**).

Voilà la conjugaison du verbe **voir**:

Je **vois** le ciel par la fenêtre.
Vous **voyez** (tu vois) les arbres.
Nous **voyons** les bâtiments de l'université.

Il **voit** ses amis tous les jours.
Elle **voit** un bon film.

Ils **voient** un programme de télévision.
Elles **voient** leur professeur.

---

3. Qu'est-ce que vous **lisez**?

Je **lis** un roman policier.

Que **dites**-vous le matin?

Nous **disons** "bonjour".

Comparez:

Qu'est-ce que vous **dites** le soir?	Nous **disons** «bonsoir» ou «bonne nuit».
Qu'est-ce que les étudiants **disent** à leur professeur?	Ils **disent** «bonjour», naturellement.
Qu'est-ce que vous **dites** à un ami avant son voyage?	Je **dis** «bon voyage».
Est-ce que vous lisez beaucoup de livres?	Oui, nous **lisons** beaucoup de livres. Les étudiants **lisent** toujours beaucoup de livres.
Lisez-vous quand vous êtes fatigué?	Oui, je **lis** un roman policier.

■ Ces verbes sont les verbes irréguliers: **lire** et **dire.**

lire	dire
Je **lis** mon journal.	Je **dis** bonjour le matin.
Vous **lisez** (tu lis) une revue.	Vous **dites** (tu dis) «au revoir».
Nous **lisons** nos notes de classe.	Nous **disons** «Bon Anniversaire».
Il **lit** une lettre.	Il **dit** bonsoir, le soir.
Elle **lit** ses notes.	Elle **dit** «Bonne Année».
Ils **lisent** un livre d'histoire.	Ils **disent** «Joyeux Noël».
Elles **lisent** leur composition.	Elles **disent** «à bientôt».

ATTENTION: a) Les verbes **lire** et **dire** ont les mêmes terminaisons au présent de l'indicatif, excepté à la 2e personne du pluriel. Remarquez le verbe **dire** : vous **dites.**

b) Remarquez aussi ces constructions:

Qu'est-ce que vous dites?

Je dis **que** je suis en retard.

Nous disons **que** le français est utile.

ET: Je dis au revoir **à** mes amis et **au** professeur.

4. Je vois un étudiant **qui** n'écoute pas le professeur.

Étudiez les phrases suivantes:

J'écoute le professeur **qui** explique la leçon.

Je regarde les gens **qui** sont dans l'autobus.

Voilà des avions **qui** passent dans le ciel.

La maison **qui** est au bout de la rue est très vieille.

Les enfants **qui** jouent dans le jardin sont mes cousins.

Les livres **qui** sont sur le bureau sont les livres de Barbara.

■ **Qui** est un *pronom relatif* (voir Grammaire générale, fin du 2e échelon). Il remplace un nom. Ce nom est l'antécédent du pronom relatif. Dans les exemples: **le professeur, les gens, des avions, la maison, les enfants, les livres** sont les différents antécédents de **qui.**

Qui a pour antécédent un nom de personne ou de chose, au singulier ou au pluriel.
Qui est le *sujet du verbe suivant.*
Qui ne change pas devant une voyelle.

5. Richard est mon ami; je travaille avec **lui.**

Comparez:

Après la classe, je vais chez **moi.**
Barbara est assise devant **nous.**
Betty et Marc sont de bons étudiants.

Richard a 20 ans; j'ai 19 ans.

Vous allez chez **vous.**
Charles est à côté d'**elle.**
Pour **eux,** la classe de français est assez facile.
Je suis plus jeune que **lui.**

■ Les pronoms **moi, vous, nous, elle, eux, lui** sont employés après une préposition (avec, pour, de, devant, derrière, avant, après, chez, etc.).

Ces pronoms s'appellent *pronoms personnels disjoints* ou *pronoms personnels accentués*. Ils sont employés aussi *dans une comparaison*.
Voici les *pronoms personnels accentués*:

Je suis chez **moi** à sept heures.
Tu vas chez **toi** en autobus.
Il reste chez **lui** le dimanche.
Elle est chez **elle** le samedi.

Nous sommes chez **nous** le matin.
Vous allez chez **vous** à pied.
Ils restent chez **eux** le soir.
Elles sont chez **elles** à midi.

6. Je n'**ai** pas **le temps de lire** des romans.
Je **suis obligé de faire** la cuisine.

Étudiez les phrases suivantes:

Je **suis obligé de** travailler en été parce que je ne suis pas riche.
Les étudiants **sont obligés de** travailler et d'étudier pour les examens.
Êtes-vous **obligé de** faire cette composition d'anglais?
Je n'**ai** pas **le temps de** bavarder avec vous.
Le dimanche, nous **avons le temps de** regarder la télévision.
Avez-vous **le temps d'**aller à la plage tous les jours?
J'**ai besoin d'**aller à la banque parce que j'ai besoin d'argent.
Nous **avons besoin de** manger tous les jours.
Les étudiants **ont besoin de** faire des exercices au laboratoire.

■ Les expressions: $\begin{cases} \textbf{être obligé(e) de} \\ \textbf{avoir le temps de} \\ \textbf{avoir besoin de} \end{cases}$ sont employés avec l'*infinitif.*

De est une *préposition.* En français, *après une préposition,* un verbe est *à l'infinitif.*

7. **On** dîne à 7 heures ou à 8 heures en France.
A quelle heure dîne-t-**on** aux États-Unis?

Comparez:

Les gens ne fument pas dans les cinémas.   **On** ne fume pas dans les cinémas.
Nous ne travaillons pas le dimanche.   **On** ne travaille pas le dimanche.
Les Français mangent beaucoup de pain.   **On** mange beaucoup de pain en France.

◼ Le pronom **on** est un pronom indéfini. Il indique généralement une quantité indéfinie de personnes (*nous, les gens, les Français, les Américains, tout le monde*). **On** est toujours le *sujet d'un verbe*. Ce verbe est à la 3e personne du *singulier*.

ATTENTION: Fume-**t**-on dans les théâtres?
A-**t**-on des vacances en été?, etc. (Cf.: A-t-il — Parle-**t**-elle?)

8. Ma serviette est **pleine de** livres.

Étudiez les phrases suivantes:

Les salles de classe sont **pleines de** tables et de chaises.
Le jardin est **plein de** fleurs.
Le divan est **garni de** coussins.
La pelouse est **couverte de** feuilles mortes.
Le mur est **orné d'**un tableau moderne.

◼ On emploie la préposition **de** après beaucoup d'adjectifs. Dans ce cas n'employez pas d'article devant un nom pluriel.

Exercices

1. Faites des comparaisons avec les éléments suivants.

    1. Les bicyclettes __ les autos (rapide).   **2.** Mon père __ ma mère (jeune).
    3. Les autos américaines __ les autos françaises (petit).   **4.** Les trois premières leçons du livre __ la leçon 13 (facile).   **5.** Ma classe de français __ mes autres classes (difficile).   **6.** Les roses __ les géraniums (beau).   **7.** Les journaux de New York __ le journal de mon université (intéressant et important).   **8.** En été __ au printemps (il fait chaud).   **9.** Une cravate rose __ une cravate noire (élégant).   **10.** Les montagnes d'Europe __ les montagnes d'Amérique (haut).

2. Écrivez la forme correcte du verbe.

    1. Le professeur (dire) que nos examens ne (être) pas bons.   **2.** Que (faire) vous le samedi soir?   **3.** Les étudiants ne (lire) pas leur livre pendant un examen.   **4.** Nous ne (voir) pas souvent le président de l'université.   **5.** Elle (faire) ses études à l'université; elle (dire) que ses professeurs (être) sévères. 6. Paul et Bob (aller) à la montagne; ils (faire) des sports d'hiver. 7. Que (dire) vos parents quand vous (parler) pendant une heure au téléphone? 8. Nous (lire) les phrases qui (être) sur le tableau. 9. Je ne (voir) pas mes parents tous les jours parce que je (habiter) dans une maison d'étudiants. 10. Quand nous (voir) notre professeur, nous (dire) bonjour.

3. Écrivez en une seule phrase les groupes de phrases suivants. Employez **qui.**

(Attention à la construction de la phrase.)

EXEMPLE: J'écoute l'étudiant. Il lit une phrase.
J'écoute l'étudiant **qui** lit une phrase.

1. Je regarde le professeur. Il explique la leçon. 2. Les étudiants ont de meilleures notes. Ils travaillent beaucoup. 3. Nous allons au restaurant. Il est au coin de la rue. 4. Les exercices sont assez difficiles. Ils sont dans le livre. 5. Je n'aime pas la voiture. Elle est devant le garage. 6. Mes parents ne regardent pas souvent la télévision. Ils sont très occupés. 7. J'ai un professeur de physique. Il habite près de chez moi. 8. Nous faisons les exercices. Ils sont dans notre livre. 9. Henri a une tortue et une souris blanche. Il adore les animaux. 10. Mon ami Bob arrive souvent en retard. Il a une vieille voiture.

4. Remplacez les mots en italiques par un pronom personnel accentué.

1. Je vais chez *mon amie* le dimanche. 2. J'habite avec *mes parents*. 3. Nous allons au cinéma avec *Jeannette et Alice*. 4. Quand je suis chez *mon oncle*, je fais des promenades avec *mes cousins*. 5. Le professeur est devant *les étudiantes*. 6. Dans ma classe de chimie, je suis à côté de *Jeannette*. 7. Nous habitons près de *M. et de Mme Stone*. 8. Je n'aime pas aller au match avec *mon ami Steve*.

5. Écrivez: a) 3 phrases avec **voir.**
             b) 3 phrases avec **lire.**
             c) 4 phrases avec **dire.**
Employez des sujets différents et des compléments différents.

14

RÉALITÉS: La maison

Bob. — Barbara! Barbara! Où allez-vous si vite? A la bibliothèque?

Barbara. — Oh! C'est vous, Bob. Non, je ne vais pas à la bibliothèque. Je n'ai pas besoin d'autres livres pour mon examen d'histoire, mais j'ai besoin de travailler. Excusez-moi. Je n'ai pas le temps de bavarder, je suis pressée; je vais à la station d'autobus. Je vois mon autobus qui arrive. 5

Bob. — Et Jean? Où est-il? Vous ne rentrez pas avec lui comme d'habitude?

Barbara. — Non, pas aujourd'hui. Sa voiture ne marche pas; elle a besoin de réparations. Alors, nous sommes obligés de prendre l'autobus. Au revoir, Bob. A demain.

Barbara quitte Bob. Elle monte dans l'autobus et elle paie son billet. Elle trouve une 10 place libre près d'une fenêtre et elle ouvre un livre. L'autobus est plein d'étudiants qui rentrent chez eux et tout le monde lit ou étudie. Mais voici Jeannette, l'amie de Barbara, qui monte aussi dans l'autobus. Jeannette est moins grande que Barbara et Barbara est un peu plus jeune que Jeannette. Les deux jeunes filles sont très différentes, mais leurs amis disent que Barbara est aussi sympathique 15 que Jeannette et que Jeannette est aussi bonne camarade que Barbara.

Barbara ferme son livre et les deux amies commencent une longue conversation. Elles parlent de leurs classes, de leurs professeurs, de leur travail; elle ne sont pas toujours d'accord et elles ne font pas attention aux gens qui sont dans l'autobus avec elles. Le temps passe vite et l'autobus arrive dans la rue où Barbara habite 20 avec ses parents. Les jeunes filles vont à pied jusqu'à la maison de Barbara. «J'aime beaucoup votre maison,» dit Jeannette. «Elle a l'air si confortable. Je voudrais[1] avoir une maison aussi. Nous habitons un appartement. C'est moins pratique qu'une maison.»

La maison des parents de Barbara est une maison américaine typique. Elle a deux 25 étages. Elle n'est pas plus haute que les maisons voisines qui ont deux étages aussi. Devant la maison, il y a quelques arbres, des plantes de toutes sortes, une belle pelouse verte et de superbes dahlias jaunes. Sur le toit, on voit une antenne de télévision. Au rez-de-chaussée, il y a de larges fenêtres. La maison n'est pas entourée de murs comme les maisons françaises ou italiennes. La mère de Barbara 30 est dans le jardin. Elle ramasse les feuilles mortes. Barbara présente son amie à sa mère: «Maman, je te présente mon amie Jeannette. Nous travaillons souvent

---

[1] **Je voudrais** est une forme verbale qui indique un désir:
  Ex: Je voudrais faire un grand voyage. Je voudrais une auto de sport.

Le Palais de Chaillot: Théâtre National Populaire et musée.

ensemble », dit-elle. Et la mère répond : «Bonjour, Jeannette. Je suis très contente de faire votre connaissance. Barbara parle souvent de vous. Entrez, vous êtes la bienvenue. »

Maintenant, les jeunes filles sont dans la salle de séjour. C'est une grande pièce, plus grande que les autres pièces de la maison. Il y a un tapis épais par terre. Les 5 meubles sont en bois clair et de style ancien. Contre le mur, on voit un divan garni de coussins de toutes les couleurs et devant le poste de télévision (le téléviseur), deux larges fauteuils ont l'air très confortables. De l'autre côté, il y a un grand meuble qui est une radio et un tourne-disque. Les parents de Barbara sont certainement des amateurs de musique; ils possèdent une magnifique collec- 10 tion de disques. Les murs de la salle de séjour sont décorés de reproductions de tableaux anciens. Sur la table basse, un grand vase est plein de belles roses rouges. Dans la cheminée, il y a un grand feu : il fait frais aujourd'hui. Un gros chat gris dort devant le feu. Tous les objets : lampes, cendriers, bibelots, sont originaux et de bon goût. 15

(Larrain from Magnum)

Un magasin de luxe: Hermès.

Entre la cuisine et la salle de séjour, il y a un espace avec une table ronde et des
  chaises: c'est le coin-salle à manger, ce n'est pas une vraie salle à manger tradi-
  tionnelle. De l'autre côté de la pièce, un buffet est contre le mur.
«Voilà maintenant la cuisine», dit Barbara. On voit une cuisinière électrique à
  gauche. L'évier est en face de la porte. A droite, il y a un énorme réfrigérateur. 5
  Dans cette cuisine, qui est plus moderne que la salle de séjour, la mère de Barbara
  prépare les repas de la famille. On apprécie beaucoup sa cuisine qui est
  «meilleure que la cuisine de tous les restaurants de la ville», dit le père de
  Barbara.
Montons au premier étage[2] par l'escalier. Voici trois portes. Ce sont les portes des 10
  chambres à coucher. La chambre des parents est plus grande que les autres.
  Voici la chambre de Barbara. Près du lit, il y a une petite table. A côté d'une
  bibliothèque pleine de livres, le bureau de la jeune fille est couvert de livres et
  de cahiers.

[2] ATTENTION: **au** rez-de-chaussée; **au** premier étage.
         A quel étage habitez-vous? **A** quel étage est votre chambre?
Dans une maison française, il y a *d'abord* le rez-de-chaussée, *puis le* premier étage.

Un grand magasin: Les Galeries Lafayette.

BARBARA. — Excusez-moi, Jeannette. Le matin, je suis pressée et je n'ai pas le temps de ranger mes affaires.

JEANNETTE. — Oh! Je comprends très bien. Ma chambre aussi est en désordre et ma mère aime l'ordre. Elle est souvent furieuse parce que je ne range pas bien mes affaires. Nous ne sommes pas toujours d'accord.   5

Près de la fenêtre, il y a une grande commode et un placard pour les vêtements. Les murs sont ornés de photos et de dessins. La fenêtre, qui est garnie de rideaux blancs, donne sur un petit jardin.

La salle de bain est au bout du corridor. Le père de Barbara dit souvent: «Une seule salle de bain pour une famille n'est pas suffisante». C'est vrai. Mais cette salle 10 de bain est très pratique et très originale avec sa baignoire et son lavabo noirs.

La maison est tranquille et harmonieuse. Les gens qui habitent ici sont certainement des gens heureux.

VOCABULAIRE ET EXPRESSIONS UTILES:

Quand on possède une maison, on est **le (la) propriétaire** de cette maison.

Un étudiant loue (**louer**) souvent **un appartement meublé**.

Quand on quitte sa maison pour longtemps, on **ferme** la porte **à clé**.

Le soir, quand il fait nuit, on **allume** (≠ on **éteint**) l'électricité.

Pour écouter un programme de radio, on **ouvre** (≠ on **ferme**) la radio.

Dans la baignoire, on **prend un bain**. Quand on est pressé, on **prend une douche**.

On pend les robes, les manteaux, les vestes sur **des cintres** dans **la penderie**.

Exercices

1. Questions sur la lecture. Répondez par des phrases complètes.

1. Avec qui Barbara rentre-t-elle chez elle généralement? **2.** Pourquoi Jean et Barbara sont-ils obligés de prendre l'autobus? **3.** Barbara a-t-elle le temps de bavarder avec Bob? **4.** Que font les étudiants qui sont dans l'autobus? **5.** De quoi et de qui Barbara et Jeannette parlent-elles? **6.** Combien d'étages a la maison de Barbara? **7.** Quelles pièces y a-t-il au rez-de-chaussée? **8.** Quels meubles voit-on dans la salle de séjour? **9.** A quel étage est la cuisine? Qui fait la cuisine? **10.** Combien de pièces y a-t-il au premier étage? Nommez les pièces.

2. Répondez aux questions suivantes.

1. A quelle heure rentrez-vous chez vous? Avec qui? Comment? **2.** De quoi avez-vous besoin pour vos classes à l'université? **3.** Qu'est-ce que vous êtes obligé de faire pour votre classe de français? (*donnez deux réponses au minimum*) **4.** De quoi avez-vous besoin pour passer un bon week-end? **5.** Posez-vous des questions dans votre classe de français? A qui? **6.** Qu'est-ce que vous n'avez pas le temps de faire très souvent? (*donnez deux réponses*) **7.** Qu'est-ce que vous voyez par la fenêtre de votre chambre? **8.** Combien de pièces a votre maison ou votre appartement? **9.** A quel étage est votre chambre? **10.** A votre avis, les meubles anciens sont-ils plus jolis que les meubles modernes?

3. Changez les phrases suivantes; employez les mots entre parenthèses.

EXEMPLE: Il y a beaucoup d'animaux dans la forêt (plein de).
La forêt est **pleine d'**animaux.

1. Il y a des tableaux sur les murs de ma chambre (orné de). **2.** Il y a beaucoup de fleurs dans ces jardins (plein de). **3.** Le 4 juillet, il y a des drapeaux dans les rues (orné de). **4.** Il y a beaucoup de livres et de cahiers dans ma serviette (plein de). **5.** Il y a des nuages dans le ciel (couvert de). **6.** Il y a des vêtements dans ma commode (plein de). **7.** En automne, il y a beaucoup de feuilles mortes sur les pelouses (couvert de). **8.** Il y a beaucoup de fautes dans vos devoirs (plein de). **9.** Il y a des dessins dans les livres (orné de). **10.** Il y a beaucoup de livres dans la bibliothèque (plein de).

4. Écrivez: a) 5 phrases avec **avoir besoin de**
   b) 5 phrases avec **avoir le temps de** } + infinitif
   c) 5 phrases avec **être obligé(e) de**

Employez la forme affirmative, négative ou interrogative. Employez des personnes différentes comme sujets.

5. *Composition:*
   a) Décrivez votre maison, à l'extérieur et à l'intérieur.
   b) Décrivez votre chambre ou une autre pièce de votre maison.
   c) Votre maison idéale. Où est-elle? Comment est-elle? Pourquoi?

Prononciation

A. **Les voyelles** [o] *et* [u]. Prononcez après votre professeur:

[o] l'**eau**, ch**au**d, b**eau**, m**o**t, n**o**s, v**o**s,
ch**au**de, f**au**te, j**au**ne, p**au**vre, ch**o**se, r**o**se,
l'**eau** ch**au**de,
v**o**s f**au**tes, v**o**s gr**o**sses f**au**tes,
des r**o**ses j**au**nes.

[o] [u] bea**u**c**ou**p de ch**o**ses,
de l'**au**tre c**ô**té de la pel**ou**se,
le b**eau** chapeau r**ou**ge.
J'**ou**vre le n**ou**veau j**ou**rnal.

[u] b**ou**t, d**ou**x, f**ou**, n**ou**s, v**ou**s, s**ou**s,
d**ou**ce, r**ou**ge, d**ou**ze, pel**ou**se, bl**ou**se,
t**ou**j**ou**rs,
t**ou**s les j**ou**rs.
Où tr**ou**ve-t-elle cette bl**ou**se r**ou**ge?
Il **ou**vre t**ou**j**ou**rs le j**ou**rnal à la page d**ou**ze.

B. **Prononcez:** [o] pour: **ô, o + s** prononcé (s = [z]), **o** final
au, eau

C. **La voyelle** [ɔ̃] Prononcez après votre professeur:
n**on**, m**on**, s**on**, t**on**, f**on**t, v**on**t,
b**on**, l**on**g, ils s**on**t, ils **on**t,
onze, l**on**gue, bl**on**de, r**on**de, **om**bre, t**om**be,
une l**on**gue leç**on**.
Les garç**on**s sont bl**on**ds.
Ils **on**t une l**on**gue compositi**on**.
Ils v**on**t à L**on**dres en avi**on**.

[ɔ̃] est une voyelle nasale.

D. **Prononcez** [ɔ̃] pour **on, om** (+ consonne, excepté **m** et **n**):
b**on**, m**on**, s**on**, n**om**, *mais* [ɔ] h**o**mme
onze, bl**on**de, r**on**de, aut**o**mne
b**o**nne

Vocabulaire

NOMS

des affaires (*f.*)	une commode	le goût	un rideau
un amateur	un coussin	un lavabo	une salle à manger
une antenne	un degré	un meuble	une salle de bain
une baignoire	le désordre	une pelouse	une salle de séjour
le (la) bienvenu(e)	un dessin	une penderie	une station d'autobus
un billet	un divan	une pièce	un style
le bois	l'électricité (*f.*)	un placard	un tableau
un buffet	un escalier	une place	un tapis
un cendrier	un étage	un(e) propriétaire	un téléviseur
une chambre (à coucher)	un évier	une réparation	un toit
une cheminée	une exception	un repas	un tourne-disque
un cintre	un fauteuil	une reproduction	un train
une collection	le feu	un rez-de-chaussée	un vase

ADJECTIFS

ancien(ne)	épais(se)	meilleur(e)	suffisant(e)
bas(se)	garni(e) de	orné(e)	superbe
décoré(e)	gros(se)	rapide	typique
énorme	harmonieux / harmonieuse	rond(e)	voisin(e)
entouré(e) de			

VERBES

allumer	faire la connaissance de	posséder
apprécier	lire	prendre
avoir le temps de	louer	présenter une personne
bavarder	marcher	quitter
dire	monter	ramasser
il dort (dormir)	payer	ranger
entrer	on pend (pendre)	elle répond (répondre)
être obligé de	poser une question	je voudrais

MOTS INVARIABLES ET EXPRESSIONS

à la place de	comme d'habitude	en désordre	moins . . . que
à pied	contre	longtemps	plus . . . que
aussi . . . que	en bois		

15

POINTS DE REPÈRE

Prenez-vous votre voiture pour aller à l'université?

Non, je **prends** l'autobus.

*

Le matin, je prends **un verre de** lait.

Les Américains mangent **moins de** pain
que les Français.

*

Le pain et **les** fruits sont bons.

Le matin, je mange **du** pain et **des** fruits.

*

Je mange **de la** viande.

Je **ne** mange **pas de** viande.

*

La plus grande ville **de** France est Paris.

*

J'aime **fumer** quand je travaille.

Mon père préfère **dîner** au restaurant.

*

Écoutez bien les explications.

Ne **faites** pas de fautes.

*

Nous faisons des exercices **tous** les jours.

Nous avons un examen **toutes** les semaines.

*

DÉVELOPPEMENT GRAMMATICAL

1. Prenez-vous votre voiture pour aller à l'université?

Non, je **prends** l'autobus.

Comparez:

Quand il pleut, je **prends** mon parapluie. Et vous?

Moi, je **prends** mon imperméable.

Pour aller en ville, vous **prenez** la rue Nationale, n'est-ce pas?

Nous, nous **prenons** l'avenue Jefferson.

A Paris, les gens pressés **prennent** un taxi.

A New York, on **prend** un métro rapide.

Quelles langues **apprenez**-vous?

J'**apprends** le français et le russe.

Vos frères **apprennent**-ils aussi le français?

Non, ils **apprennent** l'espagnol.

Est-ce que vous **comprenez** un film français?

Oui, je **comprends** assez bien.

Votre mère parle-t-elle français?

Non, mais elle **comprend** quand on parle assez lentement.

■ Ces verbes sont les verbes irréguliers **prendre, apprendre** et **comprendre.**

Voici la conjugaison du verbe **prendre:**

Je	**prends**	une tasse de café après le dîner.
Vous	**prenez**	(tu prends) un verre de lait.
Nous	**prenons**	un morceau de gâteau.
Il	**prend**	de l'orangeade.
Elle	**prend**	de la bière.
Ils	**prennent**	une tasse de thé.
Elles	**prennent**	une tasse de chocolat.

■ On conjugue les verbes **apprendre** et **comprendre** comme **prendre:**

apprendre			comprendre		
J'	**apprends**	le russe;	je	**comprends**	les explications du professeur.
Vous	**apprenez**	le russe;	vous	**comprenez**	les explications du professeur.
Nous	**apprenons**	le russe;	nous	**comprenons**	les explications du professeur.
Il	**apprend**	le russe;	il	**comprend**	les explications du professeur.
Elle	**apprend**	le russe;	elle	**comprend**	les explications du professeur.
Ils	**apprennent**	le russe;	ils	**comprennent**	les explications du professeur.
Elles	**apprennent**	le russe;	elles	**comprennent**	les explications du professeur.

GRAMMAIRE

ATTENTION: La troisième personne du singulier à la forme interrogative est:

Est-ce qu'il prend l'autobus? = **Prend-il** l'autobus?

Est-ce qu'elle apprend le russe? = **Apprend-elle** le russe?

Est-ce qu'il comprend l'arabe? = **Comprend-il** l'arabe?

(liaison avec **d** prononcé comme **t**)

2. Le matin, je prends **un verre de** lait.

Les Américains mangent **moins de** pain **que** les Français.

Étudiez les phrases suivantes:

Il y a **beaucoup d'**étudiants dans la classe de psychologie.

Cet étudiant a **beaucoup d'**imagination.

Je vais au cinéma ce soir parce que j'ai **peu de** travail.

Il travaille pendant le week-end; il a **peu d'**argent.

Paul ne va pas au cinéma ce soir; il a **tant de** travail!

Nous avons **trop de** devoirs et **trop de** leçons.

J'ai **assez d'**argent pour mon déjeuner.

Je mange **plus de** légumes **que** vous.

Vous avez **moins de** classes **que** moi.

Il y a **autant d'**étudiants **que** d'étudiantes à l'université.

Il y a une **vingtaine de** personnes dans la salle.

J'ai une **dizaine de** dollars dans ma poche.

et aussi

Je prends **une tasse de** café.

Vous avez **un verre de** bière.

Elle préfère **un morceau de** gâteau.

Il y a **un bouquet de** fleurs sur le bureau.

Il y a **une bouteille de** vin sur la table.

Notez aussi les autres expressions:

une dizaine de livres, **une trentaine de** dollars, **une centaine de** personnes, **une douzaine d'**œufs, etc.

■ Une *expression de quantité* est suivie de la préposition **de** (+ un *nom*).

3. Le pain et **les** fruits sont bons.
Le matin, je mange **du** pain et **des** fruits.

Comparez :

Le chocolat qui est dans la tasse est bon.   J'aime **le** chocolat.
Je prends **l'**argent qui est sur la table.   **L'**argent est nécessaire.
Au restaurant des étudiants, **la** viande n'est pas toujours bonne.   **La** viande est chère.
Les roses du jardin sont belles.   J'aime **les** roses.

■ En français, il y a généralement un *article devant le nom commun*. (Cf. p. 9)

Comme en anglais, employez un *article défini*, quand le nom est déterminé, c'est-à-dire quand il est employé dans un *sens spécifique*.

Employez aussi un *article défini* quand le nom est employé dans un *sens général*. En anglais, il n'y a pas d'article dans ce cas.

Comparez :

J'aime **le** chocolat. (*sens général*)
Le chocolat qui est dans la tasse est bon. (*sens spécifique*)
Je mange **du** chocolat avec plaisir. (*sens partitif*)

L'argent est nécessaire. (*sens général*)
Je prends **l'**argent qui est sur la table. (*sens spécifique*)
J'ai **de l'**argent dans ma poche. (*sens partitif*)

La viande est chère. (*sens général*)
Au restaurant des étudiants, **la** viande n'est pas toujours bonne. (*sens spécifique*)
Nous mangeons **de la** viande. (*sens partitif*)

■ Les articles **du, de la, de l'**, sont des *articles partitifs*.
L'article partitif indique *une quantité indéfinie d'une chose*.
Voilà d'autres exemples :

Pour le petit déjeuner, il y a **du** café et   J'ai **de l'**argent et **du** travail.
du thé, **du** sucre et **de la** crème, **du** lait,   Il a **de l'**énergie et **du** courage.
du pain et **du** beurre, **du** jus d'orange,   Vous avez **de la** chance.
de la confiture et **de l'**eau.   Elle a **de la** mémoire et **de l'**imagination.

■ Employez : **du**   devant un nom *masculin*
                    de la devant un nom *féminin*
                    de l'   devant un nom *masculin* ou *féminin* qui commence par une voyelle.

GRAMMAIRE

Comparez:

> J'aime **les** roses. (*sens général*)
> **Les** roses du jardin sont belles. (*sens spécifique*)
> Il y a **des** roses dans le vase bleu. (*sens collectif*)
>
> **Les** étudiants ne sont pas riches. (*sens général*)
> **Les** étudiants de la classe de français travaillent beaucoup. (*sens spécifique*)
> Je vois **des** étudiants devant la porte du laboratoire. (*sens collectif*)

■ L'article **des** a un sens collectif. Il indique *un nombre indéfini de personnes ou de choses*. Il est souvent possible de remplacer **des** par « **quelques** ». Ce n'est pas possible pour le partitif.

---

4. Je mange **de la** viande.
   Je **ne** mange **pas de** viande.

Comparez:

Je mange **de la** viande.	Je ne mange **pas de** viande.
Il prend **du** sucre.	Il ne prend **pas de** sucre.
Elle a **de l'**argent.	Elle n'a **pas d'**argent.
Vous avez **de la** chance.	Vous n'avez **pas de** chance.
Il y a **du** vent.	Il n'y a **pas de** vent.
Elle a **de l'**imagination.	Elle n'a **pas d'**imagination.

et

J'ai **des** amis.	Je n'ai **pas d'**amis.
Nous avons **des** examens oraux.	Nous n'avons **pas d'**examens oraux.
Elle mange **des** fruits.	Elle ne mange **pas de** fruits.

■ *A la forme négative* employez **de** sans article (**d'** devant une voyelle) pour remplacer: **du, de la, de l', des,** et aussi **un** et **une** (Cf. leçon 7, page 43).

NOTEZ:

> J'ai besoin **d'**argent.   Il a besoin **de** courage et **de** patience.
> Pour faire un gâteau, on a besoin **de** beurre et **de** sucre.

■ Avec « **avoir besoin de** », n'employez *pas d'article* quand le *sens est partitif*.

NOTEZ: beaucoup d'expressions idiomatiques avec **faire: faire du ski, du camping, du canotage, du tennis, de la natation**

et aussi: **faire du bruit, faire du feu.**

Comparez :

Le bâtiment de l'administration est beau et moderne.	Le bâtiment de l'administration est **le plus** beau bâtiment **de** l'université et c'est le bâtiment **le plus** moderne.
Ma chambre est agréable.	Ma chambre est la pièce **la plus** agréable **de** la maison, mais c'est **la moins** grande pièce.
Ces exercices sont difficiles.	Ce sont les exercices **les plus** difficiles **de** mon livre.
Le restaurant Grégoire est bon.	C'est **le meilleur** restaurant **de** la ville.
Les compositions de Charles et de Barbara sont bonnes.	Ce sont **les meilleures** compositions **de** la classe.

■ Le superlatif de supériorité et d'infériorité est indiqué par :

le plus, la plus, les plus + adjectif

le moins, la moins, les moins + adjectif

L'adjectif est normalement avant ou après le nom comme dans la forme simple. (Cf. leçon 7, page 44.)

Ce sont les gens **les plus riches** *de* la ville. Ils habitent **la plus belle** maison.
Voilà **le plus grand** hôtel *de* Paris. C'est aussi l'hôtel **le plus cher**.

■ L'adjectif est variable. Le complément du superlatif est introduit par **de**.

Étudiez les phrases suivantes :

J'aime beaucoup **fumer** une cigarette après le dîner.
Les étudiants préfèrent souvent **étudier** à la bibliothèque.
Mon père déteste **travailler** dans le jardin.
J'espère **aller** en Europe l'année prochaine.
Je voudrais **faire** le tour du monde.

■ Après les verbes **aimer, préférer, détester, espérer, je voudrais** (et beaucoup d'autres verbes) employez *immédiatement l'infinitif* de l'autre verbe, *sans préposition*.

L'adverbe est généralement entre les deux verbes.

■ Quand on emploie *deux verbes* successivement en français, le *2ᵉ verbe est toujours à l'infinitif*.

7. Écoutez bien les explications.

Ne **faites** pas de fautes.

Comparez:

Vous étudiez la leçon 15.	**Étudiez** la leçon 15.
Nous répétons les phrases.	**Répétons** les phrases.
Vous prenez votre cahier.	**Prenez** votre cahier.
Tu fais du camping.	**Fais** du camping.
Nous n'allons pas au restaurant.	**N'allons pas** au restaurant.
Vous ne faites pas ces exercices.	**Ne faites pas** ces exercices.

■ **Étudiez, répétons, prenez,** etc., sont des formes de *l'impératif.*
Il y a seulement 3 personnes à l'impératif en français.

1re personne du pluriel. (**nous**)
2e personne du pluriel. (**vous**)
2e personne du singulier. (**tu**)

ATTENTION: Les verbes en **-er** et **aller** n'ont pas de **-s** à la 2e personne du
singulier de l'impératif.
Étudi**e** ta leçon. V**a** chez le dentiste. Téléphon**e** à Paul.

8. Nous faisons des exercices **tous** les jours.

Nous avons un examen **toutes** les semaines.

Étudiez les phrases suivantes:

Tous les matins, je suis dans la classe de français.
Tous ces bâtiments sont vieux.
Je fais **tous** mes devoirs à la maison.

Je vais au cinéma **toutes** les semaines.
J'aime **toutes** mes classes.
Dans la classe de français, **tous** les étudiants et **toutes** les étudiantes parlent français.

■ **Tous** (masculin), **toutes** (féminin) sont des *adjectifs indéfinis.* Ils indiquent la totalité.
Ils sont employés pour les personnes et pour les choses au pluriel. Après **tous, toutes,**
employez un article défini, un adjectif possessif ou démonstratif.

NOTEZ: Tous les matins = le matin = chaque matin.
Tous les jeudis = le jeudi = chaque jeudi.

Exercices

1. Écrivez: a) 4 phrases complètes avec le verbe **prendre.**

b) 3 phrases complètes avec le verbe **apprendre.**

c) 3 phrases complètes avec le verbe **comprendre,** à la forme affirmative, négative ou interrogative. Employez des personnes différentes comme sujets.

2. Complétez les phrases par un *article défini* ou par un *article indéfini.*

1. Mes voisins ont __ enfants, __ jeunes enfants. 2. __ enfants de mes voisins sont très gentils. 3. __ meubles de notre salle à manger sont anciens. 4. En général, je préfère __ meubles de style moderne. 5. Mon père aime __ chats. Nous avons __ chats; nous avons aussi __ chiens. 6. Généralement __ chats n'aiment pas __ chiens. 7. __ étudiants de l'université ont de 18 à 25 ans. 8. Je vois __ étudiants qui bavardent dehors. 9. Il y a __ étudiants sérieux dans cette classe; ils ont __ bonnes notes. 10. J'adore __ sports d'hiver; je fais __ sports d'hiver chaque année. __ sports d'hiver sont bons pour la santé.

3. Complétez les phrases par **du, de la, de l', ou de.**

1. Pour son petit déjeuner, il prend __ pain et __ beurre avec __ confiture. 2. Je mange __ salade verte à chaque repas. 3. Mes grands-parents ne mangent pas __ viande. 4. Sur la table, il y a un bouquet __ fleurs. 5. Mes amis ont __ argent; ils ont beaucoup __ argent. 6. Voici une tasse __ café et un verre __ eau. 7. Mon frère a __ courage, mais il n'a pas beaucoup __ ambition. 8. Dans cette classe, nous avons plus __ devoirs et moins __ examens que dans la classe d'espagnol. 9. Robert prend un morceau __ gâteau et __ jus d'orange. 10. Nous avons __ orangeade et __ thé pour le pique-nique.

4. a) Faites des comparaisons avec les éléments suivants:

1. (manger) les Anglais, les Français — du pain. 2. (il y a) en Europe, aux États-Unis — des voitures. 3. (avoir) San Francisco, Los Angeles — des habitants. 4. (on voit) dans la montagne, au bord de la mer — de la neige. 5. (il y a) à Paris, à Londres — du brouillard.

b) Lisez le texte suivant et écrivez 3 phrases au superlatif à propos de la famille Gordon.

Charles et Anne Gordon ont trois enfants. Le père est très grand; il a 45 ans. La mère a 42 ans. La fille aînée, Alice, a 18 ans. Florence a 15 ans et Christophe est un bébé. Alice est très intelligente; au collège, elle a de très bonnes notes. Florence a seulement des C et des D, mais elle est très jolie. Le bébé est très gai et il est toujours content.

5. Donnez les deux formes du pluriel de l'*impératif affirmatif et négatif.* (Faites les changements nécessaires.)

1. téléphoner à ses amis. 2. aller chez son professeur de musique. 3. faire un pique-nique. 4. prendre ses repas au restaurant. 5. apprendre sa leçon.

16

RÉALITÉS: Repas d'anniversaire

Deux heures sonnent. La classe de psychologie est finie. Tous les étudiants quittent la classe. Cinq ou six jeunes gens[1] et jeunes filles parlent avec animation. Dans ce groupe, il y a une jeune fille brune qui reste silencieuse. Elle dit enfin:

ALICE. — Alors, vous êtes d'accord? Rendez-vous chez moi, ce soir, à sept heures. Le dîner est à huit heures. Jeannette, pensez au gâteau. Et vous, Robert, n'oubliez 5 pas les tasses et les cendriers, s'il vous plaît. Charles, vous apportez des petits pains,[2] n'est-ce pas?

JEANNETTE. — Alice, avez-vous besoin d'assiettes et de verres?

ALICE. — Non, merci. J'ai assez d'assiettes et assez de verres à la maison.

ROBERT. — Est-ce que j'apporte de la bière? 10

ALICE. — Non, n'apportez pas de bière. C'est inutile, nous avons trop de bière. Comme boisson, apportez quelques boîtes de jus de fruits, si vous voulez. Quand on danse, on a soif.

ROBERT. — D'accord. A ce soir, Alice. Ne travaillez pas trop!

Quel est ce mystérieux rendez-vous chez Alice? Aujourd'hui, c'est l'anniversaire de 15 Barbara et ses amis organisent un dîner et une soirée en son honneur. Dans ce groupe de jeunes gens, on aime beaucoup Barbara. Ce n'est pas la plus jolie jeune fille du groupe, mais c'est certainement la plus gentille et la plus gaie.

Maintenant, Alice est chez elle. Elle prépare la table du dîner. La table est couverte d'une jolie nappe blanche. Sur la table, Alice pose les assiettes avec les serviettes 20 (de table). A gauche et à droite de chaque assiette, elle place une fourchette, une cuiller et un couteau. Il y a un verre devant l'assiette.

Voilà les invités qui arrivent. Tout le monde est à l'heure. Les jeunes filles ont beaucoup de paquets; les jeunes gens apportent des bouteilles de jus de fruits, de bière et de vin. Il y a aussi une bouteille de champagne. Marianne place un gros 25 bouquet de fleurs au milieu de la table. On est très occupé, ce soir, chez Alice. Tout le monde travaille. Quelques minutes avant huit heures, quand le dîner

---

[1] **des jeunes gens** est le pluriel de: **un jeune homme.** On emploie aussi cette expression collectivement pour les deux sexes.

[2] **des petits pains, des** petits pois, **des** jeunes filles, **des** jeunes gens, **des** grandes personnes. Ce sont des mots composés. Employez **des** (et non **de**).

est prêt, Barbara arrive. Elle est étonnée de voir tant de gens chez son amie. C'est une surprise pour elle. On crie joyeusement: «Heureux Anniversaire»! et Barbara voit sur son assiette, un tas de paquets. Ce sont les cadeaux de ses amis.

BARBARA. — Merci, merci! C'est la première fois que j'ai autant de cadeaux pour mon anniversaire. D'habitude, j'ai un cadeau de mes parents et quelquefois un cadeau 5 de mon frère. Aujourd'hui, c'est une montagne de cadeaux!

ROBERT. — Maintenant, vous êtes obligée d'ouvrir tous ces paquets avant le dîner. Alors, faites vite, Barbara, s'il vous plaît. Nous avons faim et soif. Nous sommes morts de faim et de soif!

Barbara ouvre les paquets. Chaque cadeau est une nouvelle surprise: des livres, un 10 disque, un collier, une broche, du parfum. Barbara remercie encore tous ses amis. Mais les garçons sont impatients: «Nous avons faim. A table! A table!»

Alors le dîner commence. On mange d'abord[3] des hors-d'œuvre[4]: des œufs, des radis, du fromage, des olives. La corbeille de pain passe et chaque personne prend un petit pain et du beurre. Puis[3] on mange de la salade. Ensuite,[3] il y a du poulet 15 rôti avec des légumes: des carottes et des haricots[4] verts.

«Encore un peu de poulet? — J'accepte avec plaisir; il est délicieux. » Et Robert prend un troisième morceau de poulet: il a bon appétit!

Tout le monde parle beaucoup. On rit, on chante. Bien sûr, on fait beaucoup de bruit. Mais les voisins qui sont aussi des étudiants comprennent la situation. 20

Enfin[3] c'est le moment du dessert. Il y a un superbe gâteau au chocolat[5]. Robert allume les dix-neuf petites bougies et il pose le gâteau sur la table devant Barbara. C'est impressionnant! Tous les invités regardent la jeune fille en silence: elle souffle toutes les bougies ensemble. Bravo Barbara! Toutes les bougies sont éteintes. Chaque invité prend un morceau de gâteau et une tasse de café. Il y a 25 du sucre et de la crème sur la table.

ALICE. — Félicitations, Jeannette. Ce gâteau est extraordinaire. C'est le meilleur gâteau du monde!

JEANNETTE. — Naturellement! C'est parce que ma mère est la meilleure cuisinière du monde! 30

Voilà d'autres étudiants qui arrivent. On pousse la table dans un coin; on enlève les assiettes et les verres. Alice pose une pile de disques de danse sur le phono (le tourne-disque) et la soirée commence. Les jeunes gens chantent, dansent, bavardent jusqu'à minuit. On boit du café glacé, du coca-cola, de la bière et même de l'eau quand on a très soif. 35

Maintenant, la soirée est finie. «C'est le plus joyeux anniversaire de ma vie», dit Barbara quand elle quitte ses amis.

---

[3] NOTEZ ces mots: **d'abord, puis, ensuite, enfin.** Ils indiquent une succession d'actions. Employez ces mots quand vous racontez une histoire oralement ou dans une composition.

[4] Il n'y a pas de liaison entre l'article et le nom. Cf. Leçon 8, page 52.

[5] NOTEZ la préposition: une glace **à** la vanille, une glace **au** café, une tasse de café **au** lait, une tarte **aux** pommes...

Exercices

1. Questions sur la lecture. Répondez aux questions par des phrases complètes.

1. Où les jeunes gens ont-ils rendez-vous? A quelle heure? **2.** Alice a-t-elle besoin de tasses? Y a-t-il assez de cendriers chez elle? **3.** Pourquoi les jeunes gens dînent-ils ensemble ce soir? **4.** De quoi ont-ils besoin pour la soirée? **5.** Pourquoi Barbara est-elle étonnée quand elle arrive chez Alice? **6.** Qu'est-ce qu'il y a sur l'assiette de Barbara? Pourquoi Barbara est-elle contente? **7.** Quel est le menu du dîner? **8.** Est-ce que les invités sont silencieux pendant le repas? **9.** Qu'est-ce que Barbara est obligée de faire à la fin du dîner? **10.** Qu'est-ce qu'on boit pendant la soirée?

2. Répondez aux questions suivantes.

1. A quelle heure et où prenez-vous votre petit déjeuner? **2.** Où déjeunez-vous pendant la semaine? Avec qui? A quelle heure? **3.** Dînez-vous souvent au restaurant? Quand? Pourquoi? **4.** Qu'est-ce que vous aimez manger quand vous avez faim? **5.** Qu'est-ce que vous aimez boire quand vous avez soif? **6.** Quel est le meilleur menu à votre avis? **7.** Quel dessert préférez-vous? **8.** Vos voisins font-ils du bruit quand ils ont des invités? **9.** Quand est votre anniversaire? Avez-vous des cadeaux généralement?

3. a) Écrivez l'article convenable (article défini *ou* article partitif).

1. Il y a ___ poulet pour le dîner. **2.** Mon petit frère Jacques aime ___ confiture. Il mange ___ confiture tous les jours. **3.** J'ai ___ argent dans ma poche. **4.** Nous avons ___ roses dans notre jardin parce que ma mère aime ___ roses. **5.** Il y a ___ sucre sur la table. Vous prenez ___ sucre dans votre café, n'est-ce pas? **6.** J'aime ___ carottes; ma mère prépare souvent ___ carottes pour le dîner. **7.** ___ thé et ___ café sont bons; je prends ___ café le soir. **8.** Prenez ___ salade. **9.** ___ gâteau est délicieux; chaque personne mange ___ gâteau avec plaisir. **10.** Quand j'ai faim, j'aime manger ___ viande et ___ légumes.

b) Écrivez les phrases de l'exercice 3a à la forme négative, excepté 9 et 10.

4. Complétez les phrases avec **tous** ou **toutes**.

1. ___ les professeurs ne sont pas américains. **2.** ___ les jeunes filles aiment danser. **3.** Je n'aime pas ___ les films étrangers. **4.** ___ les maisons sont en bois. **5.** J'apprends ___ mes leçons, mais je n'ai pas le temps de faire ___ mes devoirs. **6.** ___ les autos ne marchent pas bien. **7.** Nous avons un examen ___ les vendredis. **8.** J'ai besoin de ___ mes livres. **9.** Étudiez ___ ces phrases et faites ___ ces exercices. **10.** Je comprends ___ les explications du professeur.

5. Indiquez: a) 3 choses que vous aimez faire.
b) 3 choses que vous détestez faire.
c) 2 choses qu'on fait généralement dans votre famille.
d) 2 choses qu'on fait quand on est un bon étudiant (employez **on**).

6. *Composition*:
   a) Un repas chez vous, un jour de la semaine.
   b) Un repas au restaurant ou un repas chez des amis.
   c) Un repas d'anniversaire ou un repas de fête.

Prononciation

A. La voyelle   [ɔ] • Prononcez après votre professeur:

homme, personne, bonne, d'accord, j'apporte, carotte, chocolat, psychologie, étonné, honneur.
Paul est d'accord.
Votre note est bonne.
J'apporte votre jolie robe.
Robert téléphone à Victor.
L'horloge de l'école sonne.

B. Les voyelles   [ɔ] et [ɛ] • Prononcez après votre professeur:

Esther donne un verre de bière à Robert.
Juliette apporte une pomme verte à Paul.
Hector déteste la jolie robe d'Estelle.
En automne, la forêt est dorée.

C. La voyelle   [ɛ̃] • Prononcez après votre professeur:

bain, faim, main, pain, vin, plein, matin, simple, jardin, médecin.
C'est bien simple.
Le matin, le jardin est plein d'insectes.
Son cousin est médecin aux Indes.
J'aime le pain et le vin.

[ɛ̃] est une voyelle nasale.

Prononcez   [ɛ̃]   pour   **in, im**
                            ain, aim   } (+ consonne *excepté* **m** *ou* **n**)
                            ein
                            yn, ym

Vocabulaire

NOMS

une animation	la crème	le jus de fruits	un radis
l'argent (*m.*)	une cuiller	le lait	un rendez-vous
une assiette	le dessert	la limonade	la salade
l'autostop (*m.*)	une fourchette	un menu	un sens
la bière	le fromage	le métro	le silence
une boisson	un fruit	un moment	la situation
une bougie	un gâteau	le mondé	une soirée
un bouquet	la glace	une nappe	le sucre
une bouteille	un groupe	la natation	une surprise
le café	un habitant	une olive	une tasse
le canotage	des haricots verts	l'orangeade (*f.*)	le thé
une carotte	un honneur	le pain	le tour du monde
la chance	une horloge	un paquet	un verre
le chocolat	des hors-d'œuvre (*m.*)	une pile	la viande
une corbeille	un(e) invité(e)	un poulet (rôti)	un(e) voisin(e)
un couteau	des jeunes gens	une quantité	

ADJECTIFS

cher / chère	gai(e)	inutile	silencieux / silencieuse
délicieux / délicieuse	glacé(e)	mystérieux / mystérieuse	superbe
déterminé(e)	impatient(e)	prêt(e)	tous / toutes
éteint(e)	impressionnant(e)		

VERBES

accepter	on boit (boire)	organiser	pousser
apporter	chanter	oublier	prendre
apprendre	comprendre	ouvrir	on rit (rire)
avoir bon appétit	crier	penser (à)	souffler
avoir faim	danser	poser	vous voulez (vouloir)
avoir soif	enlever		

MOTS INVARIABLES ET EXPRESSIONS

assez (de)	d'abord	évidemment	sans
autant (de)	puis	d'habitude	si
	ensuite	jusqu'à	tant (de)
	enfin	peu (de)	trop (de)

GRAMMAIRE GÉNÉRALE
Les Adjectifs

En français comme en anglais, il y a *différentes sortes d'adjectifs*. En français, les adjectifs sont généralement variables.

1. *L'adjectif qualificatif* indique la qualité d'une chose ou d'une personne.

   Mon ami est **anglais.**   Robert est **intelligent.**

   Les montagnes sont **hautes.**   Le tricot est **noir.**

   Le livre **rouge** est sur la **petite** table.   C'est une **vieille** dame.

2. *L'adjectif possessif* indique la possession.

   J'aime beaucoup **ma** maison et **mon** jardin.

   Vos exercices sont-ils difficiles?

   Charles et Betty sont contents; **leurs** notes sont excellentes.

3. *L'adjectif interrogatif* est employé pour une question.

   Quelle classe avez-vous à 10 heures?

   Avec **quels** amis faites-vous ce voyage?

4. *Les adjectifs démonstratifs* indiquent un objet ou une personne.

   Cet exercice est difficile.

   Ce jeune homme s'appelle Marc.

5. Il y a aussi des *adjectifs indéfinis*.

   Écrivez **chaque** phrase; étudiez **chaque** verbe.

   Je déjeune **tous** les jours au restaurant.

   Il y a **quelques** personnes devant le cinéma.

GRAMMAIRE GÉNÉRALE

Adjectifs et Pronoms

Ma maison est confortable.
Quelle classe avez-vous à midi?
Ce journal est intéressant.

Ma, quelle, ce sont des adjectifs. *L'adjectif accompagne et détermine le nom.*

Voilà ma maison; **elle** est confortable.
Je téléphone à ma sœur **qui** est à New York.

Elle, qui sont des pronoms. *Le pronom remplace le nom.*

1. **Qui** voyez-vous? Je vois **mon ami Marc.**
    Que voyez-vous? Je vois **des autos.**

2. Cet étudiant travaille beaucoup. **Il** a de bonnes notes.
    Voilà Pierre. Je vais au cinéma avec **lui.**

3. Je vais chez mes amis **qui** habitent en Floride.

Dans les phrases 1, 2, 3, il y a différentes sortes de pronoms. *Un pronom* est un mot qui est employé généralement *à la place d'un nom* de personne ou de chose.

1. **Qui** et **que** sont des *pronoms interrogatifs.* On les emploie pour poser une question (Voir leçon 11, p. 76). Par leur forme, les pronoms interrogatifs font une distinction entre les personnes et les choses.

2. **Il** et **lui** sont des *pronoms personnels.* Ils remplacent *cet étudiant* et *Pierre.* Il y a plusieurs séries de pronoms personnels. Ces pronoms remplacent des noms de personnes et de choses. Il y a des *pronoms sujets:* **je, tu, il, elle, nous, vous, ils, elles.** Il y a aussi des *pronoms personnels objets* (Voir leçons 17, p. 120 et 19, p. 136), *pronoms personnels accentués.* (Voir leçon 13, p. 89.)

3. **Qui** est un *pronom relatif.* Il établit une relation entre son antécédent: *amis* et la proposition suivante. Il y a d'autres pronoms relatifs; par exemple **que** (Voir leçon 17, p. 124). **Qui** est sujet du verbe suivant. Il représente un nom de *personnes* ou un nom de *choses.*

Il y a encore d'autres pronoms: les pronoms possessifs, les pronoms démonstratifs, les pronoms indéfinis comme **on** (Voir leçon 13, page 90).

GRAMMAIRE GÉNÉRALE

Les Propositions

Je suis content   parce que j'ai un A.
     (A)   (B)

Les gens restent à la maison   quand il pleut.
          (A)   (B)

Les phrases précédentes ne sont pas des phrases simples, ce sont des phrases complexes. Il y a *deux verbes* dans chaque phrase: chaque phrase a *deux propositions:* (A) et (B).

La proposition (A) est complète; c'est une *proposition principale.*
La proposition (B) n'est pas complète; elle est dépendante; c'est une *proposition subordonnée.*

Les expressions **parce que** et **quand** sont des conjonctions. On emploie une conjonction pour joindre la proposition principale et la proposition subordonnée.

La Conjonction "que"

J'espère **que** vos parents vont bien.
Je pense **que** vous êtes d'accord avec moi.
Je suppose **que** mes amis sont à Paris.
Barbara dit **que** le professeur est malade et **qu'**il est à l'hôpital.

Le mot **que** est une conjonction qui joint la proposition principale à la proposition subordonnée. En français, il est absolument nécessaire d'employer la conjonction **que.** On n'emploie pas toujours cette conjonction en anglais.

Une vieille place de Paris: Place des Vosges.

TROISIÈME ÉCHELON

Photographies du 3e échelon:
Vie parisienne et vie de province

A gauche:
Le Jardin des Tuileries. Au fond, l'Obélisque de la Concorde
et l'Arc de Triomphe. (Morath from Magnum)

(Doisneau from Rapho Guillumette)

Une scène de la vie parisienne. La concierge et le facteur.

17

POINTS DE REPÈRE

Aimez-vous ces tricots de sport?

Non, je ne **les** aime pas.

*

A quelle heure **finissez**-vous votre travail?

Je **finis** mon travail à 11 heures.

*

Je **mets** mon cahier devant moi.

Je ne **sais** pas faire la cuisine.

*

Qu'est-ce que vous **allez faire** ce soir?

Je **vais préparer** mon examen d'anglais.

*

Avant la classe de français, je suis au laboratoire.

Avant de quitter la classe, je donne
mon devoir au professeur.

*

Je **viens** à l'université en auto.

*

Les exercices **que** nous faisons sont difficiles.

*

Il faut étudier pour avoir de bonnes notes.

*

DÉVELOPPEMENT GRAMMATICAL

1. Aimez-vous ces tricots de sport?
Non, je ne **les** aime pas.

Comparez:

Regardez-vous le professeur?	Oui, je **le** regarde.
Les étudiants écoutent-ils le professeur?	Oui, ils **l'**écoutent.
Avez-vous votre imperméable?	Non, je ne **l'**ai pas.
Montrez-moi votre livre.	**Le** voici.
Comprenez-vous la leçon 16?	Oui, je **la** comprends.
Étudiez-vous la leçon 17?	Oui, nous **l'**étudions.
Voyez-vous souvent votre amie Jeannette?	Non, je ne **la** vois pas souvent.
Où est votre composition?	**La** voici.
Faites-vous vos devoirs?	Oui, nous **les** faisons.
Aimez-vous les chats?	Non, je ne **les** aime pas.
Où sont vos parents?	**Les** voici.
Est-ce que vous **me** comprenez?	Oui, je **vous** comprends.
Le professeur **vous** corrige-t-il?	Oui, il **nous** corrige.
Vous ne **m'**écoutez pas, n'est-ce pas?	Non, je ne **vous** écoute pas.
Jeannette **vous** invite-t-elle quelquefois?	Oui, elle **m'**invite quelquefois.

■ **Le, la, l', les** sont des pronoms personnels. Ils remplacent: *le professeur, votre imperméable, votre livre, la leçon, Jeannette, votre composition, vos devoirs, les chats, vos parents.*
Me(m'), **nous**, **vous** sont aussi des pronoms personnels.
Le, la, l', les représentent des personnes *ou* des choses.
Tous ces pronoms sont des *pronoms personnels objets directs* des verbes.
Ces pronoms sont le plus souvent placés *immédiatement avant le verbe.*
Voici la liste complète des *pronoms personnels objets directs:*

Le professeur **me**	regarde et il **m'**	écoute.
Le professeur **vous**	regarde et il **vous**	écoute.
Le professeur **te**	regarde et il **t'**	écoute.
Le professeur **nous**	regarde et il **nous**	écoute.
Le professeur **le**	regarde et il **l'**	écoute. (*Paul*)
Le professeur **la**	regarde et il **l'**	écoute. (*Hélène*)
Le professeur **les**	regarde et il **les**	écoute. (*les étudiants*)

ATTENTION: à la forme négative: Je **ne le** vois **pas.** Il **ne m'**écoute **pas.**
à la forme interrogative: **Le** voyez-vous? **M'**écoutez-vous?

2. A quelle heure **finissez**-vous votre travail?

Je **finis** mon travail à 11 heures.

Comparez:

Finissez-vous vos devoirs le soir?	Oui, je **finis** mes devoirs le soir.
A quelle heure votre dernière classe **finit**-elle?	Elle **finit** à trois heures.
Finissez-vous toujours vos examens?	Non, nous ne **finissons** pas toujours nos examens.
Est-ce que votre petit frère **grandit**?	Oui, il **grandit** beaucoup. A son âge, les enfants **grandissent** beaucoup.
Est-ce que vous **brunissez** quand vous restez au soleil?	Non, je ne **brunis** pas, je **rougis**.
Pendant un examen, on est obligé de **réfléchir**, n'est-ce pas?	Oui, et quand on **réfléchit,** on ne fait pas de fautes stupides.
Qu'est-ce que vous **choisissez** comme dessert?	Je **choisis** des fraises à la crème.
Quel bâtiment est-ce qu'on **bâtit** à l'université?	Ces ouvriers **bâtissent** un nouveau théâtre.
Robert **réussit**-il à ses examens?	Bien sûr. Les étudiants sérieux **réussissent** toujours.

■ Ces verbes: **finir, grandir, brunir, rougir, réfléchir, choisir, bâtir, réussir** sont des verbes du *2e groupe*.

Les verbes du 2e groupe ont *l'infinitif* en **-ir** et ils sont *réguliers*. Ils sont conjugués comme **finir**.

Voilà par exemple le verbe **finir**:

> **finir**
>
> Je **finis** mon petit déjeuner à 8 heures.
> Vous fin**issez** (tu fin**is**) les exercices.
> Nous fin**issons** une dictée.
>
> Il **finit** sa composition.
> Elle **finit** son devoir.
>
> Ils fin**issent** leur dîner.
> Elles fin**issent** leur travail.

■ En français une forme verbale est composée de deux parties: *le radical* et *la terminaison* (parl**er**, fin**ir**). Cf. leçon 11, page 72.

Remarquez :

		Singulier	Pluriel
les terminaisons	1)	-is	-issons
	2)	-issez, -is	-issez
	3)	-it	-issent

l'infinitif en **-ir**

le suffixe **-iss** aux trois personnes du pluriel.

Très souvent les verbes du deuxième groupe sont formés sur un adjectif qualificatif.

blanc__	blanch**ir**	gros —	gross**ir**	rouge —	roug**ir**
brun __	brun**ir**	jeune __	rajeun**ir**	sale —	sal**ir**
grand __	grand**ir**	maigre __	maig**rir**	vieux (vieille) —	vieill**ir**

---

3. Je **mets** mon cahier devant moi.

Je ne **sais** pas faire la cuisine.

Comparez :

Où **mettez**-vous votre clé?	Je **mets** ma clé dans ma poche.
Où **mettons**-nous notre argent?	Nous **mettons** notre argent à la banque.
Où **met**-on la fourchette?	On **met** la fourchette à gauche.
Savez-vous l'allemand?	Oui, je **sais** l'allemand, mais je **sais** mieux l'espagnol.
Hélène **sait**-elle jouer au golf?	Non, elle ne **sait** pas jouer au golf.
Savez-vous où est le professeur?	Je ne **sais** pas où il est, mais je **sais** qu'il est malade aujourd'hui.

Mettre et **savoir** sont des verbes irréguliers; ce sont des verbes du *3e groupe.*

mettre	savoir
Je **mets** ma veste.	Je **sais** l'anglais.
Vous **mettez** (**tu mets**) un tricot.	Vous **savez** (**tu sais**) le russe.
Nous **mettons** notre manteau.	Nous **savons** le français.
Il **met** ses gants.	Il **sait** lire et écrire.
Elle **met** ses gants.	Elle **sait** nager.
Ils **mettent** leur chapeau.	Ils **savent** que je suis ici.
Elles **mettent** leur chapeau.	Elles **savent** qu'il est malade.

ATTENTION : N'employez pas **savoir** avec un *nom de personne* employé comme complément d'objet direct.

Employez **savoir** { avec un *nom de chose* employé comme complément d'objet direct.
avec un *verbe à l'infinitif.*
avec **que** + *proposition.*

4. Qu'est que vous **allez faire** ce soir?

  Je **vais préparer** mon examen d'anglais.

Comparez:

Je téléphone souvent à mon ami.	Ce soir, je **vais téléphoner** à mon ami.
Il fait beau aujourd'hui.	Demain, il **va faire** beau aussi.
Ce matin, nous n'avons pas d'examen.	Demain matin, nous **allons avoir** un examen.
Vous allez à la bibliothèque tous les jours.	Cet après-midi, vous n'**allez** pas **aller** à la bibliothèque.
Généralement, mes parents prennent des vacances en juillet.	L'été prochain, mes parents **vont prendre** des vacances en juin.
Nous faisons toujours un pique-nique à la fin du semestre.	La semaine prochaine, nous **allons faire** un pique-nique.

■ Le présent du verbe **aller** + *l'infinitif* d'un autre verbe indique le FUTUR.

NOTEZ: 3 emplois différents du verbe **aller:**

expression idiomatique: (Cf. leçon 1)

«Comment **allez**-vous? —Je **vais** très bien, merci».

verbe de mouvement: (Cf. leçon 9)

«Où **allez**-vous? —Je **vais** chez le dentiste».

verbe auxiliaire qui indique le futur:

«Qu'est-ce que nous **allons manger?** —Nous **allons manger** de la viande et des petits pois».

5. Avant la classe de français, je suis au laboratoire.

  Avant de quitter la classe, je donne mon devoir au professeur.

Comparez:

Il y a toujours un vieux film **avant** mon programme de télévision préféré.	J'étudie **avant de** regarder mon programme de télévision préféré.
Les étudiants sont nerveux **avant** les examens.	Les étudiants corrigent leurs fautes **avant de** donner leur composition au professeur.

■ **Avant** et **avant de** sont des prépositions.

Employez: **avant** avec un *nom.*

  avant de avec un verbe à *l'infinitif.*

Comparez :

Comment **venez**-vous à l'université?	Je **viens** en autobus.
Quand vos amis vont-ils **revenir?**	Ils vont probablement **revenir** demain.
A quelle heure votre père **revient**-il?	Il **revient** vers cinq heures.

■ **Venir** est un verbe irrégulier. C'est un verbe du *3e groupe*.

	venir	
Je	**viens**	à l'université à neuf heures.
Vous	**venez**	(**tu viens**) en auto.
Nous	**venons**	ici tous les jours.
Il	**vient**	en autobus.
Elle	**vient**	en autobus.
Ils	**viennent**	à pied.
Elles	**viennent**	à pied.

■ Les verbes **devenir** et **revenir** sont conjugués comme **venir**.

EXEMPLES : Quand nous allons en ville, nous quittons la maison à deux heures et nous **revenons** à six heures.

Cette jeune fille **devient** très jolie.

Comparez :

Voilà une jeune fille **que** je trouve sympathique.
Elle a une robe **que** j'aime beaucoup.

Les amis **que** nous invitons habitent près de chez nous.
Le livre **que** Paul étudie est intéressant.

■ **Que** (**qu'** devant une voyelle) est un pronom relatif. (Cf. Grammaire générale, p. 113.)

Que représente des personnes et des choses, au singulier et au pluriel.

Que établit une relation entre son antécédent (*une jeune fille, une robe, des professeurs, les amis, le livre, les gens*) et la proposition suivante.

Que est le *complément d'objet direct* du verbe suivant.

ATTENTION : 1) **Que** est différent de **qui** (Cf. leçon 13).

EXEMPLE : C'est une jeune fille **qui** a beaucoup de talent.
C'est une jeune fille **que** j'admire.

2) **Que** et **qui**, *pronoms relatifs* sont différents de **que** et **qui**, *pronoms interrogatifs* (Cf. leçon 11).

GRAMMAIRE

8. Il faut étudier pour avoir de bonnes notes.

Étudiez les phrases suivantes:

> **Il faut** travailler quand on a besoin d'argent.
> **Il faut** manger tous les jours.
> **Il faut** faire attention quand on parle français.

◼ **Il faut** est une expression impersonnelle qui indique la nécessité ou l'obligation (= il est nécessaire de . . . on est obligé de . . .).

Après **il faut,** employez l'*infinitif* du verbe principal. Le pronom **il** est impersonnel comme dans: **il** pleut, **il** neige, **il** fait froid.

LES TROIS GROUPES DES VERBES FRANÇAIS

◼ Les verbes français sont divisés en trois groupes:

a) *Les verbes du premier groupe* sont les verbes en **-er** comme **parler.** Ils sont réguliers (excepté **aller**). *Le radical[1] ne change pas.*

ATTENTION: Il y a quelques modifications dans le radical de certains verbes du 1er groupe:

acheter: J'ach**è**te des livres à la librairie.
  e → è devant une syllabe avec un **e** muet.
exagérer: Paul dit qu'il a une Cadillac; il exag**è**re. C'est une Ford.
  é → è devant une syllabe avec un **e** muet.
employer: On emplo**i**e cette expression en français.
envoyer: A Noël, j'envo**i**e des cartes à mes amis.
essuyer: J'essu**i**e les meubles de ma chambre.
  y → i devant une syllabe avec un **e** muet.

b) *Les verbes du deuxième groupe* sont les verbes en **-ir** comme **finir.** Ces verbes sont réguliers aussi. On emploie le suffixe **-iss** aux trois personnes du pluriel du présent de l'indicatif.

c) *Les verbes du troisième groupe* sont des verbes plus ou moins irréguliers.
Le radical de ces verbes change souvent.
L'infinitif des verbes du 3e groupe est terminé par:

> **-ir** (dormir)
> **-re** (faire, lire, vendre)
> **-oir** (voir)

Les formes de ces verbes sont quelquefois très irrégulières. Il faut apprendre par cœur les formes des verbes irréguliers usuels.

[1] En français, une forme verbale est composée de deux parties:

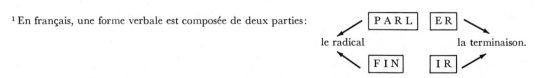

le radical — la terminaison.

Exercices

1. Remplacez les mots en italiques par un pronom personnel objet direct.

1. J'aime *les mathématiques* et j'étudie *les mathématiques*. 2. Nous regardons *la télévision* tous les soirs. 3. Ils savent *le vocabulaire* et ils emploient *le vocabulaire* dans leurs compositions. 4. J'achète *mes livres* au commencement du semestre, puis je lis *mes livres*. 5. Sylvie apprend *le russe* et elle parle assez bien *le russe*. 6. Voilà *nos amis;* je vois *nos amis*. 7. Je fais *ma composition* et j'oublie *ma composition* à la maison. 8. Finissez-vous *cette lettre* avant le dîner? 9. Barbara ramasse-t-elle *les feuilles mortes?* 10. Les étudiants aiment-ils *les examens?*

2. Répondez aux questions et employez un pronom objet direct dans la réponse.

1. Avez-vous votre livre de français aujourd'hui? 2. Faites-vous vos devoirs tous les jours? Quand? 3. Avez-vous votre imperméable aujourd'hui? Pourquoi? 4. Voyez-vous les arbres du campus par la fenêtre? 5. Quand faites-vous votre lit? 6. Qui fait la cuisine chez vous? 7. Prenez-vous l'autobus pour aller chez vous? Pourquoi? 8. Écoutez-vous la radio? Quand? Pourquoi? 9. Où les étudiants mettent-ils leurs livres dans la salle de classe? 10. Où mettez-vous la clé de votre maison (appartement)? 11. Est-ce que vous m'écoutez toujours attentivement? 12. Le professeur vous comprend-il quand vous posez une question? 13. Est-ce que nos parents nous comprennent? 14. Jean vous invite pour son anniversaire, n'est-ce pas? 15. Vos amis vous trouvent-ils sympathique ou insupportable?

3. Écrivez au futur (avec le verbe **aller**).

1. Il fait froid; je mets ma veste. 2. Je finis mon travail et je vais au lit. 3. Mes parents font un voyage en Europe; ils prennent l'avion. 4. Alice prépare le dîner, puis elle travaille. 5. Richard réussit aux examens et ses parents sont contents. 6. Je prends un taxi parce que je suis en retard. 7. Les jeunes filles organisent une soirée et elles font des gâteaux. 8. Je suis obligé d'aller à la banque et j'arrive en retard en classe. 9. Vous allez au Mexique et vous apprenez l'espagnol, n'est-ce pas? 10. Paul déjeune, puis il travaille.

4. Faites des phrases avec: a) *la 1re personne du singulier;* b) *la 3e personne du singulier;* c) *la 2e personne du pluriel des verbes* **réfléchir, choisir, mettre, savoir, venir** à la forme affirmative, négative ou interrogative.

5. Complétez les phrases avec **qui** ou **que** (pronoms relatifs).

1. C'est un restaurant ___ mes parents aiment beaucoup. 2. Les étudiants ___ travaillent font des progrès. 3. Mon ami a une petite sœur ___ adore les poissons rouges. 4. Les livres ___ vous voyez sur la table sont des livres russes. 5. Voici le journal ___ vous désirez. 6. C'est un homme ___ je trouve très sympathique. 7. Les leçons ___ nous étudions au laboratoire ne sont pas difficiles. 8. Nous employons le vocabulaire ___ nous savons. 9. Richard oublie le devoir ___ est sur son bureau. 10. Nous faisons un exercice ___ est compliqué.

18

RÉALITÉS: Dans les magasins

JEANNETTE. — Marianne! Marianne! Venez-vous? Il est trois heures moins vingt. La banque va bientôt fermer et nous avons besoin d'argent pour faire des courses. Nous allons revenir très tard comme d'habitude. Quand vous êtes plongée dans vos livres, vous oubliez le reste du monde. Vous exagérez!

MARIANNE. — Excusez-moi, Jeannette. Je viens. J'oublie l'heure qu'il est quand je 5 travaille, c'est vrai.

Les deux jeunes filles descendent l'escalier de leur maison et elles continuent leur conversation.

MARIANNE. — De quoi avons-nous besoin exactement? Allons-nous prendre la voiture? Le supermarché n'est pas très loin et . . . 10

JEANNETTE. — Marianne, vous n'êtes pas raisonnable! Avez-vous envie de porter trois ou quatre gros sacs de provisions jusqu'à la maison? Je sais que vous avez envie de maigrir, mais il y a des moyens plus sûrs et moins fatigants.

MARIANNE. — Évidemment, vous avez raison comme d'habitude et j'ai tort! Nous allons avoir un tas de paquets; il faut prendre la voiture. 15

JEANNETTE. — Avant d'aller dans les magasins, il faut aller à la banque. Puis, nous allons acheter des provisions pour le week-end. Le réfrigérateur est presque vide et vous avez l'intention d'inviter Paul et ses amis, samedi soir. Alors, il nous faut[1] de la viande et des légumes; nous avons aussi besoin de pain et de boissons.

MARIANNE. — Très bien . . . Oh! Jeannette! Vous savez qu'il y a une vente-réclame 20 de blouses chez Norton. Toutes mes blouses sont vieilles. Je les trouve horribles. J'ai absolument besoin d'une blouse neuve. Allons chez Norton.

JEANNETTE. — Je vois! Avez-vous besoin d'une blouse neuve ou avez-vous envie d'une autre blouse? Ce n'est pas exactement la même chose!

MARIANNE. — Eh bien! Je vais vous dire la vérité: je voudrais une blouse élégante 25 pour le mariage de Carole. Et je vais peut-être acheter des chaussures si elles sont bon marché.[2] Il faut profiter des occasions, vous savez.

JEANNETTE. — Vous avez raison. Pour une fois, vous êtes pratique. Moi, je vais aller à la librairie. Il me faut un livre de psychologie que je n'ai pas encore. Et n'oubliez pas! Il faut aller à la banque avant de faire les courses. 30

---

[1] Il **me** faut, il **nous** faut + *nom* = J'ai besoin de . . . nous avons besoin de . . .
[2] **Bon marché** est le contraire de **cher/chère**. C'est une expression invariable.

Têtes de veau:
la vitrine surréaliste
d'un magasin de quartier.

(Larrain from Magnum)

AU SUPERMARCHÉ

Les deux jeunes filles entrent dans un immense supermarché où on vend toutes sortes
de choses. Voici d'abord le coin des fruits et des légumes. Que de couleurs! Il y a
de grosses pommes rouges et vertes, des citrons jaunes, des oranges, du raisin
blanc ou noir. Il y a même des pêches et des fraises, mais elles sont très chères
parce que ce n'est pas la saison.   5

Jeannette choisit quelques bananes; elle les prend un peu vertes et elle les met dans
un sac. Elles ne sont pas très mûres, mais elles vont mûrir vite. Les jeunes filles
choisissent aussi une livre de poires, des noix, un ananas et trois pamplemousses.
«Et maintenant, nous avons besoin de légumes» dit Marianne. Elle achète des
asperges, des petits pois et des tomates. «N'oublions pas les pommes de terre.   10
Il nous faut des pommes de terre pour faire des frites. Paul les adore et il dit que
je les fais très bien,» ajoute Jeannette. Maintenant il faut choisir la viande. C'est
embarrassant! La viande est si chère pour les pauvres étudiants et pour les
étudiants pauvres! «Prenons un rôti de porc», dit Marianne. — «Le porc est
meilleur marché³ que le bœuf».   15

Les jeunes filles mettent dans leur petite voiture une bouteille de lait, une livre de
beurre et un morceau de fromage. Elles achètent aussi du pain, du riz, du
macaroni, puis elles vont à la caisse.

Là, Jeannette et Marianne sont obligées de faire la queue: il y a tant de clients le
vendredi dans un supermarché! Enfin, leur tour arrive; un vendeur enveloppe 20
et met dans des sacs les provisions que Jeannette paie avant de quitter le magasin
avec son amie.

DANS UN GRAND MAGASIN

A l'extérieur et à l'intérieur du magasin, il y a des vitrines pleines de vêtements d'hiver,
de costumes de ski et de cadeaux de Noël. On transforme le magasin; des ouvriers

³ **meilleur marché** = moins cher. C'est le comparatif de supériorité de "bon marché".

bâtissent une nouvelle façade. Le rayon des blouses est au quatrième étage. Les jeunes filles prennent l'ascenseur pour monter.

Voici une vendeuse qui demande à Jeannette et à Marianne: «Que désirez-vous, mesdemoiselles?» Elle a l'air très aimable, mais Jeannette et Marianne préfèrent choisir seules. Elles prennent plusieurs blouses; elles les regardent et elles les 5 comparent.

JEANNETTE. — Cette blouse est très jolie. Moi, je l'aime beaucoup, je la trouve[4] très chic. Et vous, comment la trouvez-vous?

MARIANNE. — Moi, je ne l'aime pas du tout. Le vert est une couleur que je déteste et spécialement en hiver. 10

JEANNETTE. — Et en été, vous ne le détestez pas? Quelle idée bizarre!

MARIANNE. — Mais non, ce n'est pas une idée bizarre. En été, je brunis et quand je suis bronzée, j'aime assez le vert. En hiver, je suis trop pâle. Avec une blouse ou avec une robe verte, j'ai l'air malade. Alors, je préfère le bleu.

Maintenant, Marianne a une blouse blanche à la main. Elle l'examine avec attention 15 et elle la montre à son amie.

MARIANNE. — Regardez, Jeannette. Je la trouve ravissante. Et c'est juste ma taille.

JEANNETTE. — Oui, elle est très jolie et je l'aime beaucoup. Mais combien coûte-t-elle?

MARIANNE. — Je ne sais pas. Je vais demander le prix à la vendeuse.

Marianne parle à la vendeuse et elle continue: 20

MARIANNE. — Elle est beaucoup trop chère pour moi. Toutes les choses que j'aime et que je choisis sont toujours trop chères pour moi. Quel dommage!

La jeune fille cherche une autre blouse, mais c'est vraiment la blouse blanche qu'elle préfère. Elle réfléchit. Jeannette regarde son amie.

JEANNETTE. — Eh bien! Essayez cette blouse. Vous allez prendre une décision plus 25 tard.

Marianne entre dans une petite pièce où les clientes essaient des robes, des jupes, des costumes. Elle essaie la blouse et elle la trouve encore plus jolie. Il faut trouver une solution à ce problème capital! Jeannette revient vers Marianne.

JEANNETTE. — Écoutez, Marianne, j'ai une idée. N'achetez pas de chaussures. Vous 30 avez assez d'argent pour la blouse.

MARIANNE. — Non, Jeannette. J'ai une meilleure idée. Je vais demander à Maman l'argent de mon cadeau d'anniversaire. Ainsi, je vais avoir la blouse et les chaussures. Jeannette, je suis géniale! Vous êtes d'accord, n'est-ce pas?

---

[4] Notez le sens du verbe **trouver** ici (= juger).

    EXEMPLE: Je **trouve** ma chambre confortable.
            Nous **trouvons** ce film intéressant.

Exercices

1. Questions sur la lecture. Répondez par des phrases complètes.

    1. Où les jeunes filles vont-elles aller avant de faire des courses? Pourquoi? **2.** Comment vont-elles au supermarché? Pourquoi? **3.** Qu'est-ce qu'un super-marché? **4.** Où Jeannette a-t-elle l'intention d'aller? Pourquoi? **5.** Quels fruits les jeunes filles choisissent-elles? **6.** Les fraises sont-elles bon marché? Pourquoi? **7.** Que font les jeunes filles avant de quitter le supermarché? **8.** Comment Jeannette et Marianne montent-elles au 4ᵉ étage? **9.** Comment Marianne trouve-t-elle la blouse blanche? **10.** Quelle solution trouve-t-elle au problème du prix?

2. Répondez aux questions par des phrases complètes.

    1. Aimez-vous aller dans les magasins pour faire des courses? Pourquoi? **2.** Allez-vous au supermarché? Quand? Comment? **3.** Quels fruits mangeons-nous en hiver? et en été? **4.** Où payez-vous dans un magasin? **5.** Faites-vous la queue quelquefois? Où? Pourquoi? **6.** Pourquoi faut-il aller à la banque? **7.** Est-ce que vous brunissez facilement? Quand? **8.** Que choisissez-vous comme dessert quand vous êtes au restaurant? **9.** De quoi avez-vous envie pour votre anniversaire (ou pour Noël)? **10.** Qu'est-ce que vous avez l'intention de faire samedi soir? Que faites-vous avant de revenir chez vous?

3. Écrivez au présent.

    1. Richard va choisir un cadeau pour sa mère et ses frères vont acheter des fleurs. **2.** Je vais prendre mon manteau parce qu'il va faire froid. **3.** Vous allez brunir quand vous allez être au soleil. **4.** Vont-ils corriger leurs fautes quand ils vont recopier leur composition? **5.** Je ne vais pas avoir le temps de finir cette lettre. **6.** Elle va faire beaucoup de progrès parce qu'elle va travailler plus régulière-ment. **7.** Ses parents vont quitter la ville parce que son père va avoir un nouveau poste. **8.** Nous allons voir un film excellent et nous allons revenir à 11 heures. **9.** Vous allez réfléchir avant de répondre et votre réponse va être correcte. **10.** Nous allons mettre notre imperméable parce qu'il va faire mauvais.

4. a) Écrivez :   *a)* 3 phrases avec **avant** + *nom.*
                   b) 3 phrases avec **avant de** + *infinitif.*

    b) Indiquez :   *a)* 2 choses que *vous avez l'intention de* faire pendant le prochain week-end; *b)* 2 choses que *vous avez envie de* faire l'année prochaine; *c)* 2 choses qu'*il faut faire* quand on est étudiant; *d)* 2 choses que *vous n'avez pas l'intention de* faire cette année; *e)* 2 choses que *vous savez faire.*

5. *Composition:*

    a) Vous allez au supermarché. Que faites-vous? Que voyez-vous?

    b) Vous avez besoin d'un cadeau d'anniversaire pour un(e) ami(e). Vous allez dans un magasin. Décrivez le magasin. Imaginez le dialogue avec le vendeur (la vendeuse).

    c) Décrivez un magasin important de votre ville.

Prononciation

A. La voyelle   [i] • Prononcez après votre professeur:

Ici, midi, chimie, timide, tapis,
difficile, Mississipi.

Lili finit sa chimie à midi et demi.
Félix quitte le Chili samedi.
Virginie habite ici.
Christine est difficile.

B. La voyelle   [y] • Prononcez après votre professeur:

du, jus, tu, une, lune,
mule, Jules, mur, sur,
russe, la rue, brune, prune,
sud, étude, flûte.

La mule de Jules est dans la rue.
Ursule a du jus de prune.

C. Prononcez après votre professeur. Faites attention au mouvement des lèvres:

    [i] [y]   figure, minute, ridicule, issue,

    [y] [i]   utile, humide, stupide, musique,

             unique, subtil, surpris.

Julie étudie la musique.
Lucie fume dans son lit.
C'est inutile et stupide.

D. Faites attention à ce son difficile. Prononcez après votre professeur:

    ui = [ɥi]   huit, nuit, puis, lui, suis, Suisse,
                    pluie, cuisine, juillet,

    ua = [ɥa]   nuage, situation,

    uè = [ɥɛ]   Suède,

    uin = [ɥɛ̃]   juin.

Vocabulaire

NOMS

un ananas	une fraise	un pamplemousse	la raison
une asperge	une livre	une pêche	un rayon
une banane	le macaroni	des petits pois	le riz
le bœuf	un moyen	une poire	une solution
la caisse	une nécessité	une pomme (de terre)	une taille
les chaussures (f.)	une noix	le porc	une tomate
un citron	une obligation	un poste	un vendeur / une vendeuse
un(e) client(e)	une occasion	un prix	une vente-réclame
une décision	une orange	un progrès	la vérité
une façade	un ouvrier	des provisions (f.)	une vitrine

ADJECTIFS

aimable	embarrassant(e)	impersonnel(le)	pâle
bizarre	fatigant(e)	mûr(e)	raisonnable
bronzé(e)	génial(e)	nerveux / nerveuse	sûr(e)
chic	immense	nouveau / nouvelle	vide

VERBES

ajouter(1)[1]	elles descendent (descendre, 3)	inviter (1)
avoir envie de	désirer (1)	maigrir (2)
avoir l'intention de	essayer (1)	mettre (3)
avoir raison ≠ avoir tort	exagérer (1)	mûrir (2)
bâtir (2)	examiner (1)	rajeunir (2)
blanchir (2)	faire des courses	rougir (2)
brunir (2)	faire la queue	salir (2)
chercher (1)	il faut (3)	savoir (3)
choisir (2)	finir (2)	on vend (vendre, 3)
coûter (1)	grandir (2)	venir (3)
demander (1)	grossir (2)	vieillir (2)

MOTS INVARIABLES ET EXPRESSIONS

avant de	comme d'habitude	presque	Quel dommage!
bon marché	meilleur marché	que	

[1] Le numéro qui est après le verbe indique le groupe du verbe.

19

POINTS DE REPÈRE

Répondez-vous quand le professeur vous pose une question?
Oui, je **réponds** à sa question.

*

A quelle heure **partez**-vous le matin?
Je **pars** à sept heures et demie.

*

Que dites-vous à votre ami quand vous le voyez?
Je **lui** dis bonjour quand je le vois.

*

Pensez-vous souvent à vos examens?
Oui, j'**y** pense souvent.

*

Finissez-vous vos devoirs ce soir?
Non, j'ai l'intention de **les** finir demain.

*

J'aime fumer **en travaillant.**

*

Il est utile **de** savoir les langues étrangères.
Je suis content **d'**aller à l'université.

*

DÉVELOPPEMENT GRAMMATICAL

1. Répondez-vous quand le professeur vous pose une question?

Oui, je **réponds** à sa question.

Comparez:

A la fin du mois, je suis pauvre. Mon ami me prête dix dollars.

Naturellement, je **rends** les dix dollars à mon ami le mois suivant.

Répondez-vous à toutes les lettres?

Oui, je **réponds** à toutes les lettres.

Qu'est-ce qu'on **vend** dans une pâtisserie?

On **vend** des gâteaux et des bonbons.

Attendez-vous vos amis quand ils sont en retard à un rendez-vous?

Oui, je les **attends** quelques minutes, mais je déteste **attendre** longtemps.

Les fenêtres de la classe sont fermées. **Entendez-**vous le bruit des voitures?

Non, je n'**entends** pas de bruit. J'**entends** la voix du professeur.

Dans les bâtiments qui ont beaucoup d'étages, on prend l'ascenseur.

On monte et on **descend** en ascenseur.

Ma mère **perd** toujours ses lunettes.

Moi, je **perds** toujours mon stylo.

■ Les verbes: **rendre**
répondre
vendre
attendre
entendre
descendre
perdre

sont des verbes du 3e groupe.
Ils sont conjugués comme **répondre.**

---

répondre

Je **réponds** à mon professeur.
Vous **répondez** (tu **réponds**) à Barbara.
Nous **répondons** à une question difficile.

Il **répond** à ses amis.
Elle **répond** à la lettre de sa mère.

Ils **répondent** à leurs parents.
Elles **répondent** aux questions de l'examen.

NOTEZ: Le **d** à la 3e personne du singulier.
Les consonnes non prononcées au singulier: je répon**ds**, tu répon**ds**, il répon**d**.

La forme interrogative: Répond-il?   Répond-elle?
t   t

2. A quelle heure **partez**-vous le matin?

Je pars à sept heures et demie.

Comparez:

Je suis fatigué parce que je ne **dors** pas assez. Combien d'heures **dormez**-vous?

A quelle heure **partez**-vous pour l'université?

Aimez-vous **sortir** le soir?

Je **dors** sept ou huit heures par nuit. Il faut **dormir** assez longtemps pour être en bonne santé.

Quand je suis seul, je **pars** à 7 heures. Quand je suis avec mon père, nous **partons** un peu plus tard.

J'aime **sortir**; mais je **sors** rarement pendant la semaine. Mon ami et moi, nous **sortons** le dimanche.

■ **Dormir, partir, sortir** sont trois verbes du 3ᵉ groupe. Ils sont conjugués de la même manière.

partir

Je **pars** pour l'Europe.
Vous **partez** (tu pars) en avion.
Nous **partons** ensemble.

Il **part** en bateau.
Elle **part** en auto.

Ils **partent** en train.
Elles **partent** en avion.

■ Remarquez l'emploi des verbes **quitter, partir** et **sortir:**

a) Employez **quitter** avec un *complément d'objet direct.*
Employez **partir** sans *complément d'objet direct.*

EXEMPLES: Je **quitte l'université** à 4 heures de l'après-midi.
Le train **quitte la gare** à minuit.

Je **pars** à midi.
Le train **part** à minuit.

b) **Partir** est le contraire de **arriver.**
Sortir est le contraire de **entrer.**

EXEMPLES: Nous allons **partir** pour l'Europe le 20 juin et nous allons **arriver** à Paris le 26 juin.

Les étudiants **entrent** dans la classe à 10 heures.
Ils **sortent** de la classe à 11 heures.

Attention à l'emploi des *verbes de mouvement* en français:

> Nous **venons voir** votre sœur.
> Je **sors acheter** du pain.
> Il **monte prendre** sa veste.

Employez l'*infinitif* immédiatement après **aller, venir, entrer, sortir, monter, descendre.**

N'oubliez pas les expressions:

Je vais	*à* pied.
Je viens	*à* bicyclette.
J'arrive	*à* cheval.
Je pars	*en* auto, *en* voiture.
Je rentre	*en* autobus.
Je sors	*en* avion.
	en train.
	en bateau.

---

3. Que dites-vous à votre ami quand vous le voyez?

Je **lui** dis bonjour quand je le vois.

Comparez:

Je dis bonjour à Paul.	Je **lui** dis bonjour.
Je donne un cadeau à ma mère.	Je **lui** donne un cadeau.
Nous posons des questions au professeur.	Nous **lui** posons des questions.
Je parle anglais à mes parents.	Je **leur** parle anglais.
Je téléphone souvent à mes amis.	Je **leur** téléphone souvent.
Mes parents **me** donnent de l'argent.	Je **leur** dis merci.
Vous **me** parlez français.	Je **vous** parle français aussi.
Le professeur **nous** pose des questions.	Nous **lui** répondons.
Nous **vous** disons au revoir.	Vous **nous** dites au revoir aussi.

■ Dans les exemples précédents, **un cadeau, des questions, de l'argent** sont des *compléments d'objets directs.*

Les autres compléments: **à Paul, à ma mère, au professeur, à mes parents, à mes amis, lui, leur, me, vous, nous** sont des *compléments d'objets indirects.* (Cf. Grammaire générale, page 180.)

Me, vous, nous, lui, leur sont des *pronoms personnels* compléments d'*objets indirects.*

Voilà la liste complète des *pronoms personnels objets indirects:*

> Jean **me** téléphone tous les soirs.
> Jean **vous** téléphone tous les soirs.
>   **(te)**
> Jean **lui** téléphone tous les soirs. (à Georges)
> Jean **lui** téléphone tous les soirs. (à Marianne)
>
> Jean **nous** téléphone tous les soirs.
> Jean **vous** téléphone tous les soirs.
> Jean **leur** téléphone tous les soirs. (à Georges et à Marianne)

NOTEZ: Ces pronoms remplacent seulement des *noms de personnes.*
             Avec ces pronoms, *n'employez pas* la préposition **à**.

Voici quelques verbes qui sont employés avec:

$$\text{à} + \textit{un nom de personne.}$$

demander
dire
donner
écrire
envoyer   } (une chose) **à** (une personne.)
montrer
prêter
rendre
vendre

Il faut ajouter:

téléphoner à
parler   **à** } (une personne)
ressembler à

---

4. Pensez-vous souvent à vos examens?
                    Oui, j'**y** pense souvent.

Comparez:

a) Pensez-vous aux vacances?   Oui, nous **y** pensons.
    Faites-vous attention aux questions?   Naturellement, j'**y** fais attention.
    Les étudiants répondent-ils correctement   Non, ils n'**y** répondent pas toujours
       aux questions?   correctement.
    Vos amis pensent-ils à votre anniversaire?   Oui, ils **y** pensent généralement.

b) Allez-vous souvent à la banque?   Oui, j'**y** vais toutes les semaines.

Les étudiants vont-ils à la bibliothèque?   Oui, ils **y** vont quand ils ont besoin d'un livre.

Êtes-vous chez vous tous les soirs?   Non, je n'**y** suis pas tous les soirs.

Vos parents restent à la maison, n'est-ce pas?   Oui, ils **y** restent.

■ Le pronom **y** remplace un nom de chose. Il remplace un nom complément précédé de la préposition **à** (objet indirect). Il remplace aussi un nom précédé d'une préposition qui indique la position (**à, chez, dans, sur, sous,** etc.).

---

5. Finissez-vous vos devoirs ce soir?

Non, j'ai l'intention de **les** finir demain.

Comparez:

Allez-vous faire ces exercices?   Oui, je vais **les** faire.

Allez-vous **les** finir ce soir?   Oui, j'ai le temps de **les** finir.

Faut-il aller au laboratoire de français?   Oui, il faut **y** aller.

Aimez-vous **y** aller?   Non, je n'aime pas beaucoup **y** aller, mais je suis obligé d'**y** aller.

Quand téléphonez-vous à votre ami?   Je **lui** téléphone quand j'ai le temps de **lui** téléphoner ou quand j'ai besoin de **lui** téléphoner.

Allez-vous continuer à étudier les sciences politiques?   Certainement, je vais continuer à **les** étudier.

■ Les *pronoms personnels objets* directs et indirects et le pronom **y** sont placés *devant l'infinitif* quand ils sont compléments de cet infinitif.

> Attention: Si le verbe (ou l'expression verbale) est suivi d'une préposition, il n'y a pas de contraction entre la préposition (**à** ou **de**) et les pronoms **le** ou **les**.
>
> exemple: Je voudrais lire ce roman de Baldwin, mais je n'ai pas le temps **de le** lire maintenant; je vais commencer **à le** lire pendant le week-end.

---

6. J'aime fumer **en travaillant.**

Comparez:

Je marche et je pense à mes examens.   Je marche **en pensant** à mes examens.

Les étudiants prennent des notes et ils écoutent le professeur.   Les étudiants prennent des notes **en écoutant** le professeur.

Mon père fume et il regarde la télévision.   Mon père fume **en regardant** la télévision.

Ma mère chante et elle fait la cuisine.   Ma mère chante **en faisant** la cuisine.

Mon ami et moi, nous bavardons et nous   Mon ami et moi, nous bavardons **en**
attendons le professeur.   **attendant** le professeur.

■ **Pensant, écoutant, regardant, faisant, attendant** sont des formes verbales invariables qu'on appelle le *participe présent*.

Le participe présent est formé avec le *radical* de la 1re personne du pluriel du présent + **-ant**.

fermer	nous **fermons**	**fermant**
grandir	nous **grandiss**ons	**grandiss**ant
prendre	nous **pren**ons	**pren**ant
faire	nous **faisons**	**fais**ant
voir	nous **voy**ons	**voy**ant etc.

■ Après la préposition **en**, le verbe est toujours au *participe présent*. Après les autres prépositions, le verbe est à *l'infinitif*. (Cf. leçon 13, page 89.)

En + le participe présent est *le gérondif*. Le gérondif indique que *deux actions* sont faites au *même moment* par la (les) *même(s) personne(s)*.

---

7. Il est utile **de** savoir les langues étrangères.

Je suis content **d'**aller à l'université.

Étudiez les phrases suivantes:

a) **Il est** facile **de** comprendre cette phrase.
   Il est agréable **de** nager en été.
   Il est intéressant **de** voir un bon film.
   Il n'est pas agréable **d'**être malade.
   Il n'est pas possible **de** répondre à cette question.

■ Notez cette construction: **Il est** + adjectif + **de** + infinitif.

b) **J'oublie** souvent **de** faire mon lit.
   Nous **finissons de** dîner à sept heures.
   Mon père **décide d'**acheter une voiture de sport.
   Nous **essayons de** corriger nos fautes.
   J'ai l'intention d'aller au musée dimanche prochain.
   Mon ami **a envie de** voir ce film français.
   J'ai peur d'être en retard.
   Je **suis content d'**avoir une bonne note.
   Paul **est** toujours **sûr d'**avoir raison.

■ On emploie la préposition **de** devant *l'infinitif* après beaucoup de verbes français. (p. 222)

Exercices

1. Remplacez les mots en italiques par un *pronom personnel objet indirect* ou par **y.**

   1. Je parle *à Anne* après la classe.   **2.** Nous ne téléphonons pas *au professeur* à minuit.   **3.** Je vends ma vieille voiture *à mes amis.*   **4.** Jean demande une explication *à Paul.*   **5.** Robert ne travaille pas *dans ce magasin.*   **6.** Il n'est pas *chez lui* le dimanche.   **7.** Diane montre une blouse *à Hélène.*   **8.** J'envoie des nouvelles *à mes parents.*   **9.** Henri prête de l'argent *à ses amis.*   **10.** Restez-vous *à la banque* jusqu'à midi?

2. Répondez aux questions en employant dans la réponse un *pronom personnel objet indirect* ou **y.**

   1. Oubliez-vous de donner vos devoirs au professeur?   **2.** Faites-vous attention aux questions du professeur?   **3.** Avez-vous envie d'aller à la plage quand il pleut?   **4.** Êtes-vous content(e) de venir à l'université tous les jours?   **5.** Vos parents vous donnent-ils des cadeaux pour votre anniversaire?   **6.** Allez-vous à la bibliothèque après votre classe de français?   **7.** Restez-vous chez vous le samedi soir?   **8.** Avez-vous besoin d'aller à la banque aujourd'hui?   **9.** Avez-vous le temps de téléphoner à vos amis tous les jours?   **10.** Allez-vous donner des cadeaux de Noël à vos parents?

3. Écrivez la forme correcte du verbe.

   1. Quand je (partir), je (prendre) des provisions et je les (mettre) dans un sac. **2.** Mon amie Suzanne (sortir) tous les samedis; mais je ne (sortir) pas très souvent.   **3.** Les étudiants ne (dormir) pas beaucoup avant les examens. **4.** A quelle heure votre père (revenir)-il de son travail?   **5.** Combien d'heures un bébé (dormir)-il?   **6.** Je ne (rendre) pas ces livres à la bibliothèque aujourd'hui.   **7.** Quand on (donner) un rendez-vous à des amis, on les (attendre) avec patience pendant quelques minutes.   **8.** Pendant le week-end, elle (vendre) des vêtements dans un petit magasin et quelquefois, elle (répondre) au téléphone.   **9.** Je suis furieux quand je (perdre) de l'argent.   **10.** A quelle heure (partir) -vous pour l'université? — Nous (partir) à huit heures.

4. Donnez: a) la 1re personne du singulier; b) la 2e personne du pluriel; c) la 3e personne du pluriel des verbes **attendre, répondre, entendre, dormir, perdre** avec des compléments différents.

5. Écrivez ces phrases en remplaçant les mots en italiques par le *gérondif:*

   1. Je n'étudie pas *quand je mange.*   **2.** Il entre dans le magasin *et il dit* bonjour. **3.** Sylvie ne regarde pas par la fenêtre *et elle répond* au professeur.   **4.** *Je viens à* l'université et je regarde les vitrines.   **5.** *Quand je réfléchis,* je fais moins de fautes. **6.** Elle fait la cuisine *et elle attend* ses amis.   **7.** Elle entre dans la classe *et elle lit* le journal.   **8.** Paul et Anne bavardent *et ils dansent.*   **9.** Il est impossible d'étudier *et d'écouter* la radio.   **10.** Jean et moi, nous parlons de nos études *et nous allons* à la station d'autobus.

20

RÉALITÉS: Pique-nique au bord de la mer

Aujourd'hui, c'est vendredi; c'est le dernier jour de la semaine de travail. Dans la classe de français, le professeur pose une question à Barbara. Mais Barbara ne lui répond pas; elle ne l'entend pas: elle est distraite. Barbara rêve en regardant le tableau noir. Elle pense à des projets de week-end. «Nous allons partir demain matin assez tôt. J'espère que tout le monde va être à l'heure. Nous allons 5 emporter des provisions pour faire un pique-nique sur la plage. Quelle bonne journée nous allons passer! Oh mon Dieu! J'y pense maintenant. Je n'ai pas de dessert. La pâtisserie va être fermée demain matin et je n'ai pas le temps d'y aller ce soir. Comment faire? . . . Jeannette va peut-être avoir une idée. Elle a toujours de bonnes idées dans les situations difficiles. Je vais lui téléphoner en 10 rentrant à la maison. »

Le professeur parle très haut maintenant et Barbara entend enfin sa voix:

Le Professeur. —Eh bien, mademoiselle Green! Dormez-vous? Est-ce que vous m'entendez? A quoi pensez-vous? Je répète ma question: «Que faites-vous en écoutant le professeur? » 15

Barbara a envie de lui répondre: «Non, je ne dors pas, mais je rêve en écoutant le professeur. » Mais elle pense que ce n'est pas une réponse prudente. Alors elle commence:

Barbara. — «En écoutant le professeur, je . . . euh . . . je . . .

Le professeur finit la phrase: 20

Le Professeur. — «. . . je réfléchis. Oui, mademoiselle Green, vous réfléchissez. Il faut réfléchir à la question avant d'y répondre, c'est vrai. Mais je trouve que vous réfléchissez trop longtemps. Vous allez me répondre et après, vous allez écrire votre phrase au tableau noir.

Le professeur continue à parler et les étudiants lui répondent: maintenant toute la 25 classe est attentive. Quelques étudiants posent des questions et le professeur leur donne une explication supplémentaire.

SAMEDI MATIN VERS HUIT HEURES

Il fait un temps magnifique. Tout le ciel est clair. Il est bien agréable de sortir quand il fait si beau. Tout le monde est au rendez-vous devant la maison de Barbara. Tout le monde? Non, il y a seulement sept personnes. Qui est absent? C'est Betty. 30

Une bouche de métro. (Bayer from Monkmeyer)

On ne va pas partir sans elle. On va l'attendre quelques minutes en bavardant et en faisant les derniers préparatifs.

A huit heures et quart, on entend le téléphone qui sonne chez Barbara. La jeune fille répond :

BARBARA. — «Allô, ici Barbara Green. » 5

MME JONES. — Allô, bonjour Barbara. Ici Mme Jones, la mère de Betty. Je vous téléphone parce que Betty est malade.

BARBARA. — Oh! qu'est-ce qu'elle a? Est-ce que c'est grave?

MME JONES. — Je pense que ce n'est pas très grave. Betty a un gros rhume. Elle tousse. Elle a mal à la gorge et à la tête; ses yeux pleurent. Il est préférable de rester à 10 la maison quand on a un si gros rhume. Partez avec vos amis, Barbara, et passez une bonne journée.

BARBARA. — Je suis désolée pour Betty, madame. Nous allons regretter son absence. J'espère qu'elle va aller mieux[1] demain. Meilleure santé pour elle. Au revoir, madame. Je vous remercie de votre coup de téléphone. 15

MME JONES. — Au revoir, Barbara. A bientôt.

Barbara sort de la maison. Ses amis l'attendent et ils lui demandent pourquoi Betty est en retard.

---

[1] **Mieux** est un adverbe. C'est le comparatif de supériorité de **bien**.

ATTENTION: Un *adverbe* accompagne un verbe, un *adjectif* accompagne un nom: Ex: Votre compostion est bonne; elle est **meilleure** que les autres. Vous parlez aussi **mieux** qu'avant.

BARBARA. — Betty n'est pas en retard, mais elle ne part pas parce qu'elle est malade. Sa mère espère que ce n'est pas grave. Pauvre Betty! Elle n'a pas de chance . . . Maintenant, sommes-nous prêts? Tous les paquets sont-ils dans les voitures? Avons-nous les sandwichs, les fruits et les bouteilles? Tout le monde a son maillot de bain et des serviettes, je suppose. Richard, je ne vois pas votre guitare. J'espère 5 que vous l'avez.

RICHARD. — Mais naturellement, Barbara. Vous savez bien que je n'oublie jamais de prendre ma guitare et . . . que je ne la perds jamais de vue. Elle est dans le coffre de ma voiture. Soyez[2] tranquille, vous allez l'entendre cet après-midi. Maintenant, venez! Il faut partir. En route! 10

Richard est assis au volant de sa voiture. Il porte ses lunettes de soleil parce que la lumière est intense. Le soleil brille. Marianne et Jeannette montent avec lui. Charles est le conducteur de l'autre auto. Barbara est assise à côté de lui à l'avant. A l'arrière, il y a Suzanne et Jean. Il y a aussi le chien de Jean. Les deux voitures marchent bien; elles roulent assez vite. Le samedi matin, vers neuf heures, il est 15 facile de circuler sur l'autoroute. On va plus vite que les autres jours parce qu'il y a moins d'autos et de camions.

A LA PLAGE

Maintenant, les jeunes gens sont sur la plage. Ils choisissent un endroit tranquille où il y a de gros rochers et où le sable est très propre et très fin. La mer est calme. Il est possible de nager parce qu'il y a seulement de petites vagues. Les jeunes 20 gens sont contents de nager longtemps dans l'eau fraîche et transparente. Après, on prend un bain de soleil. Comme il fait bon! Mais il est impossible de rester immobile pendant des heures. Alors, on joue à la balle. Jean jette de petites pierres dans l'eau et Sam, le chien, va les chercher; puis il les apporte[3] à son maître. Sam adore jouer et nager. Il aime aussi jeter du sable sur les gens . . . ' 25

Au soleil, tout le monde va brunir excepté Marianne qui est blonde et qui rougit toujours. Elle est obligée de porter un grand chapeau; il n'est pas agréable d'avoir un coup de soleil sur le nez!

A midi, on mange le repas qu'on trouve délicieux. Puis, on fait la sieste sur le sable à l'ombre d'un rocher. Richard ne dort pas; il n'a pas sommeil; il joue de la 30 guitare.[4]

---

[2] **Soyez:** C'est l'impératif du verbe **être**. (**Sois, soyons, soyez**)

[3] **apporter** ≠ **emporter**. Employez ces verbes avec des noms de *choses*.

> EXEMPLES: Vous allez chez un ami. Vous **apportez** un gâteau.
> Les étudiants **apportent** leur livre en classe.
> Vous quittez la classe. Vous **emportez** votre livre.
> Quand on fait un voyage, on **emporte** des bagages.

[4] **jouer de** ≠ **jouer à**

> EXEMPLES: On joue **de la** guitare, **de la** flûte, **de la** clarinette, **du** violon, **du** piano, etc. (un instrument de musique)
> *Mais:* on joue **à la** poupée, **à la** balle, **au** bridge, **au** tennis, **aux** boules, **aux** cartes, **aux** échecs, etc.

On nage encore un peu avant de quitter la plage. On fait même un château de sable que la mer démolit. Puis vers six heures, on décide de rentrer. Il fait plus frais, il y a un peu de vent. Il faut ramasser les paquets, les sacs, les vêtements, les serviettes et les maillots de bain mouillés. On rit et on plaisante. Enfin, on remonte en voiture et on revient en chantant. Les amis sont ravis de cette journée 5 en plein air.

Exercices

1. Questions sur la lecture. Répondez aux questions par des phrases complètes.
   1. Barbara dort-elle pendant la classe? Que fait-elle?   2. A qui Barbara va-t-elle téléphoner en revenant de l'université? Pourquoi?   3. Est-ce que Barbara répond au professeur par une phrase complète? Qu'est-ce que le professeur pense?   4. Que fait le professeur quand les étudiants lui posent une question?   5. Betty est-elle devant la maison de Barbara? Où est-elle?   6. Qui téléphone à Barbara? Betty est-elle en bonne santé? Qu'est-ce qu'elle a?   7. Richard emporte-t-il sa guitare? Où la met-il?   8. Où Jean et Suzanne sont-ils assis?   9. Qu'est-ce qu'un camion?   10. Qu'est-ce que les jeunes gens font pendant la journée?

2. Répondez aux questions par des phrases complètes et employez des *pronoms* si possible.
   1. En quelle saison a-t-on des rhumes? Où a-t-on mal quand on a un rhume?   2. Comment venez-vous à l'université? A quelle heure?   3. Que fait votre professeur quand vous lui posez une question?   4. Réfléchissez-vous aux questions avant d'y répondre?   5. Parlez-vous français à vos parents?   6. De quoi avez-vous besoin quand vous allez à la plage?   7. Qu'est-ce qu'il est amusant de faire quand on est à la plage?   8. Qu'est-ce qu'on porte quand le soleil est très brillant?   9. Qu'est-ce qu'une autoroute?   10. Avez-vous quelquefois envie de dormir quand vous êtes en classe? Quand?

3. Employez chaque expression dans une phrase.
   1. faire la sieste   2. avoir sommeil   3. jeter   4. faire des courses   5. mieux   6. emporter   7. à l'ombre de   8. avoir mal à   9. prêter   10. jouer à

4. Indiquez:
   a) 2 choses que vous avez envie de faire dimanche prochain;
   b) 2 choses que vous oubliez de faire très souvent;
   c) 2 choses que vous allez faire en rentrant chez vous;
   d) 2 choses que vous n'avez pas l'intention de faire l'été prochain;
   e) 2 choses que vous êtes content de faire tous les jours.

5. Répondez aux questions en employant des *pronoms personnels compléments* ou **y.**

1. Quand aimez-vous aller à la plage? 2. Avez-vous besoin de voir souvent vos amis? 3. Est-il nécessaire d'aller chez le dentiste de temps en temps? 4. Avez-vous le temps de regarder la télévision? Quand? 5. Aimez-vous écouter la radio? Pourquoi? 6. Quand vous êtes en voyage, oubliez-vous d'écrire à vos amis? 7. Avez-vous envie d'aller dans les magasins? Pourquoi? 8. Êtes-vous content(e) d'étudier le français? 9. Avez-vous l'intention de téléphoner à votre mère avant de rentrer? 10. Les professeurs oublient-ils de corriger les fautes des étudiants?

6. *Composition:*

a) Vous avez l'intention de faire un pique-nique avec des amis. Imaginez la conversation entre vos amis et vous pour préparer ce pique-nique.

b) Vous allez dans un supermarché pour acheter des provisions pour un pique-nique. Qu'est-ce que vous achetez? Qu'est-ce que vous pensez? Pourquoi?

c) Une promenade (ou un pique-nique) à la plage ou à la campagne.

Prononciation

A. La voyelle [e] • Répétez après votre professeur:

et, mes, tes, ses, les, des,
été, idée, j'ai, gai,
étudiez, désolé, réfléchissez.

Désiré est désolé.
Le bébé est né l'été dernier.
Étudiez et réfléchissez.

B. La voyelle [ø] • Répétez après votre professeur. (Attention à la position des lèvres):

eux, deux, feu, bleu, il pleut,
mieux, milieu, les yeux, les œufs,
curieux, curieuse, sérieux, sérieuse,
les yeux bleus,
deux œufs.

C. La voyelle [œ] • Répétez après votre professeur:

heure, sœur, fleur, leur, elle pleure,
vendeur, professeur, acteur, danseur,
neuf, seul, jeune, feuille.

D. Attention à la différence entre [ø] et [œ]:

Leur jeune sœur est heureuse.
J'aime mieux les fleurs bleues.
Il pleut à neuf heures et à deux heures.

Vocabulaire

NOMS

une absence	un coffre	un maillot de bain	un rhume
un adverbe	un conducteur	un maître	un rocher
l'arrière (*m.*)	un coup de soleil	un marché	le sable
une autoroute	un coup de téléphone	le nez	un sandwich
l'avant (*m.*)	un endroit	des nouvelles (*f.*)	une serviette (de toilette)
un bain de soleil	la gorge	une ombre	la sieste
une balle	une guitare	une pâtisserie	une vague
un bonbon	une langue	une pierre	une voix
un camion	une lumière	des préparatifs (*m.*)	un volant
un chapeau	des lunettes (de soleil) (*f.*)		

ADJECTIFS

attentif / attentive	entier / entière	immobile	ravi(e)
brillant(e)	étranger / étrangère	mouillé(e)	supplémentaire
complet / complète	fin(e)	préférable	tout / toute
désolé(e)	frais / fraîche	propre ≠ sale	transparent(e)
distrait(e)	grave	prudent(e)	

VERBES

attendre (3)	emporter (1)	perdre (3)	répondre (3)
avoir mal à	entendre (3)	plaisanter (1)	rêver (1)
avoir sommeil	envoyer (1)	pleurer (1)	rouler (1)
circuler (1)	il fait bon	porter (1)	tousser (1)
décider (1)	jeter (1)	prêter (1)	vendre (3)
démolir (2)	jouer (1)	regretter (1)	
descendre (3)	nager (1)	remonter (1)	
dormir (3)	partir (3)	rendre (3)	

MOTS INVARIABLES ET EXPRESSIONS

à l'ombre de	déjà	immédiatement	tôt ≠ tard
correctement	en plein air	mieux	vers
de temps en temps	en route	sans	

21

POINTS DE REPÈRE

Qu'est-ce que vous **avez fait** hier soir?

J'**ai fini** ma composition, puis j'**ai regardé** la télévision parce qu'il y **avait** un bon programme.

*

Comment **êtes**-vous **venu** à l'université ce matin?

Je **suis venu** en autobus parce que ma voiture était au garage.

*

Dimanche dernier, j'**ai travaillé,** j'**ai dîné** et je **suis allé(e)** au cinéma.

Il **faisait** mauvais; il **pleuvait** et il y **avait** du vent.

*

Écrivez-vous quelquefois à vos parents?

Oui, je leur **écris** quand je suis en voyage.

*

DÉVELOPPEMENT GRAMMATICAL

1. Qu'est-ce que vous **avez fait** hier soir?

J'**ai fini** ma composition, puis j'**ai regardé** la
télévision parce qu'il y **avait** un bon programme.

Comparez:

Après mes classes, j'étudie à la bibliothèque. A midi, j'ai faim; je déjeune avec mes amis.

Aujourd'hui, je fais un exercice qui est long et difficile.

En été, beaucoup d'étudiants travaillent parce qu'ils ont besoin d'argent.

Quand les étudiants répondent bien, le professeur est content.

Je réponds quand le professeur me pose une question.

Comprenez-vous généralement les questions du professeur?

Je prends l'autobus pour aller en ville.

Cet étudiant réfléchit avant de répondre et il ne fait pas de fautes.

Aujourd'hui, c'est lundi. Je suis à l'université parce que j'ai des classes.

Hier matin, j'**ai étudié** dans ma chambre. A midi, j'**avais** faim; **j'ai déjeuné** avec mes parents.

Hier, **j'ai fait** un exercice qui **était** long et difficile.

L'été dernier, beaucoup d'étudiants **ont travaillé** parce qu'ils **avaient** besoin d'argent.

Ce matin, les étudiants **ont** bien **répondu;** le professeur **était** content.

Ce matin, **j'ai répondu** quand le professeur m'**a posé** une question.

Ce matin, **avez-vous compris** les questions du professeur?

L'année dernière, **j'ai pris** l'avion pour aller à Montréal.

Hier, cet étudiant n'**a pas réfléchi** et il **a fait** des fautes.

Hier, c'**était** dimanche. J'**étais** à la maison parce que je n'**avais** pas de classes.

■ La deuxième phrase de chaque groupe commence par une expression de temps qui indique *le passé:* **hier, hier matin, l'été dernier, ce matin, l'année dernière.**

En français, dans la conversation, *le passé* est exprimé par *deux temps:*

LE PASSÉ COMPOSÉ: j'ai étudié; j'ai déjeuné; j'ai fait; ont travaillé; ont répondu; j'ai répondu; a posé; avez-vous compris; j'ai pris; n'a pas réfléchi; a fait.

L'IMPARFAIT: j'avais; était; avaient; j'étais.

Comparez:

Je dîne généralement chez moi.
Téléphonez-vous souvent à votre ami?
Oui, je lui téléphone souvent.

Hier soir, j'**ai dîné** au restaurant.
Hier, **avez**-vous **téléphoné** à votre ami?
Oui, je lui **ai téléphoné,** mais il n'était pas chez lui.

Vous réfléchissez avant de répondre, n'est-ce pas?

Oui, je réfléchis toujours.

Voyez-vous souvent des films étrangers?

Oui, nous voyons souvent des films italiens.

Les étudiants répondent-ils au professeur?

Oui, ils lui répondent.

Habituellement, je dors bien.

Lisez-vous beaucoup pour votre classe d'histoire?

Oui, je lis beaucoup. Nous lisons des livres intéressants.

Ce matin, **avez**-vous **réfléchi** avant de répondre au professeur?

Oui, j'**ai réfléchi** avant de lui répondre.

Avez-vous **vu** un bon film récemment?

Oui, nous **avons vu** un excellent film d'Ingmar Bergman.

Ce matin, les étudiants **ont**-ils bien **répondu** au professeur?

Oui, ils lui **ont** bien répondu.

La nuit dernière, j'**ai** mal **dormi.**

Avez-vous **lu** le livre de Tocqueville sur la démocratie américaine?

Oui, je l'**ai lu;** nous l'**avons lu** pour le dernier examen d'histoire.

■ Dans la première colonne les verbes sont au *présent.*
Dans la deuxième colonne les verbes sont au *passé composé.*

> *Passé composé =* **avoir** (au présent) + *participe passé* du verbe.

Dans ce cas, le verbe **avoir** est un *auxiliaire.* Le passé composé est un *temps composé.* (Le présent est un temps *simple.*)

Le participe passé est formé de la manière suivante:

1) Verbes du *1ᵉʳ groupe: radical* du verbe + **é**
   (parl**é**, travaill**é**, achet**é**, téléphon**é**, voyag**é**, pay**é**, etc.)
2) Verbe du *2ᵉ groupe: radical de l'infinitif* + **i**
   (fin**i**, chois**i**, réfléch**i**, gross**i**, brun**i**, roug**i**, etc.)
3) *Verbes du 3ᵉ groupe:* ils ont un participe passé irrégulier.

Voici les participes passés des principaux verbes usuels du *3ᵉ groupe:*

attendre	attend**u**	apprendre	app**ris**
connaître	conn**u**	comprendre	comp**ris**
croire	cr**u**	mettre	m**is**
entendre	entend**u**	prendre	p**ris**
falloir	fall**u**		
lire	l**u**		
perdre	perd**u**	dire	d**it**
rendre	rend**u**	écrire	écr**it**
répondre	répond**u**	faire	f**ait**
savoir	s**u**	ouvrir	ouv**ert**
vendre	vend**u**		
voir	v**u**	dormir	dorm**i**
avoir	**eu**	(prononcez [y])	
être	**été**		

Voilà le passé composé des verbes **dîner** et **voir**:

> J' **ai** **dîné** au restaurant, puis j' **ai** **vu** un bon film.
> Vous **avez** **dîné** au restaurant, puis vous **avez** **vu** un bon film.
> Tu **as** **dîné** au restaurant, puis tu **as** **vu** un bon film.
> Nous **avons** **dîné** au restaurant, puis nous **avons vu** un bon film.
>
> Il **a** **dîné** au restaurant, puis il **a** **vu** un bon film.
> Elle **a** **dîné** au restaurant, puis elle **a** **vu** un bon film.
>
> Ils **ont** **dîné** au restaurant, puis ils **ont** **vu** un bon film.
> Elles **ont** **dîné** au restaurant, puis elles **ont** **vu** un bon film.

NOTEZ: a) L'auxiliaire est *affirmatif*, *interrogatif* ou *négatif*:

> Nous **avons fini** la leçon 19.
> Elle **a acheté** une robe blanche.
>
> **Avez-vous commencé** la leçon 21?
> Vos amis **ont-ils dîné** au restaurant?
> Votre professeur **a-t-il rendu** un examen?
>
> Je **n'ai pas compris** votre question.
> Paul **n'a pas fait** sa composition.
> Nous **n'avons pas bien dormi**.

b) Le *pronom personnel complément* est placé *avant* l'auxiliaire.

> Je **lui** ai demandé son cahier.
> Il **m'**a prêté de l'argent.
> Nous **y** avons pensé.
> Elles ne **l'**ont pas vu.
> **Lui** avez-vous répondu?
> Jean **vous** a-t-il écrit?
> **Leur** avez-vous parlé?
> Le professeur **nous** a-t-il donné un exercice?

■ *Le passé composé* est le *temps de* L'ACTION DANS LE PASSÉ.

Comparez:

Aujourd'hui, c'est le lundi 12 décembre. Vous êtes en classe.	Hier, c'**était** le dimanche 11 décembre. **Étiez-**vous en classe? Non, je **n'étais** pas en classe; j'**étais** chez mon oncle.
Le professeur n'est pas souvent absent.	Vendredi dernier, il **était** absent parce qu'il **était** malade.
Mon ami et moi, nous sommes souvent à la bibliothèque.	Samedi dernier, nous **étions** à la plage.

Les étudiants sont dans la classe aujour-d'hui.	Hier, ils n'**étaient** pas dans la classe.
Avez-vous des devoirs tous les jours?	**Aviez**-vous des devoirs pendant le dernier week-end?
Oui, j'ai des devoirs tous les jours; nous avons toujours beaucoup de devoirs.	Oui, j'**avais** des devoirs; nous **avions** beaucoup de devoirs comme d'habi-tude.
Les étudiants ont-ils peur de l'examen oral de français?	Les étudiants **avaient**-ils peur avant l'examen oral de français?
Oui, ils ont peur de cet examen.	Oui, ils **avaient** peur.
Maintenant, il y a du vent.	Ce matin, il y **avait** du brouillard.
Aujourd'hui, il fait beau, il ne pleut pas.	Hier, il ne **faisait** pas beau, il **pleuvait**.

■ Dans la première colonne les verbes sont au *présent*.

Dans la deuxième colonne les verbes sont à *l'imparfait*.

L'imparfait est un *temps simple*. Voila *l'imparfait* des verbes **être** et **avoir**:

Quand
j' **étais** enfant, j' **avais**
vous ét**iez** enfant, vous av**iez**
(tu **étais**) enfant, (tu **avais**)
nous ét**ions** enfants, nous av**ions**
il **était** enfant, il **avait**
elle **était** enfant, elle **avait**
ils **étaient** enfants, ils **avaient**
elles **étaient** enfants, elles **avaient**
beaucoup d'amis.

■ Les *terminaisons* de l'imparfait sont *les mêmes* pour *tous les verbes*. Ainsi:

penser:	je pens**ais**,	nous pens**ions**,	ils pens**aient**
travailler:	je travaill**ais**,	nous travaill**ions**,	ils travaill**aient**
finir:	je finiss**ais**,	nous finiss**ions**,	ils finiss**aient**
dire:	je dis**ais**,	nous dis**ions**,	ils dis**aient**
dormir:	je dorm**ais**,	nous dorm**ions**,	ils dorm**aient**
faire:	je fais**ais**,	nous fais**ions**,	ils fais**aient**
voir:	je voy**ais**,	nous voy**ions**,	ils voy**aient**

■ Le *radical de l'imparfait* est le radical du participe présent:

pensant, **travaill**ant, **finiss**ant, **fais**ant, **dis**ant, **dorm**ant, **voy**ant.

(Cf. leçon 19, page 138.)

Notez *deux exceptions:* **savoir** (sachant): je **savais**
avoir (ayant): j'**avais**

■ *L'imparfait* est *le temps de la* DESCRIPTION DANS LE PASSÉ.

2. Comment **êtes**-vous **venu** à l'université ce matin?

Je **suis venu** en autobus parce que ma voiture était au garage.

Comparez:

Mon ami vient souvent chez moi; il reste assez longtemps parce qu'il a toujours beaucoup de choses à me dire.

Hier, mon ami **est venu** chez moi; il **est resté** assez longtemps parce qu'il avait beaucoup de choses à me dire.

Les étudiants arrivent à 9 heures du matin parce qu'ils ont une classe.

Ce matin, les étudiants **sont arrivés** à 10 heures parce qu'ils n'avaient pas de classe à 9 heures.

Nous allons au laboratoire deux fois par semaine.

La semaine dernière, nous **sommes allés** trois fois au laboratoire parce que nous avions un examen oral.

A quelle heure rentrez-vous chez vous?

Hier, à quelle heure **êtes-vous rentré(e)** chez vous?

Je rentre chez moi vers quatre heures.

Hier, je **suis rentré(e)** plus tard parce que je **suis allé(e)** à une conférence. Elle était très intéressante.

■ En français, quelques verbes forment le passé composé avec **être** qui est aussi un *auxiliaire*.

> *Passé composé* = **être** (au présent) + *participe passé* du verbe.

Les principaux verbes qui forment leur *passé composé avec* **être** sont:

aller	Je suis allé(e)
venir (devenir, revenir)	Je suis venu(e)
arriver	Je suis arrivé(e)
partir (repartir)	Je suis parti(e)
entrer	Je suis entré(e)
sortir	Je suis sorti(e)
monter (remonter)	Je suis monté(e)
descendre (redescendre)	Je suis descendu(e)
retourner	Je suis retourné(e)
rentrer	Je suis rentré(e)
tomber	Je suis tombé(e)
rester	Je suis resté(e)
naître	Je suis né(e)
mourir	Il est mort, elle est morte.

GRAMMAIRE

■ Voilà *le passé composé* des verbes **partir** et **revenir**:

Je	**suis**	**parti(e)**	en mai et je	**suis**	**revenu(e)**	en juin.
Vous	**êtes**	**parti(e)(s)**	en mai et vous	**êtes**	**revenu(e)(s)**	en juin.
Tu	**es**	**parti(e)**	en mai et tu	**es**	**revenu(e)**	en juin.
Nous	**sommes**	**partis(es)**	en mai et nous	**sommes**	**revenus(es)**	en juin.
Il	**est**	**parti**	en mai et il	**est**	**revenu**	en juin.
Elle	**est**	**partie**	en mai et elle	**est**	**revenue**	en juin.
Ils	**sont**	**partis**	en mai et ils	**sont**	**revenus**	en juin.
Elles	**sont**	**parties**	en mai et elles	**sont**	**revenues**	en juin.

NOTEZ: a) Le participe passé des verbes conjugués avec l'auxiliaire **être** est *variable*. Il s'accorde *avec le sujet du verbe*.

b) L'auxiliaire est affirmatif, négatif ou interrogatif:

Nos amis **sont restés** huit mois en Europe.

Sont-ils revenus en bateau?

Quand **sont-ils partis?**

Le professeur **n'est pas arrivé.**

Hier, il **n'est pas venu** à l'université.

c) Le *pronom complément* est placé *avant* l'auxiliaire:

Nous n'**y** sommes pas allés.

Combien de temps **y** est-elle restée?

Ils **y** sont retournés dimanche dernier.

---

3. Dimanche dernier, j'**ai travaillé,** j'**ai dîné** et je **suis allé(e)** au cinéma.
Il **faisait** mauvais; il **pleuvait** et il y **avait** du vent.

Étudiez le texte suivant:

Samedi dernier, il **faisait** très beau; je n'**avais** pas beaucoup de travail pour mes classes. J'**ai décidé** de faire une promenade à la campagne avec mon ami Bob. Nous **sommes partis** de bonne heure en auto; nous **avons marché** toute la journée dans la forêt. Les arbres **étaient** très beaux; les oiseaux **chantaient.** A midi, nous **avons déjeuné** à l'ombre d'un grand rocher. Nous **sommes rentrés** très tard; nous **étions** heureux. J'espère que nous allons refaire cette promenade la semaine prochaine.

On trouve souvent dans une phrase au passé, le *passé composé* et *l'imparfait*. Ce sont deux temps du passé, mais en français, il y a une distinction entre ces deux temps:

L'imparfait exprime un *état* ou une *action, sans limites précises de temps.*

Le passé composé exprime un *état* ou une *action* marqués par des *limites de temps précises* ou qui existent à un *moment précis.*

Il est possible de représenter graphiquement cette différence.

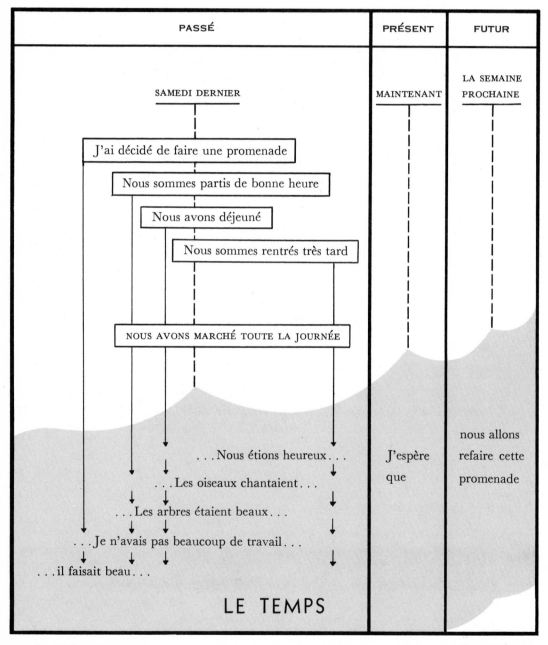

■ Très souvent, les verbes **avoir** et **être** sont employés *à l'imparfait* parce qu'ils indiquent, en général, *un état* physique ou mental.

Certains autres verbes qui expriment un *état physique ou mental* sont aussi le plus souvent à *l'imparfait.*

Ce sont les verbes:

aimer	**penser**	**falloir**
croire	**pouvoir**	(il faut, il fallait)
détester	**savoir**	**s'appeler**
espérer	**vouloir**	

EXEMPLES:

J'achète ce disque parce que je l'aime beaucoup.

J'ai acheté ce disque parce que je **l'aimais** beaucoup.

Je téléphone parce que je crois que mon ami est chez lui.

J'ai téléphoné parce que je **croyais** que mon ami **était** chez lui.

Je vous demande des nouvelles parce que je sais que votre mère est malade.

Je vous ai demandé des nouvelles parce que je **savais** que votre mère **était** malade.

Je pense que ses parents sont en Europe.

Je **pensais** que ses parents **étaient** en Europe.

Maintenant je n'ai pas d'animal favori.

Quand j'**étais** plus jeune, j'**avais** un poisson rouge et un oiseau.

A l'université, il faut faire des devoirs.

A l'école élémentaire, il **fallait** aussi faire des devoirs.

4. Écrivez-vous quelquefois à vos parents?

Oui, je leur **écris** quand je suis en voyage.

■ Voici le verbe **écrire** au présent de l'indicatif.

J'	**écris**	une composition.
Vous	**écrivez**	(tu écris) une lettre.
Nous	**écrivons**	à nos parents.
Il	**écrit**	à sa mère.
Elle	**écrit**	à sa mère.
Ils	**écrivent**	des poèmes.
Elles	**écrivent**	des poèmes.

L'imparfait: J'écriv**ais**, nous écriv**ions**, ils écriv**aient**.

Le participe présent: écriv**ant**.

Le passé composé: J'ai **écrit**, nous avons **écrit**, ils ont **écrit**.

Exercices

1. Mettez les phrases au présent, puis au passé composé.

   a) **1.** Je (inviter) mon ami Jacques au restaurant. **2.** Nous (dépenser) beaucoup d'argent pour nos livres. **3.** Ils (danser) jusqu'à minuit. **4.** Elles (passer) une excellente soirée. **5.** Je (faire) des voyages magnifiques. **6.** Nous (apprendre) de nouveaux mots. **7.** (Emporter)-vous vos livres à la plage? **8.** Ils (rendre) leurs livres à la bibliothèque. **9.** Le professeur (corriger)-il les fautes? **10.** Les étudiants (comprendre)-ils les questions? **11.** Où (déjeuner)-vous? **12.** Quand (jouer)-vous au tennis? **13.** Vos parents (voyager)-ils en Europe? **14.** Marianne (brunir)-elle en été? **15.** Qu'est-ce que vous (choisir) comme dessert?

   b) **1.** Il nous (écrire) des lettres et nous lui (répondre). **2.** Je (attendre) l'autobus et je le (prendre) vers 4 heures. **3.** Mon ami Robert me (prêter) de l'argent. **4.** Je le (voir) très souvent pendant les vacances. **5.** Ils (acheter) un disque et ils le (écouter). **6.** Combien de temps (dormir)-vous? **7.** Qu'est-ce que vous (faire)? — Je (lire) un roman. **8.** Elle ne (oublier) pas d'écrire à ses parents. **9.** Ils ne (vendre) pas leur voiture. **10.** Nous ne (apprendre) pas le poème par cœur. **11.** Il (entendre) ce mot, mais il ne le (comprendre) pas. **12.** Vous ne lui (téléphoner) pas. **13.** Nous n'y (dîner) pas. **14.** On me (donner) un bonbon, mais je ne le (manger) pas. **15.** Je ne lui (parler) pas parce que je ne le (voir) pas.

2. Mettez les phrases au présent, puis au passé composé.

   1. Nous (aller) à la plage pendant les vacances. **2.** (Rester)-vous longtemps au laboratoire? **3.** Quand votre mère (revenir)-elle? **4.** Le professeur (arriver)-il en retard? **5.** Mes amis ne (partir) pas pour la France en avion. **6.** Je (tomber) en faisant du ski. **7.** Mon père ne (revenir) pas de son bureau avant six heures du soir. **8.** Nous n'y (rester) pas très longtemps. **9.** Elle (entrer) dans le magasin et elle (sortir) immédiatement. **10.** (Revenir)-vous en auto?

3. Écrivez au passé composé.

   a) **1.** Je vois mon ami et je lui dis bonjour. **2.** Il ne répond pas à mes lettres. **3.** Attendez-vous l'autobus? **4.** Mes parents ne prennent jamais l'avion. **5.** Cette étudiante ne vous répond pas parce qu'elle ne comprend pas votre question. **6.** Vous ne réfléchissez pas et vous faites des fautes. **7.** Pourquoi quittez-vous la classe si vite? **8.** J'étudie jusqu'à minuit, puis je dors. **9.** Nous lui téléphonons et nous lui disons au revoir. **10.** Que faites-vous pendant le week-end? Voyez-vous vos amis?

   b) **1.** Je vais chez moi et j'écris une lettre. **2.** Il paye à la caisse et il sort du magasin. **3.** Ils partent en juillet et ils reviennent en septembre. **4.** Les étudiants entrent dans la classe et ils disent bonjour au professeur. **5.** La mère de Paul tombe malade et elle va à l'hôpital. **6.** Ma sœur part pour l'Europe; elle prend l'avion. **7.** Paul invite Marianne à dîner; il vient chez elle à 6 heures.   **8.** Je ne sors pas; je reste chez moi où je regarde mon pro-gramme de télévision favori.   **9.** Où allez-vous? Pourquoi sortez-vous?   **10.** A quelle heure rentrez-vous? Pourquoi revenez-vous si tard?

4. Écrivez à l'imparfait.

1. Mon amie Eva est malade et sa mère est inquiète.   **2.** Je suis fâché parce que je n'ai pas le temps de préparer cet examen.   **3.** Quel temps fait-il?   **4.** Il y a des nuages et le ciel est gris.   **5.** Tout le monde a faim; on est fatigué.   **6.** C'est vendredi; le professeur est absent et les étudiants l'attendent.   **7.** Ce film est excellent; il y a des photos magnifiques.   **8.** Ma mère ne va pas bien; elle a un gros rhume.   **9.** Nous sommes pressés parce que nous sommes déjà en retard.   **10.** Quand j'ai faim, je mange du chocolat.

5. Écrivez les verbes au passé (passé composé ou imparfait).

1. Pendant la promenade, nous (acheter) du jus de fruits parce que nous (avoir) soif.   **2.** Hier soir, mon père (écouter) la radio; il y (avoir) un bon concert de musique classique.   **3.** Je (faire) la cuisine quand ma mère (être) en voyage.   **4.** Nous (comprendre) les mots parce que les explications du professeur (être) très claires.   **5.** Mes parents ne (voir) pas ce film parce qu'ils ne (être) pas libres vendredi dernier.   **6.** Le professeur (donner) de mauvaises notes parce que nos devoirs (être) pleins de fautes.   **7.** Je ne (entendre) pas cette pièce de théâtre à la radio parce que je (avoir) un examen à préparer.   **8.** Paul (acheter) ce livre hier parce qu'il (être) obligé de le lire.   **9.** Pourquoi (sortir)-ils si vite? (Avoir)-ils une autre classe?   **10.** Betty ne (faire) pas sa composition; elle (être) malade.

6. Écrivez au passé (passé composé ou imparfait). Faites attention au sens.

a) Quand je (être) enfant, je (avoir) un chien noir que je (aimer) beaucoup. Il (s'appeler) Sam. Un jour, il (sortir) de la maison et quand je (revenir) de l'école, je ne (trouver) pas Sam. Je le (appeler), je (aller) chez nos voisins pour essayer de le retrouver. Ma mère (téléphoner) à la police; mais nous ne (réussir) pas à savoir où (être) mon chien. Je (être) très triste et le soir, je (refuser) de dîner. Enfin, vers 10 heures du soir, mon père (entendre) du bruit à la porte. Nous y (aller) et nous (voir) Sam qui (attendre) devant la porte. Nous (être) heureux de revoir notre chien.

b) Le semestre dernier, mon amie Anne me (demander) d'aller chez elle pour une soirée très élégante. Elle me (dire) que je (pouvoir) venir avec un ami. Alors, je (téléphoner) à Richard et je le (inviter) à y aller avec moi. Je (avoir) une robe blanche; ce (être), à mon avis, la plus jolie robe du monde. Richard (arriver) chez moi vers 8 heures et il (attendre) un peu parce que je ne (être) pas prête. Nous (monter) en voiture; nous (être) très gais. Nous (aller) chez Anne où nous (passer) une soirée très agréable. Il y (avoir) un bon orchestre et un délicieux souper. Nous (danser) toute la nuit. Le matin, je (avoir) si mal aux pieds que je ne (pouvoir) pas marcher. Richard et moi, nous (être) si fatigués que nous (dormir) jusqu'à midi.

22

RÉALITÉS: Après le week-end

Dix heures sonnent à l'horloge de l'université. Des étudiants attendent leur professeur dans la classe de mathématiques. Il y a beaucoup de jeunes gens et quelques jeunes filles. Voici Betty et Suzanne. Elles bavardent. De quoi parlent-elles?

BETTY. — Moi, j'étais malade la semaine dernière. Je n'étais pas à la classe de français, jeudi et vendredi. Pouvez-vous me prêter votre cahier, Suzanne? Je voudrais 5 copier vos notes. Est-ce qu'on a étudié des choses importantes? Qu'est-ce qu'on a fait à la fin de la semaine?

SUZANNE. — Eh bien! jeudi . . . Qu'est-ce qu'on a fait? Voyons . . . Ah, oui! Jeudi, le professeur a rendu les examens et il n'était pas très content. Il était fâché parce que nos examens étaient pleins de fautes ridicules.   10

BETTY. — Est-ce qu'il a donné de mauvaises notes?

SUZANNE. — Mais oui. Il y avait plusieurs F, beaucoup de C et de D.

BETTY. — Je crois que mes réponses n'étaient pas bonnes. Je ne savais pas très bien les verbes.

SUZANNE. — J'ai emporté votre examen, mais je l'ai oublié chez moi. Ne soyez pas 15 inquiète! Vous avez un C, ce n'est pas une catastrophe.

BETTY. — Vous avez raison! J'avais peur d'avoir une très mauvaise note! Je suis rassurée. Mais dites-moi, qu'avez-vous fait pendant le reste de la classe?

SUZANNE. — Le professeur a corrigé les fautes principales et plusieurs étudiants lui ont demandé d'autres exemples. Alors, il a expliqué de nouveau certaines règles 20 et nous avons écrit des phrases.

BETTY. — Bon. Et vendredi?

SUZANNE. — Vendredi, la classe était très intéressante et amusante. Le professeur a apporté des disques et un phono et nous avons écouté des chansons françaises, des chants de Noël et des poésies. Il nous a donné le texte d'un poème. Je l'ai 25 ici, dans mon cahier . . . Attendez . . . Mais où est-il? Est-ce que je l'ai perdu? Ah, non, le voici.

BETTY. — De qui est ce poème?

SUZANNE. — C'est un poème de Paul Verlaine. Verlaine est un auteur français du dix-neuvième siècle. Le poète était en prison quand il a écrit ce poème. Voulez- 30 vous voir le texte?

BETTY. — Oui, bien sûr. Je vais le lire.

LE CIEL EST PAR-DESSUS LE TOIT

Le ciel est, par-dessus le toit,
    Si bleu, si calme!
Un arbre, par-dessus le toit,
    Berce sa palme.

La cloche, dans le ciel qu'on voit,   5
    Doucement tinte.
Un oiseau sur l'arbre qu'on voit,
    Chante sa plainte.

Mon Dieu, mon Dieu, la vie est là
    Simple et tranquille.   10
Cette paisible rumeur-là
    Vient de la ville.

—Qu'as-tu fait, ô toi que voilà
    Pleurant sans cesse,
Dis, qu'as-tu fait, toi que voilà   15
    De ta jeunesse?

Paul Verlaine.

BETTY. — C'est un beau poème. Faut-il l'apprendre par cœur?

SUZANNE. — Oui, nous avons à l'apprendre par cœur pour mercredi prochain. Il y
a un enregistrement de ce poème au laboratoire de français. Il est facile d'écouter
et de répéter chaque vers.   20

BETTY. — Il y a des mots que je ne comprends pas. Par exemple: «sans cesse».

SUZANNE. — Le professeur nous a expliqué que «sans cesse» a le même sens que
«continuellement».

BETTY. — Et «toi que voilà»?

SUZANNE — C'est une invocation poétique. C'est comme «toi qui es là». Le pro- 25
fesseur nous a dit que c'était une forme très idiomatique . . . Mais dites-moi,
Betty, qu'est-ce que vous avez fait pendant que vous étiez chez vous? Étiez-vous
très malade? Avez-vous dormi tout le temps?

BETTY. — Oh, non! Le premier jour, je toussais, j'avais mal à la tête. J'avais la fièvre.
Ma mère était inquiète parce que je n'avais pas faim. Elle a appelé le médecin; 30
il est venu et il m'a dit de rester au lit. Il a écrit une ordonnance et ma mère est
allée acheter les médicaments chez le pharmacien (à la pharmacie); je les ai
pris: ils étaient affreux.

SUZANNE. — Et maintenant, allez-vous mieux? Vous n'avez pas très bonne mine et
votre voix n'est pas très claire.   35

Jeux d'enfants . . . ou de grandes personnes:
un manège de chevaux de bois.

BETTY. — Je tousse encore; mais je n'ai plus de fièvre et je n'ai plus mal à la tête.
J'espère que cette grippe va disparaître complètement. Il ne faut pas manquer
trop de classes: les examens finals approchent.

SUZANNE. — Avez-vous lu les chapitres du livre d'histoire que nous avions à étudier
la semaine dernière?

5

LECTURE

(Peter Buckley)

Dans tous les pays du monde, les enfants adorent le Guignol.

BETTY. — Non, je n'ai pas étudié quand j'étais malade. Mon père m'a apporté des
revues et des journaux . . . Et vous? Avez-vous passé un bon week-end?

SUZANNE. — Oh, excellent! Je dis «excellent» parce que je n'ai pas beaucoup travaillé. Samedi après-midi, je suis sortie et je suis allée en ville faire des courses.
J'ai acheté une très jolie robe bleue pour la soirée de Noël chez Barbara. Je 5
n'ai jamais porté une robe si élégante. J'ai aussi choisi quelques cadeaux de Noël
pour ma famille. Il y avait un monde fou[1] dans les magasins. Il fallait attendre

---

[1] **un monde fou,** expression familière: beaucoup de monde, une grande foule.

des heures à chaque rayon; les vendeuses étaient complètement perdues; les clients étaient nerveux; bref, c'était horrible! Et naturellement, il n'y avait pas de «parking» pour toutes les voitures. Mais j'ai réussi à acheter une paire de chaussures.

BETTY. — Bravo! Je vois que vous avez dépensé beaucoup d'argent.   5

SUZANNE. — Mais oui. J'avais assez d'argent parce que mon anniversaire était le mois dernier. Ensuite, samedi soir, j'ai vu avec Marc un film russe. Nous avons d'abord dîné au restaurant, puis nous sommes allés au cinéma.

BETTY. — Êtes-vous rentrés tard?

SUZANNE. — Nous sommes rentrés vers onze heures. J'ai passé une très bonne soirée. 10

BETTY. — Vous avez de la chance! Pendant ce temps-là, moi, j'étais au lit. Et hier, qu'avez-vous fait?

SUZANNE. — Hier, les amis de mon frère sont venus écouter ses nouveaux disques de danse. Ils m'ont appris aussi à danser de nouvelles danses et . . .

Le professeur entre rapidement dans la classe et il commence immédiatement à parler. 15 «Bonjour, mesdemoiselles et messieurs. Excusez-moi d'arriver en retard. Ce matin, ma voiture ne marchait pas. Un pneu était crevé. Je suis venu à l'université en taxi, mais il y avait tant de circulation! . . . Maintenant, continuons à travailler; nous avons beaucoup de choses à faire avant la fin du semestre et avant les examens. Voyons! . . . Monsieur Milligan, qu'est-ce que je vous ai expliqué 20 la semaine dernière? De quoi avons-nous parlé? . . .»

Exercices

1. Questions sur la lecture. Répondez par des phrases complètes.

1. Betty était-elle en classe à la fin de la semaine dernière? Pourquoi? Où était-elle?   2. Qu'est-ce que le professeur de français a fait jeudi dernier?   3. Était-il content? Pourquoi?   4. Qu'est-ce que Betty pensait de son examen?   5. Est-ce que les étudiants ont passé un examen vendredi dernier? Qu'est-ce qu'on a fait dans la classe de français?   6. Où était Paul Verlaine quand il a écrit le poème?   7. Est-ce que Betty a étudié quand elle était malade?   8. Pourquoi la mère de Betty était-elle inquiète? Qu'est-ce qu'elle a acheté chez le pharmacien?   9. Suzanne est-elle sortie samedi soir ou est-elle restée chez elle? Qu'est-ce qu'elle a vu?   10. Pourquoi le professeur de mathématiques était-il en retard?

2. Répondez aux questions par des phrases complètes.

1. Étiez-vous content(e) de votre note après le dernier examen de français? Pourquoi?   2. Votre professeur est-il quelquefois fâché? Quand?   3. Aviez-vous peur la première fois que vous êtes venu(e) à l'université? Pourquoi?   4. A votre avis, le dernier examen de français était-il difficile? Le professeur a-t-il donné beaucoup de mauvaises notes?   5. Que faites-vous quand vous

êtes malade? Aimez-vous prendre des médicaments? **6.** En quelle saison les gens ont-ils la grippe ou des rhumes? **7.** Où achète-t-on des médicaments? **8.** Avez-vous entendu des chansons françaises? Si oui, quelles chansons? **9.** Aimez-vous ce poème de Verlaine? Pourquoi? **10.** Avez-vous fait des courses pendant le week-end? Où êtes-vous allé(e)?

3. Écrivez au passé (*passé composé* ou *imparfait*). (Attention au sens des phrases: certains verbes peuvent rester au présent.)

L'été dernier, mon oncle qui (habiter) La Nouvelle-Orléans me (inviter) à passer deux semaines chez lui avec ma sœur. Mes parents (décider) que nous (aller) voyager en train. Nous (partir) un matin de juillet. Mon père (venir) nous accompagner à la gare. Ma mère (rester) à la maison parce qu'elle (détester) les adieux dans les gares. Nous (acheter) des journaux et mon père nous (donner) de l'argent. Nous (bavarder) un moment sur le quai de la gare et quelques minutes avant le départ du train, nous (monter) en wagon. Quel plaisir quand le train (quitter) la gare! Notre voyage (commencer). Il (faire) beau; par les fenêtres, on (voir) le paysage. D'abord, nous le (regarder): c'(être) un paysage paisible de collines et de petites vallées. Dans les champs, il y (avoir) des vaches et des chevaux. Mais on (être) vite fatigué de regarder les champs. Alors je (lire) et ma sœur (dormir). Ensuite, nous (aller) au wagon-restaurant où nous (déjeuner): je (être) très content parce que je (aimer) manger dans le train; la cuisine (être) très bonne; mais les repas (être) assez chers! A la fin de la journée, quand nous (arriver) à La Nouvelle-Orléans, nous (prendre) nos bagages et nous (descendre) du train. Je (penser) que nous (aller) prendre un taxi pour aller chez mon oncle. Mais il nous (attendre). Nous (être) contents de le voir. Nous lui (dire) que nous (avoir envie) de visiter la ville immédiatement. Il (mettre) nos valises dans le coffre de sa voiture qui (être) devant la gare et en allant chez lui, nous (traverser) les endroits célèbres de la ville.

4. Écrivez au passé un paragraphe sur:

a) Une petite aventure de votre enfance.
   (Employez le *passé composé* et l'*imparfait*).

b) Votre vie à l'école élémentaire.
   Commencez: «Quand j'*étais* à l'école élémentaire . . .»
   (Continuez et employez l'*imparfait* pour la description de votre vie).

5. *Composition.*

a) Le week-end dernier: Qu'est-ce que vous avez fait? Pourquoi? Comment? Avec qui?

b) Racontez au passé une journée de votre vie d'étudiant.
   (Par exemple: «Hier, . . .»)

c) Une journée au bord de la mer, à la montagne ou à la campagne l'été dernier.

Vocabulaire

NOMS

un auteur	une description	un médicament	une poésie
un auxiliaire	une enfance	la mine	une prison
des bagages (*m.*)	un enregistrement	une paire	un quai
une catastrophe	un état	une palme	une règle
un champ	une feuille de papier	le passé	une rumeur
une chanson	la fièvre	un paysage	le sens
un chant de Noël	une gare	une pharmacie	une valise
un chapitre	la grippe	une plainte	une vallée
une cloche	une invocation	un pneu	un vers
une colline	la jeunesse	un poème	un wagon-(restaurant)
une conférence			

ADJECTIFS

affreux / affreuse	idiomatique	paisible	prêt(e) à
crevé(e)	inquiet / inquiète	poétique	rassuré(e)
fâché(e)			

VERBES

appeler (1)	bercer(1)	écrire (3)	porter (1)
apporter (1)	copier (1)	manquer (1)	tinter (1)
avoir bonne (mauvaise) mine	dépenser (1)	ouvrir (3)	traverser (1)
avoir de la chance	disparaître (3)	passer (1)	

MOTS INVARIABLES ET EXPRESSIONS

continuellement	immédiatement	par cœur	ridicule
de nouveau	mon Dieu!	plusieurs	sans cesse
en prison	ne . . . jamais	quelque chose	un monde fou!

23

POINTS DE REPÈRE

Pouvez-vous me prêter de l'argent?

Je **peux** vous prêter vingt dollars.

Voulez-vous prendre une tasse de café?

Je **veux** bien, merci.

*

Est-il quelquefois en retard?

Non, il **n'**est **jamais** en retard.

Sommes-nous encore en été?

Non, nous **ne** sommes **plus** en été.

Étudions-nous déjà la leçon 25?

Non, nous **ne** l'étudions **pas encore.**

*

Avez-vous une auto?

Non, je n'**en** ai pas, mais mon père **en** a une.

*

Dans la classe de français, j'apprends **à** parler français.

*

Tout mon appartement est moderne.

Toute ma famille habite aux États-Unis.

*

Son frère a quinze **ans.**

Il va passer une **année** entière en Europe.

*

Connaissez-vous mon frère Philippe?

Non, je ne le **connais** pas.

*

Il travaille **beaucoup** et il dort **peu.**

Nous avons **déjà** étudié la leçon 21.

*

DÉVELOPPEMENT GRAMMATICAL

1. Pouvez-vous me prêter de l'argent?

Je **peux** vous prêter vingt dollars.

Voulez-vous prendre une tasse de café?

Je **veux** bien, merci.

Comparez:

Est-ce qu'on **peut** fumer au cinéma?   Non, on ne **peut** pas fumer au cinéma.

Pouvez-vous me prêter votre cahier?   Oui, je **peux** vous prêter mon cahier.

Les étudiants **peuvent**-ils poser des questions au professeur?   Oui, ils **peuvent** lui poser des questions.

Voulez-vous venir dîner chez moi.   Oui, je **veux** bien venir dîner chez vous.

Vos parents **veulent**-ils vendre leur voiture?   Oui, ils **veulent** la vendre.

■ Les verbes **vouloir** et **pouvoir** sont des verbes du 3e groupe.

Voici les verbes **pouvoir** et **vouloir** au présent de l'indicatif.

> Je   **peux**   acheter un sandwich.
> Vous **pouvez** (tu peux) parler au professeur.
> Nous **pouvons** aller à la plage.
>
> Il   **peut**   gagner de l'argent.
> Elle **peut**   gagner de l'argent.
>
> Ils   **peuvent** réussir à l'examen.
> Elles **peuvent** réussir à l'examen.

L'imparfait: Je pouv**ais**, nous pouv**ions**, ils pouv**aient**.
Le participe passé: **pu.**

NOTEZ: **pouvoir** a deux sens: être capable de . . ., avoir la permission de . . .

> Je   **veux**   aller dans les magasins.
> Vous **voulez** (tu veux) manger du poulet.
> Nous **voulons** partir en avion.
>
> Il   **veut**   choisir des cadeaux.
> Elle **veut**   choisir des cadeaux.
>
> Ils   **veulent** étudier toute la journée.
> Elles **veulent** étudier toute la journée.

L'imparfait: je voul**ais,** nous voul**ions,** ils voul**aient.**
Le participe passé: **voulu.**

NOTEZ: **Je veux** est une expression très énergique.

Je voudrais est la forme de politesse. **Je voudrais** exprime aussi un désir.

EXEMPLE: **Je voudrais** faire le tour du monde, mais **je ne veux pas** visiter la planète Mars.

Pour accepter quelque chose, employez: **Je veux bien.**

EXEMPLE: Voulez-vous prendre une tasse de café avec moi? **Je veux bien.**

---

2. Est-il quelquefois en retard?

Non, il **n'est jamais** en retard.

Sommes-nous encore en été?

Non, nous **ne** sommes **plus** en été.

Étudions-nous déjà la leçon 25?

Non, nous **ne** l'étudions **pas encore.**

Comparez:

Allez-vous quelquefois à un match de boxe?	Je **ne** vais **jamais** à un match de boxe. Je **n'**y vais **jamais.**
Sortez-vous quelquefois le soir pendant la semaine?	Je **ne** sors **jamais** le soir pendant la semaine.
Guy et Alice dansent-ils toujours ensemble?	Ils **ne** dansent **jamais** ensemble.
Avez-vous encore mal à la tête?	Je **n'**ai **plus** mal à la tête; je n'y ai **plus** mal.
Y a-t-il encore de la neige?	Il **n'**y a **plus** de neige sur la montagne.
Sommes-nous déjà en vacances?	Nous **ne** sommes **pas** encore en vacances.
Votre petit frère va-t-il déjà à l'école?	Il **ne** va **pas encore** à l'école; il **n'**y va **pas encore.**

■ Faites attention à ces *formes négatives spéciales:*

Ne . . . jamais est la forme négative absolue qui correspond à **quelquefois, souvent,** ou à **toujours.**

NOTEZ: La réponse négative est quelquefois: **ne . . . pas toujours.**

EXEMPLE: Déjeunez-vous toujours au restaurant? — Non, je **ne** déjeune **pas toujours** au restaurant.

Ne . . . plus est la forme négative qui correspond à «**encore**».
Ne . . . pas encore est la forme négative qui correspond à «**déjà**».

NOTEZ: Quand vous employez ces formes négatives: **ne . . . jamais, ne . . . plus,** employez **ne,** mais n'employez pas *pas.*

3. Avez-vous une auto?

Non, je n'**en** ai pas, mais mon père **en** a une.

Comparez:

Y a-t-il des laboratoires à l'université?	Oui, il y **en** a.
Avez-vous des amis?	Oui, nous **en** avons.
Achetez-vous des oranges en hiver?	Oui, j'**en** achète.
Y a-t-il de la soupe pour le dîner?	Oui, il y **en** a.
Mangez-vous de la salade tous les jours?	Oui, nous **en** mangeons.
Prenez-vous du sucre dans votre café?	Oui, j'**en** prends.
Avez-vous de l'argent dans votre poche?	Non, je n'**en** ai pas.
Mangez-vous un sandwich à 10 heures?	Oui, j'**en** mange **un**, mais Paul n'**en** mange pas.
Mangez-vous une pomme le matin?	Non, je n'**en** mange pas. Ma sœur **en** mange **une**.
Votre frère a-t-il beaucoup d'amis?	Oui, il **en** a **beaucoup**.
Avez-vous assez d'argent?	Non, je n'**en** ai pas **assez**.
Avez-vous quatre classes aujourd'hui?	Oui, j'**en** ai **quatre**.
Combien de pièces a votre maison?	Elle **en** a **sept**.
Combien de livres achetez-vous au commencement du semestre?	J'**en** achète **une quinzaine**.

■ Le pronom **en** remplace un *nom de personne* ou *de chose* précédé de: **des, du, de l',
de la, un, une** ou d'une *expression de quantité*.

NOTEZ: Quand **en** remplace un nom accompagné d'un nombre ou d'une expression
de quantité, on emploie ce nombre ou cette expression après le verbe et **en**
avant le verbe.

Avez-vous des chats? — Oui, j'**en** ai.

    —Non je n'**en** ai pas.

Avez-vous **un** chien? — Oui, j'**en** ai **un**.

    —Non, je n'**en** ai pas.[1]

Mangez-vous **beaucoup de** fruits?

    — Oui, j'**en** mange **beaucoup**.

    — Non, je n'**en** mange pas **beaucoup**.

Combien d'étudiants y a-t-il à l'université?

    — Il y **en** a **20.000** (vingt mille).

Combien de cigarettes fumez-vous?

    —J'**en** fume **cinq** ou **six** par jour.

Combien d'exercices faites-vous?

    — Nous **en** faisons **deux** ou **trois**.

[1] A la forme négative on ne répète pas le mot **un** en général.

       GRAMMAIRE

Comparez:

Parlez-vous de vos études chez vous?	Oui, j'**en** parle quelquefois.
Avez-vous besoin de votre stylo tous les jours?	Oui, nous **en** avons besoin tous les jours.
Les étudiants ont-ils peur des examens?	Oui, ils **en** ont peur.
Paul a-t-il parlé de son voyage?	Non, il n'**en** a pas parlé.
Savez-vous jouer de la guitare?	Non, je ne sais pas **en** jouer.
Êtes-vous content de vos notes?	Non, je n'**en** suis pas content.

■ Dans les exemples précédents, le pronom **en** remplace le complément du verbe introduit par **de.** Dans ce cas, **en** représente toujours un *nom de chose.* On l'emploie avec des verbes comme:

parler **de,** jouer **de,** avoir besoin **de,** avoir envie **de,** avoir peur **de,** etc.
être sûr **de,** être content **de,** être heureux **de,** être désolé **de,** etc.

NOTEZ: Le pronom **en** contient la préposition **de.**

---

4. Dans la classe de français, j'apprends **à** parler français.

Étudiez les phrases suivantes:

Je commence **à** écrire ma composition.
Le professeur continue **à** expliquer la leçon.
Je vous invite **à** dîner chez moi.
Nous avons **à** faire l'exercice 1.
Ils sont prêts **à** partir.

■ Certains verbes et certains adjectifs sont suivis de la préposition **à** devant un infinitif.

$$
\left.\begin{array}{ll}
\text{commencer} & \textbf{à} \\
\text{continuer} & \textbf{à} \\
\text{apprendre} & \textbf{à} \\
\text{avoir} & \textbf{à} \\
\text{inviter} & \textbf{à} \\
\text{être prêt} & \textbf{à}
\end{array}\right\} + \textit{infinitif}
$$

ATTENTION: N'oubliez pas que certains verbes ne prennent pas de préposition quand ils sont suivis d'un infinitif (Cf. leçon 15). D'autres verbes sont suivis de la préposition **de** (Cf. leçon 19) & p. 222.
Le pronom complément est devant l'infinitif qu'il complète.

J'aime voir des films français.	J'aime **en** voir.
Je suis content d'étudier le français.	Je suis content de **l'**étudier.
Il continue à jouer du piano.	Il continue à **en** jouer.

5. Tout mon appartement est moderne.
         Toute ma famille habite aux États-Unis.

Comparez :

> Je fais **tout** l'exercice 2.
>
> Mon frère travaille **tout** le week-end dans un supermarché.
>
> **Toute** votre composition est mauvaise.
>
> Je suis à l'université **toute** la journée.

> **Tout** mon livre de sociologie est intéressant.
>
> Je reste à la campagne **tout** l'été.
>
> Le professeur pose des questions à **toute** la classe.
>
> Avant un examen, Jack travaille **toute** la nuit.

■ **Tout, toute** sont des *adjectifs indéfinis*. Ils sont employés *au singulier* (+ *article* ou *adjectif possessif* ou *adjectif démonstratif*) au sens de **entier, entière** (complet, complète).

> ATTENTION : Il y a une différence de forme et de sens entre :
> **tous / toutes** et **tout / toute**
> **Tout** l'exercice = l'exercice complet ;
> **Tous** les exercices = chaque exercice (Cf. leçon 15, page 105).

6. Son frère a quinze **ans.**
         Il va passer **une année** entière en Europe.

Comparez :

> **Le soir,** il reste chez lui ; **le matin** il est à l'école.
>
> Il y a sept **jours** dans une semaine.

> Au théâtre, il y a des **matinées** et des **soirées**.
>
> Nous restons chez nous toute la **journée**.

Notez l'emploi de ces mots :

an	jour	matin	soir
année	**journée**	**matinée**	**soirée**

■ **An, jour, matin, soir,** sont des mots qui expriment une division du temps, une *unité de temps*.

Année, journée, matinée, soirée, sont des mots qui expriment en général une *durée*.
On dit : **L'année dernière, l'année prochaine, toute l'année, quelques années, plusieurs années.**
Mais : **deux ans, cinq ans, cent ans** (= un siècle).

GRAMMAIRE

7. Connaissez-vous mon frère Philippe?
                   Non, je ne le **connais** pas.

Comparez:

Voici les parents de Barbara. Les con- naissez-vous?	Non, je ne les **connais** pas.
	Je **connais** son frère.
	Mes parents **connaissent** les parents de Barbara.
Connaissez-vous mon père?	Oui, je le **connais** très bien.

■ Le verbe **connaître** est un verbe du 3ᵉ groupe.

Voici le verbe **connaître** au présent de l'indicatif:

> Je   **connais**   votre famille.
> Vous **connaissez** (tu connais) sa sœur.
> Nous **connaissons** vos amis Shaw.
>
> Il   **connaît**   le professeur de physique.
> Elle **connaît**   votre beau-frère.
>
> Ils   **connaissent** les grandes villes d'Europe.
> Elles **connaissent** bien Paris et Rome.

L'imparfait: je connaiss**ais,** nous connaiss**ions,** ils connaiss**aient.**
Le participe présent: connaiss**ant.**
Le participe passé: **connu.**

Connaître est employé le plus souvent à propos de personnes (= être familier avec . . .). **Savoir** indique une connaissance intellectuelle.

    EXEMPLE: Je sais que vous connaissez mon amie Marianne.

8. Il travaille beaucoup et il dort **peu.**
               Nous avons **déjà** étudié la leçon 21.

Comparez:

Il mange **beaucoup.**	Il a **beaucoup** mangé.
Elle travaille **trop.**	Elle a **trop** travaillé.
Nous dormons **mal.**	Nous avons **mal** dormi.
Vous ne prononcez pas **bien.**	Vous n'avez pas **bien** prononcé.
Il fait **encore** des fautes.	Il a **encore** fait des fautes.
Il ne va **jamais** au théâtre.	Il n'est **jamais** allé au théâtre.
Nous pensons **déjà** aux vacances.	Nous avons **déjà** pensé aux vacances.

■ Notez la position des adverbes courts comme: **trop, assez, beaucoup, bien, mieux, mal, déjà, encore, plus, jamais.**

Ces adverbes sont placés:

1) après le verbe en général.

2) entre l'auxiliaire et le participe passé quand on les emploie avec un temps composé.

ATTENTION: **Bien, mieux, mal** sont des *adverbes*. Employez un adverbe avec un *verbe*.
Bon, meilleur, mauvais sont des *adjectifs*. Employez un adjectif avec un *nom*.

EXEMPLE: Vous prononcez ⎱ bien. ⎰ Votre prononciation est ⎱ bonne. ⎰
mieux.   meilleure.
mal.   mauvaise.

Exercices

1. Remplacez les mots en italiques par **en** ou par le *pronom* convenable.

1. Ce soir, j'ai *des devoirs;* je vais faire *mes devoirs.*   **2.** J'achète *des livres* parce que j'ai besoin *de livres.*   **3.** J'ai *des cousins* et je vois souvent *mes cousins.*   **4.** Nous mangeons *du poulet;* nous mangeons beaucoup *de poulet* parce que nous aimons *le poulet.*   **5.** Il y a *des fruits* sur la table; il faut manger *des fruits.*   **6.** J'achète *des citrons;* j'achète une douzaine *de citrons.*   **7.** Il y a beaucoup *d'exercices* dans notre livre; nous faisons deux ou trois *exercices* par jour.   **8.** Je n'ai plus *d'argent;* je vais demander *de l'argent* à mon père.   **9.** Mon grand-père ne mange jamais *de viande;* il n'aime pas *la viande.*   **10.** Je choisis *des cigarettes* pour mon père; il fume un paquet *de cigarettes* par jour.

2. Répondez aux questions en employant **en** ou un autre *pronom.*

1. Combien de compositions faites-vous par semaine?   **2.** Mangez-vous de la viande au petit déjeuner?   **3.** Avez-vous des frères? Si oui, combien?   **4.** Portez-vous vos lunettes de soleil en classe?   **5.** Voyez-vous vos amis tous les jours? Parlez-vous à vos amis?   **6.** Demandez-vous de l'argent à vos parents?   **7.** Avez-vous des leçons à étudier tous les soirs?   **8.** Combien de classes avez-vous aujourd'hui?   **9.** Allez-vous acheter des vêtements pour l'été?   **10.** Combien de dollars avez-vous dans votre sac ou dans votre poche?

3. Écrivez négativement.

1. F. D. Roosevelt est encore président des États-Unis.   **2.** Mes grands-parents habitent encore en Floride.   **3.** Betty est encore malade; elle est encore à l'hôpital.   **4.** Ma mère mange toujours des fruits le matin.   **5.** Ils vont souvent à la montagne.   **6.** Ce matin, il y a encore du brouillard.   **7.** Il est déjà midi.   **8.** Notre voiture marche encore très bien.   **9.** Elle pense déjà à son mariage.   **10.** Ces étudiants sont quelquefois en retard.

4. Répondez négativement avec un *pronom*.

1. Y a-t-il encore des étudiants ici à 8 heures du soir? 2. Téléphonez-vous quelquefois à votre professeur? 3. Prenez-vous encore des leçons de piano? 4. Votre père est-il encore au Mexique? 5. Faites-vous souvent du ski? 6. Étudions-nous déjà la leçon 25? 7. Avez-vous encore des devoirs à faire ce soir? 8. Lisez-vous déjà des romans français en français? 9. Avez-vous encore de l'argent? 10. Avez-vous quelquefois le temps d'aller au théâtre?

5. Donnez: a) la 1re personne du singulier b) la 3e personne du singulier c) la 2e personne du pluriel des verbes **pouvoir, connaître, vouloir,** avec des compléments différents. (Forme affirmative, négative ou interrogative.)

6. Écrivez les phrases suivantes en plaçant correctement les adverbes.

1. Cet étudiant lit le poème (bien). 2. Nous avons dansé hier soir (trop). 3. Cet enfant n'a pas mangé (assez). 4. Il a voyagé pendant sa jeunesse (beaucoup). 5. Vous avez écrit votre exercice (mal). 6. Les étudiants ont compris l'explication (bien). 7. Ils ont répondu au professeur (mal). 8. Sont-ils allés au Canada (déjà)? 9. Vous n'avez pas dormi (beaucoup). 10. Elle a vu la mer (ne . . . jamais).

24

RÉALITÉS: Une soirée agréable

JEAN. — Allô, c'est vous Jackie? Excusez-moi de vous téléphoner si tard. Mais je voudrais vous poser une question. Allez-vous au théâtre demain soir?

JACKIE. — De quel théâtre parlez-vous?

JEAN. — Je parle des Ballets de Paris, naturellement. Tout le monde en parle.

JACKIE. — Je sais bien que tout le monde en parle et je voudrais y aller, mais il n'y 5 a plus de billets; on ne peut pas en trouver un seul au bureau de location du théâtre ou dans les agences. On a loué toutes les places pour la soirée; il va y avoir une foule énorme. Je vais manquer ce spectacle et j'en suis désolée.

JEAN. — Eh bien! Ne soyez plus désolée. Un ami de mon père, qui est parti subitement en voyage, m'a donné deux billets, gratuits bien sûr. Je connais votre goût 10 pour la danse et la musique. Alors, je vous invite. Qu'est-ce que vous en pensez?

JACKIE. — Je pense simplement que vous êtes formidable. Votre invitation est magnifique. J'en suis ravie et . . . naturellement, j'accepte.

JEAN. — Alors, c'est entendu. A demain soir. Je vais venir chez vous à six heures et demie. 15

JACKIE. — Mais . . . la représentation n'est qu'à huit heures et demie.

JEAN. — C'est exact. Mais, ma chère Jackie, je ne suis pas un pur esprit. J'ai l'habitude de dîner et vous aussi, je suppose. J'espère que vous appréciez la bonne cuisine; je connais un petit restaurant français qui . . .

JACKIE. — Jean, vous êtes encore plus formidable. Je vais être si contente de sortir. 20 Vous savez, je ne sors jamais le soir excepté le samedi. Je garde des enfants pour gagner l'argent de mon voyage en Europe l'été prochain. Et puis, j'ai des devoirs à[1] faire. Mais cette fois . . .

JEAN. — Oui, cette fois, c'est une occasion exceptionnelle: il faut en profiter. Nous allons passer une bonne soirée, j'espère. A demain. 25

LE JOUR DE LA REPRÉSENTATION

JACKIE. — Me voici, Jean. Je suis prête.

JEAN. — Déjà! Mais c'est extraordinaire! Vous êtes une femme sensationnelle. Vous n'êtes pas en retard. Je vous félicite. Et maintenant, partons. Il ne faut pas arriver en retard au théâtre.

JACKIE. — Vous avez raison. Je déteste les gens qui arrivent en retard et qui dérangent 30 tout le monde. Et je veux absolument voir le commencement du programme.

---

[1] **avoir à** + *infinitif* indique une obligation (= être obligé de . . .)

La mariée est belle!

Jean arrête sa voiture devant le restaurant et les deux jeunes gens y entrent rapidement. Ils sont maintenant assis à une petite table. La serveuse leur apporte le
menu. La spécialité de la maison, ce sont les côtelettes de veau à la crème et aux
champignons.

JEAN. — Allez-vous en prendre, Jackie? Je crois que c'est très bon.   5
JACKIE. — Volontiers. Et vous, que choisissez-vous?
JEAN. — Comme je ne mange jamais de veau, je vais en manger ce soir pour changer.
    Et comme dessert, qu'est-ce que nous allons choisir? Voyons . . . Connaissez-vous
    les crêpes Suzette? En voulez-vous?
JACKIE. — Oh oui, des crêpes Suzette! J'ai envie d'en manger depuis si longtemps. 10
JEAN. — Eh bien, deux crêpes Suzette. Je vais en prendre aussi.

Jean commande le repas à la serveuse et les deux jeunes gens commencent à bavarder.
    Ils parlent de leurs occupations, de leurs distractions, de leurs goûts.
Jackie préfère la musique classique; elle déteste le jazz. Elle n'en écoute jamais. Jean
    lui dit qu'il n'aime plus la musique romantique, mais qu'il préfère Bach et la 15
    musique baroque. Il ajoute qu'il n'a pas beaucoup de loisirs, mais qu'il les passe
    à écouter des disques de ses compositeurs préférés et à lire.
Ils aiment tous les deux la vie en plein air. Ainsi, ils adorent faire du camping.

JEAN. — J'aime surtout en faire en automne, dans les bois. Quelquefois je pars seul et je marche toute la journée au milieu des arbres. J'adore les promenades dans la solitude et le silence de la forêt.

JACKIE. — J'aime beaucoup la nature, moi aussi et j'aime faire du camping à la belle saison. Mais on ne peut pas encore en faire maintenant. On ne peut pas faire 5 de camping sous la pluie! Faites-vous d'autres sports?

JEAN. — Je joue rarement au tennis et j'ai horreur des sports d'équipe. Le football et le basket-ball ne m'intéressent pas du tout. Vous savez, je suis individualiste et les individualistes ne sont pas très sociables. Je déteste aller à des soirées où on rencontre des tas de gens inconnus. 10

JACKIE. — J'ai les mêmes goûts que vous. J'aime mieux[2] passer une soirée avec quelques amis que d'aller dans ces réunions où on parle de choses sans intérêt pour moi. J'ai l'impression de perdre mon temps.

JEAN. — Moi, de temps en temps, le samedi soir, je reste chez moi et je lis . . . des revues d'histoire par exemple, ou je regarde des photos ou des reproductions 15 d'art. Mon père est abonné à plusieurs revues illustrées; il y en a une qui est passionnante, sur l'archéologie.

JACKIE. — Je crois que je la connais. Dans le dernier numéro, on voit de très belles photos en couleurs et en noir et blanc, d'un célèbre temple aztèque du Mexique. Lisez-vous beaucoup de journaux? 20

JEAN. — Oh! Comme tout le monde. Dans les journaux, il y a des pages que je ne regarde jamais. Je lis les nouvelles politiques et économiques quand il y a de bons articles de certains journalistes. Il faut bien connaître les événements du monde. Mais je n'ouvre jamais les pages des petites annonces. Quelques dessins de publicité sont assez drôles; en revanche, je trouve les bandes dessinées par- 25 faitement stupides.

Maintenant, les deux amis mangent les délicieuses crêpes Suzette. Comme c'est bon!

Tout à coup Jean regarde sa montre. Le temps passe vite: il est l'heure de partir. Il demande l'addition à la serveuse et il paie. Puis les jeunes gens sortent du restaurant et remontent en voiture. 30

Devant le théâtre, il y a déjà beaucoup de monde et naturellement, il n'y a plus de place pour garer la voiture. Il faut trouver un autre parking où il y a encore des places libres. Jackie et Jean reviennent au théâtre à pied et ils entrent.

La salle est pleine. Une ouvreuse prend les billets et elle conduit les jeunes gens à leurs places, puis elle leur donne un programme. On ne voit pas encore la scène 35 qui est fermée par un rideau de velours rouge. Tout le monde parle: les spectateurs sont impatients de voir les artistes, danseurs et danseuses, les costumes et les décors de ces ballets modernes et classiques.

Voici les musiciens et le chef d'orchestre. On éteint les lumières. Il y a un moment de silence. L'orchestre commence à jouer. La représentation va commencer. 40

[2] **J'aime mieux** = je préfère . . .

Exercices

1. Questions sur la lecture. Répondez par des phrases complètes en employant des *pronoms* si possible.

   1. Jackie a-t-elle un billet pour les Ballets de Paris? Pourquoi?   **2.** Pourquoi Jean invite-t-il Jackie à y aller?   **3.** A quelle heure et où est le rendez-vous? **4.** Qu'est-ce que les jeunes gens vont faire avant d'aller au théâtre?   **5.** Qu'est-ce que Jackie fait généralement le soir? Pourquoi?   **6.** Quel est le menu du dîner? **7.** Quelle sorte de sports Jean n'aime-t-il pas?   **8.** Quelle est l'opinion de Jean sur les bandes dessinées?   **9.** Pourquoi Jean est-il obligé de chercher un autre parking?   **10.** Qu'est-ce qu'une ouvreuse? Que fait-elle?

2. Répondez aux questions suivantes en employant des *pronoms* quand c'est possible.

   1. Avez-vous beaucoup de loisirs? Quand?   **2.** Que faites-vous pendant vos loisirs?   **3.** Où achète-t-on des billets de théâtre?   **4.** Préférez-vous aller au théâtre en matinée ou en soirée? Pourquoi?   **5.** Que fait un journaliste? **6.** Quelle sorte de musique préférez-vous? Quel compositeur aimez-vous particulièrement?   **7.** Quand vous sortez, choisissez-vous un restaurant chinois, français, italien ou américain? Pourquoi?   **8.** Qu'est-ce qui vous intéresse dans un journal? Lisez-vous une (des) revue(s)?   **9.** Aimez-vous mieux les sports individuels que les sports d'équipe? Quels sports faites-vous?   **10.** Faites-vous du camping? Pourquoi?

3. Indiquez:
   a) 2 choses *que vous avez à faire* tous les jours.
   b) 2 choses *que vous avez l'habitude de faire* chaque week-end.
   c) 2 choses *que vous allez commencer à faire* pendant les vacances.
   d) 2 choses *que vous allez continuer à faire* le semestre prochain.
   e) 2 choses *que vous êtes prêt(e) à faire* maintenant.

4. Écrivez 3 phrases avec chaque expression: **ne . . . plus, ne . . . pas encore, ne . . . jamais.**

5. Complétez les phrases par **tout, toute, tous, toutes.**

   1. Robert va apprendre __ sa leçon et il va faire __ les exercices.   **2.** Le cinéma est ouvert __ l'année, mais il n'est pas ouvert __ la journée.   **3.** __ les étudiants sont présents.   **4.** __ les leçons ne sont pas faciles.   **5.** Il travaille pendant __ les vacances dans un magasin.   **6.** __ la famille est malade; __ le monde est au lit.   **7.** Pour l'examen, nous allons lire __ notre livre.   **8.** Le chien mange __ la viande.   **9.** Nous corrigeons __ la dictée.   **10.** __ ses chemises sont trop petites et __ ses vêtements sont trop vieux.

6. *Composition:*

    a) Votre distraction favorite. Que faites-vous? Pourquoi? Comment? Où? Quand? etc....

    b) Une soirée agréable ou une soirée ennuyeuse.

    c) Un repas au restaurant.

Prononciation

A. La semi-voyelle [j] • Prononcez après votre professeur:

      pied, papier, cahier,
      avion, nation, action,
      mieux, milieu, les **y**eux, sérieux,
      f**ille,** fam**ille,** br**ille,**
      sole**il,** corbe**ille,**
      fauteu**il,** feu**ille,**
      trava**ille,** mou**illé,** brou**ill**ard.

      Les yeux de Pierre brillent.
      Il y a des avions dans le ciel.
      J'ai les pieds mouillés.
      La famille du fermier travaille au soleil.

B. La lettre **y** entre deux voyelles est équivalente à [i + j]

      envoyer, essayer, crayon.
      [waj]   [ej]   [ɛj]

C. La semi-voyelle [w] • Prononcez après votre professeur:

    [wi] [wɛ]   **Ou**i, Lou**i**s, l'**ou**est,

    [wa]   m**oi,** t**oi,** v**oi**x, f**oi**s, b**oi**s,
             froid, tr**oi**s, dr**oi**te, fr**oi**de,
             v**oi**ture, v**oy**age.

    [wɛ̃]   l**oin,** m**oin**s, c**oin.**
             Employez ce crayon de bois noir.
             Il fait de moins en moins froid.
             Louis a joué loin de la voiture.

Les semi-voyelles [j] et [w] •

      J'ai payé ces trois cahiers.
      Il va mieux au milieu de son merveilleux voyage à l'ouest.
      Essayez cette voiture. Je crois qu'elle est bien meilleure.

Vocabulaire

une agence (de voyage,
     de théâtre,
     de tourisme)
une (petite) annonce
un article de journal
un(e) artiste
une bande dessinée
un billet
un bois
un bureau de location
un champignon
un chef d'orchestre

un compositeur
une côtelette
une crêpe
un danseur / une danseuse
un décor
une distraction
une équipe
un esprit
un événement
une foule
un goût

un intérêt
une invitation
un(e) journaliste
des loisirs (*m.*)
une matinée
un menu
une occupation
un orchestre
une ouvreuse
une place
un programme
la publicité

une représentation
une réunion
une revue
une scène
une serveuse
une soirée
la solitude
une spécialité
un spectacle
un spectateur
le veau
le velours

ADJECTIFS

baroque
drôle
énorme
exceptionnel(le)

familier, familière
formidable
gratuit(e)
illustré(e)

inconnu(e)
individualiste
loué(e)
passionnant(e)

pur(e)
romantique
sensationnel(le)
sociable

VERBES

avoir l'habitude de
avoir horreur de
avoir l'impression de
accepter (1)
apprécier (1)
commander (1)

connaître (3)
elle conduit (conduire, 3)
devenir (3)
déranger (1)
on éteint (éteindre, 3)
être abonné à

être ravi(e) de
féliciter (1)
gagner (1)
garder (1)
garer (1)
intéresser (1)

perdre son temps (3)
pouvoir (3)
rencontrer (1)
vouloir (3)

MOTS INVARIABLES ET EXPRESSIONS

c'est entendu
depuis
en revanche

encore
ne . . . pas du tout
ne . . . pas encore

ne . . . plus
rapidement
rarement

subitement
tout à coup

Objet Direct—Objet Indirect

Je demande le prix à la vendeuse.

Paul donne sa composition au professeur.

Barbara pose une question à son amie.

Elle présente Jeannette à sa mère.

Dans les phrases précédentes, il y a différents éléments:

1. **Je, Paul, Barbara, elle** sont les *sujets* des verbes: *demande, donne, pose, présente*. (*Voir* Grammaire générale, fin du 1er échelon.)

2. **Le prix, sa composition, une question, Jeannette** sont les *compléments d'objets directs* des verbes de chaque phrase. Ils s'appellent compléments d'objets *directs* parce qu'ils sont *directement* affectés par l'action du verbe.

3. **à la vendeuse, au professeur, à son amie, à sa mère** sont les *compléments d'objets indirects*. Ils s'appellent *compléments d'objets indirects* parce qu'ils sont *indirectement* affectés par l'action du verbe. Il y a la préposition **à** devant le nom complément.

NOTEZ: En français, *le nom objet indirect* est toujours *précédé* de la préposition **à**.[1]

Je demande le prix **à** la vendeuse.
Paul donne sa composition **au** professeur.
Barbara pose une question **à** son amie.
Elle présente Jeannette **à** sa mère.

Le *sujet*, le *complément d'objet direct*, le *complément d'objet indirect* sont des *noms* ou des *pronoms*.

Verbe Transitif—Verbe Intransitif

J'achète un journal.
Nous voyons des films français.
Ils comprennent les explications.

Je téléphone à mon père.
Les étudiants parlent à leur professeur.

---

[1] En anglais, ce n'est pas toujours le cas. Très souvent, l'anglais n'emploie pas de préposition pour indiquer l'objet indirect: *I ask the salesgirl the price. Paul gives the teacher his composition.* En français, il faut dire; à la vendeuse, **au** professeur, etc.

Dans chaque phrase précédente le verbe a un *complément d'objet*.

Les verbes qui ont un complément d'objet sont des verbes *transitifs*.

Les verbes **acheter, voir, comprendre** ont un complément d'objet *direct*.

Ce sont des verbes *transitifs directs*.

Les verbes **téléphoner, parler** ont un complément d'objet *indirect*.

Ce sont des verbes *transitifs indirects*.

> Je **reste** chez moi le samedi soir.
> Mes amis **sont venus** en auto.
> Sa grand-mère **est morte** l'année dernière.

Les verbes **rester, venir, mourir** n'ont pas de *complément d'objet*.

Ce sont des verbes *intransitifs*.

Les verbes intransitifs n'ont pas de complément d'objet, mais ils ont souvent un autre complément qui indique le temps, la manière, la cause, etc.

Terminaisons du présent des verbes:

1er GROUPE	2e GROUPE	3e GROUPE
Je parle	Je finis	Je vois
Tu parles	Tu finis	Tu vois
Il parle	Il finit	Il voit
Nous parlons	Nous finissons	Nous voyons
Vous parlez	Vous finissez	Vous voyez
Ils parlent	Ils finissent	Ils voient

-e
-es
-e

-s
-s
-t

-ons
-ez
-ent

Notez que les verbes en **-dre** ont **-d** à la troisième personne du singulier. (Voir leçon 19. **Répondre,** il répond.)

Exceptions:

1. j'ai   je peux, je veux
2.   tu peux, tu veux
3. il a, il va

1. nous sommes
2. vous êtes,   vous faites,   vous dites
3. ils sont,   ils ont,   ils font,   ils vont.

A gauche: Les cerises sont bonnes cette année!

Ci-dessus: . . . les truffes aussi!

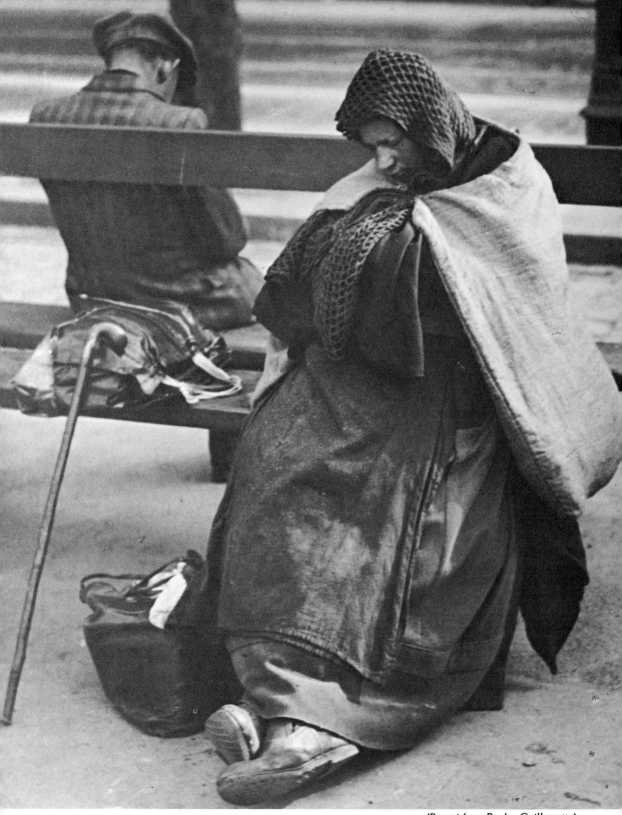

(Brassai from Rapho Guillumette)

La clocharde.

QUATRIÈME ÉCHELON

PHOTOGRAPHIES DU 4ᵉ ÉCHELON :
Aux quatre coins de la France

25

POINTS DE REPÈRE

Avez-vous appris la leçon 23?

Oui, nous l'avons appris**e**.

*

Après **avoir fait** ses devoirs, il a regardé la télévision.

Après **être allé(e)** en Europe, je vais travailler dans un bureau.

*

Y a-t-il **quelqu'un** dans le corridor?

Non, il n'y a **personne**.

Avez-vous **quelque chose** à faire ce soir?

Non, je n'ai **rien** à faire ce soir.

*

Qu'est-ce que vous **venez de** faire?

Je **viens d'**écrire une lettre.

*

Paul **n'**aime **ni** les sports **ni** le cinéma.

Il **n'**aime **que** ses études.

*

Qu'est-ce que vous **buvez** pendant le repas?

Je **bois** du lait ou de l'eau.

Croyez-vous que cet étudiant va réussir?

Oui, je **crois** qu'il va réussir.

*

DÉVELOPPEMENT GRAMMATICAL

1. Avez-vous appris la leçon 23?
Oui, nous l'avons appris**e**.

Comparez:

Avez-vous écrit votre composition?	Oui, je l'ai écrit**e**.
Le professeur a-t-il corrigé les fautes?	Oui, il les a corrigé**es**.
Avez-vous déjà vu Mme Jensen?	Non, je ne l'ai pas encore vu**e**.
Les étudiants ont-ils compris les explications?	Oui, ils les ont compris**es**.
Avez-vous fait les exercices?	Oui, voilà les exercices que j'ai fait**s**.
Qu'est-ce que vous regardez?	Je regarde une photo que j'ai reçu**e** hier.

■ Le *participe passé* des verbes conjugués *avec* **avoir** *s'accorde* avec *l'objet direct placé avant* le verbe.

Le complément d'*objet direct* est placé *avant* le verbe dans 3 cas:

1) Quand l'objet direct est un *pronom personnel:* **me, te, le, la, nous, vous, les.**

      J'ai acheté des journaux et je **les** ai lu**s**.
      Le professeur **nous** a vu**s** et il nous a dit bonjour.

2) Quand l'objet direct est le *pronom relatif* **que:**

      Je vous apporte les journaux **que** j'ai lu**s**.
      Le professeur corrige les fautes **que** les étudiants ont fait**es**.

3) Dans une *phrase interrogative* ou *exclamative:*

      Quels journaux avez-vous lu**s**?
      Quelles leçons avez-vous appris**es**?

    ATTENTION: Si le pronom placé avant le verbe *n'est pas* un complément *d'objet direct,* il n'y a *pas d'accord:* le participe passé conjugué avec **avoir** reste *invariable.*
              Leurs parents leur ont donn**é** la permission de partir.
              Ses amis lui ont offert des cadeaux.
              Paul nous a di**t** bonjour.

■ Le *participe passé* des verbes conjugués avec **être** s'accorde avec le *sujet du verbe.* (Cf. leçon 21)

      Jean et Charles sont parti**s** pour Paris.
      Ils sont allé**s** avec leurs parents à l'aéroport.

2. Après **avoir fait** ses devoirs, il a regardé la télévision.
Après **être allé(e)** en Europe, je vais travailler dans un bureau.

Comparez :

Je dis bonjour à ma mère, puis je monte dans ma chambre.	**Après avoir dit** bonjour à ma mère, je monte dans ma chambre.
Le professeur a expliqué la règle, puis il a posé des questions.	**Après avoir expliqué** la règle, le professeur a posé des questions.
Les étudiants ont réfléchi, puis ils ont répondu.	**Après avoir réfléchi,** les étudiants ont répondu.
Elle est allée à la banque, puis elle est rentrée chez elle.	**Après être allée** à la banque, elle est rentrée chez elle.
Le professeur va entrer en classe, puis il va donner l'examen.	**Après être entré** en classe, le professeur va donner l'examen.

◼ **Avoir dit, avoir expliqué, avoir réfléchi, être allé(e), être entré(e)** sont des *infinitifs passés.*

L'infinitif passé est formé avec :

$$\left. \begin{matrix} \textbf{avoir} \\ \textbf{être} \end{matrix} \right\} + \textit{le participe passé du verbe.}$$

(ou)

◼ Après la préposition **après,** on emploie un *infinitif passé.*

Les verbes qui sont conjugués avec **être** au *passé composé* sont aussi conjugués avec **être** à *l'infinitif passé.* Le *participe passé* s'accorde avec le *sujet principal* quand l'infinitif passé est formé avec **être.**

> Après être sortis du cinéma, **nous** avons parlé du film.
> Après être descendu**es** du train, **elles** ont pris un taxi.

Le *participe passé* s'accorde avec l'*objet direct qui le précède,* quand l'*infinitif passé* est formé avec **avoir :**

> J'ai donné ma composition au professeur après l'avoir corrigé**e.**
> Je vous prêterai ces revues après **les** avoir lu**es.**

NOTEZ : L'expression opposée à : *après avoir, après être* est : **avant de** (Cf. leçon 17, p. 123).

◼ En français, *après une préposition,* on emploie un *nom* ou un *verbe.*
Quand il y a un verbe, on emploie :

1) le *participe présent* après **en** (Cf. leçon 19, p. 138).

> Mon père écoute la radio **en lisant** son journal.

2) l'*infinitif passé* après la préposition **après.**

> **Après avoir étudié** pour l'examen, j'étais fatigué.

3) l'*infinitif* après toutes *les autres prépositions.*

> Nous travaillons **pour** gagner de l'argent.
> Il est entré **sans** dire bonjour.

3. Y a-t-il **quelqu'un** dans le corridor?

Non, il n'y a **personne.**

Avez-vous **quelque chose** à faire ce soir?

Non, je n'ai **rien** à faire ce soir.

Comparez:

1) Voyez-vous **quelqu'un** dans le jardin?

Oui, je vois **quelqu'un.**
Non, je **ne** vois **personne.**

Avez-vous rencontré **quelqu'un** en venant ici?

Oui, j'ai rencontré **quelqu'un.**
Non, je n'ai rencontré **personne.**

Avez-vous trouvé **quelqu'un de** libre?

Non, nous n'avons trouvé **personne de** libre.

Quelqu'un frappe à la porte.

Personne ne frappe à la porte.

Quelqu'un a téléphoné.

Personne n'a téléphoné.

2) Y a-t-il **quelque chose** devant vous?

Oui, il y a **quelque chose** devant moi.
Non, il **n'**y a **rien** devant moi.

Avez-vous acheté **quelque chose** pendant votre voyage?

Oui, j'ai acheté **quelque chose.**
Non, je **n'**ai **rien** acheté.

J'ai appris **quelque chose** d'intéressant.

Je **n'**ai **rien** appris d'intéressant.

■ Quelqu'un / personne ne...
Ne ... personne ⎫
Quelque chose / ne ... rien ⎭ sont des *pronoms indéfinis neutres.*

Personne ne ... et **ne ... personne** correspondent négativement à **quelqu'un** ou à **tout le monde.**

Ne ... rien correspond négativement à **quelque chose.**

ATTENTION: a) Après les pronoms neutres, l'*adjectif* est *masculin singulier.* Il est invariable.

J'ai vu quelque chose **d'**amusant.
Il n'a rien acheté **de** cher.
Nous avons entendu quelqu'un **de** très intelligent.
Il n'a vu personne **de** célèbre.

quelqu'un
ne ... personne ⎫
quelque chose ⎬ + **de** + *adjectif qualificatif masculin*
ne ... rien ⎭

Mais: une personne intelligent**e**, une chose amusant**e**.
(**une personne, une chose** sont des *noms*).

b) Remarquez la place de **rien** et de **personne** dans les exemples précédents:

(ne) . . . **rien** entre l'*auxiliaire* et le *participe passé*.

(ne) . . . **personne** après le *participe passé*.

---

4. Qu'est-ce que vous **venez de** faire?

Je **viens d'**écrire une lettre.

Comparez:

J'ai fini ma composition d'anglais **il y a un quart d'heure.**

Je **viens de finir** ma composition d'anglais.

Votre ami a téléphoné **il y a quelques minutes.**

Votre ami **vient de téléphoner.**

Les étudiants ont quitté la classe **il y a peu de temps.**

Les étudiants **viennent de quitter** la classe.

Nous avons étudié le passé composé **récemment.**

Nous **venons d'étudier** le passé composé.

■ **Venir de** + *l'infinitif* du verbe principal indique un passé très proche du présent. On l'appelle *le passé récent.* Dans ce cas, **venir de** est un *auxiliaire* (et non un verbe de mouvement). Il y a aussi un auxiliaire pour le *futur:* c'est le verbe **aller.**

■ **Aller** + *l'infinitif* du verbe principal indique *le futur proche.* (Cf. leçon 17, p. 123.)

Je **viens d'écrire** une lettre à mes parents.

≠ Je **vais écrire** une lettre à mes parents.

Mon père **vient d'acheter** une nouvelle voiture.

≠ Mon père **va acheter** une nouvelle voiture.

Les étudiants **viennent de passer** un examen.

≠ Les étudiants **vont passer** un examen.

ATTENTION : a) Le pronom personnel complément est devant l'infinitif (Cf. leçons 19 et 23):

Je vais étudier mes leçons.
Nous venons d'acheter des fleurs.
Ils viennent d'aller au laboratoire.

Je vais **les** étudier.
Nous venons d'**en** acheter.
Ils viennent d'**y** aller.

b) Les verbes $\left.\begin{array}{l}\textbf{aller}\\\textbf{venir de}\end{array}\right\}$ + *l'infinitif* d'un verbe sont *toujours à l'imparfait* dans une phrase *au passé.*

Mon ami **venait de** partir quand je suis allé chez lui.

Mes parents **venaient de** vendre leur maison quand ma mère est tombée malade.

Hier, je faisais des courses; j'**allais** acheter un livre, mais j'ai vu que je n'avais pas assez d'argent.

5. Paul **n'**aime **ni** les sports **ni** le cinéma.

Il **n'**aime **que** ses études.

Comparez:

Apprenez-vous l'allemand et le russe?	Je **n'**apprends **ni** l'allemand **ni** le russe.
Jean va-t-il en Espagne et en Italie?	Il **ne** va **ni** en Espagne **ni** en Italie.
Les bébés boivent-ils du thé et du café?	Ils **ne** boivent **ni** thé **ni** café.
Jean et Charles connaissent la France.	**Ni** Jean **ni** Charles **ne** connaissent la France.
Leurs parents et leurs amis partent avec eux.	**Ni** leurs parents **ni** leurs amis **ne** partent avec eux.

■ **Ne . . . ni . . . ni . . .** est une forme négative qu'on emploie quand le verbe a deux ou plusieurs compléments.

Ni . . . ni . . . ne . . . est une forme négative qu'on emploie quand le verbe a deux ou plusieurs sujets.

ATTENTION: Quand un *article partitif* accompagne un nom, on n'emploie pas cet article avec la négation **ne . . . ni . . . ni** dans la phrase négative.

Il a **de l'**ambition et **du** courage.   Il **n'**a **ni** ambition **ni** courage.

Étudiez les phrases suivantes:

Je n'apprends ni l'allemand ni le russe; je **n'**apprends **que** le français.

Il ne va ni en Espagne ni en Italie; il **ne** va **qu'**en France.

Les bébés ne boivent ni thé ni café; ils **ne** boivent **que** du lait.

■ **Ne . . . que** est un adverbe qui indique une restriction. Cette expression a le sens de *seulement*.

6. Qu'est-ce que vous **buvez** pendant le repas?

Je **bois** du lait ou de l'eau.

Croyez-vous que cet étudiant va réussir?

Oui, je **crois** qu'il va réussir.

Complétez:

Qu'est-ce que vous **buvez** au petit déjeuner? Moi, je **bois** du thé.	Moi, je **bois** du chocolat.
Qu'est-ce que les bébés **boivent?**	Ils **boivent** du lait.
En France, **buvez**-vous plus de café que de thé?	Oui, nous **buvons** plus de café; les Anglais **boivent** plus de thé.

■ Le verbe **boire** est un verbe du 3ᵉ groupe.

Voilà le verbe **boire** au présent de l'indicatif:

> Je **bois** du café.
> Vous **buvez** (tu bois) du thé.
> Nous **buvons** de la limonade.
>
> Il **boit** de l'eau.
> Elle **boit** de l'eau.
>
> Ils **boivent** du champagne.
> Elles **boivent** du champagne.

L'imparfait: je buv**ais**, nous buv**ions**, ils buv**aient**.
Le participe présent: buv**ant**.
Le participe passé: **bu.**

Comparez:

Croyez-vous toutes les histoires extraordinaires?

Non, je ne les **crois** pas.

Votre petit frère **croit**-il au Père Noël?

Oui, il **croit** au Père Noël.
Tous les petits enfants **croient** au Père Noël.

◼ Le verbe **croire** est un verbe du 3e groupe.

Voilà la conjugaison du verbe **croire** au présent de l'indicatif:

> Je **crois** votre père.
> Vous **croyez** (tu crois) les nouvelles extraordinaires.
> Nous **croyons** notre médecin.
>
> Il **croit** tout le monde.
> Elle **croit** tout le monde.
>
> Ils **croient** que j'ai raison.
> Elles **croient** que j'ai raison.

L'imparfait: je croy**ais**, nous croy**ions**, ils croy**aient**.
Le participe présent: **croyant.**
Le participe passé: **cru.**

NOTEZ: **Je crois** a souvent le sens de «**Je pense**»...

Exercices

1. Mettez les phrases suivantes au *passé composé.*

   1. En voyage, j'achète des journaux et je les lis.   2. Les fleurs que je donne à ma mère lui font plaisir.   3. Quels exercices écrivez-vous?   4. Je remarque des fautes; je les corrige.   5. Ma tante arrive à midi et elle reste deux heures chez nous.   6. Les jeunes gens commandent des gâteaux qu'ils ne mangent pas.   7. Quand ils arrivent en classe, ils disent bonjour au professeur.   8. Je leur demande leurs cahiers et ils me les prêtent.   9. Quels pays visitez-vous?   10. Les amis qu'elle rencontre lui demandent de partir avec eux.

2. Changez ces phrases en employant **après** + *l'infinitif passé.*

   1. *Elles sont allées* au marché, puis elles ont préparé le dîner.   2. Les enfants *ont bien dormi;* ils étaient prêts à jouer.   3. Les jeunes gens *sont sortis* du restaurant, puis ils ont marché dans la rue.   4. Je *vais écrire* cette lettre, puis je vais la porter à la poste.   5. *Elle a fait* son lit et elle est sortie.   6. *Nous avons joué* au bridge et nous avons bavardé.   7. Les étudiants *lisent* une histoire et ils font une composition.   8. *Nous allons* au laboratoire et nous parlons mieux français.   9. *Ils ont appris* le poème par cœur; ils pouvaient le réciter sans fautes.   10. *Elle va ranger* ses livres, puis elle va étudier.

3. Écrivez les phrases suivantes au passé récent en employant **venir de.**

   1. Il neige.   2. J'apprends à danser.   3. Nous lisons la lettre de Jeannette.   4. Mes amis me prêtent des revues.   5. J'écris des cartes de Noël.   6. Marc vend sa vieille voiture.   7. Suzanne fait des courses en ville.   8. Anne sort avec son chien.   9. Nous passons un examen difficile.   10. Ils m'écrivent une longue lettre.   11. Le professeur nous rend les examens.   12. Jeannette y va.

4. Écrivez les phrases suivantes au passé récent, puis au futur proche. Employez des *pronoms* à la place des mots en italiques.

   EXEMPLE: Vous perdez *votre cahier.* Vous **venez de le perdre.** Vous **allez le perdre.**

   1. Je travaille *au laboratoire de physique.*   2. Nous parlons *au professeur.*   3. Les étudiants rendent *leur examen.*   4. J'écris une lettre à *mes parents.*   5. Je prête dix *dollars* à mon frère.   6. Elle visite beaucoup *de musées.*   7. Ils achètent *de vieux meubles.*   8. Ils lisent *ce poème* et ils l'apprennent.   9. Les professeurs donnent des explications *aux étudiants.*   10. Nous pensons *aux examens.*

5. Écrivez négativement.

   1. Ils ont parlé à tout le monde.   2. Nous mangeons de la viande et des légumes.   3. Tout le monde a compris.   4. Ils avaient quelque chose à manger.   5. Mon père et ma mère savent parler espagnol.   6. Mon frère a vu quelque chose d'intéressant au Mexique.   7. Il y avait quelqu'un de malade.   8. J'ai rencontré quelqu'un de très connu.   9. Elle joue au tennis et au golf.   10. Nous avons appris quelque chose de nouveau.   11. Quelqu'un vous a appelé.   12. Il a quelque chose d'important à faire.

GRAMMAIRE

26

RÉALITÉS: Projet⁰ de voyage en France

Charles et Jean sont à la caféteria de l'université et ils parlent d'un projet qui les intéresse beaucoup. Ils viennent de quitter la file⁰ des étudiants qui choisissent leur repas au buffet⁰ de la caféteria. Après avoir payé leur addition, ils cherchent⁰ une table dans la salle à manger bondée⁰ de l'université.

JEAN. — Il n'y a ni tables ni places libres. Ah, si! Voilà une table, Charles; la seule à 5 deux places. C'est une chance. Il n'y en a pas d'autres. Vite, prenons-la.

Jean et Charles déposent⁰ leur plateau⁰ sur la table, le débarrassent,⁰ puis prennent place l'un en face de l'autre.

CHARLES. — Qu'est-ce que tu manges aujourd'hui?

JEAN. — Oh, moi, c'est toujours la même chose ou presque! Un potage⁰ pour avoir 10 quelque chose de chaud, un sandwich au jambon ou au bœuf pour avoir quelque chose de solide; une glace comme dessert et je bois⁰ un verre de lait. C'est suffisant! Mais ne parlons pas de nourriture.⁰ Parlons de notre voyage en France l'été prochain; c'est beaucoup plus intéressant. Alors, c'est décidé? Tu y vas? C'est sûr?

CHARLES. — Oui, c'est décidé. J'en ai reparlé hier soir à mon père et à ma mère. 15 Après avoir hésité pendant plusieurs semaines, ils viennent enfin de me donner leur consentement.⁰ Ils m'ont demandé si j'avais assez d'argent. Ils m'ont dit qu'ils allaient m'offrir ce voyage. J'espère payer le reste moi-même avec les économies que j'ai faites. Je vais avoir assez d'argent pour le cours⁰ de vacances à Tours et pour au moins un mois de voyage ensuite. 20

JEAN. — C'est épatant!⁰ Moi aussi. Mais tu sais, j'ai moins d'argent que toi. Avant notre départ, je vais être obligé de travailler beaucoup et de faire sérieusement des économies.⁰ Je vais continuer à travailler tous les week-ends dans mon super-marché.

CHARLES. — Mais au fond,⁰ comment fait-on pour aller à l'étranger?⁰ Il ne suffit⁰ pas 25 de monter dans un avion pour aller en Europe, je suppose?

JEAN. — Idiot! Bien sûr que non. On demande un passeport.

CHARLES. — Où demande-t-on un passeport? Et à qui?

JEAN. — On le demande en ville. Il y a un bureau spécial pour les passeports.

CHARLES. — Qu'est-ce qu'il faut présenter comme documents? 30

JEAN. — Un extrait⁰ de naissance, je crois, et pour des mineurs⁰ comme nous, une autorisation de nos parents disant que nous avons la permission de partir.

CHARLES. — Si nous faisions cela maintenant? Pourquoi attendre?

JEAN. — Eh bien, d'accord! Demandons nos passeports et après les avoir obtenus, réservons nos places dans un avion et achetons quelques vêtements.

CHARLES. — Dis-moi, qu'est-ce qu'il faut emporter comme bagages et comme vêtements?

JEAN. — Surtout, n'emportons pas de choses inutiles! Moi, j'ai l'intention d'empiler⁰ toutes mes affaires dans deux valises que j'ai achetées pour aller au Mexique. Nous allons partir au début de juin et revenir vers la mi-septembre pour la rentrée⁰ des classes. Il nous faut donc deux costumes: un costume de sport et un costume de ville, quelques chemises, une cravate ou deux, du linge,⁰ des chaussettes,⁰ deux paires de chaussures solides — car moi, j'ai l'intention de beaucoup marcher — et quoi encore?

CHARLES. — Des slips⁰ de bain, sans doute, si nous allons sur la Côte⁰ d'Azur. N'oublions pas nos imperméables. Il pleut beaucoup en France, en été.

JEAN. — Oui, je sais. Alors, il faut aussi emporter des caoutchoucs.⁰

CHARLES. — Je ne vais emporter ni caoutchoucs ni parapluie. Tu es ridicule!

JEAN. — Bon, bon. Je n'ai rien dit! Mais . . . on ne sait jamais! Et . . . quelle ligne d'avion est-ce que nous allons prendre? Une ligne américaine ou *Air-France?* Quelle ligne est-ce que ton père a prise quand il est allé en Europe?

CHARLES. — Oh! Prenons une ligne américaine. C'est beaucoup plus sûr.⁰ On dit toujours: Air-France, Air-Chance!

JEAN. — Tiens! Tu penses à ce genre de choses? Tu as peur de l'avion?

CHARLES. — Je n'ai pas peur exactement, mais je ne suis pas tout⁰ à fait tranquille quand je suis en avion. Après tout, les avions tombent.

JEAN. — Et les voitures, les bateaux, les trains?

CHARLES. — Eh bien, justement! Ils ne tombent pas!

JEAN. — Ils ne tombent peut-être pas. Mais statistiquement, il y a beaucoup plus d'accidents sur la terre que dans l'air. Moi, je préfère *Air-France.* Après avoir embarqué⁰ dans un avion français, on est déjà un peu en France. Et puis, je ne crois pas à ces absurdités. Ce sont des superstitions! *Air-France* n'est certainement pas plus dangereux qu'une ligne américaine. On dit même que statistiquement, il y a moins d'accidents sur *Air-France* que sur les autres lignes.

CHARLES. — Oh! statistiquement, statistiquement! Tes statistiques ne prouvent rien. Mais prenons *Air France*, si tu veux. Tu as raison de dire que le voyage va être beaucoup plus amusant. Mais . . . je continue à croire que les Américains comprennent beaucoup mieux les machines!

JEAN. — Tiens! . . . quelles idées bizarres! Où les as-tu prises? Je te croyais moins stupide! Une nation ne comprend pas mieux les machines qu'une autre nation. Ce n'est pas une question de nationalité.

CHARLES. — Et les pays sous-développés? Tout le monde sait que les pays sous-développés ne comprennent rien aux machines. C'est même un très grand problème moderne.

JEAN. — Oui, mais mon cher, la France n'est pas précisément un pays sous-développé!

CHARLES. — Bon, si tu veux. C'est toi qui as toujours le dernier mot. Mais sérieusement, quand as-tu pris la décision d'aller en France?

JEAN. — Oh, je ne sais pas. Je pense à ce voyage depuis très longtemps. Tu sais que ma mère est française? 5

CHARLES. — Oui, je sais. Quand est-elle venue aux États-Unis?

JEAN. — Après son mariage. Mon père l'a épousée[0] tout de suite après la dernière guerre.[0] Alors, tu comprends, elle m'a beaucoup parlé de la vie en France et de toute la famille qu'elle y a laissée. Naturellement, j'ai très envie de voir la France de mes propres yeux. 10

CHARLES. — Alors, ta mère était *war-bride?* Comment dit-on *war-bride* en français?

JEAN. — Je ne sais pas. On ne le dit pas. On dit *war-bride*. Épouse[0] de guerre? Mariée[0] de guerre? Ces mots sonnent[0] faux en français. C'est curieux, il y a des termes qu'on ne peut pas traduire.[0] On dit *war-bride* ou on ne dit rien du tout. C'est un exemple de ce *franglais* que les puristes détestent. 15

CHARLES. — Où est-ce que tes grands-parents habitent en France?

JEAN. — En Normandie. Ma mère est normande.

CHARLES. — Normande? Mais tu m'as dit qu'elle était française.

JEAN. — Oui, elle est française, mais elle dit toujours qu'elle est normande quand on lui demande son pays d'origine. Cela me semble[0] bizarre aussi, mais c'est comme 20 ça! Les vieilles provinces françaises ont gardé leur ancien caractère local et les gens continuent à employer les noms de ces provinces.

CHARLES. — As-tu l'intention d'aller voir tes grands-parents là-bas?

JEAN. — Mais bien entendu! Et même je vais t'emmener[0] avec moi si tu veux. Les touristes n'ont pas toujours la possibilité de voir une vraie famille française. 25

CHARLES. — Les vraies familles françaises sont très fermées, n'est-ce pas?

JEAN. — Fermées, c'est peut-être beaucoup dire. Mais l'intimité[0] familiale, qu'on a toujours beaucoup respectée en France, est très importante.

CHARLES. — Plus qu'aux États-Unis?

JEAN. — Oui, je crois. C'est surtout[0] très différent. J'ai l'impression qu'il y a plus de 30 solidarité familiale en France qu'aux États-Unis.

CHARLES. — Est-ce qu'on parle anglais ou français chez toi?

JEAN. — Les deux.

CHARLES. — (*Il insiste*.) Mais quelle langue as-tu apprise la première? L'anglais ou le français? 35

JEAN. — Ni l'une ni l'autre. J'ai toujours parlé français avec ma mère et anglais avec mon père.

CHARLES. — Alors, c'est pour cela que tu es bilingue.

JEAN. — Oui, probablement.

CHARLES. — Qu'est-ce que tu sais le mieux? L'anglais ou le français? 40

JEAN. — Vraiment, je ne sais pas. Les deux langues sont tout à fait séparées pour moi.

Probablement l'anglais parce que je suis allé à l'école aux États-Unis. Mais en même temps, je possède le français à fond.⁰ J'ai peut-être un peu plus de vocabulaire en anglais, mais c'est tout. J'ai deux registres différents.

CHARLES. — Tu crois qu'un jour je vais parler français comme toi?

JEAN. — Mais tu parles déjà très bien, je t'assure. Et après avoir passé quelques ₅ semaines en France, tu vas étonner⁰ tout le monde.

CHARLES. — Oh, j'ai hâte⁰ de partir, ça va être très intéressant.

JEAN. — J'en suis sûr!

Exercices

1. Questions sur la lecture. Répondez aux questions par des phrases complètes.
   1. Où sont Charles et Jean? De quoi parlent-ils? Que font-ils?   2. Que font les deux garçons après avoir déposé leur plateau sur la table?   3. Qu'est-ce que les parents de Charles vont offrir au jeune homme? Qui va payer le reste? Avec quoi?   4. Charles va-t-il seulement voyager en France?   5. Comment Jean va-t-il gagner de l'argent avant son départ?   6. Pendant combien de temps les deux garçons vont-ils rester en Europe?   7. Charles et Jean ont-ils plus de 21 ans? Comment le savez-vous?   8. La mère de Jean est-elle née aux États-Unis? Quand y est-elle venue?   9. Où les grands-parents de Jean habitent-ils? Qu'est-ce que la Normandie?   10. Pourquoi Jean est-il bilingue?

2. Répondez aux questions suivantes par des phrases complètes.
   1. Que faut-il à un voyageur qui va en Europe?   2. Qu'est-ce qu'il suffit de faire pour aller en Europe quand on a des vacances et assez d'argent?   3. Dans quoi met-on ses vêtements quand on voyage?   4. A votre avis, les avions sont-ils plus dangereux que les autos? Pourquoi?   5. Qu'est-ce qu'une personne *bilingue?* Êtes-vous bilingue? Pourquoi?   6. Quand est la rentrée des classes dans les écoles secondaires? Et dans les universités?   7. Qu'est-ce qu'un *mineur?* Êtes-vous mineur(e)?   8. De quoi a-t-on besoin dans un pays où il pleut beaucoup?   9. Avez-vous déjà voyagé à l'étranger? Où? Quand? Comment?   10. Quel est le pays d'origine de votre père? de votre mère? de vos grands-parents? Quelle(s) langue(s) parlent-ils?

3. Faites deux phrases avec chaque expression.
   1. avoir hâte de . . .   2. avoir raison de . . .   3. il suffit de . . . pour . . .   4. avoir la permission de . . .   5. au moins.

4. a) Écrivez 1, 5, 6, 10 de l'exercice 2, leçon 25, en employant: **avant de.**
   b) Écrivez 4 phrases avec **après avoir . . .** et 2 phrases avec **après être . . .**.

5. Mettez les phrases suivantes au *passé composé*.
   1. Les amis que nous rencontrons nous invitent chez eux.   2. Jean prend ses vêtements et il les empile dans une valise.   3. Charles paie son billet avec les

économies qu'il fait.   4. Je commence à écrire une lettre, mais je ne la finis pas.   5. Le père de Jean fait la connaissance d'une Française et il l'épouse. 6. Les étudiants donnent au professeur les devoirs qu'ils écrivent.   7. Quelles villes visitez-vous au Mexique?   8. Voici les livres que j'achète.   9. Nous voyons des fautes et nous les corrigeons.   10. Quelles langues étudiez-vous?

6. *Composition:*

a) Vous avez déjà voyagé.

Comment avez-vous préparé votre voyage? Qu'est-ce que vous avez pensé, dit, acheté avant votre départ? De quoi avez-vous parlé avec vos parents ou avec vos amis avant de partir?

b) Vous voulez partir pour l'Europe, mais vos parents hésitent à vous donner leur consentement. Imaginez votre conversation avec eux. Que leur dites-vous? Que vous répondent-ils? Vous racontez votre conversation à un ami sous forme de dialogue ou au discours indirect.

c) Vous parlez à un ami d'un projet de voyage. Imaginez votre conversation.

Prononciation

A. La voyelle   [ɑ̃] • Prononcez après votre professeur:

an, banc, dans, gant, Jean, lent, sans, vent, rang.
blanc, blanche; dans, danse.
lent, lente; rang, range; an, ange.

Jean Leblanc chante en dansant.
L'enfant entre lentement avec sa tante.
Pendant trente ans, Fernand a vendu des gants.
Les étudiants pensent aux grandes vacances.

B. La voyelle   [ɔ̃] • Prononcez après votre professeur:

on, bon, long, mon, non, ton, son.
Ils font, ils vont, ils sont, ils ont.
on, onze; long, longue; son, sombre.
rond, ronde; mon, monde.

Ce sont les maisons de mon oncle Alphonse.
Onze compositions sont trop longues.
Nous avons les questions et les réponses.

C. Les voyelles   [ɑ̃] et [ɔ̃] • Prononcez après votre professeur:

banc, bon; lent, long; vent, vont.
sans, son; rang, rond.

Cent ans, c'est long!
Les gens sont contents le dimanche.
Chantons avant la conférence.
On entend la chanson en France.

Vocabulaire

NOMS

une absurdité

un accident

l'air (m.)

une autorisation

un buffet[0]

une caféteria

un caractère

des chaussettes[0] (f.)

des caoutchoucs[0] (m.)

un consentement[0]

la côte[0] (la Côte d'Azur)

un cours[0] (de vacances)

un départ

un document

des économies[0] (f.)

une épouse[0]

un extrait[0] de naissance

une file[0]

un genre (de)

une guerre[0]

l'intimité[0] (f.)

le jambon

une langue

une ligne (d'avion)

le linge[0]

une machine

un mariage

une mariée[0]

un(e) mineur(e)[0]

une nation

la nationalité

une nourriture[0]

l'obscurité (f.)

une origine

un passeport

une permission

un plateau[0]

une possibilité

la poste[0]

un potage[0]

un projet[0]

une province

un puriste

un registre

la rentrée[0]

un slip[0] (de bain)

la solidarité

une statistique

une superstition

un terme

un(e) touriste

une valise

le vocabulaire

ADJECTIFS

bilingue

bizarre

bondé(e)[0]

dangereux / dangereuse

(sous)-développé(e)

épatant(e)[0]

familial(e)

idiot(e)

local(e)

normand(e)

séparé(e)

solide

suffisant(e)

sûr(e)[0]

VERBES

assurer (1)

avoir hâte[0] de

avoir la permission de

boire (3)[0]

chercher (1)[0]

croire (3)[0]

débarrasser (1)[0]

déposer (1)[0]

embarquer (1)[0]

emmener (1)[0]

empiler (1)[0]

épouser (1)[0]

étonner (1)[0]

faire des économies[0]

insister (1)

obtenir (3)

offrir (3)

posséder (1)

prendre place

prendre une décision

prouver (1)

respecter (1)

sembler (1)[0]

sonner[0] faux

il suffit de (suffire, 3)[0]

traduire (3)[0]

venir de

MOTS INVARIABLES ET EXPRESSIONS

à fond[0]

à l'étranger[0]

absolument

après tout

au fond[0]

au moins

en même temps

exactement

justement

l'un . . . l'autre

moi aussi

ne . . . ni . . . ni

ni . . . ni . . . ne

précisément

presque

sans doute

sérieusement

si

surtout[0]

tiens!

tout[0] à fait

27

POINTS DE REPÈRE

Quand les classes **finiront**-elles?
Elles **finiront** dans deux semaines.

*

Est-ce que vous **aurez** des vacances?
Oui, nous **aurons** des vacances.
Qu'est-ce que vous **ferez** pendant les vacances?
Je **ferai** un voyage; j'**irai** au Mexique.

*

Ma voiture est au garage. Où est **la vôtre**?
La mienne est devant la maison.

*

Le professeur me dit **que** ma composition est bonne.
Il me demande **si** je suis content de mes classes.

*

A qui est ce livre?
Ce livre **est à** mon frère.

*

Pourquoi **ouvrez**-vous la fenêtre?
Je l'**ouvre** parce qu'il fait chaud.
Quels cours de langue **suivez**-vous maintenant?
Je **suis** maintenant un cours d'espagnol et un
cours de français.

*

DÉVELOPPEMENT GRAMMATICAL

1. Quand les classes **finiront**-elles?

Elles **finiront** dans deux semaines.

Comparez:

Ce soir, je **vais dîner** chez moi avec mes parents.

Samedi prochain, je **dînerai** au restaurant avec des amis.

Ce soir, je **vais finir** mes devoirs avant d'aller au lit.

Samedi prochain, je **finirai** ma composition avant de sortir.

Ce soir il **va finir** ses devoirs avant d'aller au lit.

Demain il **finira** ses devoirs avant de sortir.

Cet après-midi, Jack et moi nous **allons entendre** une conférence.

Dimanche prochain, Jack et moi, nous **entendrons** un concert de musique moderne.

Bientôt les étudiants **vont lire** des poèmes français.

Dans quelques mois, ils **liront** des livres et des romans français.

Cette semaine vous **allez écrire** des exercices.

A l'examen final, vous **écrirez** une composition en français.

Je **vais dîner**
Je **vais finir**
Il **va finir**
Nous **allons entendre**
(Ils) **vont lire**
Vous **allez écrire**

} sont des formes du FUTUR PROCHE (Cf. leçon 17).

Il y a aussi en français, un *futur* plus général:

Je **dînerai**
Je **finirai**
Il **finira**
Nous **entendrons**
Ils **liront**
Vous **écrirez**

} sont des formes du FUTUR.

■ Le *futur* est un *temps simple* (c'est-à-dire, il n'est pas formé avec un auxiliaire).

Les terminaisons du futur sont les mêmes pour tous les verbes sans exception. Ces terminaisons sont:

	Singulier	*Pluriel*
1)	**ai**	**ons**
2)	**ez, as**	**ez**
3)	**a**	**ont**

Voici le futur des verbes **parler** et **finir** :

	parler		**finir**
Je	parler**ai** français.	Je	finir**ai** le livre.
Vous	parler**ez** anglais.	Vous	finir**ez** l'exercice.
Tu	parler**as** anglais.	Tu	finir**as** l'exercice.
Nous	parler**ons** français.	Nous	finir**ons** la leçon 27.
Il	parler**a** rapidement	Il	finir**a** sa composition.
Elle	parler**a** lentement.	Elle	finir**a** sa composition.
Ils	parler**ont** rapidement.	Ils	finir**ont** leurs devoirs.
Elles	parler**ont** lentement.	Elles	finir**ont** leurs devoirs.

■ Pour beaucoup de verbes, le *radical du futur* est *l'infinitif* du verbe :

1er groupe :	**manger**	je **manger**ai,	il **manger**a,	ils **manger**ont.
	étudier	j'**étudier**ai,	il **étudier**a,	ils **étudier**ont.
	acheter	j'**achèter**ai,	il **achèter**a,	ils **achèter**ont.
2e groupe :	**brunir**	je **brunir**ai,	il **brunir**a,	ils **brunir**ont.
	réussir	je **réussir**ai,	il **réussir**a,	ils **réussir**ont.
	choisir	je **choisir**ai,	il **choisir**a,	ils **choisir**ont.
3e groupe :	**dormir**	je **dormir**ai,	il **dormir**a,	ils **dormir**ont.
	sortir	je **sortir**ai,	il **sortir**a,	ils **sortir**ont.
	ouvrir	j'**ouvrir**ai,	il **ouvrir**a,	ils **ouvrir**ont.

■ Les verbes qui sont terminés par **-e** à l'infinitif, comme **prendre, mettre, dire, lire, boire, écrire,** etc., abandonnent cet **e** au futur :

mettre	je **mettr**ai,	il **mettr**a,	ils **mettr**ont.
boire	je **boir**ai,	il **boir**a,	ils **boir**ont.
prendre	je **prendr**ai,	il **prendr**a,	ils **prendr**ont., etc.

Voici le futur du verbe **lire** :

Je	lir**ai** le journal.
Vous	lir**ez** une histoire.
Tu	lir**as** une histoire.
Nous	lir**ons** un roman policier.
Il	lir**a** un article.
Elle	lir**a** un article.
Ils	lir**ont** les nouvelles.
Elles	lir**ont** les nouvelles.

2. Est-ce que vous **aurez** des vacances?

Oui, nous **aurons** des vacances.

Qu'est-ce que vous **ferez** pendant les vacances?

Je **ferai** un voyage; j'**irai** au Mexique.

Comparez :

Cet après-midi, je **vais faire** des courses; je **vais aller** dans les magasins. Il **va y avoir** beaucoup de monde.

La semaine prochaine, je **ferai** des courses; j'**irai** dans les magasins. Il y **aura** beaucoup de monde.

A quelle heure vos amis **vont-ils** venir chez vous?

A quelle heure vos amis **viendront**-ils chez vous?

Est-ce que nous **allons** les **voir**?

Est-ce que nous les **verrons**?

J'espère qu'il **va faire** beau demain.

J'espère qu'il **fera** beau pendant les vacances.

Si je ne trouve pas de taxi, je **vais être** en retard à mon rendez-vous.

Si je ne trouve pas de taxi, je **serai** en retard à mon rendez-vous.

Quand Charles **va être** en France, il **va parler** français.

Quand Charles **sera** en France, il **parlera** français.

■ *Certains verbes* ont un *radical spécial pour le futur.*

Ce sont les verbes :

être	je **ser**ai	il **ser**a,	ils **ser**ont.
avoir	j'**aur**ai,	il **aur**a,	ils **aur**ont.
aller	j'**ir**ai,	il **ir**a,	ils **ir**ont.
envoyer	j'**enver**rai,	il **enver**ra,	ils **enver**ront.
faire	je **fer**ai,	il **fer**a, ·	ils **fer**ont.
falloir		il **faud**ra,	
pouvoir	je **pour**rai,	il **pour**ra,	ils **pour**ront.
savoir	je **saur**ai,	il **saur**a,	ils **saur**ont.
venir	je **viend**rai,	il **viend**ra,	ils **viend**ront.
voir	je **ver**rai,	il **ver**ra,	ils **ver**ront.
vouloir	je **voud**rai,	il **voud**ra,	ils **voud**ront.

ATTENTION : 1. Employez le *futur après* **quand,** si le sens de la phrase indique le futur.

EXEMPLES : Quand je **serai** plus âgé, je **travaillerai** dans un bureau.

Quand j'**aurai** mon diplôme de l'université, j'**irai** en Europe.

Nous **dînerons** quand mon père **rentrera.**

GRAMMAIRE

2. Employez le *présent après* **si** quand l'autre verbe est au futur.

> EXEMPLES : **J'irai** chez vous demain soir **si** j'**ai** le temps.
>
> > **Si** nous **avons** assez d'argent, mes amis et moi, nous **achèterons** un bateau.
> >
> > **Si** notre examen **est** très difficile, beaucoup d'étudiants **auront** une mauvaise note.
> >
> > **S'il fait** beau, nous **irons** à la plage.

NOTEZ : Dans ces exemples, le mot **si** indique une condition.
(**Si** → **s'** devant **il** seulement.)

---

3. Ma voiture est au garage. Où est **la vôtre**?

La mienne est devant la maison.

Comparez :

Mon frère est médecin. Que fait **le vôtre?**	**Le mien** est avocat.
J'ai fait ma composition pour lundi prochain. Avez-vous fait **la vôtre?**	Oui, j'ai fait **la mienne,** mais Robert n'a pas fait **la sienne.**
Mes parents sont encore jeunes. Quel âge ont **les vôtres?**	**Les miens** sont plus âgés que **les vôtres.**
Et les parents de Jacques?	Je crois que **les siens** sont assez jeunes.
J'ai deux mois de vacances; ma sœur n'a que deux semaines de vacances.	**Les miennes** sont plus longues que **les siennes.**
J'ai ma voiture. Charles et Bob ont-ils **la leur?**	Non, **la leur** est au garage.
Nous aurons nos examens la semaine prochaine. Quand aurez-vous **les vôtres?**	Nous aurons **les nôtres** à la fin du mois.

■ Ces pronoms sont des *pronoms possessifs*. Ils remplacent un nom précédé d'un adjectif possessif. Ils sont variables. Voici les *pronoms possessifs:*

le mien	la mienne	les miens	les miennes
le tien	la tienne	les tiens	les tiennes
le sien	la sienne	les siens	les siennes
le nôtre	la nôtre	les nôtres	
le vôtre	la vôtre	les vôtres	
le leur	la leur	les leurs	

NOTEZ : Il y a une *contraction* de l'*article* et des prépositions **à** et **de**.

> EXEMPLES : J'ai parlé à mon père. Avez-vous parlé **au** vôtre?
>
> > Je fais attention à mes livres comme vous faites attention **aux** vôtres.
> >
> > Je n'ai pas besoin de mon cahier. Avez-vous besoin **du** vôtre? Paul a-t-il besoin **du** sien?
> >
> > Je ne suis pas content de mes notes. Êtes-vous content **des** vôtres? Barbara est-elle contente **des** siennes?

4. Le professeur me dit **que** ma composition est bonne.

Il me demande **si** je suis content de mes classes.

Étudiez le texte suivant:

Hier soir, j'avais un problème de géométrie à faire et je ne réussissais pas à trouver la solution; je ne comprenais rien. J'étais désolé. Mon frère **m'a dit de** téléphoner à un de mes amis et **de** lui demander **s'il** pouvait m'aider. Mon frère **a ajouté qu'il** y avait certainement une solution à ce problème, mais **qu'il** était incapable de la trouver: mon frère est spécialiste d'histoire ancienne et de philosophie! Alors j'**ai répondu que** c'était une bonne idée, **que** j'allais téléphoner immédiatement à Jacques et lui demander **s'il** voulait venir à mon secours.

Dans ce texte, on rapporte la conversation entre deux personnes.

■ Quand on rapporte les paroles d'une ou de plusieurs personnes, on emploie le *discours indirect*.

DISCOURS DIRECT	DISCOURS INDIRECT
Mon frère m'a dit: «Téléphone à un de tes amis».	Mon frère m'a dit **de téléphoner à un de mes amis.**
Il a ajouté: «Il y a certainement une solution à ce problème.»	Il a ajouté **qu'il y avait certainement une solution à ce problème.**
J'ai répondu: «Je vais demander à Jacques s'il veut venir à mon secours».	J'ai répondu **que j'allais demander à Jacques s'il voulait venir à mon secours.**
J'ai demandé à Jacques: «Voulez-vous m'aider?»	J'ai demandé à Jacques **s'il voulait m'aider.**

Remarquez les points suivants:

■ Une phrase au discours indirect est une phrase complexe.

Le verbe principal est souvent **dire** ou **demander.** Il y a souvent une ou plusieurs *propositions subordonnées* après le verbe principal.

Je dis: «Répétez la phrase». Qu'est-ce que je dis?	Vous dites **de** répéter la phrase.
Le professeur dit: «Il fait beau». Qu'est-ce qu'il dit?	Il dit **qu'**il fait beau.
Marc nous demande: «Avez-vous faim?» Qu'est-ce qu'il nous demande?	Il vous demande **si** vous avez faim.

Il y a d'autres verbes qui sont employés dans le discours indirect. Ces verbes sont: **répondre, répéter, téléphoner, écrire, ajouter, crier,** etc.

Ces verbes indiquent que deux ou plusieurs personnes communiquent, échangent des paroles, rapportent un discours.

GRAMMAIRE

■ On peut rapporter des paroles ou une conversation:

au présent:

Jean me **téléphone**: «Venez chez moi.»
Jean me **téléphone de** venir chez lui.

Je lui **demande**: «Êtes-vous malade?»
Je lui **demande s'il** est malade.

Il **ajoute**: «J'ai quelque chose à vous dire».
Il **ajoute** qu'il a quelque chose à me dire.

ou au passé:

Jean m'**a téléphoné**: «Venez chez moi».
Jean m'**a téléphoné de** venir chez lui.

Je lui **ai demandé**: «Êtes-vous malade?»
Je lui **ai demandé s'il** était malade.

Il **a ajouté**: «J'ai quelque chose à vous dire.»
Il **a ajouté qu'il** avait quelque chose à me dire.

Comparez:

a) Je vous dis **de** finir la phrase.
b) Je vous dis **que** votre examen est mauvais.
c) Je vous demande **si** vous comprenez ma question.

■ La phrase (a) rapporte *un ordre*: «Finissez la phrase.»
La phrase (b) rapporte *un fait*: «Votre examen est mauvais.»
La phrase (c) rapporte *une question*: «Comprenez-vous ma question?»

■ Pour *un ordre*, employez: **de** + *l'infinitif* (à la place de l'impératif).
Pour *un fait*, employez: **que** (attention au temps du verbe et à la personne).
Pour *une question*: (la réponse est **oui** ou **non**) employez **si** (**s'** devant **il** seulement).
(Attention à la construction de la phrase: il n'y a *pas d'inversion* du sujet.)

Comparez:

Je vous dis: «Votre prononciation est bonne».
Je vous dis **que** votre prononciation est bonne.

Je vous **ai dit** que votre prononciation **était** bonne.

Le professeur m'a dit que **ma** prononciation était bonne.

On me demande: «Allez-vous partir pour l'Europe?»
On me demande **si je vais** partir pour l'Europe.

On m'**a demandé** si j'**allais** partir pour l'Europe.

■ *Verbe principal* au *présent*: le *temps du 2ᵉ verbe ne change pas.*
Verbe principal au *passé composé*: le *temps du 2ᵉ verbe* (qui est au présent dans le discours direct) est *l'imparfait.*

NOTEZ: Dans le discours indirect, il y a souvent un *changement* de *forme verbale*, de *temps*, de *personne*. Il y a aussi un changement dans la construction de la phrase.

VINGT-SEPTIÈME LEÇON

5. A qui est ce livre?
          Ce livre **est à** mon frère.

Comparez:

A qui est ce manteau?   Il **est à** Marianne; il **est à** elle.
A qui est cette veste?   Elle **est à** Jacques; elle **est à** lui.
A qui sont ces papiers?   Ils **sont à** moi.
A qui sont les disques?   Ils **sont à** nos amis; ils **sont à** eux.
Ces livres **sont-ils à** Jeannette?   Oui, ils **sont à** elle.

L'expression **être à** indique la *possession*:

Ce livre **est à moi** = C'est mon livre.
Ce manteau **est à elle** = C'est son manteau.
Cet argent **est à eux** = C'est leur argent.
Ces disques **sont à nous** = Ce sont nos disques.
Ces papiers **sont à vous** = Ce sont vos papiers.

6. Pourquoi **ouvrez**-vous la fenêtre?
          Je l'**ouvre** parce qu'il fait chaud.
     Quels cours de langue **suivez**-vous maintenant?
          Je **suis** maintenant un cours d'espagnol et un cours de français.

Comparez:

Ouvre-t-on la fenêtre quand il fait froid?   Non, on ne l'**ouvre** pas; on la ferme.
Ouvrez-vous votre livre pendant un   Non, je ne l'**ouvre** pas.
examen?

Avez-vous **ouvert** votre cahier avant   Oui, nous l'**avons ouvert.**
l'examen?

Quand **offre**-t-on des cadeaux?   On **offre** des cadeaux à Noël.
Qu'est-ce qu'on vous **a offert** pour votre   On m'**a offert** des livres et de l'argent.
anniversaire?

Ma grand-mère a une crise de rhuma-   Pendant la dernière guerre, beaucoup de
tismes; elle **souffre** beaucoup.   gens **ont** beaucoup **souffert.**

■ Les verbes **ouvrir, couvrir, offrir, souffrir** sont conjugués de la même manière.
Ce sont des verbes irréguliers du 3ᵉ groupe.

NOTEZ: Ces verbes sont conjugués au présent comme les verbes du 1ᵉʳ groupe.

Voici le verbe **ouvrir** au présent de l'indicatif:

> J' **ouvre** la fenêtre.
> Vous **ouvrez** (tu ouvres) la porte.
> Nous **ouvrons** le réfrigérateur.
>
> Il **ouvre** son livre.
> Elle **ouvre** son livre.
>
> Ils **ouvrent** le placard.
> Elles **ouvrent** le placard.

L'imparfait: j'ouvr**ais**, nous ouvr**ions**, ils ouvr**aient**
Le participe présent: **ouvrant**
Le participe passé: **ouvert (couvert, offert, souffert)**

Voici le verbe **suivre** au présent de l'indicatif:

> Je **suis** un cours de littérature.
> Vous **suivez** (tu suis) une classe de musique.
> Nous **suivons** une classe de musique.
>
> Il **suit** ses amis.
> Elle **suit** ses amis.
>
> Ils **suivent** les professeurs.
> Elles **suivent** les professeurs.

L'imparfait: Je suiv**ais**
Le participe présent: **suivant**
Le participe passé: **suivi**

Exercices

1. Mettez les phrases suivantes au *futur*.

   1. Nous faisons un pique-nique; nous emportons des sandwichs.   2. Elle vient à l'université à pied quand il fait beau.   3. Je vais souvent au cinéma et je vois des films étrangers.   4. Quand les étudiants ne comprennent pas, ils demandent des explications.   5. Il sait répondre au professeur parce qu'il réfléchit à la question.   6. L'étudiant qui ne travaille pas régulièrement ne réussit pas aux examens.   7. Nous brunissons quand nous sommes au soleil.   8. A l'examen, il y a plusieurs questions difficiles; il faut y répondre correctement.   9. Quand je vais à la plage, je prends un bain de soleil.   10. Jean me prête de l'argent quand il en a.

2. Mettez le verbe au *futur* (ou au *présent* si c'est nécessaire).

1. Vos parents (vouloir)-ils vendre leur voiture? 2. S'ils (vouloir) la vendre, je la (acheter). 3. A quelle heure vos amis (venir)-ils? 4. S'ils (pouvoir) venir, ils (venir) ce soir vers huit heures. 5. Ma sœur (faire) de bons repas quand ma mère (être) absente. 6. Quand me (envoyer)-vous ce livre? 7. Je vous le (envoyer) quand le cours de littérature (être) fini si je n'en (avoir) plus besoin. 8. (pouvoir)-vous me prêter de l'argent quand je n'en (avoir) plus? 9. Oui, je vous (prêter) de l'argent si j'en (avoir) encore. 10. (falloir)-il savoir tout le vocabulaire pour l'examen? Oui, les bons étudiants (savoir) tout le vocabulaire.

3. Remplacez les mots en italiques par des *pronoms possessifs*.

1. Mes cheveux sont bruns; *les cheveux de Jeannette* sont blonds. 2. Son stylo est noir; *notre stylo* est bleu. 3. Votre voiture est neuve; *ma voiture* est vieille. 4. J'ai corrigé mon devoir; avez-vous corrigé *votre devoir?* 5. Ce sont vos bagages. Où sont *mes bagages?* 6. Mon pays d'origine est le Canada. Quel est *votre pays d'origine?* 7. Mes parents sont nés en Norvège. Où sont nés *vos parents?* 8. J'ai besoin de mes cahiers; Jeannette n'a pas besoin *de ses cahiers.* 9. Je vais téléphoner à mon père. Allez-vous téléphoner *à votre père?* Marc a déjà téléphoné *à son père.* 10. Je n'ai pas de valises; mes amis vont me prêter *leurs valises.*

4. Mettez au *passé composé;* puis au *futur*.

1. Mes parents vont en Europe en avion. 2. Ils visitent plusieurs villes et ils voient beaucoup de musées. 3. Vous lisez un livre d'histoire que vous trouvez intéressant. 4. Hélène et Lisa sortent souvent; elles ne travaillent pas assez. 5. A quelle heure prenez-vous votre petit déjeuner? Que mangez-vous? 6. Gagnez-vous de l'argent en travaillant? 7. Ma mère part à 9 heures et elle revient à 5 heures quand elle va en ville. 8. Barbara voit Richard et elle lui demande des nouvelles de sa famille. 9. Que faites-vous pendant les vacances? Où allez-vous? 10. Elle met son manteau et ses gants et elle sort.

5. a) Remplacez **quand** par **si** et faites les changements nécessaires.

1. Je voyagerai en bateau quand j'irai en Europe. 2. Nous ferons une promenade à pied quand il fera beau. 3. Jacques achètera une guitare quand il aura de l'argent. 4. Vous irez au restaurant quand vous aurez faim. 5. Les étudiants poseront des questions au professeur quand ils ne comprendront pas.

b) Écrivez 3 phrases avec **si** (indiquant une condition).
Écrivez 2 phrases au futur avec **quand.**

6. Mettez au discours indirect: a) au présent. b) au passé.

1. Je vous dis: «Mettez vos devoirs sur mon bureau». Qu'est-ce que je vous dis? Qu'est-ce que je vous ai dit?
2. Le professeur nous dit: «Réfléchissez avant de parler et faites des phrases complètes». Qu'est-ce qu'il vous dit? Qu'est-ce qu'il vous a dit?

3. Mes amis m'écrivent: «Il faut aller avec nous à la montagne. Vous avez besoin de vacances». Qu'est-ce qu'ils vous écrivent? Qu'est-ce qu'ils vous ont écrit?

4. Le père de Jeannette lui dit: «Vous dépensez trop d'argent; je ne peux pas vous donner 100 dollars; il faut travailler». Qu'est-ce qu'il lui répète? Qu'est-ce qu'il lui a répété?

5. Mon ami me demande: «Avez-vous votre voiture aujourd'hui?» Je lui réponds: «Je ne l'ai pas; elle est au garage et je n'ai pas d'argent pour payer la réparation». Qu'est-ce que votre ami vous demande? Qu'est-ce que vous lui répondez? (Mettez votre réponse au passé.)

6. Ma mère me demande: «Allez-vous sortir ce soir?» Je lui réponds: «Je vais voir un nouveau film français». Elle ajoute: «Vous sortez trop, vous allez être fatigué demain». Qu'est-ce que votre mère vous demande? Qu'est-ce que vous lui répondez? (Mettez vos réponses au passé.)

7. Le professeur dit aux étudiants: «Comprenez-vous ma question?» Il ajoute: «Je vais la répéter plus lentement». Qu'est-ce qu'il demande aux étudiants? Qu'est-ce qu'il leur a demandé?

8. Les étudiants demandent au professeur: «Les questions de l'examen vont-elles être difficiles?» Il leur dit: «Elles vont être faciles pour les étudiants qui travaillent régulièrement.» Qu'est-ce que les étudiants demandent au professeur? Qu'est-ce qu'il leur répond? (Mettez vos réponses au passé.)

28

RÉALITÉS: De Californie en France via Montréal

Le semestre touchait à sa fin. Jean et Charles étaient de plus en plus impatients de partir pour la France. Les courses à faire, les préparatifs du départ, les derniers achats[0] les occupaient. Il fallait obtenir des passeports, acheter des valises, prendre des billets d'avion, lire les prospectus sur la France et sur Paris que les agences de voyages fournissent[0] volontiers.[0] Enfin le moment des adieux[0] est venu. Le 5 jour du départ, les familles accompagnent les jeunes gens à l'aéroport en leur faisant mille recommandations pour leur bien-être[0] et leur sécurité pendant leur voyage et leur séjour[0] en France. Arrivés à l'aéroport, ils vont au bureau de la compagnie où on contrôle leurs billets et où on enregistre leurs bagages. Les valises sont enregistrées[0] directement pour Paris. Heureusement, elles ne pèsent[0] 10 pas plus que le poids[0] réglementaire[0] et les garçons n'ont pas à payer de supplément pour l'excédent[0] de bagages. La mère de Jean dit à son fils de faire attention quand il sera à Orly.[1] Elle ajoute que si, pour une raison ou pour une autre, il ne trouve pas son grand-père à l'aéroport, il pourra aller au bureau de renseignements[0] où il y aura certainement un message pour lui. 15

JEAN. — Mais oui, Maman, mais oui! N'aie pas peur. Tu penses toujours que je suis un petit garçon. Je n'aurai pas d'ennuis. Tout ira bien!

LA MÈRE DE JEAN. — Je n'en doute pas. Mais ne perds pas ton chemin en arrivant.

JEAN. — Je ne perdrai pas mon chemin[0] . . . et même je reviendrai dans quelques semaines te raconter mes aventures. 20

Les adieux sont interrompus[0] par la voix du haut-parleur[0] qui annonce le départ imminent[0] du vol[0] numéro 92 à destination de Paris.

LA MÈRE DE CHARLES. — Mais j'espère bien que vous allez revenir tous les deux. Voilà, on annonce le départ de votre avion. Tu vas le manquer.[0] Vite, Charles. Embrasse-moi et file.[0] 25

JEAN. — Voyons! Ne pleure[0] pas, Maman!

LA MÈRE DE JEAN. — Mais, je ne pleure pas, petit fou! Allons, vite! Embrasse ton père.

JEAN. — Au revoir, Papa.

LE PÈRE DE JEAN. — Au revoir, Jeannot. Tiens, voilà quelque chose pour toi. Tu 30 l'ouvriras quand tu seras dans l'avion.

[1] **Orly** un des aéroports internationaux de Paris.

JEAN. — Qu'est-ce que c'est?

LE PÈRE. — Tu verras, tu verras. C'est une surprise. Maintenant, file. Tes bagages sont déjà partis.

Les deux garçons quittent leurs familles en courant pour rejoindre les autres passagers. Ils tournent la tête pour dire un dernier au revoir, puis suivent[0] la foule des 5 voyageurs, passent devant l'employé de l'immigration qui vérifie leurs passeports et franchissent la passerelle. Ils montent à bord. Ils portent à la main une petite trousse[0] remplie d'articles de toilette[0] pour le voyage. Ils emportent aussi des journaux et des livres. En pénétrant dans l'avion, les jeunes voyageurs pénètrent aussi dans un autre monde. 10

L'HÔTESSE DE L'AIR (*d'une voix professionnellement aimable*). — Bonjour, messieurs. Puis-je voir[2] votre carte d'embarquement, s'il vous plaît . . . Vous avez les places 27 et 28, à côté de la fenêtre et au milieu. Avancez, s'il vous plaît. Le 27 et le 28 sont à l'avant de la cabine.

Les jeunes gens trouvent leurs places sans difficulté. Ils mettent leurs manteaux dans 15 le filet[0] qui est au-dessus[0] des sièges. (C'est un filet qui ne ressemble pas du tout à un vrai filet!) Ils gardent leurs livres et leurs trousses[0] de toilette car il est défendu[0] de mettre dans le filet des objets lourds qui risquent[0] de tomber et de blesser[0] les voyageurs. Puis ils attendent le moment du départ. Pendant ce temps-là, d'autres voyageurs arrivent et enfin presque toutes les places sont 20 occupées.

CHARLES. — As-tu peur?

JEAN. — Moi? Pas du tout! Et toi?

CHARLES. — Je n'ai pas peur. Mais on dit que les jets montent très rapidement, plus rapidement que les avions[0] à hélices. Alors j'ai hâte de partir. 25

Tout à coup, on entend un bruit puissant[0] qui semble envelopper tout l'avion. Ce sont les réacteurs qu'on met[0] en marche. En même temps, les passagers voient un signal lumineux[0] qui les avertit[0] en anglais et en français: «Défense[0] de fumer! Attachez vos ceintures.»[0]

JEAN. — (*en attachant sa ceinture*) Ça y est! Nous partons! 30

Lentement, lourdement, l'énorme appareil bouge.[0] Il tourne d'abord, puis roule massivement sur la piste[0] d'envol. Un arrêt! . . . On attend un moment; enfin la tour[0] de contrôle donne le signal du départ. Alors le bruit des réacteurs devient de plus en plus violent. L'avion commence à vibrer. Il roule sur le sol[0] de ciment de plus en plus rapidement et, arrivé au bout de la piste, il décolle[0] avec une 35 légèreté[0] inattendue.[0]

---

[2] **Puis-je . . .?** = 1re personne du singulier du présent de **pouvoir**. C'est une forme plus polie que **je peux**. On peut faire l'inversion avec **je puis** (**puis-je**) mais non avec **je peux**.

CHARLES. — Mais c'est incroyable! Est-ce que nous sommes déjà en l'air?

JEAN. — Je crois bien. Mais . . . ce n'est pas impressionnant du tout! Regarde, voilà les maisons et les rues de la ville déjà loin au-dessous⁰ de nous. Nous sommes partis, mon vieux! (*Il rit de plaisir en donnant à son camarade une tape⁰ sur le genou.⁰*) Demain matin, nous serons à Paris. 5

«Mesdames, messieurs, le commandant Girard et son équipage sont heureux de vous souhaiter⁰ la bienvenue à bord du⁰ Boeing intercontinental d'*Air France*, Château de Versailles. Notre prochaine escale⁰ sera Montréal que nous atteindrons⁰ un peu avant dix-neuf heures, heure locale. Nous volerons à une altitude de croisière de 10.000 mètres et à une vitesse⁰ moyenne⁰ de 900 kilomètres à 10 l'heure. Au cours⁰ de ce vol, un déjeuner vous sera servi.⁰ Nous vous souhaitons un voyage très agréable et nous espérons que vous en garderez le meilleur souvenir.»⁰

C'est la voix de l'hôtesse de l'air qui accueille⁰ les passagers et qui explique ensuite l'emploi du gilet⁰ de sauvetage et, en cas de besoin, du masque à oxygène 15 pendant qu'une autre hôtesse montre comment les employer.

JEAN. — J'espère que nous n'en aurons pas besoin.

CHARLES. — Et comment! Moi, je voudrais bien savoir si on va bientôt nous servir⁰ ce fameux repas. On m'a tellement parlé de la cuisine d'*Air France*. On dit qu'elle est extraordinaire. 20

Et voilà justement que le steward commence à distribuer des menus. Puis, aidé par une hôtesse, il passe dans l'allée en poussant⁰ entre les deux rangées⁰ de sièges⁰ le petit chariot⁰ chargé de bouteilles qui annonce l'heure des apéritifs⁰ et des cocktails.

LE STEWARD. — Est-ce que vous prenez quelque chose, messieurs? 25

JEAN. — Qu'est-ce que tu vas prendre, Charles?

CHARLES. — Je prendrai volontiers un jus de tomate. Et toi?

JEAN. — Moi, je prendrai un Cinzano. Nous en buvons chez nous et c'est très bon.

LE STEWARD. — Alors, un Cinzano et un jus de tomate. Voilà, messieurs. Cela fait deux francs. 30

JEAN. — Mais nous n'avons pas d'argent français.

LE STEWARD. — Cela ne fait rien. Donnez-moi quarante cents.

JEAN. — Je n'ai pas de monnaie. Je n'ai qu'un billet d'un dollar.

LE STEWARD. — Je vais vous rendre la monnaie⁰ en francs. Voilà, monsieur. Je vous dois⁰ trois francs. 35

Une demi-heure plus tard, l'hôtesse leur apporte leur déjeuner sur un plateau en plastique. Voilà enfin le célèbre repas d'*Air France* et il est vraiment très bon. Comme hors-d'œuvre, il y a de la macédoine⁰ de légumes avec des anchois⁰ et de la laitue.⁰ Comme plat⁰ principal, il y a une côtelette⁰ de veau⁰ cuite⁰ à point⁰

(French Embassy Press and Information Division)

La Promenade des Anglais à Nice.

et garnie de pommes de terre au gratin et de haricots verts. Le pain n'est pas
le vrai pain de Paris, la célèbre «baguette», mais un petit pain bien croustillant.[0]
Il y a aussi de la salade préparée à la française,[0] c'est-à-dire à l'huile[0] et au
vinaigre.[0] Comme dessert, il y a de la mousse[0] au chocolat. On leur apporte le
café plus tard en leur donnant le choix[0] entre le café américain et le café français. 5
Les deux garçons prennent le café français, bien entendu, parce qu'il faut
absolument goûter[0] toutes ces choses nouvelles. Ils trouvent le café bon, très fort
et assez semblable au café que la mère de Jean prépare chez elle. Tout à coup,
Jean cherche dans sa poche.

JEAN. — J'y pense maintenant. Nous n'avons pas encore ouvert nos enveloppes. Je 10
vais ouvrir la mienne. Ouvre la tienne aussi.

CHARLES. — C'est vrai. Je n'y pensais plus! Ouvrons-les. Qu'est-ce qu'il y a dans la
tienne?

JEAN. — Oh! C'est un «Eurailpass.» C'est merveilleux.

CHARLES. — Un quoi? 15

JEAN. — Un «Eurailpass.» Mon père m'a expliqué que c'est une carte qui permet[0]
de voyager partout en Europe, en train bien entendu, et en première classe. Mais
toi, qu'est-ce que tu as dans ton enveloppe?

CHARLES. — J'ai la même chose dans la mienne. Quelle chance! Nous pourrons
voyager partout ensemble sans rien payer.   5

JEAN. — Et le train est bien plus agréable que l'avion quand on veut voir du pays.

CHARLES. — Ça, c'est vrai!

Jean et Charles sont fatigués par tant d'émotions et d'expériences nouvelles. Ils ne
parlent plus. Ils posent leur tête sur l'oreiller[0] et tombent dans le plus profond[0]
sommeil pendant que l'avion continue son vol vers Montréal.   10

Exercices

1. Questions sur la lecture. Répondez par des phrases complètes.

1. Qu'est-ce que Jean et Charles ont fait avant leur départ? **2.** Sont-ils allés
seuls à l'aéroport? Qui les accompagnait? **3.** Jean et Charles ont-ils payé un
supplément? Pourquoi? **4.** Qui attendra Jean à Orly? **5.** Qu'est-ce que la
mère de Jean fait avant le départ de son fils? Et son père? **6.** Comment s'appelle
l'avion que les garçons ont pris? Où est Versailles? **7.** A quelle vitesse moyenne
l'avion volera-t-il? A quelle altitude? **8.** Qu'est-ce que l'hôtesse de l'air
souhaite aux voyageurs? Que fait-elle ensuite? **9.** Est-ce que le steward rend
la monnaie en argent américain? Combien Jean paie-t-il les apéritifs?
10. Qu'est-ce qu'il y avait dans les enveloppes? Est-ce quelque chose d'important pour les deux garçons? Pourquoi?

2. Répondez aux questions suivantes en employant des phrases complètes.

1. Où peut-on obtenir des prospectus sur les pays étrangers? **2.** Qu'est-ce qu'il
faut faire avant de partir en voyage? **3.** Quand est-on obligé de payer un
supplément pour les bagages? **4.** Y a-t-il un bureau de renseignements à
l'université? Où est-il? Quels renseignements peut-on y obtenir? **5.** En avion,
pourquoi est-il défendu de mettre des objets lourds dans le filet? **6.** Avez-vous
déjà manqué le train ou l'avion? Si oui, qu'avez-vous fait? **7.** Où préférez-vous
être assis dans un avion, à l'avant ou à l'arrière de l'appareil? Pourquoi?
8. Comment annonce-t-on le départ et l'arrivée des avions? **9.** Qu'est-ce qu'on
boit avant un repas? **10.** Qu'est-ce qu'il est défendu de faire en avion quand
l'appareil décolle? Qu'est-ce qu'il faut faire?

3. Faites des phrases avec les expressions suivantes (2 phrases pour chaque
expression).

1. de plus en plus   **2.** au-dessus de   **3.** souhaiter la bienvenue   **4.** obtenir
5. les préparatifs

4. Donnez en français une définition des mots suivants:

1. décoller   2. la tour de contrôle   3. un aéroport   4. une piste d'envol
5. une agence de voyages   6. un prospectus   7. un passager   8. un apéritif

5. *Composition:*

a) Que ferez-vous pendant le prochain week-end?
b) Vos prochaines vacances d'été. Que ferez-vous? Où irez-vous? Pourquoi?
c) Projets d'avenir. Que ferez-vous quand vous aurez votre diplôme de l'université?
d) Vous avez déjà pris le train ou l'avion. Décrivez votre départ. (*au passé*)

Prononciation

A. La voyelle   [ɛ̃]   • Prononcez après votre professeur:

faim, main, pain, lin, vin
américain, mexicain, jardin, matin
impossible, incroyable, inconnu, incertain.

[jɛ̃]   bien, chien, rien, viens
mien, sien, tien, canadien.

Vingt-cinq marins américains.
Antonin a invité l'inspecteur.
Il vient le matin, c'est certain.
Le quinze juin à cinq heures du matin.

B. La voyelle   [œ̃]   • Prononcez après votre professeur:

un, quelqu'un, Verdun, parfum.

C. Faites la différence entre les voyelles nasales:

[ɛ̃]	[ɑ̃]	[ɔ̃]
bain,	banc,	bon
vin,	vent,	vont
sain,	sans,	sont
fin,	enfant,	font
lin,	lent,	long

D. Faites une différence entre:

[ɛ̃]	[ɛn]
il vient	ils viennent
le mien	la mienne
le sien	la sienne
américain	américaine
mexicain	mexicaine
canadien	canadienne

Vocabulaire

un achat[0]
un adieu[0]
un aéroport
une altitude
des anchois[0] (m.)
un apéritif[0]
une aventure
un avion à hélices[0]
le bien-être[0]
une carte
une ceinture[0]
un chariot[0]
un chemin[0]
un choix[0]
le ciment
une compagnie
une côtelette[0]

un embarquement
une émotion
un(e) employé(e)
une escale[0]
un excédent[0]
une expérience
un filet[0]
un franc
un genou[0]
un gilet[0] de sauvetage
un haut-parleur[0]
  (h aspiré)
une hôtesse de l'air
l'huile[0] (f.)
l'immigration (f.)
la laitue[0]
la légèreté[0]

la macédoine[0] de légumes
un masque
un message
un moment
la monnaie[0]
la mousse[0] au chocolat
un oreiller[0]
un passager
une piste[0] d'envol
le plastique
un plat[0]
un poids[0]
les préparatifs (m.)
un prospectus
une rangée[0]
un réacteur
une recommandation

un renseignement[0]
la sécurité
un séjour[0]
un siège[0]
un signal
le sol[0]
un souvenir[0]
une tape[0]
la tête
une tour[0] de contrôle
une trousse[0] de toilette
le veau[0]
le vinaigre[0]
une vitesse[0]
un vol[0]
un voyageur

ADJECTIFS

aimable
croustillant(e)[0]
cuit(e)[0]
défendu(e)[0]
fameux / fameuse

imminent(e)[0]
inattendu(e)[0]
intercontinental(e)
interrompu(e)[0]

lourd(e)
lumineux / lumineuse[0]
moyen(ne)[0]
profond(e)[0]

puissant(e)[0]
réglementaire[0]
semblable[0]
violent(e)

VERBES

accueillir (3)[0]
annoncer (1)
attacher (1)
atteindre (3)[0]
avancer (1)
avertir (2)[0]
blesser (1)[0]
bouger (1)[0]
contrôler (1)

courir (3)
décoller (1)[0]
devoir (3)[0]
distribuer (1)
enregistrer (1)[0]
filer (1)[0]
fournir (2)[0]
garder (1)
goûter (1)[0]

manquer (1)[0]
mettre en marche
occuper (1)
ouvrir (3)
permettre (3)[0]
peser (1)[0]
pleurer (1)[0]
pousser (1)[0]

risquer de (1)[0]
servir (3)[0]
souffrir (3)
souhaiter[0] (la bienvenue)
suivre (3)[0]
toucher (1)
tourner (1)
vérifier (1)

MOTS INVARIABLES ET EXPRESSIONS

à bord[0] (de)
à destination de
à la française[0]
à point[0]

au cours[0] de
au gratin
au-dessous[0] de
au-dessus[0] de

de nouveau[0]
de plus en plus
défense[0] de
massivement

partout
pendant que
professionnellement
volontiers[0]

29

POINTS DE REPÈRE

Le livre rouge **qui** est sur la table est à moi.

L'étudiant **qui** est devant moi s'appelle Marc.

Le livre **que** nous étudions s'appelle ''Langue et Langage''.

L'étudiant **que** vous voyez au tableau noir est mon ami Jacques.

*

Le livre **dont** je vous ai parlé est un roman de Camus.

L'étudiant **dont** je vous ai parlé revient de France.

*

N'oubliez pas **d'**écrire à Jean.

Mes amis m'ont invité **à** partir avec eux.

*

Jean espère qu'il va **recevoir** une lettre de ses parents.

On **aperçoit** des arbres par la fenêtre.

*

D'abord, nous avons fait des courses;

puis, nous avons pris une tasse de café.

Nous sommes **donc** rentrés assez tard.

D'ailleurs, je rentre toujours tard le samedi.

*

DÉVELOPPEMENT GRAMMATICAL

1. Le livre rouge **qui** est sur la table est à moi.

L'étudiant **qui** est devant moi s'appelle Marc.

Le livre **que** nous étudions s'appelle "Langue et Langage".

L'étudiant **que** vous voyez au tableau noir est mon ami Jacques.

Comparez:

L'étudiant **qui** va faire la conférence revient de Paris.

L'avion **qui** venait de Montréal a atterri à Orly.

Les étudiants **qui** écoutent la conférence parlent bien français.

Les avions **qui** atterrissent à Orly viennent de tous les pays.

L'étudiant **que** nous allons entendre revient de Paris.

L'avion **que** Jean et Charles ont pris a atterri à Orly.

Les étudiants **que** nous avons vus ont étudié le français pendant un an.

Les avions **qu'**on prend pour aller en Europe sont des avions à réaction.

■ **Qui** et **que** sont des *pronoms relatifs*, c'est-à-dire: ils introduisent une proposition subordonnée qui est *en relation* avec un mot de la proposition principale. Ce mot s'appelle l'*antécédent* du pronom relatif. (Cf. leçons 13, 17. Grammaire générale, fin du 2e échelon.)

On emploie **qui** comme *sujet du verbe* de la proposition subordonnée.

On emploie **que** (**qu'** devant une voyelle) comme *objet direct du verbe* de la proposition subordonnée.

Qui ⎤
Que ⎦ réprésentent des *personnes* ou des *choses*. Ils sont masculins, féminins, singuliers ou pluriels.

Qui ne change jamais de forme, même devant une voyelle.

EXEMPLES: Il y a des étudiants **qui** écrivent des phrases au tableau noir.

C'est un de nos amis **qui** est architecte.

Il y a des agences **qui** expédient des bagages en Europe.

Mais: Les phrases **qu'**ils écrivent sont correctes.

Nous aimons les histoires **qu'**il raconte.

Les bagages **qu'**elles expédient arrivent à destination.

2. Le livre **dont** je vous ai parlé est un roman de Camus.

L'étudiant **dont** je vous ai parlé revient de France.

Comparez:

Albert Camus est un des plus grands écrivains français du XXe siècle. Les œuvres **d'Albert Camus** sont connues dans le monde entier.	Albert Camus **dont** les œuvres sont connues dans le monde entier est un des plus grands écrivains français du XXe siècle.
Le roman s'appelle *L'Étranger*. Je vous ai parlé **de ce roman.**	Le roman **dont** je vous ai parlé s'appelle *L'Étranger*.
J'ai des classes. Je suis très content **de mes classes.**	J'ai des classes **dont** je suis très content.
Molière est un grand auteur classique du 17e siècle. Vous avez entendu parler **de Molière.**	Molière, **dont** vous avez entendu parler, est un grand auteur classique du 17e siècle.

■ **Dont** est un autre *pronom relatif*. On l'emploie pour représenter *une personne* ou une *chose*, au singulier ou au pluriel.

Dans le pronom relatif **dont**, il y a la préposition **de.** Par conséquent on emploie **dont** dans une proposition subordonnée pour indiquer la possession ou pour remplacer une expression qui contient la préposition **de.**

Dont peut être:

a) *complément d'un nom:*

La Leçon est une pièce de théâtre moderne **dont** l'auteur s'appelle Eugène Ionesco. (L'auteur **de** la pièce de théâtre s'appelle E. Ionesco.) [la pièce de théâtre = antécédent de **dont**]

Au Louvre on peut voir la «Joconde» **dont** l'auteur est Léonard de Vinci. (L'auteur **de** la «Joconde» est Léonard de Vinci.) [La «Joconde» = antécédent de **dont.**]

Jean, **dont** les grands-parents habitent la Normandie, parle aussi bien anglais que français. (Les grands-parents **de** Jean habitent la Normandie.) [Jean = antécédent de **dont**]

b) *complément d'un verbe* (ou d'une expression verbale) construit avec **de** (parler de, avoir besoin de, avoir envie de, avoir peur de):

La voiture **dont** il a envie est trop chère pour lui. (Il a envie **de** cette voiture) [voiture = antécédent de **dont**]

Un ami m'a prêté le livre **dont** j'avais besoin. (J'avais besoin **de** ce livre) [livre = antécédent de **dont**]

La Tour Eiffel est un monument **dont** tout le monde a entendu parler. (Tout le monde a entendu parler **de** la Tour Eiffel) [un monument = antécédent de **dont**]

c) *complément d'un adjectif* construit avec **de:**

Jean nous a montré ses photos de vacances **dont** il est très fier. (Il est très fier **de** ses photos.) [photos = antécédent de **dont**]

Je vous félicite de votre succès **dont** je suis très heureux. (Je suis très heureux **de** votre succès.) [succès = antécédent de **dont**]

Étudiez les phrases suivantes:

Je commence **à** faire mes exercices.

Le professeur n'oublie pas **de** nous donner des exercices.

Je préfère travailler seul.

■ Certains verbes sont suivis de la préposition **à** devant l'infinitif.

D'autres verbes sont suivis de la préposition **de** devant l'infinitif.

D'autres verbes sont suivis de l'infinitif *sans préposition.*

1) Employez *l'infinitif* avec **à** après les verbes:

apprendre		avoir (quelque chose)	
commencer		aider (quelqu'un)	
continuer		inviter (quelqu'un)	**à** . . .
hésiter	**à** . . .	obliger (quelqu'un)	
penser			
renoncer			
réussir			
être prêt			

EXEMPLES: Nous apprenons **à** parler français.

Bob a réussi **à** obtenir son diplôme.

J'aiderai mon frère **à** laver sa voiture.

Nous les invitons **à** aller au restaurant.

2) Employez *l'infinitif* avec **de** après les expressions verbales:

a) être obligé		b) avoir besoin	
être sûr (certain)		avoir envie	
Il est possible		avoir horreur	
Il est impossible		avoir peur	
Il est agréable		avoir le droit	**de** . . .
Il est désagréable	**de** . . .	avoir l'impression	
Il est nécessaire		avoir l'intention	
Il est important		avoir raison	
Il est utile		avoir tort	
Il est intéressant		avoir le temps	
Il est amusant			
Il est préférable			

EXEMPLES: Nous sommes obligés **de** parler français.

Je n'ai pas le temps **de** bavarder avec vous.

Vous avez horreur **d**'avoir une mauvaise note, n'est-ce pas?

c)

accepter
cesser
choisir
décider
essayer
éviter
finir
négliger
oublier
refuser
regretter
venir

} **de** . . .

d)

conseiller
demander
dire
écrire
offrir
permettre
promettre
proposer
recommander
répondre

} (à quelqu'un) **de** . . .

EXEMPLES: Elle a oublié **de** faire sa composition.

Nous avons refusé **d'**aller à cette soirée.

Le professeur a permis à Suzanne **de** quitter la classe.

On vous recommande **de** travailler régulièrement.

3) Employez *l'infinitif sans préposition* après:

aimer (mieux)	pouvoir
détester	savoir
désirer	vouloir
penser (avoir l'intention de)	falloir
préférer	aller

EXEMPLES: Je ne sais pas **faire** la cuisine.

Elle déteste **faire** la vaisselle.

Nous aimons **danser**; ils préfèrent **faire** du sport.

---

4. Jean espère qu'il va **recevoir** une lettre de ses parents.

On **aperçoit** des arbres par la fenêtre.

■ Voilà le verbe **recevoir** au présent de l'indicatif.

Je	**reçois**	des cadeaux.
Vous	**recevez**	des lettres.
Tu	**reçois**	des lettres.
Nous	**recevons**	des nouvelles.
Il	**reçoit**	des félicitations.
Elle	**reçoit**	des félicitations.
Ils	**reçoivent**	leurs amis.
Elles	**reçoivent**	leurs amis.

Le verbe **recevoir** est un verbe du 3ᵉ groupe.

■ Conjuguez de la même manière le verbe **apercevoir:**

Jean et Charles **aperçoivent** la mer et les bateaux.
En survolant Paris, ils **apercevront** la Tour Eiffel.

L'imparfait: je **recevais** (**j'apercevais**)
Le futur: je **recevrai** (**j'apercevrai**)
Le participe présent: **recevant** (**apercevant**)
Le participe passé: **reçu** (**aperçu**)

5. D'abord, nous avons fait des courses;
puis, nous avons pris une tasse de café.
Nous sommes **donc** rentrés assez tard.
D'ailleurs, je rentre toujours tard le samedi.

Étudiez le texte suivant:

Il y a quelques jours, j'avais une lettre à expédier par avion. **D'abord,** je suis allé à la poste, **puis** j'ai cherché un parking pour ma voiture. **Ensuite,** je suis entré dans le bureau de poste **et** j'ai attendu **car** il y avait beaucoup de monde. Plusieurs personnes avaient deux ou trois paquets à expédier à l'étranger. Il leur fallait **donc** beaucoup de temps pour remplir les étiquettes pour la douane. J'ai attendu patiemment pendant vingt minutes. **D'ailleurs,** on attend toujours dans ces bureaux. Un jeune homme a voulu passer devant moi. **Or,** c'était mon tour. **Alors** j'ai protesté; **mais** il refusait de m'écouter. **Pourtant** j'avais raison. **Enfin,** devant la réprobation générale, le jeune homme est parti et j'ai pu **quand même** acheter des timbres.

■ Les mots en caractères gras dans le texte précédent sont des *conjonctions* et des *adverbes* de coordination. Ils sont employés pour indiquer le *rapport logique,* la relation qui existe entre les différentes parties du texte. Ce sont des *termes de transition* qui rendent le texte plus cohérent.

D'abord indique la première action d'une série, le commencement:

Je rentre chez moi. **D'abord,** je vais dans ma chambre, ensuite j'enlève mon manteau.

On peut aussi employer le verbe **commencer par** pour indiquer la première action d'une succession d'actions.

J'ai commencé par lire le journal, puis j'ai préparé le dîner.

Ensuite, puis indiquent les actions qui suivent.

Je suis revenu chez moi; **ensuite** j'ai travaillé, **puis** j'ai préparé le dîner, **puis** j'ai dîné.

Car indique la cause, la raison. Ce mot n'est jamais au commencement de la phrase. Il a le même sens que «parce que».

Hier soir, j'étais content **car** j'avais une bonne note à mon examen.

Donc indique une conséquence:

> Ce matin, il pleuvait. Je suis sorti sans mon imperméable; je suis **donc** revenu à la maison pour le prendre.
>
> Hier, la voiture de Jacques ne marchait pas; il a **donc** pris l'autobus.

Remarquez la place de **donc** dans la phrase. Ne commencez pas une phrase par **donc.** Une expression qui a le même sens que **donc** est: **par conséquent** employé au commencement de la phrase.

> Hier, la voiture de Jacques ne marchait pas; **par conséquent** il a pris l'autobus.

On peut aussi employer **c'est pourquoi** au commencement de la phrase.

> L'été dernier, je n'avais pas d'argent; **c'est pourquoi** j'ai commencé à travailler.

D'ailleurs ajoute un fait plus général au fait exprimé par la proposition qui précède, ou indique une explication supplémentaire.

> Pour Thanksgiving, ma mère a fait un très bon repas. **D'ailleurs** elle prépare toujours d'excellents repas.
>
> Nous sommes restés à la maison et nous avons reçu nos amis. **D'ailleurs** nous ne sortons jamais ce jour-là.

Alors indique une idée de temps (= à ce moment-là) et de résultat.

> Hier soir, j'étais très fatigué. **Alors** je ne suis pas sorti.

Or indique la transition d'une idée à une autre.

> Paul est venu me voir hier soir. **Or** il avait beaucoup de travail. Je suppose donc qu'il a travaillé une partie de la nuit.

Mais indique une objection ou une restriction à l'idée qui est exprimée précédemment.

> Il faisait beau, **mais** il y avait un peu de brouillard.

Pourtant, cependant ont presque le même sens que **mais.**

> Je n'aime pas du tout cette jeune fille. **Pourtant** tout le monde la trouve très gentille.
>
> Suzanne a beaucoup travaillé pour son examen de français. **Cependant** elle n'a pas compris une question et elle n'a pas eu une bonne note.

Quand même indique qu'on fait quelque chose en dépit des circonstances, en opposition avec l'attitude normale; n'employez pas «quand même» au commencement de la phrase.

> Il pleuvait; nous avons **quand même** fait une promenade.
>
> Je n'avais pas beaucoup d'argent; je suis **quand même** allé en Europe.

Enfin indique la dernière action d'une série d'actions. Dans ce cas, on peut aussi employer un verbe: **finir par.**

> Après être resté dix ans à l'université, il a **enfin** obtenu (il **a fini par** obtenir) son diplôme.
>
> Ce jeune homme a **enfin** compris (il **a fini par** comprendre) qu'il faut travailler dans la vie.

NOTEZ: **commencer à** est l'opposé de **finir de** (+ *infinitif*)

         commencer par est l'opposé de **finir par** (+ *infinitif*)

Exercices

1. Complétez les phrases suivantes par un pronom relatif (**qui, que**).

    1. Voilà les photos ___ j'ai prises pendant les vacances.   2. Je vous présenterai un étudiant ___ est dans ma classe de sociologie.   3. Le roman ___ vous m'avez prêté est passionnant.   4. Les gens ___ voyagent souvent préfèrent prendre l'avion.   5. L'avion ___ Jean et Charles ont pris a atterri à Paris.   6. C'est un professeur ___ nous aimons beaucoup, mais ___ est très sévère.   7. Hélène a acheté une robe ___ elle trouve très élégante.   8. Au musée, il y a des tableaux ___ je n'aime pas.   9. Le professeur nous expliquera les mots ___ nous ne comprenons pas.   10. C'est un musicien ___ a composé des symphonies et des opéras.

2. Joignez les éléments par le *pronom relatif* **dont.** (Faites attention à la construction de la phrase. Faites les changements nécessaires.)

    1. Je connais un étudiant / Ses parents habitent en Australie.   2. Jean est bilingue / Sa mère est française.   3. Les passagers paient un supplément / Leurs bagages sont très lourds.   4. Mon père a acheté la voiture de sport / Il en avait envie.   5. A New York, il y a des musées / Les tableaux de ces musées sont très célèbres.   6. Mozart a vécu au 18e siècle / J'aime beaucoup ses œuvres.   7. Les livres sont à la bibliothèque / Vous m'en avez parlé.   8. Ses parents lui prêteront l'argent / Il en aura besoin pour son voyage.   9. A l'école secondaire, j'avais un professeur très sévère / Tous les élèves avaient peur de lui.   10. Hollywood est une ville / Tout le monde en a entendu parler.

3. Joignez les éléments par un *pronom relatif.* (Faites les changements nécessaires.)

    1. Voilà le phono / Mes parents m'ont offert ce phono pour Noël.   2. Nous allons chez nos amis / Ils habitent à la campagne.   3. C'est un livre d'histoire / J'ai besoin de ce livre.   4. Voici mon ami Richard / Le père de Richard est ingénieur.   5. L'avion part à minuit / Je prendrai cet avion.   6. C'est une expression idiomatique / On emploie beaucoup cette expression.   7. Vous lisez un journal / Il a l'air intéressant.   8. Sartre est un grand écrivain / Vous avez entendu parler de cet écrivain.   9. C'est un professeur de sociologie / Les classes de ce professeur sont passionnantes.   10. On enregistre les bagages / Les passagers les emportent.

4. Écrivez la préposition convenable (ou n'écrivez rien).

1. Paul m'a invité __ aller __ une conférence, mais j'ai refusé __ y aller parce que je préférais __ rester à la maison.   2. N'oubliez pas __ me donner votre devoir; je vais __ le corriger.   3. Avez-vous appris __ danser? Non, mais je sais bien __ nager.   4. Il m'a demandé __ lui répondre tout de suite.   5. Hier soir, je n'ai pas regardé __ la télévision, mais j'ai écouté la radio.   6. Nous avons payé __ ces skis 30 dollars.   7. Il ne parle pas parce qu'il a peur __ faire des fautes __ parlant.   8. Ils sont entrés __ la classe et ils ont dit bonjour __ tout le monde.   9. Nous n'avons pas pensé __ fermer la porte quand nous sommes sortis __ la maison.   10. Il est toujours fatigué avant __ commencer __ écrire une composition.   11. Mes amis ont essayé __ me téléphoner, mais ils n'ont pas réussi __ me parler.   12. Nous avons conseillé à Marc __ aller chez un médecin, mais il n'a pas voulu __ y aller.

5. Employez le terme de transition logique dans chaque phrase:

1. Hier, j'ai travaillé tard; je n'ai __ pas beaucoup dormi.   2. Il y a peu de temps que nous connaissons ces personnes; __ nous les considérons comme des amis.   3. Nous avons bavardé pendant deux heures; __ je n'ai pas le temps de finir mon travail.   4. Nous avons beaucoup ri __ le spectacle était comique.   5. Je veux faire le tour du monde; __ je fais des économies.   6. En arrivant à Paris, Jean était fatigué; __ on est toujours fatigué après un long voyage.   7. Il n'avait pas faim; il a mangé __.   8. Le professeur nous a __ dit bonjour; __ il a ouvert sa serviette; __ il a pris son livre; __ il a commencé sa classe.   9. Notre examen était difficile; __ les étudiants trouvent toujours les examens difficiles.   10. Marie était malade; elle est venue en classe __.

30

RÉALITÉS: Le voyage et l'arrivée à Paris

Trois heures plus tard, les deux garçons ouvrent les yeux. L'avion ralentit[0] et commence la longue descente avant d'atterrir[0] à Montréal où on va faire escale.

JEAN. — Où sommes-nous? Mon Dieu! Nous avons dormi trois heures; il fait déjà nuit.

CHARLES. — Nous arrivons probablement à Montréal où nous ferons une escale d'une demi-heure avant de reprendre l'air pour Paris. Il ne faut pas oublier d'avancer 5
nos montres. Il est de plus en plus tard.

JEAN. — C'est vrai; nous allons vers l'est.[0] D'ailleurs on peut dire qu'il est de plus en plus tôt aussi. Cela dépend du point de vue. Voyager en avion, c'est vraiment voyager dans le monde de la relativité.

CHARLES. — Oui, mais relatif à quoi? 10

JEAN. — Oh, ne fais pas l'idiot! . . . Regarde, voilà les lumières[0] de Montréal.

CHARLES. — En effet: voilà le signal: «Défense de fumer. Attachez vos ceintures.» Regarde, les lumières de la ville sont de plus en plus proches, mais . . . on ne voit absolument pas la piste.

JEAN. — Elle est indiquée par une série de feux bleus ou jaunes et le pilote est guidé 15
par la tour de contrôle.

CHARLES. — Que fait le pilote quand il n'y a pas de visibilité?

JEAN. — En cas de brouillard, il y a le radar; le pilote vole aux instruments.

CHARLES. — Nous touchons[0] presque la terre[0] maintenant.

JEAN. — Ça y est. C'est merveilleux. L'atterrissage[0] a été parfait, sans le moindre[1] choc. 20

En effet,[0] l'appareil a atterri très doucement et il roule quelques centaines de mètres en ralentissant progressivement. Alors on entend la voix de l'hôtesse de l'air:

«Mesdames, messieurs, nous venons d'atterrir à l'aéroport de Montréal où nous ferons une escale de quarante-cinq minutes environ.[0] Les passagers à destination de Montréal sortiront du côté gauche. Les passagers en transit pour Paris suivront 25
le représentant d'*Air-France* vers l'entrée à droite. Ils attendront notre départ dans la salle[0] d'attente des passagers internationaux. Pendant l'escale, des rafraîchissements vous seront servis.»

Après avoir débarqué, les deux garçons suivent le représentant d'*Air-France* dans la salle d'attente où des consommations[0] (jus d'orange, thé, café) les attendent. 30
Un douanier[0] surveille[0] la salle, très confortable, mais que les passagers n'ont pas le droit[0] de quitter.

Tout à coup, Jean et Charles entendent au haut-parleur une voix de femme qui

---

[1] **moindre** = plus petit; **le moindre** est le superlatif de **petit**; on dit aussi: **le plus petit**.

annonce en anglais, puis en français, le départ d'un prochain vol pour Québec. C'est une voix dont l'accent les étonne.

JEAN. — As-tu entendu cette voix? Cet accent est bien curieux. Je suppose que c'est l'accent canadien.

CHARLES. — Oui, ce n'est pas un accent américain et ce n'est pas un accent tout à 5 fait français non plus.[2]

JEAN. — Pourtant je trouve que cet accent a un certain charme.

CHARLES. — A propos . . . Quand les Français sont-ils venus au Canada?

JEAN. — Ce sont des Normands et des Poitevins[3] qui ont colonisé le Canada français et qui ont fondé[0] la ville de Québec, au début[0] du 17e siècle. C'est donc la vieille 10 prononciation française que les Canadiens ont conservée.

CHARLES. — Est-ce qu'on parle encore comme ça en France?

JEAN. — Je ne crois pas. Ma mère m'a souvent dit que les accents provinciaux sont en train[0] de disparaître en France. Grâce[0] aux mass-média, les accents deviendront plus uniformes. 15

Les deux garçons prennent un jus d'orange. Ils n'ont pas encore fini de boire au moment où l'hôtesse annonce le départ de leur avion pour Paris.

JEAN. — C'est la dernière étape[0] qui commence.

CHARLES. — Oui, dans combien de temps serons-nous à Paris?

JEAN. — Voyons. Tous ces changements d'heure me brouillent[0] la tête. De Montréal 20 à Paris, il y a sept heures de vol. Il est maintenant huit heures du soir ici. Dans sept heures, il sera trois heures du matin à Montréal. Cependant entre Montréal et Paris, il y a un décalage[0] de six heures. Nous serons donc à Paris à neuf heures du matin, heure locale.

CHARLES. — Mon Dieu! J'ai le vertige[0] en y pensant. 25

JEAN. — Allons, viens! L'hôtesse d'*Air-France* nous fait signe.[0] Il est temps de partir.

Installés dans l'avion, les garçons attendent avec impatience le départ du jet qui dans sept heures les déposera à Paris. Quelques instants après le décollage,[0] Jean et Charles entendent encore une fois la voix de l'hôtesse de l'air qui souhaite la bienvenue aux passagers et qui leur dit que le dîner sera servi immédiatement. 30 On ne voit plus Montréal dont les lumières ont disparu. Par la fenêtre, on voit la lune[0] qui brille[0] dans le ciel clair et quelques étoiles.[0] Très loin, il n'y a que la mer dont on aperçoit[0] le miroitement.[0]

JEAN. — Voilà le steward qui revient avec son chariot. Qu'est-ce que tu vas prendre cette fois-ci? 35

---

[2] **non plus** est une expression *négative* qui correspond à **aussi**.
       Je vais au cinéma; je vais au concert **aussi**.
       Je ne vais pas au cinéma; je ne vais pas au concert **non plus**.
[3] **La Normandie** et **le Poitou** qui sont les provinces d'origine des Normands et des Poitevins, sont situés au nord-ouest et à l'ouest de la France.

CHARLES. — Oh, la même chose.

LE STEWARD. — Bonsoir, messieurs. Alors, vous faites un bon voyage? Vous n'avez
pas le mal⁰ de l'air?

CHARLES. — Oh, non. Tout va très bien.

LE STEWARD. — Il fait un temps très calme, ce soir, et la météo⁰ dit que nous aurons 5
beau temps jusqu'à Paris. Vous avez de la chance. Quelquefois nous dansons un
peu au-dessus de l'Atlantique. Deux francs, s'il vous plaît, messieurs.

JEAN. — Les voilà. Cette fois-ci, je les ai. C'est la monnaie que votre collègue m'a
rendue.

LE STEWARD. — Merci, messieurs. Bon voyage. 10

CHARLES. — Il est très gentil, mais comme il parle vite!

JEAN. — Et tu le comprends quand même!

CHARLES. — C'est vrai. Pourtant, je suis étonné de pouvoir comprendre le français
dans une situation réelle.

JEAN. — Voilà l'hôtesse qui apporte les plateaux. J'ai une faim de loup.⁰ 15

CHARLES. — Et moi, j'ai une faim d'ours.⁰

JEAN. — Ah non! On ne peut pas dire cela en français. On dit «une faim de loup»,
mais on ne dit pas «une faim d'ours.»

CHARLES. — Pourquoi pas? Les ours n'ont pas faim en France?

JEAN. — Non. C'est comme cela; c'est l'usage.⁰ 20

CHARLES. — Mais l'usage⁰ français me semble bien arbitraire. Pourquoi ne pas dire
«une faim d'ours»?

JEAN. — Le français est une langue plus traditionnaliste que l'anglais. En français,
l'usage est beaucoup plus rigoureux, plus fixé.

CHARLES. — Mais, si je dis «une faim d'ours», on me comprendra? 25

JEAN. — On te comprendra, mon vieux. Mais on te corrigera aussi.

CHARLES. — J'ai déjà remarqué que les Français sont très exigeants⁰ pour leur langue.

JEAN. — Oui, c'est un fait. Ils ont la manie⁰ de corriger les étrangers. Les Américains
sont beaucoup plus indulgents pour les questions de langue.

CHARLES. — Mais pourquoi? Après tout, on peut parler trop correctement! 30

L'HÔTESSE DE L'AIR. — Bonsoir, messieurs. Voilà votre dîner. Bon appétit.

CHARLES. — Merci mademoiselle. J'ai une faim d'ours.

L'HÔTESSE. — Une faim d'ours? . . . Ah! vous voulez dire⁴ une faim de loup. Alors
bon appétit, monsieur.

---

⁴ **vouloir dire** = donner à ses paroles une certaine signification, un certain sens. **Cela veut dire** = cela a le
sens de . . . .

JEAN. — Eh bien, tu vois!

CHARLES. — Oh, toi! Tu as toujours le dernier mot.

Quelques heures plus tard, l'hôtesse dont la voix réveille⁰ les jeunes gens, annonce que l'avion survole⁰ le sud de l'Angleterre.

CHARLES. — Regarde, Jean. C'est comme une carte ouverte sous nos yeux. On voit   5
le bout de l'Angleterre et la Manche exactement comme dans un atlas.

JEAN. — Oui, on voit même les autos sur les routes et les bateaux sur la mer. Mais comme c'est petit!

L'avion vole de plus en plus bas. Les deux garçons aperçoivent la côte de Normandie, de nombreuses⁰ petites fermes et des champs. Ils voient distinctement les méandres 10
de la Seine. Quelques minutes plus tard, les maisons, les rues et les jardins sont plus proches. C'est l'agglomération parisienne qui commence. L'hôtesse, en souhaitant la bienvenue à Paris aux passagers, indique la Tour Eiffel que l'on contourne⁰ avant d'atterrir à Orly. L'avion atterrit sur la piste et roule avant de stopper devant les bâtiments de l'aéroport. Déjà les passagers sont debout et 15
sont prêts à débarquer.⁰

JEAN. — Voilà. Nous sommes arrivés.

CHARLES. — C'est incroyable.⁰ Nous sommes à Paris.

On entend la voix de l'hôtesse: «Mesdames et messieurs, nous venons d'atterrir à Paris-Orly. Il est neuf heures du matin, heure locale. Air-France vous remercie 20
de votre confiance et vous souhaite un très agréable séjour en France.»

Exercices

1. Questions sur la lecture. Répondez par des phrases complètes.

   1. Où l'avion a-t-il fait escale? Où est cette ville? Combien de temps l'avion y est-il resté?   2. Tous les passagers allaient-ils à Paris? Où sont restés les passagers à destination de Paris?   3. Qu'est-ce que Jean et Charles ont fait pendant l'escale?   4. Comment un pilote d'avion sait-il la direction quand il fait mauvais?   5. Qui a colonisé le Canada? Quand? D'où venaient ces gens?   6. Est-ce que les Français ont colonisé une autre partie de l'Amérique du Nord? Si oui, quelle partie? Quand?   7. Quel pays et quelle mer l'avion survole-t-il avant d'arriver à Paris?   8. Comment les passagers d'un avion voient-ils le pays qu'ils survolent?   9. Qu'est-ce que Jean et Charles aperçoivent avant d'atterrir à Orly?   10. Pourquoi ne peut-on pas dire «une faim d'ours» en français?

2. Faites une phrase avec chaque expression.

   1. atterrir   2. ralentir   3. faire escale   4. surveiller   5. environ
   6. débarquer   7. embarquer   8. avoir le droit de

3. Indiquez:
   a) 2 choses que vos parents vous permettent de faire.
   b) 2 choses que vos professeurs vous recommandent de faire.
   c) 2 choses que vous évitez généralement de faire.
   d) 2 choses que vous avez négligé de faire récemment.
   e) 2 choses que vous renoncez à faire quand vous avez des examens.
   f) 2 choses que vous avez appris à faire le semestre dernier.

4. Faites: a) 3 phrases avec **qui;** b) 3 avec **que;** c) 4 avec **dont.**

5. *Composition:*
   a) Votre premier grand voyage (en train, en avion).
      Qu'avez-vous vu? Qu'avez-vous fait? Quelles étaient vos impressions?
   b) Imaginez la lettre que Jean a écrite à ses parents à son arrivée à Paris.

Prononciation

A. Révision des voyelles nasales. Prononcez après votre professeur:

> **Un** b**on** v**in** bl**anc.**
>
> **On** parle b**ien** français à M**on**tréal.
>
> Le p**ain** est b**on** qu**and** **on** a f**aim.**
>
> **An**dré et V**in**c**ent** s**ont** m**ain**t**en**ant d**ans** le tr**ain.**
>
> Quelqu'**un** d'**in**connu m'a dit b**on**jour **en** **en**trant.

B. Étudiez le poème suivant et faites attention aux voyelles nasales:

DEMAIN, DÈS L'AUBE . . .[5]

> Demain, dès l'aube,[6] à l'heure où blanchit la campagne,
> Je partirai. Vois-tu, je sais que tu m'attends.
> J'irai par la forêt, j'irai par la montagne,
> Je ne puis demeurer[7] loin de toi plus longtemps.
>
> Je marcherai, les yeux fixés sur mes pensées,
> Sans rien voir au dehors, sans entendre aucun bruit,
> Seul, inconnu, le dos courbé, les mains croisées,
> Triste, et le jour pour moi sera comme la nuit.
>
> Je ne regarderai ni l'or du soir qui tombe,
> Ni les voiles[8] au loin descendant vers Harfleur,[9]
> Et quand j'arriverai, je mettrai sur ta tombe,
> Un bouquet de houx vert et de bruyère en fleur.

Victor Hugo

---

[5] Le poète, Victor Hugo (1802–1885) pense à sa fille Léopoldine, morte accidentellement pendant une promenade en bateau sur la Seine.

[6] **l'aube** = le commencement du jour.

[7] **demeurer** = rester

[8] **les voiles** (*f.*) = une partie d'un bateau—un grand morceau de toile que le vent gonfle.

[9] *Harfleur* = petite ville au bord de la Seine.

Vocabulaire

NOMS

une agglomération
un atlas
un atterrissage[0]
un changement
un choc
un(e) collègue
une consommation[0]
un début[0]
un décalage[0]
un décollage[0]
une descente
un douanier[0]
une entrée ≠ une sortie

une escale
l'est[0]
une étape[0]
une étoile[0]
un instant
un instrument
le langage
un loup[0]
une lumière[0]
la lune[0]
le mal[0] de l'air
les méandres (*m.*)
un mélange

la météo (la météorologie)[0]
un miroitement[0]
un ours[0]
un pilote
un point de vue
le radar
la relativité
un représentant
une salle[0] d'attente
une série
la terre[0]
un usage[0]
la visibilité

ADJECTIFS

arbitraire
exigeant(e)[0]
fixé(e)
guidé(e)
incroyable[0]

indulgent(e)
installé(e)
international(e)
moindre
nombreux / nombreuse[0]

normand(e)
parisien(ne)
poitevin(e)
proche
provincial(e)

relatif / relative
rigoureux/rigoureuse
traditionnaliste
uniforme

VERBES

apercevoir (3)[0]
atterrir (2)[0]
avoir le droit[0] de
avoir la manie[0] de
avoir le vertige[0]
briller (1)[0]

brouiller (1)[0]
coloniser (1)
contourner (1)[0]
débarquer (1)[0]
dépendre (3) : cela dépend
être en train[0] de

faire escale
faire signe[0]
fonder (1)[0]
ralentir(2)[0]
remarquer (1)
réveiller (1)[0]

stopper (1)
surveiller (1)[0]
survoler (1)[0]
toucher (1)[0]
vouloir dire

MOTS INVARIABLES ET EXPRESSIONS

alors
après tout
au moment où
cependant
c'est pourquoi

d'ailleurs
distinctement
donc
dont
effectivement

en cas de
en effet[0]
environ[0]
grâce[0] à
non plus

par conséquent
pourtant
progressivement
quand même
une faim de loup[0]

31

POINTS DE REPÈRE

Quand j'ai de l'argent, je **leur en** prête.

Voilà un livre. Vous allez **le lui** donner.

*

N'allez pas à la plage.

N'y allez **pas**.

Donnez vos devoirs au professeur.

Donnez-**les-lui**.

*

Après **avoir fini** notre travail, nous irons au cinéma.

En allant à l'université, j'ai rencontré mes amis.

*

J'ai répondu à **toutes** vos questions.

Les étudiants ont fait **tout** l'exercice.

Dans cette ville, **tout** est cher.

*

Le professeur a interrogé **chaque** étudiant.

Chacun a répondu à ses questions.

Aucun n'a fait de fautes.

*

Il avait dix ans quand il a pris l'avion pour la première **fois**.

*

DÉVELOPPEMENT GRAMMATICAL

1. Quand j'ai de l'argent, je **leur en** prête.

Voilà un livre. Vous allez **le lui** donner.

Comparez:

Mon père me donne de l'argent.	Il **m'en** donne.
Jean offre des fleurs à sa mère.	Il **lui en** offre.
Nos amis nous écrivent des cartes de Noël.	Ils **nous en** écrivent.
Je ne vous apporterai pas de journaux.	Je ne **vous en** apporterai pas.
J'enverrai des cadeaux à mes parents.	Je **leur en** enverrai.
Mon amie m'a écrit une lettre.	Elle **m'en** a écrit une.
Je ne vous ai pas apporté beaucoup de livres.	Je ne **vous en** ai pas apporté beaucoup.
Robert me prête son cahier.	Il **me le** prête.
Vous me montrez votre composition.	Vous **me la** montrez.
Le professeur ne nous rendra pas nos devoirs demain.	Il ne **nous les** rendra pas demain.
Je vous rendrai vos livres.	Je **vous les** rendrai.
Marianne m'a prêté ses disques.	Elle **me les** a prêtés.
Robert prête son cahier à Charles.	Il **le lui** prête.
Vous montrez votre composition à Barbara.	Vous **la lui** montrez.
Le professeur rendra les devoirs aux étudiants.	Il **les leur** rendra.
Marianne a prêté ses disques à Jean.	Elle **les lui** a prêtés.
Je mets mon livre sur la table.	Je **l'y** mets.
Nous oublions nos cahiers dans la classe.	Nous **les y** oublions.

■ L'ordre des pronoms personnels compléments est variable en français. Il varie selon que le pronom objet indirect est à la 1re, 2e ou à la 3e personne.

Voici l'ordre des pronoms personnels *avant le verbe*, dans la phrase *affirmative*, *négative* ou *interrogative*.

	1.	**2.**	**3.**	**4.**	**5.**	
ne +	me (m') te (t') nous vous se	le (l') la (l') les	lui leur	y	en	+ *verbe* ou *auxiliaire* + **pas**

NOTEZ : **Me, te → m', t',** devant $\begin{cases} \textbf{en:} & \text{Je vais } \textbf{t'en } \text{donner.} \\ \textbf{y:} & \text{Il n'a pas le temps de } \textbf{m'y } \text{accompagner.} \end{cases}$

En pratique, on trouve **y en** seulement dans: il **y en** a, il **y en** avait, il **y en** aura.

Le pronom **en** est toujours le dernier dans un groupe de pronoms.

---

2. N'allez pas à la plage.
　　　　　N'**y** allez pas.
　Donnez vos devoirs au professeur.
　　　　　Donnez-**les-lui.**

Comparez :

Prenez votre livre de français.	Prenez-**le.**
Ne prenez pas votre livre d'anglais.	Ne **le** prenez pas.
Téléphonez à Barbara.	Téléphonez-**lui.**
Ne téléphonez pas à Jeannette.	Ne **lui** téléphonez pas.
Mangez de la viande.	Mangez-**en.**
Ne mangez pas de chocolat.	N'**en** mangez pas.
Allez à la plage.	Allez-**y.**
N'allez pas au cinéma.	N'**y** allez pas.

■ Les *pronoms personnels compléments*, les pronoms **en** et **y** sont placés *après le verbe à l'impératif affirmatif; avant le verbe à l'impératif négatif.*

Les pronoms ont leur forme habituelle à l'exception du pronom de la 1re personne du singulier, à la forme affirmative: **moi.**

Écoutez vos parents. Écoutez-**les.**	Ne **les** écoutez pas.
Écrivez à vos amis. Écrivez-**leur.**	Ne **leur** écrivez pas.
Téléphonez-**nous.**	Ne **nous** téléphonez pas.

Mais:

Regarde-**moi.**	Ne **me** regarde pas.
Écoutez-**moi.**	Ne **m'**écoutez pas.
Donnez-**moi** votre devoir.	Ne **me** donnez pas votre devoir.
Prêtez-**moi** de l'argent.	Ne **me** prêtez pas d'argent.

NOTEZ : Les verbes du *1er groupe* et le verbe **aller** abandonnent l'**s** de la 2e personne du singulier à *l'impératif,* excepté devant **en** et **y.**

Téléphone-moi ce soir.	Ne me téléphone pas ce soir.
Donne-lui ton adresse.	Ne lui donne pas ton adresse.
Mange des fruits.	Mange**s**-en.
Va à la banque.	Vas-y.

Comparez:

Prêtez votre cahier à Jeannette.	Prêtez-**le-lui.**
	Ne **le lui** prêtez pas.
Montrez votre composition au professeur.	Montrez-**la-lui.**
	Ne **la lui** montrez pas.
Montrez cette lettre à vos parents.	Montrez-**la-leur.**
	Ne **la leur** montrez pas.
Donnez-moi votre devoir.	Donnez-**le-moi.**
	Ne **me le** donnez pas.
Montrez-moi votre composition.	Montrez-**la-moi.**
	Ne **me la** montrez pas.
Rendez-nous nos livres.	Rendez-**les-nous.**
	Ne **nous les** rendez pas.
Apportez-moi du café.	Apportez-**m'en.**
	Ne **m'en** apportez pas.
Donnez-nous de l'eau.	Donnez-**nous-en.**
	Ne **nous en** donnez pas.
Envoyez de l'argent à Charles.	Envoyez-**lui-en.**
	Ne **lui en** envoyez pas.
Posez des questions aux étudiants.	Posez-**leur-en.**
	Ne **leur en** posez pas.

■ *A l'impératif négatif* la place et l'ordre des pronoms sont *les mêmes* que dans la phrase affirmative, négative ou interrogative.

A l'impératif affirmatif, les *deux pronoms* sont *après* le verbe: le pronom objet direct est toujours le premier; le pronom **en** est toujours le dernier.

3. Après **avoir fini** notre travail, nous irons au cinéma.

En allant à l'université, j'ai rencontré mes amis.

Étudiez les phrases suivantes:

a) Après **avoir écrit** cette composition, j'irai au cinéma.
Après **avoir parlé** au professeur, nous sommes partis.
Après **avoir visité** Paris, ils nous raconteront leur voyage.

Jean et Charles écrivent à leurs parents après **être arrivés** à Paris.
Après **être allés** à l'hôtel, ils ont déjeuné.
On me prête des livres. Je les rends après les **avoir lus.**

b) J'écrirai cette composition **avant d'**aller au cinéma.
Nous avons parlé au professeur **avant de** partir.
Jean et Charles vont à l'hôtel **avant de** déjeuner.
Je lis les livres qu'on m'a prêtés **avant de** les rendre.

c) J'ai oublié **de** vous donner mon adresse.

Ils m'ont demandé **d'**aller chez eux, mais j'ai refusé **d'**y aller.

Je n'ai pas hésité **à** écrire à mes parents pour leur demander de l'argent.

Les passagers ont commencé **à** débarquer.

Pour aller en Europe, il faut prendre l'avion ou le bateau.

d) **En** faisant mes exercices, j'ai fait beaucoup de fautes.

J'ai vu Hélène ce matin **en** venant à l'université.

Nous avons attendu l'autobus **en** bavardant.

◼ Après la préposition **après**, employez l'*infinitif passé* (Cf. leçon 25).

Après la préposition **avant de**, employez l'*infinitif* (Cf. leçon 17). **Avant de** + l'*infinitif présent* est l'opposé de **après** + l'*infinitif passé*.

◼ Après *une préposition* (excepté **en**) employez l'*infinitif* (présent ou passé).

◼ Après **en,** employez le *participe présent* (Cf. leçon 19).

---

4. J'ai répondu à **toutes** vos questions.

Les étudiants ont fait **tout** l'exercice.

Dans cette ville, **tout** est cher.

Comparez :

Tous les passagers de l'avion ont débarqué à Orly.	**Tout** le voyage de Charles et de Jean a été agréable.
Tous leurs amis leur ont dit «bon voyage».	Jean et Charles sont restés en France **tout** l'été.
Toutes les hôtesses de l'air sont agréables.	Ils ont vu **toute** la famille de Jean.
Nous ne visiterons pas **toutes** les grandes villes d'Europe.	Nous ne visiterons pas **toute** l'Europe.

◼ **Tout** – **toute**
Tous – **toutes** } sont des adjectifs indéfinis, employés avec un *article* et *un nom*.

Tout – **toute** + *article* (ou adjectif possessif ou adjectif démonstratif) + *nom singulier* a le sens de **entier, entière**.

Tous – **toutes** + *article* (ou adjectif possessif ou adjectif démonstratif) + *nom pluriel a le sens de* **chaque**.

Remarquez la différence entre :

tous les jours / toute la journée

tous les ans / toute l'année

tous les matins / toute la matinée

tous les soirs / toute la soirée

Remarquez l'expression : **tous** (toutes) **les deux** (trois, quatre, etc.).

Comparez:

Tous les étudiants de la classe comprennent le français.

Presque tous les monuments de Paris sont intéressants.

Toutes les jeunes filles n'aiment pas les sports.

Tous parlent français au professeur. (*ou:* Ils parlent tous français au professeur.)

Tous ont une histoire. (*ou:* Ils ont tous une histoire).

Toutes font des sports. Elles font toutes des sports à l'université.

◼ Tous – toutes (+ *article* + *nom*) sont des *adjectifs indéfinis*.
Tous – toutes qui accompagnent un *verbe* sont des *pronoms indéfinis*.

NOTEZ: On prononce s final de tous quand tous est un pronom.
Tous, toutes sont sujets ou objets. Ils peuvent être employés devant le verbe comme sujets, ou doubler le pronom, comme sujets ou objets.
Tous sont venus. [= Ils sont tous venus.] Je les connais tous.

Étudiez les phrases suivantes:

Pour Jean et Charles, tout est nouveau à Paris.
Quand on est à l'étranger, tout semble étrange.
Tout est bon quand on a faim.
Dans cet examen, tout est difficile.
Elle n'a pas de mémoire. Elle oublie tout.
Le professeur a expliqué la leçon; j'ai tout compris.

◼ Le mot tout est un *pronom indéfini neutre;* il est invariable. Il a le sens de chaque chose. Il est *sujet* ou *objet* du verbe.

NOTEZ les expressions: tout à fait; pas du tout; tout de suite; tout à coup.

5. Le professeur a interrogé **chaque** étudiant.
Chacun a répondu à ses questions.
Aucun n'a fait de fautes.

Comparez:

L'hôtesse de l'air a parlé à chaque passager.

A l'école d'été, chaque cours était intéressant.

Chaque époque historique est différente de la précédente.

Chacun lui a posé des questions. Elle a répondu à chacun.

Dans chacun, il y avait de 20 à 30 étudiants.

Chacune a son histoire.

◼ Chaque est un *adjectif indéfini singulier.* Employez un *nom* après chaque.
Chacun – chacune sont des *pronoms indéfinis.* Employez chacun et chacune comme sujets ou comme compléments *au singulier.*

GRAMMAIRE

Comparez:

Chaque étudiant a fait des fautes dans son examen.   Aucun étudiant n'a obtenu un A.

Chaque question était difficile.   Aucune question n'était facile.

Tous les cours étaient intéressants.   Aucun cours n'était ennuyeux.

Tous les passagers ont débarqué à Orly.   Aucun n'est resté dans l'avion.

J'ai vu beaucoup de films le semestre dernier.   Aucun n'était excellent.

Jean et Charles ont retrouvé toutes leurs valises en arrivant.   Aucune n'était perdue.

Toutes les autos roulent vite à Paris.   Aucune ne va lentement.

■ **Aucun** ⎰ + *nom singulier* sont des *adjectifs indéfinis* qui ont un *sens négatif*.
Aucune ⎱ Employez **ne** devant le verbe.

Aucun ⎰ **ne** + *verbe* sont des *pronoms indéfinis* qui ont un *sens négatif*.
Aucune ⎱

Ces expressions correspondent négativement à **chaque** (+ *nom*), **chacun, chacune, tous, toutes,** etc.

6. Il avait dix ans quand il a pris l'avion pour la première **fois**.

Notez les sens et les emplois des expressions suivantes:

Age • fois • heure • moment • temps

■ **Age** indique le temps écoulé depuis la naissance.

> Quel **âge** avez-vous? — J'ai vingt ans.
> Quel **âge** ont vos parents? — Ils ont 48 et 42 ans.

On emploie aussi **âge** pour indiquer une période historique:

> Le Moyen Age —l'âge de pierre —l'âge moderne.

■ **Fois** indique la répétition, la multiplication (avec un nombre):

> Nous allons **deux fois** par semaine au laboratoire de français.
> J'ai pris l'avion pour **la première fois** quand j'avais 10 ans.

NOTEZ: Les adverbes de temps: **quelquefois, autrefois** (= dans le passé, à une époque éloignée du présent). **Autrefois** est l'opposé de **aujourd'hui, maintenant.**

> **Autrefois,** on voyageait à cheval parce que les autos n'existaient pas.

■ **Heure** indique le moment du jour:

> Quelle heure est-il? — Il est trois **heures** vingt.
> L'avion part à dix **heures** et demie du soir.

Notez les expressions: être en avance
être **à l'heure**
être en retard
de bonne heure = tôt

■ **Moment** indique un court espace de temps:

Attendez **un moment**, s'il vous plaît.

Notez les expressions: **en ce moment** (maintenant)
à ce moment-là (référence au passé ou au futur)

En ce moment, nous étudions la leçon 31.
Hier, le téléphone a sonné. **A ce moment-là** ma mère m'a appelé.
J'aurai mon diplôme en juin. **A ce moment-là,** je chercherai une situation.

■ **Temps** est un mot employé dans beaucoup d'expressions:

Il est six heures et demie; il est **temps** de dîner.
Je n'ai pas le **temps** d'aller au concert cette semaine.
Je vais au cinéma **de temps en temps.** (= quelquefois)
Il étudie et il écoute la radio **en même temps.**
Nous avons habité **longtemps** à San Francisco.

Attention: On dit aussi: Quel temps fait-il?
Il fait beau (temps).
Il fait mauvais (temps).
Le temps est humide.

Exercices

1. Écrivez les phrases en remplaçant les noms en italiques par *les pronoms* convenables.

a) **1.** Le professeur nous rend *les devoirs.* **2.** Nous avons beaucoup *de souvenirs de voyage.* **3.** Jean m'a prêté *de l'argent.* **4.** On nous a donné une *explication.* **5.** Je lui ai demandé *le prix.* **6.** Il vient de nous donner *votre adresse.* **7.** Son père lui a prêté *son auto.* **8.** Faut-il en donner *aux enfants?* **9.** Pouvez-vous m'apporter *ces journaux?* **10.** Voulez-vous nous montrer *ces photos?*

b) **1.** J'ai prêté *mon livre à Barbara.* **2.** Elle ne m'a pas rendu *mon livre.* **3.** Jean a envoyé *des cartes postales à ses amis.* **4.** Paul a offert *ce disque à sa sœur.* **5.** L'hôtesse de l'air a apporté *du café aux passagers.* **6.** Prenez *ces livres,* mais ne donnez pas *ces livres à votre frère.* **7.** N'emportez pas *votre imperméable;* vous n'avez pas besoin *de votre imperméable.* **8.** N'achetez pas *ces bonbons* pour votre mère; elle n'aime pas *ces bonbons.* **9.** Ne prêtez pas *vos livres à vos amis;* ils ne vous rendent pas *vos livres.* **10.** Envoyez *ces vieux vêtements à Mme Stone;* elle pourra utiliser *ces vêtements.*

2. Mettez à la forme négative.

1. Dites-moi la réponse. 2. Prêtez-moi dix dollars. 3. Portez-lui cette lettre. 4. Demandez-lui de l'argent. 5. Rendez-leur leur dictionnaire. 6. Téléphonez-moi demain matin. 7. Envoyez-moi des journaux. 8. Demandez-lui son avis. 9. Offrez-lui des fleurs. 10. Donnez-moi du café.

3. Écrivez les phrases de l'exercice 2 (excepté la phrase 6) en remplaçant les noms par *les pronoms* convenables.

4. Mettez les phrases de l'exercice 3 à la forme négative.

5. Complétez les phrases avec: **tout, toute, tous, toutes** (adjectif ou pronom):

1. On a joué __ les pièces de théâtre de Ionesco à Paris. 2. __ les Parisiens curieux les ont vues. 3. __ ne les ont pas aimées. 4. Il faut dire que beaucoup de gens n'ont pas __ compris. 5. Presque __ les acteurs étaient excellents. 6. __ l'hiver, on a présenté de vieux films américains à l'université. 7. __ la ville en a parlé; __ le monde voulait les voir; je ne les connaissais pas __. 8. Quand on lit, il faut faire attention à __; et quand on écrit une composition, il faut penser à __ parce que __ est compliqué. 9. Avez-vous lu __ la lecture de la leçon 30? 10. Il y avait beaucoup de mots nouveaux; je ne les comprenais pas __.

6. Employez les mots: **heure, âge, temps, fois, moment,** selon le sens des phrases.

1. A quel __ Shakespeare est-il mort? 2. Le journal de l'université est publié cinq __ par semaine. 3. Mon frère a dix ans; il n'a pas l'__ d'aller à l'université. 4. Je n'ai pas répondu à cette lettre parce que je n'avais pas le __. 5. Nous avons attendu un __ avant d'entrer. 6. Dites-moi quelle __ il est; j'ai peut-être le __ d'aller à la banque. 7. Combien de __ par mois allez-vous au cinéma? 8. Pendant combien d'__ travaillez-vous? 9. Cette semaine, nous sommes allés deux __ au laboratoire. 10. Beaucoup de gens pensent que nous sommes à l'__ atomique.

32

RÉALITÉS: Retour de France

C'est l'automne. Le moment de la rentrée des classes est arrivé. Les étudiants rentrent de vacances et les études recommencent: c'est le début d'une autre année scolaire. Jean et Charles ont passé tout l'été en France. Les voilà maintenant à la première réunion⁰ de l'année du Cercle⁰ français de leur université où ils vont parler du voyage qu'ils ont fait, des choses qu'ils ont vues, des impressions qu'ils 5 ont eues.

Le Président du Cercle. — Mesdames, mesdemoiselles, messieurs, la séance⁰ est ouverte. Nous sommes tous réunis⁰ cet après-midi pour entendre Jean et Charles qui ont fait un voyage en France et qui vont nous en parler. Je suis certain que vous êtes très impatients de les entendre; je vais donc abréger les formalités 10 et demander à notre secrétaire de nous lire rapidement le procès-verbal de notre réunion du mois de juin dernier. Puis je passerai⁰ la parole à nos camarades; je n'ai pas besoin de vous les présenter car vous les connaissez déjà.

Le secrétaire du Cercle lit le procès verbal⁰ de la dernière réunion de l'année précédente. Après avoir terminé sa lecture, il demande s'il y a des corrections à faire. 15 Comme il n'y en a pas, le Président déclare le procès-verbal approuvé et accepté.

Le Président. — Et maintenant, j'ai le très grand plaisir de donner la parole⁰ à Jean et à Charles. Qui va parler le premier?

Jean. — Vas-y Charles! Commence.

Charles. — Ah non! Ne m'oblige pas à parler le premier. Je ne peux pas; j'ai le trac.⁰ 20

Le Président. — Voyons, c'est sans importance. Vous parlerez l'un après l'autre. Cependant, puisque Charles a le trac, eh bien, commence, Jean, veux-tu?

Jean. — Bon! Je veux bien. Mais je ne sais pas par où commencer.

Un Membre. — Commence donc par le commencement.

Jean. — Eh bien, allons-y. Nous sommes arrivés à Paris le 20 juin à neuf heures du 25 matin, après avoir déjeuné et dîné dans l'avion. Il faisait un temps clair et ensoleillé⁰ qui nous a permis de voir la ville à vol⁰ d'oiseau. En débarquant, j'ai eu peur un instant. Je n'allais peut-être pas reconnaître mes grands-parents que je connaissais seulement d'après quelques photos de famille. Mais non. J'ai aperçu dans la foule,⁰ qui attendait les passagers à la sortie, une dame âgée que 30 j'ai reconnue immédiatement. C'était ma grand-mère. Puis, derrière elle, j'ai vu mon grand-père qui me faisait des signes et qui disait: «Le voilà, c'est lui. Je le reconnais. C'est le fils de Simone.» Le fils de Simone, c'était moi! Alors je leur

La Centrale nucléaire de Chinon.

ai présenté Charles et ensuite nous sommes partis tous les quatre vers Paris
dans un taxi qui nous attendait à la sortie de l'aéroport.

UN MEMBRE. — Et la douane, Jean? Ne nous dis pas qu'il n'y a pas de douane⁰ à
Paris!

JEAN. — Si,[1] il y en a une comme à toutes les frontières. J'allais l'oublier; je confonds⁰ 5
tout. Mais la visite de la douane a été très rapide et très courte, je vous assure.
Un douanier nous a demandé si nous avions quelque chose à déclarer. Nous
n'avions rien. Après avoir examiné nos valises, il y a fait une marque à la craie
et il nous a laissés⁰ partir. Alors, nous sommes montés dans le taxi et nous avons
filé vers Paris à une vitesse⁰ folle.⁰ 10

[1] **si** = **oui** après une phrase négative.

Un Autre Membre. — On conduit[0] rapidement à Paris?

Jean. — C'est incroyable. Il n'y a pas de comparaison avec l'Amérique. A côté de la circulation française, la circulation américaine est vraiment très lente.[0] A Paris, tout est beaucoup plus tendu,[0] plus nerveux qu'aux États-Unis. Les voitures viennent de tous les côtés et à toute vitesse.[0] Mais très vite, cela devient 5 beaucoup moins terrifiant. C'est une question d'habitude. On n'a pas en France comme ici, le culte de la détente.[0] Cela commence cependant. Même le mot commence à pénétrer dans la langue et on voit à Paris des *maisons-relaxe* comme on voit des *Milk-bars* et des *Bars américains*.

Un Membre. — Qu'est-ce qu'un *bar américain?*   10

Jean. — Mais c'est un bar, c'est tout. Je ne le savais pas, mais le bar n'est pas une institution française. Le bar est anglo-américain. On y reste debout et on appelle le garçon, un *barman;* dans un café, on est assis.

Un Autre Membre. — Continue ton histoire.

Jean. — D'accord! Je continue. Nous sommes arrivés à Paris et nous sommes allés à 15 l'hôtel.

Un Membre. — Dis-nous d'abord ta première impression de Paris.

Jean. — Oh! c'est très difficile. C'était une impression très complexe. D'abord, Paris est beaucoup plus moderne que je ne[2] croyais. Mais en même temps, c'est une ville très ancienne. Paris est un curieux mélange de constructions récentes et de 20 vieux quartiers où on oublie très facilement l'âge moderne et où on plonge dans le passé le plus lointain. Puis, voilà une autre impression: Paris est une ville d'une grande qualité esthétique. La vraie beauté de Paris est extraordinaire. On comprend pourquoi, après quelques semaines, des étrangers[0] de tous les pays du monde adoptent Paris comme une sorte de seconde ville natale. D'ailleurs, ce 25 n'est pas difficile. Les Parisiens ont l'habitude[0] de voir des étrangers et de les accepter. On l'a très souvent dit, et c'est vrai: on naît Français, mais on devient Parisien . . . Mais je continue mon récit.[0] Mes grands-parents nous ont emmenés dans un charmant petit hôtel, rue des Saints-Pères. C'est un hôtel très vieux, mais propre et élégant, de l'élégance démodée[0] d'un autre âge. Il est tout près 30 du célèbre Saint-Germain-des-Prés[3] dont vous avez entendu[0] parler et que nous avions une si grande envie de connaître. Nous sommes montés dans nos chambres faire un peu de toilette[0] et nous avons rejoint[0] ensuite mes grands-parents pour aller déjeuner dans un restaurant du quartier.[0] Nous avons donc fait notre première promenade à Paris en allant vers le Boulevard Saint-Germain où nous 35 avons découvert avec étonnement[0] les *Deux-Magots*, le *Flore* et la Brasserie *Lipp* dont notre professeur nous parlait quand il nous expliquait l'Existentialisme et les mouvements littéraires français d'après-guerre. Mais je vois que j'ai déjà parlé pendant une demi-heure. Or, il est temps de laisser parler Charles. Il vous

---

[2] Ici, **ne,** employé après le comparatif, n'a pas de sens négatif.

[3] **Saint-Germain-des-Prés** est une des plus anciennes églises de Paris. C'est aussi le nom de ce quartier de Paris.

Le Barrage de Chastang sur la Dordogne.

parlera de ce premier déjeuner que nous avons pris ensemble à Paris et dont nous avons gardé tous les deux un si vif souvenir.

LE PRÉSIDENT. — Charles va nous parler dans un moment. Cependant avant de l'écouter prenons une tasse de café. Je vois que notre trésorière,[0] Annie, l'a préparé pendant que Jean parlait. Mais d'abord, je voudrais remercier[0] Jean de nous avoir raconté[0] tant de choses intéressantes sur son arrivée à Paris. Prenons maintenant notre café; puis Charles parlera s'il n'a plus le trac.

CHARLES. — J'ai encore le trac, mais je parlerai quand même.

Un quart d'heure plus tard, les membres du cercle ont repris leurs places et Charles commence:

CHARLES. — Jean a bien fait de me demander de vous parler de ce déjeuner que nous avons pris à Saint-Germain-des-Prés. C'est l'expérience dont je garde[0] le meilleur souvenir et je vous en parlerai avec joie. Les grands-parents de Jean en ont parlé à toute la famille et chacun en a beaucoup ri. Nous sommes donc allés dans un petit restaurant près de Saint-Germain-des-Prés. Il y avait une terrasse[0] où on pouvait déjeuner en regardant les passants.[0] Chacun avait un genre différent et aucun ne ressemblait aux autres. Il y avait des étudiants qui avaient l'air de jeunes étudiants américains: les garçons avaient une barbe[0] et les filles portaient des blue-jeans. Puis il y avait des femmes très élégantes qui semblaient sortir directement de chez Dior. Les hommes, en général, étaient moins élégants que les femmes. On voyait aussi beaucoup de vieilles dames qui promenaient[0] leur chien et de vieux messieurs qui flânaient[0] en regardant à droite et à gauche ou qui marchaient en lisant leur journal. C'était un vrai spectacle, presque comme au théâtre. J'étais ravi et je regardais tout avec étonnement et enthousiasme. Cela a amusé la grand-mère de Jean qui a dit à son mari: «Regarde-le. Il est tout à fait comme toi quand tu reviens à Paris. — Qu'est-ce que tu veux, a-t-il répondu, je ne suis qu'un vieux provincial que la grande ville étonne toujours.»

UN MEMBRE. — Raconte-nous cette aventure dont tu nous as parlé.

CHARLES. — Justement, j'y arrive. Nous étions en train[0] de déjeuner quand un étudiant est arrivé portant des revues littéraires ou politiques qu'il distribuait de table en table. Bientôt il est arrivé devant nous et il nous a proposé sa littérature. Jean l'a refusée. Alors, il m'a montré une revue et me l'a proposée, à moi. D'ailleurs on vend de cette façon[0] beaucoup de choses aux terrasses des cafés de Paris: des fleurs, des journaux, des tapis orientaux et toutes sortes de petits souvenirs. Il y a même de temps en temps, des chanteurs[0] et des musiciens. Alors, quand ce garçon m'a présenté sa littérature, j'ai imité Jean et je lui ai dit: «Non, je vous remercie. Cela ne m'intéresse pas pour le moment.[0]» Imaginez ma surprise quand j'ai vu que le garçon devenait rouge de colère et qu'il me répondait d'un ton brutal: «Non, mais dis donc! Tu ne peux pas parler comme tout le monde? Qu'est-ce que c'est que ce petit accent? Le français n'est pas

LECTURE

assez bon pour toi? Monsieur prend un air américain; Monsieur fait le snob!
La politique ne l'intéresse pas!» Puis il est parti furieux et nous avons tous
beaucoup ri.

UN MEMBRE. — Alors, il te prenait⁰ pour un Français qui voulait passer⁰ pour un
Américain? 5

CHARLES. — Mais oui. C'était ma première expérience de culture internationale et
je ne l'ai pas oubliée, mes amis.

UN MEMBRE. — En effet, on dit que les Français sont anti-américains.

CHARLES. — Non, pas tous! Certains Français sont peut-être anti-américains pour des
raisons politiques; mais ils n'en font pas une question personnelle. 10

LE PRÉSIDENT. — Merci beaucoup, Charles. J'espère que Jean et toi, vous nous
raconterez le reste de votre voyage à une de nos prochaines réunions.

Exercices

1. Questions sur la lecture. Répondez par des phrases complètes.

1. A qui Jean et Charles vont-ils parler de leur voyage? Où sont-ils allés? Quand?
2. Pourquoi Charles refuse-t-il de parler le premier? 3. Quand les jeunes gens
sont-ils arrivés à Paris? Quel temps faisait-il? 4. Qui attendait les voyageurs?
Où? 5. Qu'est-ce que Jean a d'abord remarqué en allant vers Paris? 6. Quelle
est la différence entre un bar et un café d'après Jean? 7. Qu'est-ce que les voyageurs ont fait avant de déjeuner? 8. Qu'est-ce qu'on vend à la terrasse des
cafés de Paris? 9. Pourquoi le jeune étudiant qui distribuait des revues
était-il furieux? 10. Trouvez-vous cette aventure amusante ou désagréable?
Pourquoi?

2. Répondez aux questions suivantes par des phrases complètes.

1. Avez-vous quelquefois le trac? Quand? Pourquoi? 2. Le brouillard permet-il
aux passagers d'un avion de voir la terre? 3. Comment voit-on une ville quand
on est en avion? 4. La douane existe-t-elle à l'intérieur d'un pays? Où existe-t-
elle? 5. Aux États-Unis où y a-t-il des bureaux de douane? 6. Que fait un
douanier? 7. Qu'est-ce que Saint-Germain-des-Prés? 8. Y a-t-il un quartier
de New York aussi célèbre que Saint-Germain-des-Prés? Quel quartier?
9. Qu'est-ce qu'une terrasse de café? Y en a-t-il aux États-Unis? Est-ce une
coutume américaine? 10. Est-ce que la politique vous intéresse? Pourquoi?

3. a) Remplacez les mots en italiques par un *infinitif passé*. (Faites les changements nécessaires.)

1. *Ils ont débarqué* et ils sont sortis de l'aéroport. 2. *Ils ont traversé* la ville et ils
sont arrivés à l'hôtel. 3. *Nous déjeunerons* au restaurant, et nous visiterons le
musée. 4. *Je reviendrai* chez moi et j'écrirai à mes parents. 5. *Elle a appris* le
poème par cœur; elle pouvait le réciter sans fautes. 6. *Nous avons payé* notre
dîner; nous n'avions plus d'argent. 7. *Ils sont allés* en Europe et ils ont parlé de

leur voyage. **8.** *Nous les avons écoutés* et nous leur avons posé des questions. **9.** *Je passerai* deux ans en Suisse, puis je reviendrai aux États-Unis. **10.** *Elle restera* six mois à Paris; elle parlera bien français.

b) Écrivez les phrases 2, 3, 5, 8, 9, 10 avec **avant de.** (Faites les changements nécessaires, mais ne changez pas le sens des phrases.)

4. Remplacez les mots en italiques par **chaque, chacun** ou **chacune** et faites les changements nécessaires.

1. J'avais invité mes amis; *tous* sont venus avec un cadeau. **2.** *Tous les* étudiants vont au laboratoire et *tous* font des exercices. **3.** *Tous les* Français désirent posséder leur maison. **4.** Il y a des fautes dans *toutes les* phrases. **5.** C'est vrai, mais *toutes* sont compliquées. **6.** *Toutes les* maisons de la ville ont un jardin. *Toutes* ont une piscine. **7.** On trouve des coutumes bizarres dans *tous les* pays. **8.** *Tous* ont leurs propres lois. **9.** Quand Jean était en France, il pensait à ses amis; il a envoyé des cartes postales à *tous.* **10.** Mes sœurs sont allées au Mexique; elles m'ont parlé de *toutes les* promenades qu'elles ont faites.

5. Faites une phrase avec chaque expression.

1. autrefois **2.** en ce moment **3.** en même temps **4.** de bonne heure **5.** tout (pronom) **6.** chacune **7.** aucun **8.** chaque **9.** tous **10.** toute

6. *Composition:*

a) Vous arrivez dans un endroit que vous ne connaissez pas. Quelles sont vos impressions? Que remarquez-vous?

b) Vous prenez la parole au Cercle Français de votre université pour raconter une de vos expériences (ou aventures) de voyage.

Prononciation

*La question de l'***e*** muet*

A. Prononcez après votre professeur:

sam~~e~~di	vendredi
l'env~~e~~loppe	l'appartement
certain~~e~~ment	probablement
nous pass~~e~~rons	nous resterons
tout l~~e~~ monde	pour le monde

Dans la première colonne, l'**e** qui est au milieu du mot ou du groupe n'est *pas prononcé:* il est *muet.* Dans la deuxième colonne, l'**e** qui est au milieu du mot ou du groupe est *prononcé.*

La prononciation de l'**e** au milieu d'un mot ou d'un groupe *dépend du nombre de consonnes* qui précèdent cet **e.**

B. Étudiez ces règles importantes pour la prononciation de l'**e** au milieu d'un mot ou d'un groupe:

Une seule *consonne* prononcée précède: **e** est muet.

    EXEMPLES: mademoiselle   j'ai acheté   nous dînerons
                la pâtisserie   la petite fille   sérieusement

Deux (ou trois) *consonnes* prononcées précèdent: **e** est prononcé.

    EXEMPLES: quelquefois   nous pr**e**nons   vous compr**e**nez
                le Parl**e**ment   exact**e**ment   quelqu**e** chose

ATTENTION: A la fin d'un mot, l'**e** n'est généralement pas prononcé.

    EXEMPLE: une chaise   une rose   elle est grande

C. Notez la prononciation des groupes suivants:

    EXEMPLES: Je ne sais pas.   Qu'est-ce que vous savez?
                Je ne veux pas.   Qu'est-ce que vous voulez?
                Je ne crois pas.   et   Qu'est-ce que vous lisez?
                Je ne mange pas.   Qu'est-ce que vous avez?
                Je ne dors pas.   Qu'est-ce que vous étudiez?
                    etc.   etc.
                parce que

Vocabulaire

NOMS

l'après-guerre (*m.*)	la douane[0]	une institution	un quartier[0]
un bar	une élégance	la joie	un récit[0]
une barbe[0]	un enthousiasme	la littérature	le retour
un barman	un étonnement[0]	une marque	une réunion[0]
la beauté	un étranger[0]	un mélange	une séance[0]
un(e) camarade	une étrangère	un membre	un snob
un cercle[0] (français)	des études (*f.*)	un mouvement littéraire	un spectacle
un chanteur[0]	une expérience	un musicien	une terrasse[0]
la colère[0]	des formalités (*f.*)	une parole	(de café)
une construction	une foule[0]	un(e) passant(e)[0]	un ton
un culte	une frontière	la politique	un tour[0]
la culture	une habitude	un procès-verbal[0]	un trésorier[0]
une détente[0]	une importance	un(e) provincial(e)	une trésorière
un diplôme	une impression	une qualité	

ADJECTIFS

ancien(ne)

anglo-américain(e)

approuvé(e)

aucun(e)

brutal(e)

chacun(e)

charmant(e)

démodé(e)[0]

ensoleillé(e)[0]

esthétique

fou / folle[0]

international(e)

lent(e)[0]

littéraire

nerveux / nerveuse

oriental(e)

récent(e)

tendu(e)[0]

terrifiant(e)

scolaire

VERBES

abréger (1)

amuser (1)

avoir le trac[0]

avoir l'habitude[0] de

on conduit (conduire, 3)[0]

confondre (confondu, 3)[0]

découvrir (découvert, 3)

distribuer (1)

donner la parole[0]

entendre[0] parler de (3)

examiner (1)

flâner[0] (1)

faire le snob

faire sa toilette[0]

garder[0] (1)

imiter (1)

intéresser (1)

laisser[0] (1)

on naît (naître, 3)

obliger (à) (1)

passer[0] la parole (à)

passer[0] pour

pénétrer (1)

plonger (1)

prendre[0] pour

présenter une personne

promener[0] (1)

proposer (1)

raconter[0] (1)

rejoindre (rejoint, 3)[0]

réunir (2)[0]

remercier[0] (1)

rire (ri, 3)

MOTS INVARIABLES ET EXPRESSIONS

à l'heure

  en avance

  en retard

à toute vitesse[0]

à une vitesse[0] folle

à vol[0] d'oiseau

autrefois

d'après

de cette façon[0]

de (table) en (table)

de tous les côtés

d'une façon générale

pour le moment[0]

puisque

La Cathédrale de Chartres et la plaine de Beauce.

(Peter Buckley)

La «baguette» du déjeuner.

CINQUIÈME ÉCHELON

PHOTOGRAPHIES DU 5ᵉ ÉCHELON:
Paris d'hier et d'aujourd'hui

De Notre-Dame au Sacré-Coeur.
A travers les siècles jusqu'à aujourd'hui.

33

POINTS DE REPÈRE

Je vous regarde et vous me regardez.
Nous **nous** regardons.

*

Je lave ma voiture.
Je **me** lave les mains.

*

Arrêtez-**vous**.
Ne **vous** arrêtez pas.

*

Je fais une promenade.
Je **me promène.**

*

Ils se sont vu**s** et ils se sont parlé.

*

Cette expression **s'**emploie souvent.

*

DÉVELOPPEMENT GRAMMATICAL

1. Je vous regarde et vous me regardez.

Nous **nous** regardons.

Comparez:

Je vous dis bonjour et vous me dites bonjour.   Nous **nous** disons bonjour.

Vous regardez Jean et Jean vous regarde.   Vous **vous** regardez.

Vous parlez à Jean et Jean vous parle.   Vous **vous** parlez.

Le professeur regarde Jeannette et Jeannette regarde   Ils **se** regardent.
le professeur.

Annie téléphone à Paul et Paul téléphone à Annie.   Ils **se** téléphonent.

■ Dans les phrases précédentes, les verbes **regarder, dire, parler, téléphoner** sont employés avec un *pronom* de la même personne que le sujet. Ces pronoms **nous, vous, se** sont des pronoms personnels réfléchis. Les verbes **se regarder, se parler, se dire, se téléphoner** s'appellent des *verbes pronominaux*. Un verbe pronominal est un verbe qui est *conjugué avec un pronom personnel objet de la même personne que le sujet*.

■ Dans les exemples précédents, les verbes pronominaux indiquent une action *réciproque;* deux personnes font la même action au même moment: elles **se regardent,** elles **se disent bonjour,** elles **se parlent** et elles **se téléphonent** *mutuellement.* Ces verbes sont des *verbes pronominaux réciproques.*

Les verbes pronominaux réciproques sont employés au *pluriel seulement.*

Voici encore des exemples de verbes pronominaux réciproques:

Nous **nous** voyons tous les jours.   (se voir)

Nous **nous** rencontrons tous les matins.   (se rencontrer)

Paul et Annie **s'**aiment.   (s'aimer)

Ils **se** téléphonent tous les soirs.   (se téléphoner)

Ils **se** connaissent depuis longtemps.   (se connaître)

Ils **se** font des cadeaux.   (se faire)

Ils **s'**écrivent quand ils ne peuvent pas **se** voir.   (s'écrire)

     (se voir)

Ils **se** regardent et ils **se** sourient.   (se regarder)

     (se sourire)

Ils **s'**embrassent.   (s'embrasser)

Jacques et Hélène **se** détestent. Ils ne **se**   (se détester)
parlent pas et ils ne **se** regardent pas.   (se parler)

     (se regarder)

2. Je lave ma voiture.
  Je **me** lave les mains.

Comparez:

Je lave ma voiture le samedi.

Je lève la main pour répondre au professeur.

Je brosse mes chaussures tous les jours.

Le coiffeur rase un vieux monsieur.

Ma petite sœur habille sa poupée.

En voyage, nous couchons à l'hôtel.

Vous regardez votre mère.

Les étudiants posent des questions au
professeur.

Je **me** lave tous les jours.

Je **me** lève pour aller au tableau noir.

Je **me** brosse les cheveux et les dents tous
les matins.

Paul **se** rase tous les jours.

Le matin elle **s'**habille.

Le samedi soir, nous **nous** couchons tard.

Vous **vous** regardez dans le miroir.

Les jeunes gens **se** posent des questions au
sujet de leur avenir.

■ Les verbes **se laver, se lever, se brosser, se raser, se coucher, s'habiller, se
regarder, se poser des questions** sont aussi des *verbes pronominaux*. Ici, l'action est
faite par le sujet sur lui-même: ces verbes s'appellent des *verbes pronominaux réfléchis*. Voici
la conjugaison des verbes **se lever** et **s'habiller**.

	se lever			**s'habiller**	
Je	**me**	lève	Je	**m'**	habille.
Vous	**vous**	levez.	Vous	**vous**	habillez.
Tu	**te**	lèves	Tu	**t'**	habilles.
Nous	**nous**	levons.	Nous	**nous**	habillons.
Il	**se**	lève.	Il	**s'**	habille.
Elle	**se**	lève.	Elle	**s'**	habille.
Ils	**se**	lèvent.	Ils	**s'**	habillent.
Elles	**se**	lèvent.	Elles	**s'**	habillent.

Forme négative: Je **ne** me lève **pas** tard.
  Nous **ne** nous levons **pas** à minuit.
  Ils **ne** se lèvent **pas** tôt.
  Mes parents **ne** se couchent **pas** à 8 heures.

Forme interrogative: Est-ce que vous **vous** levez tôt? = **Vous** levez-vous tôt?
  Est-ce qu'il **se** couche tard? = **Se** couche-t-il tard?
  A quelle heure ces enfants **se** coucheront-ils?

Les verbes pronominaux sont du 1ᵉʳ, du 2ᵉ ou du 3ᵉ groupe.

Étudiez le passage suivant:

Le matin, je **me réveille** vers six heures et demie. Je ne **me lève** pas immédiatement parce que j'ai encore sommeil. Je **me lève** quelques minutes plus tard car je sais qu'il faut **se lever** pour aller à l'université. Je vais dans la salle de bains pour **me laver**. Je **me brosse** les cheveux et les dents, je **me rase** (il faut **se raser** tous les jours, quel cauchemar!). Puis je **me peigne**, je **me coiffe** et je **m'habille**. Ma sœur ne **se rase** pas, mais elle passe des heures dans la salle de bains à **se maquiller**. Après avoir pris mon petit déjeuner, je sors de la maison et je vais jusqu'à la station d'autobus sans **m'arrêter**. Je **m'arrête** quelquefois le soir pour regarder les livres à la librairie. Dans la classe, je **m'installe** à ma place et j'attends le professeur. A midi, je **me repose** en bavardant avec mes amis. Le soir, je **me déshabille** avant de **me coucher** et quand je suis dans mon lit, je **m'endors** immédiatement parce que je suis généralement très fatigué.

ATTENTION: **s'endormir** conjugué comme **dormir** est le contraire de **se réveiller**.

Notez aussi les exemples suivants:

Je me regarde dans le miroir en **me rasant**. (se regarder, se raser)
Quand nous sommes à la plage, **nous nous baignons.** (se baigner)
Nous nous allongeons (s'allonger) sur le sable et **nous nous séchons** (se sécher) au soleil.
Je me demande toujours pourquoi je fais des fautes stupides. (se demander)
Je me dis et **je me répète** qu'il faut faire attention. (se dire, se répéter)
Pendant tout le semestre **on se prépare** (se préparer) à l'examen final.
Quand nous arrivons en retard à un rendez-vous, **nous nous excusons.** (s'excuser)
En jouant au basket-ball, **je me suis fait mal** à la jambe. (se faire mal à)
Il s'est cassé (se casser) le bras en faisant du ski.
Henri **se croit** très intelligent. (se croire)
Les enfants **s'habituent** vite à une nouvelle vie. (s'habituer à)
On s'adresse à (s'adresser à) une agence de voyages pour obtenir des renseignements.
On se renseigne (se renseigner) sur le prix des billets et l'heure des départs.

▨ Dans les exemples précédents il y a beaucoup de *verbes pronominaux réfléchis* très souvent employés en français.

Les *pronoms personnels réfléchis* sont:

me (m')	**nous**
te (t') vous	**vous**
se (s')	**se (s')**

m'
t' } sont employés devant une voyelle ou **h** muet.
s'

On emploie **se (s')** pour le singulier ou pour le pluriel à la 3e personne.

NOTEZ:

1) Les *pronoms personnels réfléchis* sont toujours placés à côté du verbe. Ils sont *avant le verbe*, excepté à l'impératif affirmatif.

> **Vous** levez-vous tard généralement?
>
> Je ne **me** lève pas tard les jours de semaine; mais le dimanche, je ne **me** lève jamais avant 8 heures du matin.
>
> A quelle heure votre petit frère **se** couche-t-il?
>
> Il ne **se** couche jamais très tard.

2) Le *pronom réfléchi* d'un verbe pronominal *à l'infinitif* est de la même personne que le sujet.

> **Je** n'aime pas **me** lever tôt le dimanche.
>
> **Nous** avons le temps de **nous** arrêter.
>
> **Elle** ne veut pas **se** coucher de bonne heure.
>
> Êtes-**vous** obligé de **vous** lever très tôt?
>
> **Il** a besoin de **se** raser deux fois par jour.

---

3. Arrêtez-**vous**.

  Ne **vous** arrêtez pas.

Comparez:

Levez-**vous**.	Ne **vous** levez pas.
Arrêtez-**vous**.	Ne **vous** arrêtez pas.
Asseyons-**nous**.	Ne **nous** asseyons pas.
Installons-**nous**-là.	Ne **nous** installons pas ici.
Lave-**toi** les mains.	Ne **te** lave pas les mains.
Couche-**toi** de bonne heure.	Ne **te** couche pas tard.

■ Les formes de l'*impératif* sont comme les formes du *présent de l'indicatif* (mais il n'y a pas d's à la 2ᵉ personne du singulier des verbes du 1ᵉʳ groupe).

Employez un *pronom réfléchi*: { *avant* le verbe à l'impératif *négatif*.
{ *après* le verbe à l'impératif *affirmatif*.

Voici l'*impératif* des verbes **se lever** et **s'asseoir**:

se lever		s'asseoir	
Lève-**toi**.	Ne **te** lève pas.	Assieds-**toi**.	Ne **t'**assieds pas.
Levons-**nous**.	Ne **nous** levons pas.	Asseyons-**nous**.	Ne **nous** asseyons pas.
Levez-**vous**.	Ne **vous** levez pas.	Asseyez-**vous**.	Ne **vous** asseyez pas.

NOTEZ: **te** (**t'**) → **toi** à l'impératif affirmatif 2ᵉ personne du singulier.

4. Je fais une promenade.
   Je **me promène**.

Comparez:

1) Je fais une promenade.   Je **me promène.** (se promener)
    Nous commençons à travailler.   Nous **nous mettons à** travailler. (se mettre à)
    Vous partez.   Vous **vous en allez.** (s'en aller)
    Ils font une erreur.   Ils **se trompent.** (se tromper)
    Je suppose que vous êtes content.   Je **me doute** que vous êtes content. (se douter)
    Vous employez votre livre.   Vous **vous servez de** votre livre. (se servir de)
    Mon nom est Charles.   Je **m'appelle** Charles. (s'appeler)
    Je suis d'accord avec mes amis.   Je **m'entends** avec eux. (s'entendre)
    Nous passons des moments agré-   Nous **nous amusons** ensemble; nous ne **nous
    ables ensemble.   ennuyons** pas. (s'amuser, s'ennuyer)
    Je ne suis pas d'accord avec mes   Je **me dispute** avec mes parents. (se disputer)
    parents et je le dis.
    La classe finit à 10 heures.   La classe **se termine** à 10 heures.

2) Je finis rapidement mon devoir.   Je **me dépêche de** finir mon devoir. (se dé-
                                                   pêcher de)
    Robert rit de sa sœur.   Robert **se moque de** sa sœur. (se moquer de)
    Vous n'avez pas confiance en moi.   Vous **vous méfiez de** moi. (se méfier de)
    J'ai des souvenirs de ce voyage.   Je **me souviens de** ce voyage. (se souvenir de)

■ Les verbes de la série (1) sont vraiment des *verbes pronominaux*, c'est-à-dire: quand
les verbes **promener, mettre, aller, tromper, douter, servir,** etc. sont conjugués
avec un pronom réfléchi, ils ont un *sens spécial*. Ce sont des sortes d'*expressions idiomatiques*.

■ Les verbes de la série (2) sont *employés seulement à la forme pronominale*.

Beaucoup de verbes français sont pronominaux. Par exemple:

> **se débarrasser de . . .**
> **se faire à . . .**
> **se fiancer**
> **s'intéresser à . . .**
> **se marier . . .**
> **s'occuper de . . .**
> **se plaindre de . . .**
> **se séparer de . . .**
> **se soucier de . . .**
> **se suicider**

■ Voici la conjugaison du présent des verbes **s'en aller** et **se souvenir:**

s'en aller (conjugué comme **aller**)	se souvenir (conjugué comme **venir**)
Je **m'en vais.**	Je **me souviens** de cette soirée.
Vous **vous en allez.**	Vous **vous souvenez** de ce monsieur.
Tu **t'en vas.**	Tu **te souviens** de cette dame.
Nous **nous en allons.**	Nous **nous souvenons** de notre enfance.
Il **s'en va.**	Il **se souvient** de son aventure.
Elle **s'en va.**	Elle **se souvient** de son aventure.
Ils **s'en vont.**	Ils **se souviennent** de la guerre.
Elles **s'en vont.**	Elles **se souviennent** de la guerre.

NOTEZ : Quand on emploie un *pronom personnel* avec un verbe pronominal, ce pronom est placé *après le pronom réfléchi*.

Nous nous intéressons à l'art moderne.   Elle se souvient de cette aventure.
Nous nous **y** intéressons.   Elle s'**en** souvient.
Je m'habitue à la vie de l'université.   Ils s'occupent du dîner.
Je m'**y** habitue.   Ils s'**en** occupent.

5. Ils se sont vu**s** et ils se sont parlé.

Étudiez les phrases suivantes:

Nous **nous sommes levés** de bonne heure.
Nous **nous sommes lavés.** Nous **nous sommes lavé** les mains.
Je **me suis reposé**(e) pendant les vacances.
Ils **se sont installés** dans leur nouvelle maison.
Vous **vous êtes trompé**(e)(s)(es). Elles **se sont souvenues** de cette histoire.
Ils **se sont rencontrés,** ils **se sont reconnus** et ils **se sont parlé.**

■ Aux *temps composés*, les *verbes pronominaux* sont toujours *conjugués avec* **être.** Cette règle n'a *pas d'exception*.

Étudiez les phrases suivantes:

Jeannette s'est regardé**e** dans le miroir et elle s'est lavé les mains.
Nous nous sommes rencontré**s** et nous nous sommes dit bonjour.
Ils se sont vu**s** et ils se sont téléphoné plusieurs fois.
Elle s'est réveillé**e** et elle s'est demandé où elle était.
Ils se sont parlé et ils se sont serré la main.

■ Dans ces exemples les verbes pronominaux sont des verbes réfléchis ou réciproques.

Le *participe passé s'accorde* avec l'objet direct si l'objet direct précède le verbe.

Ainsi:

regard**é**e, rencontr**é**s, vus, réveill**ée**, s'accordent avec le pronom réfléchi qui est complément d'objet direct du verbe; on regarde, on rencontre, on voit, on réveille *une personne*.

Mais:

dit, téléphoné, demandé, parlé, ne s'accordent pas parce que le pronom réfléchi de ces verbes n'est pas le complément d'objet direct. On dit quelque chose, on téléphone, on parle, on demande quelque chose **à** *une personne*.

Et:

dans les exemples «. . . elle s'est **lavé** les mains . . . ils se sont **serré** la main . . .» **lavé** et **serré** ne s'accordent pas parce que le pronom réfléchi n'est pas l'objet direct. Ici l'objet direct (la main, les mains) est après le verbe.

Étudiez les phrases suivantes:

Mes amis s'en sont allé**s** très tard.
Nous nous sommes ennuyé**s** à cette soirée.
Votre sœur s'est tromp**ée**: la guerre s'est terminé**e** en 1945 en Europe.
Nous nous sommes souvenu**s** de nos dernières vacances au Mexique.
Je ne me suis jamais disputé(**e**) avec mes parents.
Cette actrice s'est suicidé**e**.
Le jeune homme était si ridicule que les jeunes filles se sont moqu**ées** de lui.
Les étudiants se sont servi**s** de leur livre.
Mes amis se sont plaint**s** de leurs professeurs.
Les Parisiens se sont toujours souci**és** de la beauté de Paris.
Je ne me suis pas débarrassé(**e**) de ces vieux vêtements.

■ Le participe passé des verbes *pronominaux* à sens *idiomatique s'accorde avec le sujet*.

6. Cette expression **s'**emploie souvent.

Comparez:

On lit ce livre facilement.	Ce livre **se lit** facilement.
On boit le vin blanc frais.	Le vin blanc **se boit** frais.
On prend les apéritifs avant les repas.	Les apéritifs **se prennent** avant les repas.

GRAMMAIRE

On accorde souvent le participe passé avec le sujet.

Le participe passé **s'accorde** souvent avec le sujet.

On voit la Tour Eiffel de loin.

La Tour Eiffel **se voit** de loin.

On n'emploie pas ces mots au singulier.

Ces mots ne **s'emploient** pas au singulier.

On comprend sans difficulté les poèmes de Verlaine.

Les poèmes de Verlaine **se comprennent** sans difficulté.

■ On emploie souvent la forme pronominale à la *3ᵉ personne* (singulier et pluriel) pour remplacer la construction avec **on**.

NOTEZ: Le complément d'objet de la phrase avec **on** devient le sujet du verbe pronominal.

Exercices

1. Écrivez: a) au *présent*.   b) au *futur*.

1. Je (se lever) à six heures et je (se coucher) à minuit.   2. Nous (se reconnaître) quand nous (se voir).   3. Vous (se dépêcher) de vous habiller, puis vous (se mettre) à travailler.   4. Je ne (s'en aller) pas sans argent.   5. Elle (se coucher), mais elle ne (s'endormir) pas avant minuit.   6. Nous ne (se parler) pas et nous ne (se dire) pas bonjour.   7. Il (se réveiller), mais il ne (se lever) pas immédiatement.   8. En arrivant en classe, je (s'installer) à ma place.   9. Suzanne (se maquiller) et (se coiffer) pour la soirée.   10. Nous (se débarrasser) de nos vieux livres.   11. Elle (s'excuser) d'arriver en retard.   12. Je (se promener) sur la plage, mais je ne (se baigner) pas.

2. Écrivez au passé le texte de la page 260 en commençant par.
   a) Hier matin, je . . .
   b) Hier matin, nous . . .
   c) Hier matin, ils . . .

3. Mettez les phrases suivantes au passé (employez le *passé composé* et l'*imparfait*).

1. Elle (se lever) tôt parce qu'elle (avoir) du travail.   2. Hier soir, Jean et Charles (venir) chez moi. Ils (s'installer) dans un fauteuil et nous (bavarder) jusqu'à minuit.   3. Je (penser) qu'elle (s'ennuyer), mais elle (dormir).   4. Les jeunes gens (se disputer) à propos de politique et ils ne (se revoir) pas.   5. Dimanche dernier, nous (aller) à la plage; mais comme il (faire) froid, nous ne (se baigner) pas.   6. En jouant au tennis, Jeannette (tomber) et elle (se faire mal) au pied. Elle (aller) chez le médecin parce qu'elle (souffrir) beaucoup.   7. Pendant l'examen, je ne (se souvenir) pas de cette règle et je (se demander) quelle (être) la réponse correcte.   8. Quand je (voir) qu'il (être) si tard, je (se dépêcher) de rentrer chez moi.   9. Ils (se voir) et ils (se reconnaître) immédiatement.   10. Betty et Jacques (se fiancer) et ils (se marier).

4. Remplacez le verbe en italiques par le verbe entre parenthèses et mettez à l'*infinitif* le verbe pronominal :

EXEMPLE : Vous *vous trompez* (aller). . . . Vous allez vous tromper.

1. Jeannette *se lève* (vouloir). **2.** Paul et Richard *s'en vont* (désirer). **3.** Mes parents *se reposent* (avoir besoin de). **4.** Je *me couche* tôt (avoir envie de). **5.** Est-ce que vous *vous promenez* (avoir l'intention de)? **6.** Votre amie *se maquille* (avoir le temps de). **7.** Ils ont un livre, mais ils ne *s'en servent* pas (savoir). **8.** Nous *nous disputons* (commencer à). **9.** Je *m'en souviens* (espérer). **10.** Mes amis *s'amusaient* (vouloir).

5. Dites d'une autre manière en employant un *verbe pronominal* (ne changez pas le temps du verbe).

1. L'été dernier, je *faisais* souvent *une promenade* au bord de la mer. **2.** L'employé *a fait une erreur* dans l'addition. **3.** Ils *ont pris un bain* parce qu'il faisait chaud. **4.** Nous *avons stoppé* devant l'aéroport. **5.** *Son nom était* Sylvie. **6.** La politique *intéresse* ce jeune homme. **7.** Nous n'étions pas d'accord, alors nous *avons échangé des mots désagréables.* **8.** Mon amie *n'a pas oublié* cette aventure. **9.** Les étudiants *sont partis* avec leurs amis. **10.** Robert m'a dit qu'il *n'était pas* toujours *d'accord* avec ses parents.

6. Faites une phrase avec chaque verbe.

1. promener **2.** se promener **3.** laver **4.** se laver **5.** réveiller **6.** se réveiller **7.** s'endormir **8.** dormir **9.** intéresser **10.** s'intéresser à

34

RÉALITÉS: Un Américain à Paris (1)

Une semaine plus tard, Jean et Charles se réunissent à nouveau avec les membres de leur Cercle Français pour parler plus longuement de leur séjour en France. Aujourd'hui, c'est Jean qui prend la parole. Il va parler à ses amis de la première semaine qu'il a passée à Paris avec ses grands-parents et Charles.

Jean s'adresse aux membres du Cercle Français: 5

JEAN. — Je vous ai parlé la semaine dernière de ma première impression de Paris. Pour un étudiant américain qui ne connaît Paris que par les livres, c'est surtout l'ancienneté de la ville qui le frappe. En réalité, Paris est une ville qui s'est renouvelée⁰ plusieurs fois au cours des siècles et chaque étape de ce renouvellement⁰ continuel a laissé sa marque. Quelques indications historiques sont donc 10 nécessaires pour comprendre, même très superficiellement, la ville moderne.

Il faut savoir par exemple, qu'à l'origine, Paris était une ville fortifiée, entourée de murs qui la protégeaient contre les invasions ennemies. C'est presque toujours le cas, d'ailleurs, des grandes villes européennes. Ce simple fait distingue Paris des grandes villes américaines. Paris est une ville circulaire et les grandes villes 15 américaines se sont développées sous forme de «blocks» qui se sont ajoutés les uns aux autres. Paris, au contraire, ne se compose pas de «blocks», terme dont il n'y a pas d'équivalent en français, mais d'une série de «cercles» qui se sont formés autour d'un centre: l'île⁰ de la Cité dans la Seine.

A l'époque romaine,⁰ du temps de Jules César, quand la France s'appelait la 20 Gaule, Paris existait déjà et s'appelait Lutèce. C'est une tribu⁰ gauloise, les *Parisii* qui a donné son nom à la ville. Cette première ville gallo-romaine était entourée d'un mur qui en marquait les limites. Depuis ces origines jusqu'à l'âge moderne d'autres murs se sont construits aux XIIIᵉ, XIVᵉ, XVIIᵉ et XVIIIᵉ siècles. Au XIXᵉ siècle, avec l'avènement⁰ de la grande industrie, la ville moderne a pris 25 forme. Au milieu du siècle, Napoléon III, avec l'aide du baron Haussmann, a lancé⁰ le mouvement de l'urbanisme⁰ moderne. On a abattu⁰ de vieux immeubles,⁰ on a démoli⁰ des quartiers entiers. En 1900, le Métropolitain a commencé à fonctionner⁰ dans la capitale mettant à la disposition des Parisiens, un système de transport public rapide et efficace.⁰ Le «métro» est encore maintenant le 30 moyen⁰ le plus commode⁰ pour circuler dans Paris.

La ville d'aujourd'hui continue à se développer, bien entendu, mais sa forme essentielle n'a pas beaucoup changé depuis le siècle dernier et ne changera que

La Place de l'Étoile.
Au centre, l'Arc de Triomphe.

lentement avec le temps. De nouveaux immeubles se construisent. Des autoroutes commencent à relier[0] Paris et la province comme le Métro a relié les différents quartiers de la ville. Paris s'oriente maintenant autour de ses aéroports comme autrefois il s'orientait autour[0] de ses gares[0] de chemin[0] de fer. Mais à Paris, l'ancien et le moderne vont toujours ensemble; et ces innovations n'ont pas 5 détruit la réelle beauté de la ville. Le changement le plus récent et le plus frappant est précisément le nettoyage[0] des anciens monuments, nettoyage qui restaure leur fraîcheur[0] d'autrefois. La nuit, la Place de la Concorde, les Invalides, l'Arc de Triomphe, le Louvre s'éclairent. C'est une joie de se promener à travers la ville en les contemplant dans leur splendeur originelle.   10

L'agglomération parisienne compte aujourd'hui plus de 5.000.000 d'habitants. C'est un centre de tourisme international qui reste depuis le Moyen Age,[0] l'un des grands centres intellectuels et artistiques du monde. C'est une ville inépuisable[0] en ressources culturelles: monuments, musées, bibliothèques, théâtres et grandes écoles abondent.[0] Il est difficile d'imaginer leur nombre si 15 on n'a pas vécu[0] à Paris.

Mais, qu'est-ce que Paris pour un étudiant américain qui vient d'arriver et qui essaie de s'orienter au milieu de toutes ces richesses? Une fois passée une première impression de confusion, c'est d'abord Rive[0] Droite, l'Avenue des Champs-Élysées; puis le jardin des Tuileries, le Palais-Royal, le Louvre; c'est, 20 tout à fait au nord de Paris, Montmartre avec ses boîtes[0] de nuit, la Place du Tertre et le Sacré-Cœur; c'est, dans l'île de la Cité, Notre-Dame de Paris, la cathédrale médiévale. Puis de l'autre côté de la Seine, sur la Rive Gauche, il y a le Quartier Latin où se trouve la Sorbonne. Tous les Américains connaissent Saint-Germain-des-Prés et Montparnasse. Certainement, ce n'est pas tout Paris, 25 loin de là; mais dans ces quatre quartiers, l'étudiant et le touriste américains pourront sans difficulté satisfaire[0] leur curiosité. Commençons donc par les Champs-Élysées.

Il faut admettre que la beauté des Champs-Élysées n'est pas immédiatement apparente. Cette grande avenue était certainement beaucoup plus impression- 30 nante au XIXe siècle qu'aujourd'hui. Une foule s'y promène jour et nuit; c'est intéressant, mais ce n'est pas très différent de New York ou de Londres. Le long de l'avenue, on voit des cinémas, des boutiques,[0] des banques, des agences de voyages et de théâtre, des hôtels, des cafés, des restaurants. Il y a le Lido avec ses grands spectacles; un Prisunic où on peut tout acheter à très bon marché; 35 il y a des *milk-bars* et des galeries où on peut manger un sandwich et des pâtisseries debout quand on n'a pas le temps d'aller dans un vrai restaurant. Il y a Fouquet's, restaurant très célèbre et très cher où la cuisine est excellente. Il y a même, pas très loin de la Place de l'Étoile, un *drug-store* américain où, comme en Amérique, on vend de la glace (on dit même de l'*ice-cream*), des sandwichs, des revues, des 40 journaux et des livres en édition[0] de poche. Quelle différence avec les pharmacies françaises! La densité de la circulation dans ce quartier de Paris est incroyable; les voitures tournent interminablement autour de l'Arc de Triomphe de l'Étoile. Il y a souvent des embouteillages[0] terribles et les autos, pour se garer,[0] montent sur les trottoirs[0] où elles se mélangent aux passants. On se demande parfois pourquoi il n'y a pas plus d'accidents. Mais c'est en allant plus loin, vers l'Avenue 5 Gabriel où se trouve l'Ambassade des États-Unis, vers la Place de la Concorde et plus loin encore vers le Jardin des Tuileries et l'Arc de Triomphe du Carrousel devant le Louvre, qu'on aperçoit la vraie beauté de cette vaste perspective unique au monde. De là, l'œil découvre, parfaitement alignés, la grande allée des Tuileries, l'obélisque de la Concorde, les Champs-Élysées et tout à fait au bout, 10 l'Arc de Triomphe de l'Étoile. On appelle cette perspective la Voie Triomphale et elle est extraordinaire.

Vous savez peut-être que la Rive Gauche s'appelait autrefois l'Université de Paris. C'est parce que l'ancien Paris se divisait en trois parties: la Ville, la Cité et l'Université. La Ville, ou la Rive Droite, était comme aujourd'hui le quartier 15 commerçant. La Cité, où se trouvaient le Palais de Justice avec la Sainte-Chapelle et Notre-Dame, était restée jusqu'à Charles V, la résidence des rois[0] de France. La Rive Gauche était un autre monde. C'était le centre de la vie intellectuelle et spirituelle de la capitale. Ici, tout était différent, même la langue. Dans la Cité et dans la Ville, on parlait français; dans ce Quartier Latin, on parlait la 20 langue latine. Au moment de sa fondation,[0] vers 1208, l'université de Paris représentait un mouvement de liberté dirigé contre l'Église officielle. La Sorbonne, d'abord simple collège, a été fondée vers 1254 par Robert de Sorbon pour loger[0] les étudiants pauvres de théologie. Refaite par Richelieu au 17e siècle et renouvelée au 19e siècle, cette école célèbre ne ressemble pas à une université 25 américaine. Les étudiants français, moins surveillés que les étudiants américains, y vont suivre leurs cours et passer leurs examens. La vie sociale des étudiants se passe ailleurs,[0] dans les cafés et les restaurants des environs.[0] Cette séparation commence à disparaître pourtant. Une nouvelle école, qui fait partie de l'université de Paris, vient de s'ouvrir à Nanterre. Là, dans quelques années sans doute, 30 la vie des étudiants s'organisera de plus en plus selon le système américain. C'est parce que, de plus en plus, la France moderne se soucie de l'éducation des masses.

Avant de terminer ces quelques remarques, parlons de Montmartre, de Montparnasse et de Saint-Germain-des-Prés. Si je les ai mentionnés dans cet ordre, c'est parce que la renommée de Montmartre date du siècle dernier. Montpar- 35 nasse est un phénomène de l'après-guerre des années 20 et, bien entendu, la renommée de Saint-Germain-des-Prés est de l'après-guerre des années 40 et 50. Cependant, ces trois quartiers continuent aujourd'hui à attirer les touristes de tous les pays du monde qui s'y[0] précipitent.[0]

Montmartre est situé au nord de Paris sur une colline qui s'appelle la Butte 40 Montmartre. A la fin du 19e siècle, on y a construit une église qui s'appelle le

L'Abbaye de Saint-Germain-des-Prés et le célèbre café qui lui fait face.

(Larrain from Magnum)

Montmartre:
la Place du Tertre.

(Philip Gendreau)

Sacré-Cœur. Mais ce n'est pas pour voir le Sacré-Cœur, qui est une église fort laide,⁰ qu'on va à Montmartre. C'est pour la vue extraordinaire qu'on a de là sur tout Paris. C'est aussi pour se promener sur la petite Place du Tertre et pour se replonger dans l'atmosphère des peintres⁰ et des artistes du début du siècle. Encore aujourd'hui, les peintres y montrent et y vendent leurs tableaux. Comme 5 le Quartier Latin autrefois, Montmartre est une véritable petite ville à l'intérieur de Paris. Comme au Quartier Latin au Moyen Age, les gens de Montmartre parlent — ou ils parlaient — une autre langue: le «montmartrois». C'est un argot⁰ que même les Parisiens ne comprennent pas. Il commence à disparaître, mais les chansonniers⁰ s'en servent encore dans leurs chansons où ils portent très 10 loin la satire sociale et politique. Leurs théâtres s'ouvrent tard, à 9 ou 10 heures. C'est donc le moment de se rendre aux *Deux-Anes* ou à la *Lune-Rousse*. Mais attention! Il ne faut pas arriver en retard si on ne veut pas être «mis en boîte».¹ Mais: SITIVATIRI!²

Autrefois, Montmartre était une commune libre qui ne dépendait pas directe- 15 ment de l'administration parisienne. Coupé en deux par l'enceinte du 18ᵉ

¹ **mettre en boîte** = se moquer de . . . (expression argotique.)
² = Si tu y vas, tu y ris. (exemple de la langue montmartroise.)

siècle, Montmartre a été en partie[0] annexé à Paris en 1859. Le reste de Montmartre a été annexé à la capitale en 1920. Dès le commencement du 19e siècle, une vie de Bohême pittoresque, libre et parfois violente, s'est menée[0] à Montmartre. Les peintres et les écrivains s'y réfugiaient[0] car ils trouvaient dans le non-conformisme montmartrois une atmosphère propice[0] à leur travail. 5 Maupassant, Emile Zola fréquentaient[0] le cabaret du *Rat Mort*. Vers 1890, Bonnard et Vuillard occupaient un appartement rue Pigalle. Van Gogh habitait, avec son frère Théo, un appartement rue Lepic. Renoir est mort rue Caulaincourt. Le *Lapin Agile*, qui existe encore, appartenait[0] en 1860 à un peintre qui s'appelait Gill et son cabaret *Le Lapin à Gill*. Verlaine le fréquentait et aussi plus 10 tard, Utrillo, Guillaume Apollinaire et Picasso. Tout le monde connaît le *Moulin Rouge*. En fait,[0] depuis le commencement du 17e siècle, des moulins[0] existaient à Montmartre. Il y avait une charmante coutume aujourd'hui disparue. On louait un des petits ânes[0] qui, pendant la semaine, transportaient le blé[0] et la farine,[0] et à dos d'âne,[0] on montait vers le moulin de son choix pour déjeuner. 15 Peu à peu les moulins de Montmartre ont disparu, mais le *Moulin Rouge* rappelle[0] une époque où on n'avait pas encore inventé le *French Cancan* que Toulouse-Lautrec a rendu[3] si célèbre.

Montmartre était un phénomène français; Montparnasse a été un phénomène international. Après la première guerre mondiale, les artistes et les écrivains[0] 20 ont abandonné Montmartre pour Montparnasse. C'est cependant la même atmosphère de joie, de liberté, qu'ils sont venus y chercher. De nouveaux cafés dont les plus célèbres sont le Dôme et la Rotonde attirent[0] la jeunesse. L'américanisation de Paris commence. Gertrude Stein, Alice Toklas, Ernest Hemingway, Sylvia Beach, les Jolas sont les nouvelles célébrités du jour. Hemingway 25 écrit dans ses souvenirs de Montparnasse:

«Physiquement Montparnasse n'était pas beaucoup plus qu'une rue grise et triste où se trouvait une double rangée de cafés, mais son esprit était plus fort[0] que la patrie ou la religion; c'était le point ultime de la révolte sociale contre la guerre . . . On n'a jamais vu une telle assemblée de gens plus ou moins intelligents à la recherche du divertisse- 30 ment. Et qui trouvaient le divertissement! Mais ce divertissement avait un sens. C'était la révolte contre toutes les petitesses et toutes les oppressions de ce monde.»[4]

Une génération plus tard, cette tradition de révolte se retrouvera dans la vogue de Saint-Germain-des-Prés et de l'Existentialisme. Sartre, Simone de Beauvoir, Camus et parmi les Américains Richard Wright, rendront célèbre ce 35 nouveau vieux quartier. Le Flore et les Deux Magots remplaceront le Dôme et la Rotonde. Pourtant le même désir de liberté humaine contre l'ordre établi animera cette nouvelle génération.

[3] **rendre** (+ adjectif) a un sens spécial: La pluie me **rend mélancolique.**
[4] E. Hemingway: *Hemingway's Paris as told to Morrill Cody by James Charters "The Barman."* Macaulay Co., 1965. A Tower Book. Page 14.

J'ai commencé par vous parler de la complexité de Paris. Permettez-moi de terminer en citant[0] un poète français célèbre, Paul, Valéry:

«Paris répond à la complexité essentielle de la nation française . . . C'est pourquoi PARIS est bien autre chose qu'une capitale politique et un centre industriel, . . . qu'un paradis artificiel et un sanctuaire de la culture. Sa singularité consiste d'abord 5 en ceci que toutes ces caractéristiques s'y combinent, ne demeurent pas étrangères les unes aux autres. Les hommes éminents des spécialités les plus différentes finissent toujours par s'y rencontrer et faire échange[0] de leurs richesses . . . Tout Français qui se distingue est voué[0] à ce camp de concentration. PARIS . . . l'attire et, parfois, le consume.» (*Regards sur le monde actuel*) 10

Références: Jacques Hillairet: *Dictionnaire historique des rues de Paris* (Ed. de Minuit, 1963)
        Guide de Paris—Service de tourisme Michelin.

Exercices

1. Questions sur la lecture. Répondez par des phrases complètes.

   1. Quelle est la différence entre les grandes villes américaines et les grandes villes européennes? 2. Quel est le centre de Paris? Où se trouve-t-il? 3. Comment s'appelait Paris autrefois? D'où vient le nom *Paris?* 4. A quelles époques a-t-on construit les différents murs de Paris? 5. Qu'est-ce que le «métro»? Depuis quelle année existe-t-il dans Paris? Dans quelles villes américaines y a-t-il un métro? 6. Qu'est-ce que les Champs-Élysées? Qu'est-ce qu'on y voit? 7. Comment se divisait l'ancien Paris? Quelle langue se parlait au Quartier Latin? Pourquoi? 8. Où est Montmartre? Pourquoi les touristes y vont-ils? Quelle église y visite-t-on? Est-ce une église très ancienne? 9. A quelle époque le quartier de Montparnasse est-il devenu célèbre? Quels écrivains américains l'ont fréquenté? Pourquoi? 10. A quelle époque vivait Toulouse-Lautrec? Qui était-ce? Pourquoi est-il connu?

2. Répondez aux questions suivantes par des phrases complètes.

   1. A quelle heure vous levez-vous? A quelle heure vous couchez-vous? 2. Quand Christophe Colomb a-t-il découvert l'Amérique? (Répondez en indiquant le siècle.) 3. Que faites-vous quand vous êtes dans un embouteillage? 4. Qu'est-ce qu'il y a aux environs de votre ville? 5. A quoi vous intéressez-vous dans la vie? Pourquoi? 6. Combien d'habitants y a-t-il dans votre ville? 7. Vous êtes-vous habitué(e) facilement à la vie d'étudiant(e) de l'université? Pourquoi? 8. Est-ce que vous vous dépêchez quelquefois? Quand? 9. Est-ce que vous vous entendez bien avec les gens en général? Vous disputez-vous de temps en temps avec vos amis? A quelle occasion? 10. De quoi vous servez-vous pour écrire? Pour manger de la viande? Pour boire de l'eau?

3. Écrivez les phrases suivantes en employant un *verbe pronominal.*

   1. On achète les livres dans une librairie. 2. Chaque année, on bâtit de

nouveaux bâtiments sur le campus.   **3.** On parle (le) français dans certains pays de l'Afrique.   **4.** Avant le 15e siècle, on écrivait les livres à la main. **5.** Depuis très longtemps, on cultive des fleurs sur la Côte d'Azur.   **6.** On vend très bon marché les éditions de poche.   **7.** On n'a pas fait Paris en un jour. **8.** On voit l'Arc de Triomphe de la Place de la Concorde.

4. Répondez aux questions suivantes: (Employez des verbes pronominaux.)

Qu'est-ce que vous avez fait ce matin avant de quitter la maison? Qu'est-ce que vous avez fait hier soir après être rentré chez vous?

5. *Composition:*

a) Vous avez rencontré une personne sympathique à une réunion ou à une soirée. Racontez cette rencontre en employant beaucoup de verbes pronominaux.

b) Une de vos journées de vacances. (Écrivez au passé et employez des verbes pronominaux.)

c) Vous êtes invité dans un cercle d'étudiants étrangers et vous leur parlez d'une grande ville américaine que vous connaissez.

Vocabulaire

NOMS

une aide	la densité	une industrie	une résidence
une américanisation	un échange⁰	une innovation	des ressources (*f.*)
une ancienneté	un écrivain⁰	une invasion	une richesse
un âne⁰	une édition⁰ de poche	la liberté	une rive⁰
un argot⁰	une éducation	une limite	un roi⁰
une atmosphère	un embouteillage⁰	une masse	une satire
un avènement⁰	les environs⁰ (*m.*)	un moulin⁰	une séparation
le blé⁰	une époque	un moyen⁰	une série
une boîte de nuit⁰	un équivalent	le Moyen Age⁰	une spécialité
une boutique⁰	une étape	un nettoyage⁰	la splendeur
un cabaret	la farine⁰	le nord	le sud
un camp de concentration	la fondation⁰	un ordre	un système
une caractéristique	une forme	une oppression	la théologie
une célébrité	la fraîcheur	un paradis	le tourisme
un centre	une galerie	un peintre⁰	un(e) touriste
un chansonnier⁰	une gare⁰	une perspective	un transport
un chemin de fer⁰	une génération	la petitesse	une tribu⁰
un collège	un habitant	un phénomène	un trottoir⁰
une complexité	une île⁰	une remarque	l'urbanisme⁰
le conformisme	un immeuble⁰	une renommée	une vogue
une confusion	une indication	un renouvellement⁰	une vue⁰
la curiosité			

ADJECTIFS

argotique

artificiel(le)

carré(e)

circulaire

commode[0]

continuel(le)

culturel(le)

efficace[0]

éminent(e)

ennemi(e)

essentiel(le)

établi(e)

fort(e)[0]

gallo-romain(e)

gaulois(e)

inépuisable[0]

intellectuel(le)

laid(e)[0]

médiéval(e)

officiel(le)

originel(le)

pittoresque

propice[0]

public / publique

romain(e)[0]

situé(e)

spirituel(le)

voué(e)[0] à

VERBES

abattre (abattu, 3)[0]

abonder[0]

(s')adresser à

(s')allonger

(s')amuser

(s'en) aller

annexer

appartenir[0] (cf. venir, 3)

(s')appeler

(s')arrêter

(s')asseoir (assis, 3)

attirer[0]

(se) baigner

(se) brosser

(se) casser

citer[0]

(se) coiffer

(se) composer (de)

(se) coucher

consumer

contempler

dater

(se) débarrasser (de)

démolir (2)[0]

se dépêcher

(se) déshabiller

(se) développer

se disputer

(se) distinguer

(se) diviser

(se) douter de

(s')éclairer

(s')ennuyer

(s')entendre

(s')endormir (cf. dormir, 3)

(s')exprimer

se faire à

faire échange[0] de

fonctionner[0]

fréquenter[0]

(se) garer[0]

(s')habiller

(s')habituer à

(s')installer

(s')intéresser (à)

lancer[0]

(se) laver

(se) lever

loger[0]

se méfier de

(se) mener[0]

mentionner

mettre à la disposition de

(se) mettre (à)

se moquer de

(s') occuper (de)

(s') orienter

(se) peigner

(se) plaindre (plaint, 3)

se précipiter[0]

protéger

rappeler[0]

(se) raser

se réfugier[0]

relier[0]

(se) rendre (à)

renouveler[0]

(se) renseigner

se reposer

restaurer

satisfaire (satisfait, 3)[0]

(se) sécher

(se) séparer

(se) servir (de)

se soucier de

se souvenir de

se suicider

surveiller

(se) trouver

vivre (vécu, 3)[0]

MOTS INVARIABLES ET EXPRESSIONS

à dos d'âne[0]

à nouveau

ailleurs[0]

au nord de

autour[0] de

de l'autre côté de

en partie[0]

en fait[0]

fort

interminablement

le long de

longuement

peu à peu

précisément

sans doute

superficiellement

35

POINTS DE REPÈRE

Jean et Charles **ont dormi** longtemps
parce qu'ils **étaient** fatigués.

*

Hier soir, j'ai fini la composition
que **j'avais commencée** avant-hier.

Ils **étaient arrivés** à Paris en juin et
ils sont repartis en septembre.

*

Pendant leur séjour à Paris, ils sont allés au Louvre.
Depuis leur retour, ils se parlent toujours français.
Ils sont revenus **il y a** quelques semaines.
Ils repartiront **dans** quelques mois.

*

Pendant que vous parlez, je vous écoute.
Depuis qu'il étudie le français, il a envie d'aller en France.

*

DÉVELOPPEMENT GRAMMATICAL

1. Jean et Charles **ont dormi** longtemps
parce qu'ils étaient fatigués.

Étudiez les phrases suivantes:

1) L'été dernier, Jean et Charles **sont allés** en France.
2) L'été dernier, Jean et Charles **ont suivi** un cours de vacances à Tours.
3) L'été dernier, pendant qu'ils **étaient** à Tours, Jean et Charles **allaient** régulièrement à Paris tous les week-ends.

■ Pour exprimer *le passé*, il y a en français deux temps de base:

Le passé composé
L'imparfait

(Revoir la formation de l'*imparfait* et du *passé composé:* leçon 21)

Dans les exemples précédents, il y a la même expression de temps: **l'été dernier,** au commencement de chaque phrase. Les phrases 1 et 2 sont au passé composé, la phrase 3 est à l'imparfait. Pourquoi?

La différence entre ces deux temps («*tenses*») n'est pas une différence de temps («*time*»). C'est une *différence d'attitude.* C'est une différence plutôt subjective qu'objective. Je peux voir le passé de deux manières différentes, parce que dans tout phénomène temporel, il y a deux idées: une idée de *moment* et une idée de *durée.* Dans les deux premières phrases, je vois le passé comme un *moment* (limité dans le temps): l'été dernier. Dans la troisième phrase, je vois le passé comme une *durée* (dont les limites ne sont pas précises): l'été dernier. Ce n'est pas le passé qui a changé. C'est mon attitude. Objectivement, les deux attitudes sont vraies: **l'été dernier** peut être considéré comme une durée ou comme un moment.

C'est pourquoi il y a en français: **un an, un jour, un matin, un soir** et **une année, une journée, une matinée, une soirée.**

Un an, un jour indiquent une période de temps qui est considérée comme *un moment.*
Une année, une journée indiquent une période de temps qui est considérée comme *une durée.*

On dit: { un **an,** trois **ans,** cent **ans.**
{ **l'année** dernière / prochaine,
{ quelques **années,** plusieurs **années.**

La longueur de l'année, de la journée ou de l'été ne varie pas en fait; mais *mon attitude change.* (Voir *Grammaire générale,* fin du 5ème échelon.)

Examinons maintenant une autre distinction: Vous savez déjà que *le passé composé* est le temps de *l'action; l'imparfait* est le temps de *la description* (Cf. leçon 21).

Voici la description d'une maison au *présent:*

> Tous les étés, j'habite dans le Midi de la France une petite maison qui est située à l'entrée d'un village. Elle est blanche et elle est couverte d'un toit de tuiles rouges comme toutes les maisons de cette région. Derrière la maison, il y a un jardin plein d'arbres fruitiers. Pendant la journée, on n'entend que les bruits de la campagne: les oiseaux qui chantent, les insectes qui bourdonnent et de temps en temps la voix d'un homme qui travaille dans les champs. La nuit, les oiseaux, les insectes et même les hommes deviennent silencieux. Alors, une autre musique commence; la musique mélancolique de la brise dans les arbres et quelquefois le chant d'un rossignol.

Quand je décris quelque chose, j'indique *un état* de choses. Dans la description précédente, il n'y a pas d'action. Il n'y a que la *qualité* de la maison que je veux décrire. Il y a des impressions visuelles ou auditives. L'idée de *temps-moment* disparaît et fait place à une idée de *temps-durée.* Très normalement, le verbe que j'emploie le plus souvent est le verbe **être.** Les autres verbes (habiter, entendre, chanter, travailler) sont *assimilés à l'atmosphère générale* et expriment aussi une idée de durée. Si je mets cette description au passé, j'emploie normalement l'*imparfait.*

> Tous les étés, j'**habitais** dans le Midi de la France une petite maison qui **était** située à l'entrée d'un village. Elle **était** blanche et elle **était** couverte de tuiles rouges comme toutes les maisons de cette région. Derrière la maison, il y **avait** un jardin plein d'arbres fruitiers. Pendant la journée, on n'**entendait** que les bruits de la campagne: les oiseaux qui **chantaient,** les insectes qui **bourdonnaient** et de temps en temps la voix d'un homme qui **travaillait** dans les champs. La nuit, les oiseaux, les insectes, et même les hommes **devenaient** silencieux. Alors, une autre musique **commençait;** la musique mélancolique de la brise dans les arbres et quelquefois le chant d'un rossignol.

Ces principes (moment / durée, action / description) ont des corollaires:

1) Je **travaillais** quand vous **êtes arrivé.**
   Ma mère **préparait** le dîner quand je **suis rentré.**
   Nous **regardions** la télévision quand le téléphone **a sonné.**

■ *L'imparfait* exprime une action qui continue dans le passé et qui est interrompue par une autre action. L'action qui continue n'est pas considérée comme une vraie action. L'idée de *durée* est plus importante que l'idée de *moment.* On emploie l'imparfait.

■ L'action qui interrompt exprime une *idée de moment.* On emploie le *passé composé.*

2) L'année dernière nous **allions** tous les dimanches au cinéma.
   Il **faisait** toujours ses devoirs avant le dîner.
   Je **prenais** l'autobus tous les matins.

■ *L'imparfait* exprime une action habituelle dans le passé. Dans ce cas l'idée d'action (*moment*) disparaît et fait place à une idée de description (*durée*). Une action habituelle devient un *état.*

3) Nous **pensions** la même chose, Richard et moi.
   Je **croyais** que Patty était encore étudiante.
   Bob ne **voulait** pas aller au cinéma.

■ Les verbes qui expriment un *état mental* (au passé) sont normalement à l'*imparfait*. Ces verbes: **vouloir, pouvoir, avoir envie de, avoir besoin de, aimer, détester, penser, désirer, espérer, croire,** etc. expriment une idée de *durée*. (p. 155)

4) Ma grand-mère **était** belle.
Paul **avait** vingt ans.
Il **fallait** travailler tous les soirs.
Elle **s'appelait** Éva.

■ Le *sens naturel* de certains verbes nous oblige le plus souvent à les employer à l'*imparfait:* (p. 155)

Être exprime normalement une idée de *durée* et non pas de moment. C'est un cas très clair. C'est le verbe de la description par excellence.

Avoir comme **être** exprime normalement une *durée*. Il en est de même pour **falloir** et **s'appeler.**

5) Ma grand-mère **a été** belle. (Elle n'est plus belle *maintenant*. Elle a changé: idée de *moment*.)

Paul **a eu** vingt ans hier. (Il n'a plus 19 ans. Il a changé, il a maintenant 20 ans: idée de *moment*.)

Il **a fallu** travailler. (Quelque chose a changé. Par exemple: je ne travaillais pas; j'ai eu de mauvaises notes. Alors, il *a fallu* commencer à travailler *à un certain moment*.)

Elle **s'appelait** Éva. (Le sens naturel du verbe résiste à toute modification. Elle s'appelait Éva et elle a continué à s'appeler Éva.)

■ Quand on change le sens naturel d'un verbe (si c'est possible), on donne au verbe *une signification spéciale.*

2. Hier soir, j'ai fini la composition
que **j'avais commencée** avant-hier.
Ils **étaient arrivés** à Paris en juin et
ils sont repartis en septembre.

Étudiez les phrases suivantes:

Hier, j'*ai fini* la composition d'anglais que j'**avais commencée** avant-hier.
Pendant le week-end, nous *avons étudié* les mots que le professeur *nous* **avait expliqués** vendredi dernier.
L'année dernière, mes parents *ont voyagé* au Mexique; mais l'année précédente, ils **avaient voyagé** au Canada.
Jean et Charles *sont allés* en Europe l'été dernier. Ils n'y **étaient** jamais **allés** avant.
Ils *ont apporté* à leurs parents les cadeaux qu'ils **avaient achetés** avant de quitter la France.
A l'université, j'*ai choisi* ma profession future. Je n'y **avais** jamais **pensé** avant.
Lundi matin je n'*étais* pas fatigué(e) parce que je m'**étais reposé(e)** dimanche.

Quand je *suis entré*, Jean *parlait* du voyage qu'il **avait fait**.

Il *décrivait* les choses qu'il **avait vues** à Paris, et il *montrait* les photos qu'il **avait prises**.

Il *disait* où il **était allé** pendant son séjour en France.

■ Les verbes en caractères gras sont au *plus-que-parfait*. Le *plus-que-parfait* exprime une action «plus passée» que le passé ordinaire, une action *antérieure* à une autre action passée. Le plus-que-parfait est donc un *temps relatif*. Il exprime une action passée *relativement* à une autre action exprimée au *passé composé* ou à *l'imparfait*.

Voilà la conjugaison de **faire** et de **aller** au plus-que-parfait:

J'	**avais**	**fait** un voyage.		J'	**étais**	**allé(e)**	au Mexique.
Vous	**aviez**	**fait** un voyage.		Vous	**étiez**	**allé(e)(s)(es)**	au Mexique.
Tu	**avais**	**fait** un voyage.		Tu	**étais**	**allé(e)**	au Mexique.
Nous	**avions**	**fait** un voyage.		Nous	**étions**	**allés(es)**	au Mexique.
Il	**avait**	**fait** un voyage.		Il	**était**	**allé**	au Mexique.
Elle	**avait**	**fait** un voyage.		Elle	**était**	**allée**	au Mexique.
Ils	**avaient fait** un voyage.			Ils	**étaient allés**		au Mexique.
Elles	**avaient fait** un voyage.			Elles	**étaient allées**		au Mexique.

■ *plus-que-parfait = imparfait* de l'auxiliaire (**être** ou **avoir**) + *participe passé* du verbe.

NOTEZ: Les verbes *pronominaux* sont toujours conjugués avec **être** aux *temps composés* (passé composé, plus-que-parfait, etc.) (Cf. leçon 33).

3. Pendant leur séjour à Paris, ils sont allés au Louvre.
Depuis leur retour, ils se parlent toujours français.
Ils sont revenus **il y a** quelques semaines.
Ils repartiront **dans** quelques mois.

Comparez:

Pendant combien de temps travaillez-vous chaque soir?

Pendant combien de temps serez-vous à la bibliothèque cet après-midi?

Pendant combien de temps avez-vous fréquenté l'école secondaire?

Pendant combien de temps étiez-vous à l'école tous les jours?

Je travaille **pendant** quatre ou cinq heures.

Je serai à la bibliothèque **pendant** une heure et demie.

J'ai fréquenté l'école secondaire **pendant** quatre ans.

J'étais tous les jours à l'école **pendant** quatre ou cinq heures.

■ On emploie **pendant** pour indiquer une période de temps déterminée dans la durée. **Pendant** = pendant une période de . . . dans le présent, le passé ou le futur. Avec **pendant**, le verbe peut être au *présent*, au *passé composé*, à *l'imparfait* ou au *futur*.

Comparez:

Depuis combien de temps êtes-vous étudiant à l'université?	Je suis étudiant à l'université **depuis** sept mois.
Depuis combien de temps habitez-vous cette ville?	J'habite cette ville **depuis** cinq ans.
Depuis combien de temps étudiez-vous le français?	J'étudie le français **depuis** un semestre.
Depuis quand étudiez-vous le **français?**	Je l'étudie **depuis** février dernier.
Depuis quand habitez-vous dans votre maison?	Nous y habitons **depuis** le 1er mai dernier.

■ **Depuis** indique une période de temps qui n'est *pas encore terminée* au moment où on parle. Avec **depuis** le verbe est au *présent* ou à *l'imparfait.*

Nous **habitons** cette ville **depuis** cinq ans.
Mes parents **habitaient** au Canada **depuis** deux ans quand je suis né.
Je **suis** étudiant dans cette université **depuis** un an.
J'**étais** étudiant dans cette université **depuis** deux mois quand mon grand-père est mort.
Il **apprend** le français **depuis** deux ans.
Il **apprenait** le français **depuis** six mois quand il est allé en France.

■ On emploie *le présent* pour indiquer une *action qui a commencé dans le passé et qui continue dans le présent.* On emploie *l'imparfait* pour indiquer une action qui a *commencé dans le passé* et qui *a continué jusqu'à un moment déterminé du passé.*

Comparez:

Jean est né **il y a** dix-neuf ans.	**Dans** deux ans il sera majeur.
J'ai commencé à étudier le français **il y a** six mois.	J'aurai mon diplôme de l'université **dans** trois ans.
Mon père est venu aux États-Unis **il y a** vingt-cinq ans.	Mon père ira en Europe pour voir sa famille **dans** six mois.

■ **Il y a** + *expression de temps précise*, indique le moment précis du *passé* où une action s'est produite.

Le *verbe* qui précède est en général au *passé composé.*

Dans + *expression de temps précise*, indique le moment précis du *futur* où une action se produira. Le verbe est naturellement au futur.

NOTEZ:

Autrefois, on allait de Paris à New York **en** six semaines.
Maintenant on va de Paris à New York **en** six heures.
Un jour, on ira peut-être de Paris à New York **en** deux heures.

En + *expression de temps* indique le *temps nécessaire* pour faire quelque chose.

4. Pendant que vous parlez, je vous écoute.
Depuis qu'il étudie le français, il a envie d'aller en France.

Comparez:

Pendant que vous parlez, je vous écoute.
Pendant que mon père regardait la télévision, ma mère lavait la vaisselle.
Pendant que vous irez à la banque, je ferai mes exercices de français.
Depuis que j'étudie le français, les langues étrangères m'intéressent.
Depuis que j'étais au Canada, je faisais du ski chaque hiver.

■ **Pendant**
Depuis } sont des *prépositions* suivies d'un *nom* ou d'une *expression de temps*.

Pendant que
Depuis que } sont des *conjonctions* de subordination suivies d'un *verbe*.

Exercices

1. Donnez le *plus-que-parfait* de:

a) 1. J'ai bien dormi. 2. Nous l'apprenons. 3. J'en achète beaucoup. 4. Nous le verrons. 5. Lui avez-vous parlé? 6. Je leur dis bonjour. 7. Elle les fait. 8. Le lisez-vous? 9. Nous ne réussirons pas. 10. Elle n'y pense jamais.

b) 1. Il y est allé. 2. Vous ne rentrerez pas tard. 3. Elles partent en avion. 4. Ils se trompent. 5. Je viens vous voir. 6. Elle ne s'ennuie pas pendant la conférence. 7. Nous nous amusions bien. 8. Ils se plaignent de leurs notes. 9. Se sont-ils disputés avant leur départ? 10. Elles ne se parlaient pas pendant la classe.

2. Faites des phrases en employant: *passé composé* ou *imparfait* et *plus-que-parfait*.

EXEMPLE: Mon petit frère est malade / Il a trop mangé.
Mon petit frère était malade parce qu'il **avait** trop **mangé.**

1. J'ai un rhume / J'ai pris froid en faisant du ski. 2. Je ne sais pas faire ces exercices / Je n'ai pas bien écouté les explications. 3. Nous connaissons ces étudiants / Nous les avons rencontrés à une soirée. 4. Nous sommes obligés d'aller au marché / Nous avons mangé toutes nos provisions. 5. Charles ne connaît pas la Joconde / Il ne l'a jamais vue avant d'aller au Louvre. 6. Je lis le dernier livre de Sartre / On me l'a recommandé. 7. Les membres du cercle français se souviennent de la conférence / Ils ont appris l'histoire de Paris en l'écoutant. 8. Les murs de la ville n'existent plus / La ville s'est développée.

3. Complétez les phrases par **depuis** ou **pendant** selon le sens.

1. Hier soir, j'ai regardé la télévision ___ une heure. 2. Mon père reçoit ce journal ___ l'été dernier. 3. Ma sœur va à l'école élémentaire ___ trois ans. 4. Chaque soir, elle étudie ___ une heure. 5. ___ des siècles, les avions n'ont pas existé. 6. ___ quelques années, on va de Paris à New York en cinq heures. 7. Nous sommes dans cette classe ___ quelques semaines. 8. J'ai appris le passé composé ___ le premier semestre de français. 9. Je parle français dans la classe de français ___ la première leçon de français. 10. ___ quelques années, les hommes essaient d'aller sur la lune.

4. Donnez la phrase opposée (attention au temps du verbe).

EXEMPLE: Il est parti il y a une semaine.
Il **partira dans** une semaine.

1. J'ai fini mon travail il y a une demi-heure. 2. Jean et Charles partiront dans une semaine. 3. Mes amis viendront me voir dans quelques jours. 4. Mes parents sont allés au Mexique il y a un mois. 5. Nous aurons un examen dans deux semaines. 6. Ils seront obligés de vendre leur voiture dans peu de temps. 7. Rendra-t-il les devoirs dans une semaine? 8. Des écrivains étrangers ont vécu à Paris il y a vingt ans. 9. Paris sera-t-il célèbre dans un siècle? 10. Jean a fait une conférence au cercle français il y a quelques jours.

5. Complétez les phrases suivantes en employant le temps du passé convenable.

1. Ce matin, je (lire) l'article de journal que vous me (recommander). Je ne le (trouver) pas remarquable. 2. Dimanche dernier, quand je (se réveiller), je (voir) que le jardin (être) couvert de neige: il (neiger) toute la nuit. Mon frère et ma petite sœur (être) ravis. Nous (sortir) dans le jardin et nous (commencer) par faire des boules de neige. Enfin, nous (faire) un bonhomme de neige. 3. Vendredi dernier, nous (finir) d'étudier la leçon 34. Nous (commencer) à l'étudier au début de la semaine. Le professeur nous (expliquer) les mots difficiles le premier jour. 4. Avant de quitter Paris, Jean et Charles (visiter) les vieux quartiers de la capitale. On leur (parler) de certains monuments; ils les (trouver) très beaux et ils (s'intéresser) à leur architecture. 5. Quand ils (aller) au Louvre, ils (voir) des tableaux et des statues célèbres. Ils en (entendre parler) souvent, mais ils ne (admirer) jamais les œuvres originales avant de venir à Paris.

36

RÉALITÉS: Un Américain à Paris (2)

Jean et Charles se réunissent un soir avec quelques amis pour parler des distractions⁰
de Paris. Leur réunion a lieu chez Patty et Phil qui ont passé deux ans à Paris
et qui connaissent bien la capitale.

PATTY. — Alors! Ce voyage à Paris s'est bien passé? Vous vous êtes vraiment bien
amusés tous les deux? 5

CHARLES. — Oh, oui! Je ne pense qu'à y retourner.

HÉLÈNE. — Tu n'étais jamais allé à Paris avant?

CHARLES. — Non, c'était la première fois. Mais on s'habitue vite à la vie parisienne,
je t'assure. Toi, Patty, tu le sais. Tu connais Paris mieux que nous.

PATTY. — Oui, peut-être. Enfin, j'ai vécu à Paris pendant deux ans. Phil travaillait à 10
l'Unesco. Moi, je suivais des cours à l'Alliance Française et pour gagner un peu
d'argent, j'ai travaillé un certain temps comme mannequin⁰ dans une maison⁰ de
couture. Nous avons passé deux très bonnes années.

PHIL. — Mais laisse parler Jean et Charles. J'ai très envie de les entendre parler de
leurs expériences. Qu'avez-vous fait tous les deux? 15

JEAN. — Eh bien! Nous avons d'abord suivi des cours d'été à Tours. Mais nous avons
aussi passé quinze jours à Paris et nous ne nous sommes pas ennuyés. Avec les
musées, les théâtres, les cinémas, puis les restaurants, les cafés, les boîtes de nuit,
il y a vraiment beaucoup à faire. C'est surtout le théâtre que j'ai trouvé intéressant. 20

PATTY. — Il n'y a pas beaucoup de spectacles à Paris en été. C'est la saison morte⁰.
Tout le monde part en vacances et Paris devient un désert.

JEAN. — En août, ma chère, en août! Mais pas en juin quand nous sommes arrivés.

HÉLÈNE. — Quelles pièces de théâtre avez-vous vues?

CHARLES. — Bien entendu, nous sommes allés à la Comédie-Française. Nous avons 25
vu *Le Bourgeois Gentilhomme* de Molière et *Phèdre* de Racine.

HÉLÈNE. — Vous ne les aviez jamais vues?

CHARLES. — Non, puisque c'était notre premier voyage.

HÉLÈNE. — C'est vrai, j'avais oublié. Mais je pensais aussi que vous aviez peut-être
vu le film du *Bourgeois Gentilhomme* que la Comédie-Française a tourné.⁰ 30

CHARLES. — Non, je ne l'avais pas vu. La représentation de la Comédie-Française a
donc été une véritable révélation pour nous. Quelle perfection de jeu et quelle
technique extraordinaire!

Le Louvre, un des plus
riches musées du monde.

L'intérieur du Louvre:
Le Sacre de Napoléon Ier de David.

PATTY. — Justement, je trouve que les acteurs ont trop de technique, trop de métier. Je préfère les théâtres d'avant-garde.

JEAN. — Oh, vous savez, le théâtre n'est jamais naturel. Mais j'ai beaucoup aimé aussi les théâtres d'avant-garde. Nous avons vu *La Leçon* et *La Cantatrice Chauve* de Ionesco au théâtre de la Huchette. Ces pièces se donnaient depuis sept ans et 5 elles se donnent encore, je crois bien, tous les soirs dans une petite salle de cinquante places.

PHIL. — Nous les avons vues aussi. C'étaient déjà des pièces[0] à succès lorsque nous étions à Paris. Nous n'avions jamais rien vu d'aussi drôle.[0]

PATTY. — Oui, Phil était fou[0] de ce genre de théâtre. Il a vu ces pièces au moins[0] trois 10 fois. On les jouait depuis trois ans déjà quand nous les avons vues.

PHIL. — Êtes-vous allés au Théâtre de France?

CHARLES. — Non, nous n'avons pas eu le temps. Jean n'a pas voulu voir de pièces de Beckett, mais il a tenu[0] à m'emmener voir une pièce de Sartre, *Huis Clos*. C'était une reprise.[0] La pièce m'a beaucoup plu.[0] Nous l'avions étudiée en classe et 15 nous n'avons pas eu de mal[0] à la comprendre.

HÉLÈNE. — Je n'aime pas Sartre. Il est trop pessimiste.

JEAN. — Comment? Pessimiste? C'est l'homme le plus optimiste du monde!

HÉLÈNE. — Comment peux-tu dire une chose pareille? La nausée, l'angoisse,[0] l'engagement social, «l'enfer,[0] c'est les autres», «l'homme est une passion inu- 20 tile»; c'est une philosophie très pessimiste!

JEAN. — Ah! Ah! Tu ne comprends rien, ma chère. Écoute, je vais t'expliquer.

PATTY. — Assez, assez, mes enfants! Ça suffit! Ce soir, nous allons parler de choses banales.[0] Tu nous feras une conférence une autre fois, Jean, mais pas ce soir, je t'en prie, pas ce soir! Dis-nous comment vous passiez vos après-midi, Charles. 25

CHARLES. — Oh! Nous flânions. Puis nous allions dans les musées. Nous visitions les galeries et les salons d'art, les expositions.[0] Nous sommes allés au Louvre, au Musée National d'Art Moderne, au Musée Rodin, à la Conciergerie. Si on aime les beaux-arts, Paris est un trésor. Nous avons vu aussi l'exposition en souvenir de Proust à la Bibliothèque Nationale, puis une exposition de Rouault au Louvre 30 après avoir contemplé pieusement[0] la Joconde et la Victoire de Samothrace.

PATTY. — Et la Vénus de Milo, cher ami? Ne me dis pas que tu n'as pas vu la Vénus de Milo.

CHARLES. — Si, si. Je l'avais déjà vue à New York et je l'ai revue à Paris. Elle est sensationnelle! 35

PATTY. — On en a vu trop de reproductions. Nous en avions une chez nous quand j'étais petite et je la trouvais déjà parfaitement sinistre.

PHIL. — Tu exagères . . . comme toutes les femmes.

PATTY. — Je n'exagère pas du tout. Je trouve la Vénus de Milo insupportable.

PHIL. — Bon, bon! Eh bien! Je ne suis pas d'accord. C'est peut-être un point de vue 40 féminin.

Un restaurant
de grand luxe.

(Larrain from Magnum)

Un vieux restaurant
pittoresque.

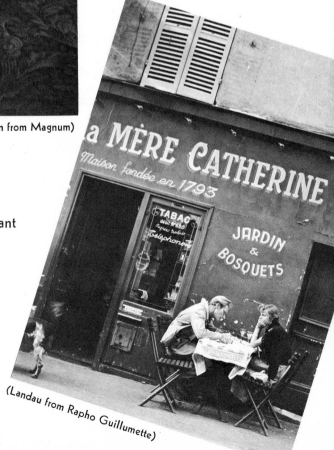

(Landau from Rapho Guillumette)

Au Lido de Paris: le «French Cancan».

JEAN. — Nous avons vu aussi une exposition surréaliste que j'ai trouvée extraordinaire. Le surréalisme me passionne depuis plusieurs années et j'avais déjà beaucoup lu à ce sujet avant de partir pour Paris. Alors, j'étais prêt.

HÉLÈNE. — Où était-ce?

JEAN. — Dans une petite galerie qui s'appelle la Galerie Daniel Cordier, rue de Miro- 5
mesnil. Il y avait toutes sortes de choses: des peintures, des photographies, des
sculptures. Puis quelque chose que je n'oublierai jamais: la voix enregistrée d'une
femme qui poussait des soupirs[0] interrompus par de longs silences.

PATTY. — Curieuse idée! Mais qu'est-ce que vous faisiez le soir? Vous avez fait autre
chose que visiter les musées et les théâtres? 10

CHARLES. — Le soir, nous nous promenions aux Champs-Élysées ou nous allions faire
un tour[0] à Saint-Germain-des-Prés, à Montparnasse ou à Montmartre. Nous
sommes allés dans des cabarets et des music-halls et naturellement aux Folies-
Bergère pour voir «le spectacle unique au monde». Un soir, nous avons pris un
verre[0] au bar du Lido. Il faut dire que nos compatriotes ont apporté quelque 15
chose à la vie nocturne de Paris. Il y a partout des strip-tease. Il y a même un
music-hall qui s'appelle, en tout simplicité, *Le Sexy*, et *Le Capricorne* annonce
«le strip-tease permanent le plus sexy de Paris». Comme formule,[0] ce n'est pas
mal!

TRENTE-SIXIÈME LEÇON

Patty. — Hé, hé! Je vois que vous n'avez pas perdu votre temps.

Phil. — Et les restaurants? Dis-moi, êtes-vous allés à *La Tour d'Argent*, *Chez Maxim's* et à *La Méditerranée?*

Charles. — Oh non! C'était beaucoup trop cher pour nous. Mais les grands-parents de Jean nous ont emmenés dîner un soir *Au Grand Véfour* du Palais-Royal. 5

Patty. — Je le connais bien. C'est charmant. Il a conservé tout à fait son atmosphère de restaurant du 18e siècle.

Phil. — Vous savez qu'au 18e siècle, il y avait au Palais-Royal, un «Café mécanique», qui préfigurait nos restaurants automatiques d'aujourd'hui?

Patty. — Dans le même genre, il y a aussi dans la rue de l'Ancienne-Comédie, *Le* 10 *Procope* qui date du 17e siècle. C'est maintenant un restaurant très modeste, mais on y respire quand même l'odeur du passé.

Phil. — Puisque tu parles d'odeurs, tu sais que *Le Procope* était l'un des premiers restaurants à vendre du café qu'on appelait à cette époque-là «l'arôme nouveau».

Patty. — Il ne faut pas faire attention à mon mari, mes amis. Il sait toutes sortes de 15 choses et il réussit toujours à les placer au bon moment[0] dans la conversation. Phil, tu es insupportable! Tu finiras tes jours comme professeur.

Phil. — Mais attends! *Le Procope* est très intéressant et j'ai un peu étudié son histoire. Diderot et d'Alembert ont parlé de l'Encyclopédie pour la première fois au *Procope*. Les écrivains romantiques[0] l'ont fréquenté, puis les Symbolistes. Il a 20 même été un restaurant pour végétariens[0] à un certain moment.

Hélène. — Avez-vous vu beaucoup de films?

Charles. — Pas beaucoup, mais nous sommes allés un après-midi à la Cinémathèque du Palais de Chaillot dont nous avions beaucoup entendu parler. Nous avons vu «Le Cabinet du Docteur Caligari». Je ne l'avais jamais vu et cela m'a beaucoup 25 intéressé.

Hélène. — On s'intéresse beaucoup au cinéma à Paris, n'est-ce pas?

Jean. — Oui, on prend[0] le cinéma au sérieux.[0] Il y a des ciné-clubs où on peut voir des films expérimentaux ou des films anciens. Mais il y a bien entendu, dans des dizaines de cinémas, les nouveaux films de la semaine, les films en exclusivité,[0] 30 puis des films sélectionnés, les films interdits[0] aux «moins de 13 ans», aux «moins de 16 ans», aux «moins de 18 ans». Les films étrangers sont présentés en version originale et quelquefois doublés.[0]

Charles. — Les films sont moins souvent doublés en France qu'en Italie et générale-ment moins bien. 35

Patty. — Oui, je crois. Mais on présente beaucoup de films. Phil les avait comptés une fois. Combien y en avait-il? Tu te souviens?

Phil. — Je ne m'en souviens plus exactement. Plus de deux cent cinquante, si j'ai bonne mémoire.

Charles. — Et on adore les films américains, surtout les westerns. 40

Patty. — Il y a ou il y avait même un cinéma qui s'appelait «le Far West».

(François Vikar)

Le «franglais» est très à la mode!

JEAN. — Oui, les noms des cinémas sont curieux. On voit bien que le cinéma est international. Il y a le Rex, le Cluny-Palace, et je ne sais pas combien d'autres palaces, le Mercury, le Pacific.

PATTY. — Oui, mais il y a aussi le Saint-Antoine et le Voltaire-Gaumont.

JEAN. — Et n'oublie pas l'Artistic Voltaire! 5

CHARLES. — Le Gaumont Palace Cinérama, c'est assez joli aussi, il me semble.

PHIL. — Surtout quand on y présente «Les aventures ou le Triomphe de Buffalo Bill».

JEAN. — Et tous ces noms anglais: le snack et le snack-bar, le milk-bar, le self-service.

HÉLÈNE. — Oui, j'ai entendu dire que le *franglais* est très à la mode.[0]

CHARLES. — Oui et non. Il y a beaucoup de Français qui ne l'aiment pas. 10

PHIL. — Vous n'avez pas eu le temps de voir des sports à Paris ou d'en faire? Moi, j'allais voir régulièrement des matchs de football ou de boxe. Et le catch m'amusait beaucoup. Parfois même, je faisais du bowling.

HÉLÈNE. — Encore des noms anglais.

JEAN. — Nous sommes allés un jour en fin d'après-midi à la piscine Deligny pour 15 nous baigner. Il faisait très chaud et il y avait un monde fou.

PHIL. — Vous savez que cet établissement est très ancien . . .

PATTY. — Ça y est! Il recommence! Mais cette fois-ci, je connais l'histoire: les bains Deligny qui datent du 18e siècle et qu'on a refaits en . . . quelle année?

PHIL. — 1842. 20

PATTY. — Voilà. En 1842, avec les planches qu'on avait employées pour la cérémonie du retour des cendres[0] de Napoléon aux Invalides. Oh, je savais d'avance!

PHIL. — Oui, mais tu avais oublié la date!

PATTY. — Je vais te tuer,[0] mon amour, je vais te tuer . . . Dites-moi, avez-vous vu une présentation de collection à Paris?

JEAN. — Collection? Collection de quoi?

PATTY. — Vous entendez? Il me demande de quoi? Je lui parle de collection et il me 5 demande de quoi? Mais . . . ce garçon n'a aucune culture! C'est incroyable! Mais une collection de mode, mon cher, de mode. Quand on va à Paris, on va voir la collection des grands couturiers.[0] On se précipite chez Chanel et chez Dior. On se prosterne chez Balenciaga!

CHARLES. — Ah! Je comprends! Tu as été mannequin. Eh bien, non! Nous regrettons 10 de te décevoir,[0] n'est-ce pas, Jean? Mais nous ne sommes pas allés voir la collection des grands couturiers. Tu sais, d'ailleurs . . . pour un garçon!!!

PHIL. — Comme je te comprends, mon vieux! Mais tu verras. Le jour viendra où tu seras obligé, je dis, o-bli-gé, d'aller voir les collections.

CHARLES. — Je n'y avais pas pensé!   15

PHIL. — Et tu ne demanderas pas: *de quoi?* Tu demanderas *combien?*

VOCABULAIRE ET EXPRESSIONS UTILES

Un *auteur dramatique* écrit des pièces de théâtre (un drame, une comédie, une tragédie). Quelques auteurs écrivent des *scénarios* (*m.*) pour le cinéma. Les *personnages*[0] (*m.*) d'une pièce de théâtre sont le plus souvent *imaginaires*, excepté si la pièce (ou le film) est *historique*. Dans un film (ou une pièce) des événements *arrivent;* quelque chose *se passe.*[0] *Il s'agit*[0] de La Guerre Civile des États-Unis par exemple ou d'un problème *social*, ou *psychologique*. Quelquefois, l'auteur rend les personnages ridicules: la pièce est *comique*. Les pièces de théâtre traditionnelles ont *un sujet*. Avant de présenter la pièce au public, *le metteur*[0] *en scène* dirige les acteurs pendant les *répétitions;* puis les acteurs jouent la pièce sur *la scène*, dans un (ou des) *décor*[0](*s*), avec des *costumes*. Les films sont projetés[0] sur *un écran.*[0] Maintenant les films sont sonores et parlants. Un film étranger est présenté *en version originale* avec des *sous-titres* ou il est *doublé*.

Exercices

1. Questions sur la lecture. Répondez par des phrases complètes.

   1. Quelles étaient les occupations de Phil et de Patty pendant qu'ils étaient à Paris?   2. Quelles pièces de théâtre Jean et Charles ont-ils vues à la Comédie Française? De qui sont ces pièces? A quelle époque ces auteurs ont-ils vécu?
   3. Patty aime-t-elle la Comédie Française? Pourquoi?   4. Quelle sorte de pièces Ionesco (l'auteur de *La Leçon*) écrit-il?   5. Quelle pièce de Sartre Jean et Charles ont-ils vue? Pourquoi n'ont-ils pas eu de mal à la comprendre?
   6. Qu'est-ce que la «Joconde»? Qui a fait ce tableau? A quelle époque? 7. Pour-

quoi Jean trouve-t-il les noms des cinémas curieux? **8.** Pourquoi les deux garçons n'ont-ils pas vu la collection des grands couturiers? **9.** Quand Charles sera-t-il obligé d'aller voir les collections? **10.** Pourquoi dira-t-il *combien?*

2. Répondez aux questions suivantes.

1. Êtes-vous déjà allé à l'étranger? Si oui, où et quand? Si non, voulez-vous y aller? Où? **2.** Connaissez-vous des pièces de théâtre classiques en anglais ou en français? Quelles pièces? Où les avez-vous vues (ou lues ou étudiées)? **3.** Qu'est-ce qu'un mannequin fait? **4.** Quand l'examen final aura-t-il lieu? **5.** Quels cours suivez-vous ce semestre? Quels cours avez-vous suivis pendant le dernier semestre? **6.** Avez-vous vu récemment un film ou une pièce de théâtre qui vous a beaucoup plu? (ou déplu?) Pourquoi? **7.** A quel art vous intéressez-vous? **8.** Comment présente-t-on les films étrangers aux États-Unis? **9.** Une présentation de collection vous intéresse-t-elle? Pourquoi? **10.** Y a-t-il des œuvres d'art que vous aimez particulièrement? Ou qui vous ont frappé(e)? Quelles œuvres?

3. Répondez aux questions suivantes en employant **depuis** ou **pendant.**

1. Depuis quand les États-Unis sont-ils indépendants? **2.** Pendant combien de temps êtes-vous dans votre classe de français tous les jours? **3.** Depuis combien de temps avez-vous la permission de sortir le soir? **4.** Depuis quand étudiez-vous le français? **5.** Depuis combien de temps êtes-vous étudiant(e) dans votre université? **6.** Pendant combien de temps êtes-vous allé(e) à l'école élémentaire? **7.** Depuis combien de temps le Président Kennedy est-il mort? **8.** Depuis combien de temps l'Alaska est-il un état américain? **9.** Depuis quand habitez-vous votre maison? **10.** Pendant combien de temps étudierez-vous avant d'obtenir votre diplôme de l'université?

4. Composez: a) 2 phrases avec **il y a;** b) 2 phrases avec **depuis;** c) 2 phrases avec **pendant que;** d) 2 phrases avec **pendant;** e) 2 phrases avec **depuis que.**

5. Écrivez au passé.

Jean et Marie (se rencontrer) à une soirée. Avant ils ne (se connaître) pas, mais ce soir-là quand ils (se voir), ils (se trouver) sympathiques et ils (se parler). Ensuite, ils (se revoir) et ils (se téléphoner). Pendant que Jean (faire) ses études dans une autre ville, ils (s'écrire). Ils ne (se disputer) jamais; ils (s'entendre) toujours très bien jusqu'au jour où Jean (rencontrer) Annie.

6. *Composition:*

a) Racontez un film ou une pièce de théâtre que vous avez vu(e) récemment.

b) Votre première journée d'étudiant à l'université. Qu'avez-vous fait ou vu? Qu'aviez-vous vu, fait, pensé ou imaginé avant?

c) Vous êtes journaliste et vous écrivez un article (en français) pour le journal de votre université. Le titre de cet article est: «Les distractions de Paris».

Vocabulaire

NOMS

une angoisse[0]
un arôme
un auteur dramatique
l'avant-garde (f.)
les beaux-arts
un bonhomme de neige
les cendres[0] (f.)
un ciné-club
un(e) compatriote
un couturier[0]
un décor[0]
un désert

une distraction[0]
un écran[0]
l'enfer[0] (m.)
un engagement
un établissement
une exposition[0]
une formule[0]
une galerie
un jeu
une maison de couture[0]
un mannequin[0]
un match

un métier
un metteur[0] en scène
une nausée
une odeur
une passion
une perfection
un personnage[0]
une pièce à succès[0]
un point de vue
une présentation
le public
une reprise[0]

une révélation
la (morte) saison[0]
un scénario
la simplicité
un soupir
un sous-titre
un sujet
une technique
un tour[0]
un(e) végétarien(ne)[0]
une version originale

ADJECTIFS

académique
ancien(ne)
automatique
banal(e)[0]
comble
comique
doublé(e)[0]

drôle[0]
expérimental(e)
historique
imaginaire
interdit(e)[0]
nocturne
optimiste

permanent(e)
pessimiste
psychologique
romantique[0]
sélectionné(e)
sensationnel(le)

sinistre
sonore
superbe
surréaliste
symboliste
véritable

VERBES

il s'agit de (3)[0]
avoir du mal[0] à
considérer comme
contempler
dater
décevoir (déçu, 3)[0]
être fou de[0]
faire un tour[0]
gagner

(se) passer[0]
passionner
je t'en prie (prier)
je vous en prie
plaire (plu, 3)[0]
pousser un soupir[0]
préfigurer
prendre au sérieux[0]
prendre un verre[0]

projeter[0]
se prosterner
regretter
il (me, vous, nous, lui, leur) semble
tenir[0] à
tourner un film[0]
tuer[0]

MOTS INVARIABLES ET EXPRESSIONS

à la mode[0]
au bon moment[0]

au moins[0]
en exclusivité[0]

en souvenir de
en vacances

pieusement[0]

37

POINTS DE REPÈRE

Que pensez-vous de ce film?

Je vous dirai mon opinion quand je l'**aurai vu**.

*

Dès qu'ils seront arrivés à Paris, ils écriront à leurs parents.

Ils ont dormi **pendant qu**'ils étaient dans l'avion.

*

L'avion dans **lequel** ils ont voyagé était un jet.

Le français est une langue à **laquelle** je m'intéresse.

*

On **doit** avoir un passeport pour aller à l'étranger.

Jean et Charles **ont dû** travailler pendant le cours d'été.

*

Ma sœur est plus âgée que **moi**, mais je suis plus grand qu'**elle**.

*

DÉVELOPPEMENT GRAMMATICAL

1. Que pensez-vous de ce film?
   Je vous dirai mon opinion quand je l'**aurai vu.**

Comparez:

Quand me prêterez-vous ce livre?	Je vous le prêterai quand je l'**aurai lu.**
Finirez-vous votre composition ce soir?	Oui, je la finirai lorsque j'**aurai terminé** le reste de mon travail.
Quand vos amis partiront-ils pour le Mexique?	Ils partiront dès qu'ils **auront passé** leurs examens.
Reviendront-ils à la fin de l'été?	Certainement; et quand ils **seront revenus,** ils continueront leurs études à l'université.
Quand vous mettrez-vous à travailler?	Je me mettrai à travailler aussitôt que je **me serai reposé**(e).
A quelle heure rentrerez-vous ce soir?	Je crois que je **rentrerai** vers six heures; mais je **serai** certainement **rentré**(e) à sept heures; aussitôt que je **serai rentré**(e), je vous téléphonerai.

■ Les verbes en caractères gras sont au *futur antérieur*.
Le *futur antérieur* indique qu'une *action future* est *antérieure* à une autre action future. Comme le plus-que-parfait, le futur antérieur est un temps *relatif*. Il exprime dans le futur une action future *relativement* à une autre action future. *Le futur antérieur* indique aussi qu'une action sera faite *avant* un certain moment du futur.

■ Voilà la conjugaison de **lire** et de **revenir** au *futur antérieur:*

j' aurai lu	je serai revenu(e)
vous aurez lu	vous serez revenu(e) (s) (es)
tu auras lu	tu seras revenu(e)
nous aurons lu	nous serons revenus(es)
il aura lu	il sera revenu
elle aura lu	elle sera revenue
ils auront lu	ils seront revenus
elles auront lu	elles seront revenues

■ FUTUR ANTÉRIEUR = *futur* de l'auxiliaire (**avoir** ou **être**) + *participe passé* du verbe. Naturellement les verbes pronominaux se conjuguent avec **être** au futur antérieur.

NOTEZ : Après les expressions de temps : **quand, lorsque, dès que, aussitôt que, après que,** employez le *futur* si *l'action* est *au futur*.

Quand je **serai** à Paris, j'irai voir vos amis Thibert.

Dès que je **serai arrivé,** je vous écrirai.

Lorsque j'**aurai** le temps, je me promènerai avenue des Champs-Élysées.

Aussitôt que j'**aurai vu** vos amis, je vous donnerai de leurs nouvelles.

Après que nous **nous serons débarrassés** de notre voiture, nous en achèterons une autre.

2. Dès qu'ils seront arrivés à Paris, ils écriront à leurs parents.
Ils ont dormi **pendant qu**'ils étaient dans l'avion.

Étudiez les phrases suivantes :

Pendant qu'ils étaient à Paris, Phil et Patty allaient souvent au théâtre.

Lorsqu'on donnait une nouvelle pièce, ils allaient la voir et ils la discutaient avec leurs amis.

Depuis qu'ils sont de retour aux États-Unis, Patty n'est plus mannequin.

Chaque fois qu'ils vont au théâtre, Patty porte une robe très élégante.

Dès qu'ils auront économisé assez d'argent, ils feront un voyage en Europe.

Aussitôt qu'ils seront arrivés à Paris, ils iront revoir les quartiers qu'ils aimaient.

Quand ils reviendront aux États-Unis, ils parleront de leur voyage à leurs amis.

■ Toutes les expressions en caractères gras sont des *conjonctions de subordination*, qui expriment une *idée de temps*.

Quand = lorsque

J'aime aller à la plage **quand** il **fait** chaud.

L'année dernière, j'allais à la plage **quand** il **faisait** chaud.

Je dormais **lorsque** le téléphone **a sonné.**

J'irai en Europe **quand** j'**aurai** assez d'argent.

A l'école primaire, **lorsque** nous **avions oublié** de faire nos devoirs, nous étions obligés de les faire après la classe.

Quand vous **aurez écrit** votre composition, je la corrigerai.

Pendant que

Mon camarade de chambre écoute la radio **pendant que** j'**étudie.**

Pendant que le professeur **parlait,** je prenais des notes.

Pendant que le professeur **parlait,** quelqu'un est entré.

Pendant que vous **finirez** votre travail, je regarderai la télévision.

Depuis que

Depuis que je **suis** étudiant à l'université, j'habite dans une maison d'étudiants.

Il y a deux ans, nous habitions à Vancouver. **Depuis que** nous y **habitions,** nous faisions du camping chaque week-end.

Chaque fois que

> **Chaque fois que** nous **faisons** cette faute, le professeur est furieux.
>
> Ma grand-mère me donnait des bonbons **chaque fois que** j'**allais** chez elle.
>
> **Chaque fois que** vous **ferez** cette faute, je vous corrigerai.

Dès que — aussitôt que — après que

> **Dès que** vous **avez fini** votre examen, vous le donnez au professeur.
>
> **Aussitôt que** le professeur **avait commencé** à parler, tout le monde l'écoutait.
>
> **Dès que** j'**étais** à la maison, j'appelais mon chien.
>
> **Aussitôt que** vous **aurez écrit** cette lettre, nous irons faire des courses.
>
> **Dès que** nous **aurons passé** les examens, je partirai pour San Francisco.

Dès que et **aussitôt que** indiquent que deux actions sont faites *immédiatement* l'une après l'autre.

---

3. L'avion dans **lequel** ils ont voyagé était un jet.

Le français est une langue à **laquelle** je m'intéresse.

Étudiez les phrases suivantes:

> Le Louvre est maintenant un musée dans **lequel** les touristes admirent des tableaux célèbres.
>
> Au milieu de la Place de l'Étoile, il y a l'Arc de Triomphe sous **lequel** on voit la Tombe du Soldat Inconnu.
>
> Paris est une ville autour de **laquelle** il y a beaucoup de forêts.
>
> Les Tuileries et le Luxembourg sont deux jardins publics dans **lesquels** les enfants parisiens vont jouer.
>
> La Loire est un fleuve au bord **duquel** il y a de nombreux châteaux historiques.
>
> Notre-Dame de Paris a deux tours du haut **desquelles** on a une belle vue sur Paris.
>
> Dans quelques mois, je passerai l'examen **auquel** je me prépare depuis deux ans.
>
> La physique est une science à **laquelle** on s'intéresse de plus en plus.
>
> Tous les cours **auxquels** j'assiste ne sont pas intéressants.

■ Les mots en caractères gras sont des *pronoms relatifs composés* (Cf. Leçon 29: pronoms relatifs simples).

Voici les *pronoms relatifs composés:*

	lequel	laquelle	lesquels	lesquelles
contracté avec **de:**	**du**quel		**des**quels	**des**quelles
contracté avec **à:**	**au**quel		**aux**quels	**aux**quelles

■ Ces pronoms sont variables; ils s'*accordent* en genre et en nombre *avec* leur *antécédent* (c'est-à-dire avec le mot qu'ils remplacent dans la proposition subordonnée).

ATTENTION: 1) Employez toujours ces pronoms *après une préposition* pour remplacer un *nom de chose*.

2) Il est possible d'employer aussi ces pronoms pour les personnes. Cependant il est préférable d'employer **qui** après une préposition pour remplacer un nom de personne.

Les gens avec **lesquels** j'ai voyagé sont mes cousins.

Jean et Paul avec **qui** j'ai voyagé sont mes cousins.

---

4. On **doit** avoir un passeport pour aller à l'étranger.

Jean et Charles **ont dû** travailler pendant le cours d'été.

Étudiez les phrases suivantes:

a) Mon ami m'a prêté de l'argent. Je lui **dois** 20 dollars.

Au restaurant, vous avez payé pour nous. Combien est-ce que nous vous **devons?**

b) On **doit** faire son travail consciencieusement.

Les étudiants **doivent** faire des exercices tous les jours.

Hier soir, j'**ai dû** travailler jusqu'à une heure du matin.

Quand j'étais enfant, nous habitions à la campagne; nous **devions** marcher pendant une heure pour aller à l'école.

Vous **devrez** travailler beaucoup pour obtenir un A à l'examen.

c) Mes amis **doivent** venir chez moi vers huit heures.

Ils **devaient** déjà venir la semaine dernière, mais ils étaient trop occupés.

Charles est absent aujourd'hui; il **doit** être malade.

Il **a dû** prendre froid en faisant du ski pendant le week-end.

■ Toutes les formes verbales en caractères gras sont des formes du verbe **devoir**.

Le verbe **devoir** a différents sens et différentes valeurs:

a) Dans ces phrases, le verbe **devoir** est employé seul et il indique l'idée d'*une dette*. Il s'emploie au *présent*, au *passé*, ou au *futur*, comme tous les autres verbes.

b) Ici le verbe **devoir** est une sorte d'auxiliaire (comme **vouloir** et **pouvoir**). Il est suivi d'un verbe à l'infinitif. Il est employé au *présent*, au *passé* ou au *futur de l'indicatif*. Il indique une *obligation* (= je suis obligé de, on est obligé de, j'ai été obligé de, nous étions obligés de, vous serez obligé de, etc.)

c) Dans la troisième série d'exemples, **devoir** est aussi un auxiliaire: on emploie **devoir** devant un infinitif. Mais il n'indique pas une obligation ou un devoir moral. Il indique l'*intention* ou l'*expectative*.

—Mes amis **doivent** venir chez moi vers 8 heures. (Ils ont l'intention de venir chez moi, nous avons projeté cette visite).

—Je **dois** recevoir ce chèque bientôt.

Devoir indique aussi un *fait probable.*

> —Charles **doit** être malade. (Il est probablement malade; je suppose qu'il est malade et qu'il a pris froid en faisant du ski.)

Dans ces deux cas, **devoir** est employé au *présent* ou au passé de l'indicatif, généralement au *passé composé.*

■ Voici la conjugaison du verbe **devoir**:

	Présent	*Imparfait*	*Futur*
	Je **dois**	Je **devais**	Je **devrai**
	Vous **devez**	Vous **deviez**	Vous **devrez**
	Tu **dois**	Tu **devais**	Tu **devras**
INDICATIF:	Nous **devons**	Nous **devions**	Nous **devrons**
	Il **doit**	Il **devait**	Il **devra**
	Elle **doit**	Elle **devait**	Elle **devra**
	Ils **doivent**	Ils **devaient**	Ils **devront**
	Elles **doivent**	Elles **devaient**	Elles **devront**

Le participe passé: **dû**
Le passé composé: j'**ai dû**

---

5. Ma sœur est plus âgée que **moi**, mais je suis plus grand qu'**elle**.

Étudiez les phrases suivantes:

1) Mon frère a commencé à étudier le français avant **moi;** il le parle mieux que **moi,** mais je l'écris plus correctement que **lui.**
Voilà votre composition. Je vais la corriger avec **vous.**
Hier nous sommes allés chez **elle.**
Qui sait la réponse correcte? **Vous** ou **lui?** – **Moi.**

■ Les mots en caractères gras sont des *pronoms personnels accentués.* (p. 89)

Les pronoms personnels accentués sont:

moi	**nous**	
toi	**vous**	
lui, elle	**eux, elles**	**soi**

■ On les emploie:

> *après* une *préposition:* après **moi,** derrière **eux,** sans **toi,** pour **elle.**

dans le *deuxième terme* d'une *comparaison:*

> Ils se sont amusés **plus que moi.**
>
> Il est certain que vous parlez **mieux que lui.**

dans une phrase où on emploie le *pronom* sans verbe:

Qui vient d'arriver? – **Moi.**	Qui n'a pas compris? – **Lui.**
J'ai lu *L'Étranger.* – **Moi** aussi.	J'ai lu *L'Étranger.* – **Moi** non.
Je n'ai pas vu *La Leçon.* – **Moi** non plus.	Je n'ai pas vu *La Leçon.* – **Moi** si.

2) On aime rester chez **soi** quand il fait mauvais.
   Chacun pense d'abord à **soi.**

◼ Le pronom accentué **soi** se rapporte à un sujet indéfini, comme **on, chacun.**

Étudiez le passage suivant:

3) J'étais avec Robert quand l'accident est arrivé. C'est **lui** qui a essayé de réparer la voiture. **Moi,** je suis allé au village pour téléphoner à nos parents. Les fermiers, **eux,** nous ont aidés. La dame a été très aimable. C'est **elle** qui nous a offert de passer la nuit à la ferme. Mais **nous,** nous voulions rentrer.

◼ Dans ces derniers exemples, les pronoms personnels accentués sont employés pour *insister* sur le sujet ou sur le complément. Dans ce cas, on emploie le plus souvent un double sujet ou un double objet.

Pour insister sur une partie de la phrase, on emploie aussi les expressions: **c'est . . . qui** (pour insister sur le sujet), **c'est . . . que** (pour insister sur le complément).

> C'est **moi** qui ai téléphoné hier. C'est **à elle que** j'ai parlé.

Exercices

1. Quel est le *futur antérieur* de:

   a) 1. Je finis de travailler.   2. Vous verrez Charles.   3. Les étudiants lisent un roman.   4. J'écris à ma mère.   5. Ils achèteront une auto.   6. Nous passerons les examens.   7. Elle fera une promenade.   8. Ils jouent au tennis.   9. Nous suivons ce cours de littérature.   10. Vous assistez à toutes les classes.   11. Elle obtient son diplôme.   12. Nous apprenons ce poème.

   b) 1. Elle vient ici.   2. Elle se lève.   3. Nous nous reconnaissons.   4. Ils se voient souvent.   5. Elles se débarrassent de leurs vieux cahiers.   6. Vous partirez pour Paris.   7. Elle s'endort.   8. Je me couche vers minuit.   9. Nous nous habillons.   10. Ils se rasent.

2. Complétez les phrases en employant un *futur* ou un *futur antérieur* selon le sens de chaque phrase.

   1. Quand je (corriger) mes fautes, je (relire) ma composition.   2. Nous (être) bien contents lorsque nous (finir) les examens.   3. Dès que l'avion (survoler)

Paris, il (atterrir) à Orly. **4.** Aussitôt que l'avion (s'arrêter), les passagers (débarquer). **5.** Après que le douanier (voir) les bagages, les voyageurs (pouvoir) quitter l'aéroport. **6.** La classe (commencer) aussitôt que le professeur (arriver). **7.** Je (acheter) une nouvelle voiture quand je (économiser) assez d'argent. **8.** (Partir)-vous pour le Mexique aussitôt que vous (obtenir) votre diplôme? **9.** Marc (se marier) avec Anne aussitôt qu'il (finir) ses études de médecine. **10.** Nous (entrer) dans la salle de théâtre quand nous (prendre) nos billets.

3. Employez la forme correcte du *pronom relatif composé.*

1. Dans la ville, il y a des maisons devant __ on voit de beaux jardins. **2.** La compagnie pour __ je travaille est très importante. **3.** L'histoire est un sujet __ je m'intéresse. **4.** Ils ont visité des villes dans __ il y a des quartiers misérables. **5.** Les livres d'art sont des livres __ il faut faire attention. **6.** Le Moyen Age est une époque pendant __ on a construit des cathédrales. **7.** Les Tuileries sont un jardin au milieu __ il y a un petit arc de triomphe. **8.** Charles aimait toutes les classes __ il assistait pendant l'École d'été. **9.** L'avion à bord __ ils ont voyagé s'appelait Château de Versailles. **10.** Ils ont vu la Place de la Concorde au milieu de __ se trouve l'Obélisque.

4. Remplacez les formes en italiques par la forme correspondante du verbe **devoir.** (Faites les changements nécessaires.)

1. J'*ai à* écrire une composition pour ma classe d'anglais. **2.** Les étudiants *sont obligés de* parler français dans la classe de français. **3.** Mon ami ne m'a pas téléphoné car il *avait probablement* beaucoup de travail. **4.** On *est obligé d*'avoir de bonnes notes pour entrer à l'université. **5.** Quand j'avais 8 ans, j'*étais obligé de* prendre l'autobus pour aller à l'école. **6.** Mes parents sont partis en avion, mais ils *avaient l'intention de* voyager en train. **7.** Hier, nous *avons été obligés de* travailler tard. **8.** Barbara n'est pas venue en classe, elle *était probablement* malade. **9.** Si vous voulez obtenir un A, vous *serez obligé de* travailler plus sérieusement. **10.** Mes amis et moi, nous *avons l'intention d*'organiser une soirée.

5. Joignez les phrases par un *pronom relatif composé.* Attention à la construction. (Faites les changements nécessaires.)

1. On a construit un nouveau bâtiment / Au centre de ce bâtiment, il y a un jardin. **2.** C'est une classe intéressante / Pendant cette classe, je prends beaucoup de notes. **3.** La fenêtre donne sur la rue / Je suis assis devant cette fenêtre. **4.** La conférence lui a beaucoup plu / Il a assisté à la conférence. **5.** Je vous parlerai de ce projet / Je pense à ce projet depuis longtemps. **6.** C'est une vie complètement nouvelle / Je me suis habitué à cette vie. **7.** Je suis un cours de philosophie / Après ce cours, je suis toujours très fatigué. **8.** Le grand magasin est ouvert le dimanche / Nous habitons près de ce magasin. **9.** La mer était très bleue / On voyait de petits bateaux sur la mer. **10.** Le cours de vacances a duré six semaines / Pendant ces six semaines, Jean et Charles ont beaucoup travaillé.

GRAMMAIRE

38

RÉALITÉS: Études en France

Les étudiants du Cercle Français ont organisé une table⁰ ronde pour parler des études que Jean et Charles ont faites en France. Ils ont invité leur professeur de français, M. Imbert, à participer à la discussion.

LE PRÉSIDENT. — Mes amis, la séance est ouverte. La semaine dernière, Jean nous a parlé de son arrivée à Paris et de ses premières impressions. Aujourd'hui, Charles 5 va nous parler de l'enseignement⁰ en France. Je commencerai donc par donner la parole à Charles. Puis, lorsque Charles aura parlé de ses expériences, nous aurons tous des questions à lui poser, j'en suis sûr.

CHARLES. — Merci, Georges. Eh bien! après avoir passé deux semaines à Paris, nous sommes partis tous les deux pour la Touraine. Nous nous étions inscrits⁰ à un 10 Cours d'Été et pendant six semaines nous avons suivi des cours de langue et de littérature françaises à Tours, charmante petite ville au bord de la Loire. A Tours, nous avons suivi trois cours de français: un cours de langue française, un cours de littérature contemporaine et un cours sur l'histoire de l'éducation en France. Nous avons tous trouvé le cours de langue et de grammaire françaises 15 très utile. Il se composait de deux parties: deux fois par semaine, nous devions⁰ assister à⁰ un cours magistral sur la langue pendant lequel le professeur nous expliquait les éléments de la grammaire française. Il nous donnait la théorie des principes grammaticaux que nous appliquions ensuite dans un cours de travaux⁰ pratiques que dirigeait un assistant. A la fin de chaque semaine, nous passions 20 un petit examen⁰ et à la fin de la session, il y avait, comme en Amérique, un examen final dans tous les cours. La majorité des étudiants y ont réussi. Seuls deux ou trois garçons qui n'avaient pas beaucoup travaillé y ont échoué.⁰ Personnellement, j'ai eu de bonnes notes à la fin de la session et j'ai obtenu un certificat de langue française sur lequel figure ma note moyenne⁰ de 15 sur 20. 25 J'en suis très fier car c'est mon premier diplôme français. (Dans les écoles françaises, on note sur une base de 20 points.) Ces cours de langue m'ont beaucoup intéressé. Le professeur et les assistants français qui nous les faisaient étaient très bons, sauf⁰ un qui ne prenait pas son travail au sérieux. Nous ne nous sommes jamais ennuyés dans ces classes et je crois que nos professeurs ne s'ennuyaient 30 pas non plus. Je dois dire que l'étude de la langue est beaucoup plus facile dans le pays où la langue se parle qu'à l'étranger. Ces cours de langue auxquels nous assistions deux heures par jour, avaient lieu⁰ six fois par semaine. Nous avions tous les jours des exercices écrits que nous faisions le soir. Nous les remettions⁰ le

A l'école primaire:
on apprend l'imprimerie.

(Institut Jean Suquet)

Une classe de lycée.

(Peter Buckley)   (Philippe Gendreau)

La chapelle de la Sorbonne
(17ᵉ siècle).

lendemain à nos professeurs qui les corrigeaient et qui nous les rendaient. Chaque fois qu'il y avait une faute importante, on nous l'expliquait.

Le cours de littérature contemporaine que nous avons suivi était passionnant. J'avais déjà assisté à un cours général d'initiation à la littérature française avant d'aller à Tours. Mais je n'avais pas encore étudié la littérature française de nos 5 jours. Notre professeur nous a présenté en quelques leçons, les quatre grands auteurs français modernes: André Gide, Paul Valéry, Marcel Proust et Paul Claudel. Nous avons lu une œuvre de chacun de ces auteurs: *Les Faux-Monnayeurs* de Gide, *Un Amour de Swann* de Proust, quelques poèmes de Valéry, dont le célèbre *Cimetière Marin* et *L'Annonce faite à Marie* de Paul Claudel. Puis, nous avons lu 10 *La Nausée* de Jean-Paul Sartre et *L'Étranger* d'Albert Camus. Nous avions déjà lu ces deux derniers romans[0] aux États-Unis et l'explication qu'on nous en avait faite nous a beaucoup aidés. La dernière semaine du cours, le professeur nous a parlé du nouveau roman français et du nouveau théâtre. Nous avons lu *La Leçon* d'Ionesco, *En Attendant Godot* de Beckett et *Le Voyeur* de Robbe-Grillet. 15

Le cours sur l'histoire de l'éducation en France a été pour moi une révélation. En France, il y a trois niveaux[0] d'instruction publique: le niveau primaire,[0] le niveau secondaire et le niveau supérieur ou universitaire. Les écoles du niveau primaire s'appellent *écoles primaires* et les gens qui enseignent sont des *instituteurs*[0] et des *institutrices*.[0] Au niveau secondaire, les écoles s'appellent des *lycées* ou des 20 *collèges* et les enseignants sont des *professeurs* comme au niveau supérieur. Dans les grandes villes, il y a des lycées:[0] ce sont en général des lycées de garçons ou de filles, car le lycée mixte,[0] qui existe, n'est pas la règle. Cela semble curieux pour un Américain qui est habitué aux «high-schools» mixtes des États-Unis. Cependant, l'enseignement supérieur est toujours mixte; c'est encore une 25 différence car il est souvent séparé aux États-Unis, du moins dans nos «colleges». Mais, comme je vous l'ai dit, le collège français est une école secondaire alors[0] que le «college» américain est une école de niveau supérieur. La vérité[0] est qu'il n'y a pas de niveau «undergraduate» en France. L'étudiant français passe directement du niveau secondaire au niveau supérieur. Aux États-Unis, il y a 30 un stade intermédiaire entre le secondaire et le vrai supérieur (Graduate School) qui s'appelle le «college». Il y a donc, quand on compare les deux systèmes, la difficulté d'établir une équivalence entre un système à trois niveaux et un système à quatre niveaux. Cette différence explique peut-être une certaine attitude de liberté et d'indépendance que l'on rencontre chez les étudiants 35 français et que l'on découvre chez l'étudiant américain beaucoup plus tard. En réalité, si on le compare aux études françaises, le «college» américain représente la fin des études secondaires et le commencement des études universitaires. Le baccalauréat[0] français est un diplôme qui marque la fin des études de lycée. Le B.A., c'est-à-dire le baccalauréat américain, marque au contraire la fin des 40 premières études universitaires.

(Berretty from Rapho Guillumette)

Étudiants de Paris (cour de la Sorbonne) et de province (Faculté de Médecine de Marseille). On travaille jusque dans les cafés!

(French Embassy Press and Information Division)→

(Hartmann from Magnum)

Pour un Américain, il y a encore une autre différence entre les études françaises et les nôtres: toutes les écoles françaises publiques (les écoles privées s'appellent «écoles libres») dépendent du Ministère de l'Éducation Nationale et enseignent[0] les mêmes programmes. Les professeurs sont donc des fonctionnaires de l'état et les études sont par conséquent plus uniformes que les nôtres. 5 Une dernière différence qui m'a frappé, c'est la fusion du niveau supérieur et du niveau secondaire en France. Les professeurs d'université en France commencent en général par être professeurs de lycée. Le recrutement des professeurs des classes supérieures de lycée se fait par un examen spécial qui s'appelle l'*agrégation*. Cet examen qui est très difficile est un concours[0] et on prend chaque 10 année, selon le nombre de postes[0] libres, les 20, 30 ou 40 premiers candidats au concours de l'agrégation. Agrégés et professeurs dans un lycée, les plus ambitieux et plus doués parmi ces jeunes professeurs, commencent à préparer le doctorat ès lettres ou le doctorat ès sciences. Quand il a obtenu son doctorat, le candidat a droit à une chaire[0] de faculté dans une université. Le doctorat, qui exige un 15 travail de recherche personnelle de huit à dix ans, est donc le couronnement[0] de la carrière académique.

Une dernière grande différence entre les universités françaises et américaines: notre système est décentralisé alors que le système français est centralisé dans la capitale de la nation. Cette centralisation a été l'œuvre[0] de Louis XIV, puis 20 de Napoléon Ier, qui ont, par leurs lois[0] et leur administration, bâti tout un système de gouvernement autour de Paris. Paris reste donc la clé de la civilisation et de la culture françaises. Le système français est à cet égard,[0] très différent du nôtre. Paris est la vraie capitale de la France, capitale à la fois politique, culturelle et économique. C'est un peu difficile à comprendre pour un Américain. 25 Nous avons l'habitude de nos vastes espaces et d'un fédéralisme décentralisé. La France, en dépit de son territoire limité, a une grande histoire. Cette histoire nous permet de comprendre que les villes sont plus anciennes que les nations.

LE PRÉSIDENT. — Je vous remercie, Charles. Nous allons maintenant ouvrir la discussion. Si vous avez des questions, vous êtes priés de lever la main. 30

UN ÉTUDIANT. — J'ai une question à poser à Charles. Quel système préférez-vous? Le système américain ou le système français?

CHARLES. — Il est bien difficile de répondre à cette question. Je ne connais pas assez bien le système français pour le juger d'une façon définitive.[0] Le système français convient peut-être mieux à une nation de 50 millions d'habitants et notre système 35 est peut-être meilleur pour un pays de 210 millions d'habitants.

UN AUTRE ÉTUDIANT. — Mais ce n'est pas une réponse. Le système américain a toujours été décentralisé et notre pays n'a pas toujours été aussi grand qu'aujourd'hui. Qu'est-ce que M. Imbert en pense?

M. IMBERT. — Vous savez, il est presque impossible de porter des jugements[0] de 40 valeur absolus. Comme Montesquieu le disait au 18e siècle, chaque pays possède

un ensemble⁰ de lois et d'institutions qui conviennent à⁰ son propre développement historique.

Un Autre Étudiant. — Charles, est-ce que tu as trouvé les étudiants français plus
avancés dans leurs études et plus intelligents que nous?

Charles. — Plus intelligents, non. Plus avancés, oui. C'est-à-dire intellectuellement ⁵
parlant. Il me semblait qu'ils prenaient leurs études plus au sérieux et qu'ils
savaient mieux que nous et à un âge plus jeune pourquoi ils les faisaient.

Un Autre Étudiant. — Est-ce que les étudiants français s'intéressent aux sports?

Le Président. — Comme Jean n'a pas encore parlé, je vais lui demander de répondre
à cette question. ¹⁰

Jean. — Il est difficile de répondre catégoriquement après avoir passé six semaines en
France. Je crois cependant que les étudiants français en général s'intéressent
moins aux sports que nous. La compétition à laquelle on s'intéresse le plus, c'est
le Tour de France, mais c'est en dehors de la vie universitaire et plutôt en fonction⁰
de la vie privée. Les sports n'ont pas cette grande importance presque profes- ¹⁵
sionnelle qu'ils ont dans l'université américaine. D'ailleurs, on mélange beaucoup
moins la vie privée et la vie professionnelle en France qu'en Amérique.

Un Étudiant. — Un Américain peut-il suivre des cours dans une université française
pour obtenir un diplôme français?

M. Imbert. — Certainement. Quand vous aurez terminé votre baccalauréat améri- ²⁰
cain, vous pourrez aller préparer une licence en France, si vous le voulez. Mais
le travail qu'exige un diplôme français est long et lent. Un diplôme américain
vous sera certainement plus utile pour votre carrière future qu'un diplôme
étranger.

Le Président. — Merci, M. Imbert. Et merci à tout le monde. Il est déjà cinq heures. ²⁵
La séance est levée. Au revoir et à la semaine prochaine.

Exercices

1. Questions sur la lecture. Répondez par des phrases complètes.

   1. Que feront les membres du Cercle Français quand Charles aura parlé des
   études en France?   2. Où Jean et Charles ont-ils suivi des cours de français en
   France?   3. Où se trouve cette ville? Qu'est-ce que la Touraine?   4. Qui faisait
   le cours de travaux pratiques?   5. Sur quelle base est-ce qu'on note les étudiants
   dans une école française? Et dans une école américaine?   6. De qui sont les
   romans que Charles et Jean avaient lus avant de partir? Quels sont les titres de
   ces romans?   7. Combien de niveaux d'enseignement y a-t-il en France? Quels
   sont ces niveaux?   8. Quel diplôme obtient-on aux États-Unis après les premières études universitaires? Quand obtient-on le baccalauréat en France?
   9. Qu'est-ce que Paris représente dans le système français?   10. Indiquez *trois*
   différences entre l'enseignement aux États-Unis et l'enseignement en France.

2. Répondez aux questions suivantes.

1. Remettez-vous toujours vos devoirs à l'heure? 2. Qu'est-ce que vous êtes obligé de faire au commencement de chaque semestre ou de chaque trimestre? Quelle note moyenne devez-vous obtenir à l'université pour pouvoir continuer à être étudiant? 3. A combien de cours assistez-vous chaque jour? 4. Quand vous passez un examen, avez-vous peur d'échouer? Pourquoi? 5. Est-ce que les programmes d'enseignement sont uniformes sur tout le territoire des États-Unis? Et dans l'état où vous habitez? Pourquoi? 6. Quand obtiendrez-vous votre diplôme de l'université? 7. Qu'est-ce que vous avez l'intention de faire après avoir obtenu ce diplôme? 8. De quels auteurs français contemporains aviez-vous entendu parler avant d'étudier le français? 9. Combien de temps ont duré vos études secondaires? 10. Qu'est-ce qu'une école *mixte?*

3. Formez des phrases en employant le *futur* et le *futur antérieur* avec les éléments suivants. Employez dans chaque phrase: **quand, lorsque, dès que** ou **aussitôt que.**

1. Lire *L'Étranger* / commencer un roman de Gide / (je) 2. Travailler dans un bureau / finir ses études / (Paul) 3. Écrire une composition de français / la remettre au professeur / (Barbara) 4. Aller en Europe / obtenir leur diplôme / (ils) 5. Visiter la Cathédrale Notre-Dame / arriver à Paris / (Jean et Charles) 6. Passer un mois en France / parler mieux français / (vous) 7. Voir ce nouveau film / pouvoir en parler / (je) 8. Revenir du Japon / raconter leur voyage / (mes amis) 9. S'inscrire à l'université / acheter de nouveaux livres / (nous) 10. S'arrêter de parler (le professeur) / poser des questions / (les étudiants)

4. Faites deux phrases avec chaque *conjonction* (employez des temps différents).

1. chaque fois que 2. pendant que 3. lorsque 4. depuis que 5. dès que 6. aussitôt que

5. Employez une forme correcte du verbe **devoir.**

1. Mon ami me ___ 50 dollars. 2. Nous ___ faire un pique-nique bientôt. 3. Je ne trouve pas mes lunettes; je ___ les oublier à la banque ce matin. 4. Hier, je ___ faire des courses, mais je n'ai pas eu le temps. 5. Ils ___ passer leurs vacances avec nous. 6. Ma mère ___ me téléphoner pendant que j'étais absent. 7. Cette auto — coûter très cher. 8. Ils ___ partir dimanche dernier, mais ils sont partis hier. 9. Nous étions en retard; nous ___ prendre un taxi. 10. Ils ont marché pendant des heures. Ils ___ être très fatigués.

6. *Composition:*

a) Projets d'avenir. Votre vie future comme vous l'imaginez. (Employez le *futur* et le *futur antérieur.*)

b) Votre «carrière» d'étudiant. Quelles études avez-vous faites? Dans quelles écoles? Quelles études allez-vous faire?

c) Vous faites une conférence dans un cercle d'étudiants étrangers sur le système d'enseignement aux États-Unis (ou dans votre état).

Vocabulaire

une agrégation	un diplôme	un gouvernement	une œuvre[0]
un assistant	une discussion	une importance	un poème
une attitude	un doctorat ès lettres	une indépendance	un poste[0]
le baccalauréat[0]	ès sciences	une initiation	un principe
une carrière	une éducation	un instituteur[0]	un programme
une centralisation	un élément	une institutrice[0]	une recherche
un certificat	un enseignement[0]	une institution	le recrutement
une chaire[0]	un ensemble[0]	une instruction	un roman[0]
un collège	une équivalence	un jugement[0] (de valeur)	une session
une compétition	un espace	une loi[0]	un système
un concours[0]	des études (f.)	un lycée[0]	une table ronde[0]
une correction	le fédéralisme	une majorité	un territoire
un couronnement[0]	un(e) fonctionnaire	un niveau[0]	des travaux pratiques[0]
une difficulté	une fusion	une note moyenne[0]	une vérité[0]

ADJECTIFS

absolu(e)	décentralisé(e)	passionnant(e)	supérieur(e)
agrégé(e)	définitif(ve)[0]	primaire[0]	uniforme
avancé(e)	intermédiaire	privé(e)	universitaire
centralisé(e)	limité(e)	professionnel(le)	vaste
contemporain(e)	mixte[0]	secondaire	

VERBES

appliquer	dépendre de (dépendu, 3)	enseigner[0]	juger
assister[0] à	devoir (3)[0]	établir (2)	participer à
avoir lieu[0]	durer	figurer	passer un examen[0]
convenir à[0] (cf. venir, 3)	échouer[0]	s'inscrire[0] à (3)	remettre un devoir[0]

MOTS INVARIABLES ET EXPRESSIONS

à cet égard[0]	chaque fois que	en fonction de[0]	lorsque
alors que[0]	dès que	intellectuellement	sauf[0]
aussitôt que	en dehors de		

39

POINTS DE REPÈRE

Quel journal est le plus intéressant?

Je trouve **celui-ci** plus intéressant que **celui-là**.

*

J'aime les pièces de Sartre. *Huis-Clos* est **celle que** je préfère.

J'ai vu mes amis et **ceux de** ma sœur.

*

C'est une jolie maison, mais **ce** n'est pas un château.

*

Dites-moi **ce qui** vous fait plaisir.

Dites-moi **ce que** vous avez vu à Paris.

*

Cela m'intéresse beaucoup.

*

J'ai lu un roman de Camus.

Lequel avez-vous lu?

*

Qu'est-ce qui se passe?

Qu'est-ce que vous avez fait?

*

DÉVELOPPEMENT GRAMMATICAL

1. Quel journal est le plus intéressant?

Je trouve **celui-ci** plus intéressant que **celui-là**.

Étudiez les phrases suivantes :

Regardez ces deux livres. **Celui-ci** est écrit en français; **celui-là** est écrit en espagnol.

Voici deux statues. **Celle-ci** date de l'antiquité; **celle-là** est moderne.

Il y a dix étudiants dans cette classe; **ceux-ci** travaillent dur; **ceux-là** ne font rien.

Voici plusieurs revues françaises; **celles-ci** sont littéraires; **celles-là** sont scientifiques.

■ Les mots en caractères gras dans les phrases précédentes sont des *pronoms démonstratifs*. Voici la liste complète des pronoms démonstratifs :

	Masculin	*Féminin*	*Neutre*
SINGULIER	celui celui-ci celui-là	celle celle-ci celle-là	ce ceci cela (= ça)
PLURIEL	ceux ceux-ci ceux-là	celles celles-ci celles-là	

Étudiez les phrases suivantes :

Voici deux tableaux de Picasso. Quel tableau préférez-vous? **Celui-ci** ou **celui-là**? (La personne qui parle fait un geste pour montrer alternativement les deux tableaux.)

Jeannette et Barbara sont mes amies. **Celle-ci est brune** (= Barbara, la plus proche, la dernière nommée). **Celle-là** est blonde (= Jeannette).

Il y a des disques sur la table. **Ceux-ci** sont à mon frère. **Ceux-là** sont à moi.

■ Les *pronoms démonstratifs* remplacent: un adjectif démonstratif + un nom déjà exprimé.

■ Les *pronoms composés* (**celui-ci, celui-là, celle-ci, celle-là,** etc.) s'emploient pour les *personnes* et pour les *choses*. Ils permettent de distinguer et d'opposer ces personnes ou ces choses. (Souvent le geste accompagne la parole.) **Celui-ci, celle-ci,** etc., indique une personne ou un objet qui est plus proche; **celui-là, celle-là,** etc., indique une personne ou un objet qui est plus éloigné.

NOTEZ : **Celui-ci, celle-ci,** etc., remplace un nom déjà exprimé et permet d'éviter une répétition.

EXEMPLE : Le professeur a interrogé Jeannette. **Celle-ci** n'a pas su répondre.

2. J'aime les pièces de Sartre. *Huis-Clos* est **celle que** je préfère.
J'ai vu mes amis et **ceux de** ma sœur.

Étudiez les phrases suivantes:

a) Aimez-vous les œuvres des peintres modernes?

Oui, j'aime **celles que** je peux comprendre. Mais **celles qui** sont trop abstraites ne me plaisent pas du tout.

A quel peintre pensez-vous?

Je pense à Picasso. C'est un grand peintre. C'est **celui qu'**on comprend le plus facilement aujourd'hui.

C'est **celui dont** on parle le plus; mais c'est probablement **celui qui** est le plus révolutionnaire.

b) Je lis les romans de Gide.

Je lis aussi **ceux de** Camus.

La poésie de Victor Hugo est romantique.

Celle de Verlaine est symboliste.

J'aime les comédies de Shakespeare.

J'aime aussi **celles de** Molière.

■ Les *pronoms démonstratifs simples:* **celui, celle, ceux, celles,** s'emploient pour les personnes et pour les choses, mais ils *ne s'emploient pas seuls.*

Ils sont suivis par: { un *pronom relatif* (**qui, que, dont** . . .) + une *proposition.*
de + un *nom de personne* ou *de chose.*

3. **C'**est une jolie maison, mais **ce** n'est pas un château.

Étudiez les phrases suivantes:

C'est la maison de mes parents. **C'**est une jolie maison blanche, mais **ce** n'est pas un château.

C'est mon frère Michel et **c'**est ma sœur Sylvie. **Ce** ne sont pas mes cousins. **Ce** ne sont pas Monsieur et Madame Harris.

Prenez ce journal. **C'**est le plus intéressant, mais **ce** n'est pas le plus récent. **Ce** n'est pas le mien.

Voici des disques de jazz. **Ce** sont les meilleurs à mon avis.

Ce + verbe **être**
s'emploie seul devant: { *un nom* accompagné d'un article, d'un adjectif possessif ou démonstratif, ou d'un adjectif qualificatif
un nom propre
un pronom
un superlatif

4. Dites-moi **ce qui** vous fait plaisir.

Dites-moi **ce que** vous avez vu à Paris.

Étudiez les phrases suivantes :

Achetez **ce qui** vous plaît. Dites-moi **ce qui** vous intéresse.
Prenez **ce que** vous voulez. J'ai dit **ce que** je savais.
Donnez-lui **ce dont** il a besoin. Je vais vous dire **ce dont** j'ai peur.

■ **Ce** + *un pronom relatif* (**qui, que, dont**) a le sens de :
$\begin{cases} \text{la chose qui} \\ \text{la chose que} \\ \text{la chose dont} \end{cases}$

Il a une valeur tout à fait indéfinie.

REMARQUES :

1) Faites *l'accord du verbe et du sujet* dans des constructions comme :

C'est **moi** qui vous **ai téléphoné.**
C'est **vous** qui **avez écrit** la meilleure composition.
C'est **nous** qui **sommes arrivés** les premiers.

2) Ne confondez pas : **C'est** et $\begin{cases} \text{il est} \\ \text{elle est} \end{cases}$ **Ce sont** et $\begin{cases} \text{ils sont} \\ \text{elles sont} \end{cases}$

C'est mon père. **Il** est grand, **il** est anglais.
C'est une classe de psychologie. **Elle** est difficile.
Ce sont des étudiantes allemandes. **Elles** sont intelligentes.
Ce sont des livres de sociologie. **Ils** sont intéressants.

Notez la forme négative :

C'est une carte de la France. **Ce n'est pas une** carte de l'Europe.
Ce sont des provinces isolées. **Ce ne** sont **pas des** provinces connues.

3) Employez : **il est** + (*adjectif*) + **de** + (*infinitif*) pour présenter une idée.

Il est agréable **de** voyager en bateau.
Il est impossible **de** nager dans certaines rivières.
Il est fatigant **de** travailler au soleil.
Il est normal **de** faire attention à sa santé.

4) **Ce qui** et **ce que** remplacent les formes interrogatives **qu'est-ce qui** et **qu'est-ce que** (= **que**) dans une proposition subordonnée.

Qu'est-ce qui vous intéresse?   Je vous demande **ce qui** vous intéresse.
Qu'est-ce qui vous ennuie?   Je sais **ce qui** vous ennuie.

Qu'est-ce que vous voulez?   Dites-moi **ce que** vous voulez.
Que savez-vous?   Je lui dirai **ce que** je sais.

5. Cela m'intéresse beaucoup.

Étudiez les phrases suivantes:

a) Je n'ai pas de nouvelles de mes parents: **cela** m'inquiète. (Dans la langue parlée, on dit: **Ça** m'inquiète.)

Nous nous sommes trompés de date, mais **cela** (**ça**) n'a pas d'importance.

Vous avez dit que le professeur était malade. – Mais non, je n'ai pas dit **cela** (**ça**).

Je peux vous dire seulement **ceci**: vous avez tort.

■ **Ceci, cela** (**ça**) s'emploient pour remplacer toute une phrase.
Cela indique une idée déjà mentionnée.
Ceci indique une idée qu'on va présenter.

b) A Paris, nous irons dans les meilleurs restaurants; **ce** sera très agréable.

Mon frère n'a pas pu nous accompagner au théâtre; **c'est** dommage.

■ Avec le verbe **être,** on emploie généralement **ce** au lieu de **cela.**

6. J'ai lu un roman de Camus.
        Lequel avez-vous lu?

Étudiez les phrases suivantes:

Nous avons étudié un poème de Verlaine. **Lequel** avez-vous étudié?
(Quel poème avez-vous étudié?)

Ils ont vu une pièce de Sartre. **Laquelle** ont-ils vue?
(Quelle pièce ont-ils vue?)

Je ne comprends pas tous les mots. **Lesquels** ne comprenez-vous pas?
(Quels mots ne comprenez-vous pas?)

Nous recevons plusieurs revues françaises. **Lesquelles** recevez-vous?
(Quelles revues recevez-vous?)

Mon père est abonné à un journal litté-raire. **Auquel** est-il abonné?
(A quel journal est-il abonné?)

Nous avons parlé de plusieurs villes d'Amérique. **Desquelles** avez-vous parlé?
(De quelles villes avez-vous parlé?)

J'ai posé une question à une étudiante. **A laquelle** avez-vous posé une question?
(A quelle étudiante avez-vous posé une question?

■ **Lequel**
Laquelle
Lesquels
Lesquelles } sont des *pronoms interrogatifs* variables.

Ils s'emploient pour remplacer: **quel (quelle, quels, quelles)** + *un nom de personne* ou *un nom de chose* qui est déjà exprimé.

Ces pronoms sont parfois précédés d'une préposition.

Avec **à** et **de,** ils se contractent
{
au masculin singulier: **auquel; duquel**
au masculin pluriel: **auxquels; desquels**
au féminin pluriel: **auxquelles; desquelles**
}

Ces pronoms sont aussi employés avec un complément.

> EXEMPLES : **A laquelle de ces étudiantes** avez-vous posé une question?
> **Avec lequel de ces professeurs** a-t-il travaillé?
> **Lequel de ces châteaux** avez-vous visité?
> **Dans lesquelles de ces boutiques** êtes-vous entré?

---

7. Qu'est-ce qui se passe?
Qu'est-ce que vous avez fait?

Étudiez les phrases suivantes :

Qui est venu?
Qui est-ce qui est venu? }   **Ma mère** est venue.

Qu'est-ce qui vous plaît?   **Un bon film** me plaît.

Qui attendez-vous?
Qui est-ce que vous attendez? }   J'attends **mon ami.**

Qu'attendez-vous?
Qu'est-ce que vous attendez? }   J'attends **l'autobus.**

Avec qui avez-vous voyagé?   J'ai voyagé **avec mes parents.**

Avec quoi avez-vous ouvert cette boîte?   Je l'ai ouverte **avec un ouvre-boîte.**

■ Voici les *pronoms interrogatifs* qu'on emploie quand la question porte sur le *sujet*, le complément d'*objet direct*, ou le *complément introduit par* une préposition.

	PERSONNES	CHOSES (idée, action)
Sujet	qui qui est-ce qui	qu'est-ce qui
Objet direct	qui qui est-ce que	que (qu') qu'est-ce que
Après une préposition	qui	quoi

NOTEZ:

1) Il y a une différence de construction selon qu'on emploie la forme simple (**qui, que**) ou la forme composée (**qui est-ce que, qu'est-ce que**).
Avec la forme *composée*, il n'y a *pas d'inversion du sujet*.

> **Qui** cherchez-*vous*?   **Que** voulez-*vous*?

mais:

> Qui est-ce que *vous* cherchez?
> Qu'est-ce que *vous* voulez?

2) **Qui,** pronom interrogatif sujet employé pour les personnes, est le plus souvent suivi d'un verbe à la troisième personne du *singulier*.

> Qui vous **a écrit**? – Mes amis m'ont écrit.
> Qui **est arrivé** en retard? – Jean et Paul sont arrivés en retard.

Exercices

1. Changez les phrases suivantes de manière à éviter les répétitions en employant un *pronom démonstratif*.

1. Vos classes de ce semestre sont-elles plus intéressantes que vos classes du semestre dernier?   2. J'ai trouvé mon manteau, mais je n'ai pas vu le manteau de ma sœur.   3. Voici ma maison et la maison de Richard.   4. Donnez-moi vos devoirs et les devoirs de vos amis.   5. Mon examen est sur votre bureau; l'examen de Robert est dans votre serviette.   6. Nos méthodes et les méthodes de ces gens-là sont très différentes.   7. Voici des reproductions de tableaux modernes; dites-moi les reproductions que vous préférez.   8. Je n'aime pas beaucoup ce tableau-ci, mais ce tableau-là me plaît.   9. Je lui ai montré mes livres et je lui ai dit de prendre les livres dont elle avait besoin.   10. Parmi toutes les étudiantes de la classe, quelle est l'étudiante qui parle le mieux?

2. Employez **ce, (c'), il, elle, ils, elles,** suivant la phrase.

1. ___ est une dame très sympathique.   2. ___ est Mme Rostof.   3. ___ est russe.   4. ___ est une amie de ma mère.   5. ___ est secrétaire à l'université.   6. ___ est une excellente secrétaire.   7. ___ sont mes cousins.   8. ___ sont étudiants.   9. ___ sont des jeunes gens instruits.   10. ___ sont intelligents.   11. ___ sont mes meilleurs camarades.   12. Nous n'allons pas au concert; ___ est regrettable.   13. ___ est regrettable de ne pas aller au concert plus souvent.

3. Employez un *pronom démonstratif* pour compléter les phrases. (Attention: il faut parfois ajouter un *pronom relatif*).

1. Quel hôtel allons-nous choisir? ___ est plus confortable, mais ___ est mieux situé.
2. Dites-moi ___ vous avez acheté.   3. Nous avons lu les romans de Sartre et ___ de Camus.   4. De toutes les villes que vous avez visitées, quelles sont ___ que vous avez préférées?   5. Ils ont appris plusieurs langues; ___ est utile et ___ sera

de plus en plus nécessaire.   **6.** Voici des gâteaux; prenez __ dont vous avez envie.
7. Je n'ai pas raconté toute l'histoire; j'ai dit __ je me souvenais.   **8.** Sur le
menu, elle a choisi __ était le moins cher.   **9.** Voici ma serviette et __ de Marie.
10. Je comprends vos explications, mais je n'ai pas compris __ du professeur.

4. Remplacez les mots en italiques par un *pronom interrogatif*.

1. Jean et Charles ont suivi des cours. *Quels cours* ont-ils suivis?   **2.** J'ai parlé à
mes professeurs. *A quels professeurs* avez-vous parlé?   **3.** Nous avons relu les
lectures avant l'examen. *Quelles lectures* avez-vous relues?   **4.** Charles a obtenu
une bonne note. *Quelle note* a-t-il obtenue?   **5.** On a parlé de plusieurs films. *De
quels films* avez-vous parlé?   **6.** Je m'intéresse aux écrivains modernes. *A quel
écrivain* vous intéressez-vous particulièrement?   **7.** Ils ont visité quelques châteaux. *Quels châteaux* ont-ils visités?   **8.** Je me souviens d'une certaine chose. *De
quelle chose* vous souvenez-vous?   **9.** J'ai posé une question à mes étudiants. *A quels
étudiants* avez-vous posé une question?   **10.** Je me suis servi d'un dictionnaire.
De quel dictionnaire vous êtes-vous servi?

5. Cherchez la question. (Les mots en italiques constituent la réponse).

1. J'ai travaillé chez *M. Brown*.   **2.** Nous avons invité *Henri*.   **3.** *Mes amis* sont
revenus d'Amérique du Sud.   **4.** *L'histoire ancienne* l'intéresse.   **5.** Mon ami a
téléphoné à *Jeannette*.   **6.** *Mon frère* m'a offert ces disques.   **7.** Nous avons fait
une promenade en auto.   **8.** On a conseillé à *Barbara* de partir.   **9.** Je veux boire
une tasse de café.   **10.** Nous avons rencontré *les Stone* à la plage.   **11.** Il s'est servi
de *son couteau* pour réparer sa montre.   **12.** Je m'intéresse aux *coutumes anciennes*.

40

RÉALITÉS: Visages franco-américains

Ce soir encore, Jean et Charles rencontrent Patty, Phil et Hélène pour parler de leurs expériences en France. Mais ce soir, il y a un nouvel invité, Jacques Maurel. Celui-ci est aux États-Unis depuis quelques semaines et s'est joint à eux pour passer la soirée. On vient de finir de dîner.

PATTY. — Passons au salon. Je vais vous apporter le café. Nous y serons mieux pour 5
bavarder.

CHARLES. — Toutes mes félicitations, Patty. Tu es une excellente maîtresse de maison.[0]
Ton dîner était superbe. Je n'ai jamais mieux mangé.

PATTY. — Merci, Charles, tu es gentil. Enfin . . . j'ai fait de mon mieux.[0] Ce n'était
pas sensationnel. 10

JEAN. — Si, si! Ton rôti était à point; tes légumes n'étaient pas trop cuits; ta salade
était excellente, une vraie salade française, bien assaisonnée[0]; bref, c'était parfait.

PATTY. — Mon Dieu! Ça suffit! Je vais rougir!

PHIL. — Hé! les garçons! Vous ne dites rien de ce «diplomate»? Épatant, hein? Patty
a eu la recette[0] de ce gâteau en France. 15

PATTY. — Voyons, Phil! Alors, toi aussi, tu me fais des compliments? Ça n'arrive pas
tous les jours. Je n'en crois pas mes oreilles! . . .

PHIL. — Pourquoi pas? Tu les mérites bien de temps en temps. Oh! pas trop souvent.
Il ne faut pas te donner de mauvaises habitudes.

PATTY. — Merci quand même, mon chéri. Tu es trop bon! 20

JACQUES. — Ça, c'est bien américain. En France, on ne remercie pas la personne qui
vous fait des compliments.

PATTY. — Ah, que voulez-vous, monsieur, je suis trop américaine et je n'y peux rien!
Quand on me fait un compliment, je réponds «merci», c'est automatique. Pour
moi, c'est tout à fait naturel. 25

HÉLÈNE. — Mais qu'est-ce qu'il faut répondre si on ne dit pas «merci»?

PATTY. — On ne répond rien, ma chère, surtout une femme. Un homme peut dire
quelque chose comme: «Oh! non, pas du tout, voyons!» Je n'ai jamais pu prendre
cette habitude. Alors je continue à dire «merci». Mais il y a beaucoup d'autres
petites coutumes[0] qui sont bizarres. Par exemple, en France, les hommes ne vous 30
poussent pas votre chaise dans les genoux quand on se met à table! Quel soulagement[0] pour une Américaine.

HÉLÈNE. — Mais non. Je ne suis pas d'accord. C'est un geste que je trouve courtois[0]
et agréable.

PATTY. — C'est barbare! D'abord, on ne sait jamais si le monsieur est vraiment là. On finit par recevoir un grand coup dans les genoux, ou alors, par timidité, l'homme n'avance pas votre chaise au bon moment et on risque de s'asseoir par terre! Puis on finit par avancer sa chaise soi-même en faisant un grand sourire[0] au monsieur embarrassé. C'est ridicule!　　　　　　5

JEAN. — Moi, j'ai vraiment attrapé[0] en France cette habitude des Français qui consiste à serrer[0] la main à tout le monde chaque fois qu'on se rencontre ou qu'on se quitte.

JACQUES. — *(en riant)* Vous dites «attraper»[0] comme pour une maladie![0]

JEAN. — Oh non! Je trouve même que c'est une habitude plutôt sympathique. C'est 10 devenu pour moi un vrai réflexe conditionné. Toute ma famille en riait quand je suis revenu.

JACQUES. — Vous me faites peur.[0] Mes amis américains sont certainement très étonnés de ces poignées[0] de main que je distribue généreusement à droite et à gauche. C'est donc très mal considéré en Amérique?　　　　　　15

HÉLÈNE. — Mais non, Jacques. Patty et Jean exagèrent toujours. Tu n'étonnes personne. Tout le monde sait que tu es français et que c'est un geste tout à fait naturel.

JACQUES. — Merci, mademoiselle. Vous êtes très aimable de me défendre et je vous en suis très reconnaissant.[0]　　　　　　20

PATTY. — Cette fois-ci, voilà un «merci» bien français, et un vouvoiement[0] qui ne l'est pas moins. Voyons, Hélène, ne tutoie[0] pas quelqu'un que tu ne connais que depuis une heure. C'est de très mauvais goût.[0]

JACQUES. — Oh, non, Madame. Vous êtes sévère pour notre amie. Il n'y a aucun mal.

HÉLÈNE. — Tu vois, il m'a appelée son amie. Je peux donc le tutoyer.[0]　　　　　　25

PATTY. — Ma chère, ce que tu dis n'est pas exact; tu n'es pas son «amie». L'amitié[0] française implique un degré d'intimité qui ne peut pas encore exister entre vous. Alors, si tu ne veux pas être ridicule, dis-lui «vous» et appelle-le «Jacques», à la rigueur.[0] Tu as peut-être vingt ans, mais tu n'en a plus dix!

HÉLÈNE. — Je ne comprends pas. «Tu» est beaucoup plus gentil que «vous» et nous 30 sommes amis. Alors, tutoyons-nous.[0]

PHIL. — J'étais comme toi, Hélène. Quand nous sommes arrivés en France, je tutoyais tout le monde parce que je voulais bien faire . . . et je me trompais. Ma femme a raison, n'est-ce pas, Jacques?

JACQUES. — C'est vrai; chez nous, le tutoiement[0] est réservé aux amis intimes,[0] à la 35 famille, aux camarades. C'est peut-être ridicule, mais c'est comme ça.

PATTY. — Oh! Vous savez, pour les choses ridicules, aucun pays n'en a le monopole. Vous savez bien, n'est-ce pas, Jacques, qu'en Amérique, il faut garder les mains sous la table pendant les repas?

JACQUES. — Vraiment? En France, c'est le contraire. On apprend très jeune qu'il 40 faut mettre les mains *sur* la table, ce qui n'est pas plus justifié.

PATTY. — Lorsque nous étions en France, j'avais un mal fou à savoir et à retenir⁰ le nom des gens. Comme on dit «monsieur» ou «madame» à tout le monde, on ne sait jamais exactement le nom de ceux à qui on parle.

JACQUES. — (*en riant*) C'est une de nos coutumes⁰ que je trouve pratique! En France, on n'a pas besoin de se souvenir des noms. Aux États-Unis, au contraire, il faut $_{5}$ se souvenir du nom de tous les gens qu'on rencontre et je trouve cela très difficile.

HÉLÈNE. — Et il ne faut jamais dire «oui» ou «non», sans ajouter «monsieur» ou «madame» en français, n'est-ce pas, monsieur Maurel?

PATTY. — Oh Hélène! Je t'en prie. Dis «Jacques» ou «monsieur» . . . mais ne dis pas «monsieur Maurel». $_{10}$

HÉLÈNE. — Et il ne faut dire ni «bonjour» ni «au revoir» tout court, sans ajouter, «monsieur» ou «madame».

PATTY. — C'est bien, ma petite. Tu as bien appris ta leçon!

JACQUES. — Oui, chaque pays a ses coutumes et tout est étrange à l'étranger.

PATTY. — Mais vous, Jacques? Comment trouvez-vous l'Amérique? Vous n'êtes pas $_{15}$ ici depuis très longtemps. Est-ce que tout vous semble étrange?

JACQUES. — Je vous assure que non. Je suis comme tous les jeunes Français de ma génération. J'ai été élevé⁰ dans le «mythe» américain. Depuis mon enfance j'avais un culte pour Mickey Mouse que nous appelions Mickey tout court, pour les films américains, pour les comédies musicales . . . puis plus tard pour $_{20}$ les romans de Faulkner, de Dos Passos, d'Hemingway. Puis, bien entendu, il y avait le jazz américain. Encore maintenant, je préfère un bon film américain aux films français. Ma génération a grandi, surtout à Paris, au milieu de touristes américains et de *gadgets*, qui semblaient venir d'un pays lointain⁰ et fabuleux.

JEAN. — Comme c'est curieux! Moi, j'ai été élevé dans le mythe français. $_{25}$

CHARLES. — Oui, mais ta mère est française.

JEAN. — C'est vrai. Mais je crois qu'il y a un mythe de la France qui correspond au mythe de l'Amérique. La France, pays de l'art et de la culture, des peintres impressionnistes, des surréalistes. Et Paris, capitale du monde entier. Pour moi, la vue de Paris de l'avion a été un moment solennel⁰ et émouvant⁰ de ma vie. $_{30}$

JACQUES. — Je vous comprends. C'est comme pour nous, l'horizon de New York quand on arrive en bateau. Pour les Français et pour les Européens en général, l'Amérique est une sorte de légende.

HÉLÈNE. — Qu'est ce qui vous a frappé le plus en Amérique?

JACQUES. — Oh! tout! Mais s'il faut choisir, je crois que c'est la grandeur des États- $_{35}$ Unis et du continent américain. Pour nous, c'est immense. Je n'oublierai jamais les plaines du *Mid-West* que j'ai traversées en train. Puis il y a un côté sympathique, gentil, de l'Amérique que les Français aiment beaucoup. Les gens qu'on rencontre dans les rues et dans les magasins sont le plus souvent souriants,⁰ accueillants.⁰ On s'occupe de vous. Mais c'est quand même pour nous un conti- $_{40}$ nent qui n'est pas à la mesure de l'homme.

PATTY. — Alors, cela veut dire que vous n'aimez pas tout, n'est-ce pas, Jacques?

JACQUES. — Je ne sais pas encore. D'ailleurs, je ne voudrais pas critiquer un pays que je ne connais pas encore assez bien.

PATTY. — Eh bien! Je vais vous dire, moi, ce que vous n'aimez pas. Vous n'aimez pas le «lonely crowd» américain.   5

HÉLÈNE. — Qu'est-ce que le «lonely crowd»?

PATTY. — Mais tu sais bien. C'est le titre du célèbre livre de Riesmann sur les foules américaines. Il prétend que la vie moderne sépare les gens. Qu'en pensez-vous Jacques?

JACQUES. — Je connais bien le livre de Riesmann et je suis tout à fait d'accord. 10 D'ailleurs, les écrivains français parlent depuis longtemps de la solitude de la foule américaine. Sartre a écrit de belles pages sur New York et celles de Céline dans *Voyage au bout de la Nuit* sont inoubliables.[0]

JEAN. — J'ai lu cela. Je me souviens même de ce qu'il a écrit. «New York est une ville debout. Les villes européennes sont des villes couchées.» Et c'est vrai. On a 15 souvent dit que les rues de New York sont des canyons.

PHIL. — Vous connaissez sans doute l'essai de Sartre qu'il intitule «Villes d'Amérique» et où il répond à Céline. Si je ne me trompe pas, c'est dans *Situations III*, Patty; nous avons ce bouquin[0] quelque part.[0] Où est-il?

PATTY. — Le voilà. (*Elle cherche le passage*) J'ai trouvé. C'est à la page 101.   20

Quelles sont les impressions d'un Européen lorsqu'il débarque dans une cité améri-caine? . . . On ne lui parlait que de gratte-ciel,[0] on lui présentait New York, Chicago, comme des «villes debout». Or, son premier sentiment,[0] au contraire, est que la hauteur[0] moyenne d'une ville des États-Unis est très sensiblement inférieure à celle d'une ville française. L'immense majorité des maisons n'a pas plus de deux étages. 25 Même dans les très grandes villes, l'immeuble à cinq étages est l'exception.

CHARLES. — Sartre a écrit ces pages vers 1945, je crois. Les villes américaines ont beaucoup changé depuis cette époque.

JEAN. — Oh! pas tellement. Je crois que Sartre a raison. Il parle des villes américaines en général. Céline ne parle que de New York.   30

HÉLÈNE. — Mais Sartre n'aime pas l'Amérique.

PATTY. — Ah! vraiment? Alors, écoutez la suite:

Pourtant on se met rapidement à aimer les villes d'Amérique. Sans doute, elles se ressemblent toutes. Et c'est une déception,[0] lorsque vous arrivez à Wichita, à Saint-Louis, à Albuquerque, à Memphis, de constater que, derrière ces noms magnifiques 35 et prometteurs,[0] se cache la même cité standard . . . avec les mêmes feux[0] rouges et verts qui règlent la circulation et le même air provincial. Mais on apprend peu à peu à les distinguer: Chicago, noble et sinistre, couleur du sang[0] qui ruisselle[0] de ses abattoirs[0] . . . ne ressemble aucunement[0] à San Francisco, ville aérée,[0] marine,[0] salée,[0] construite en amphithéâtre.   40

Et puis, écoutez la fin:

> . . . Mais ces villes légères . . . montrent l'autre face des États-Unis: leur liberté. Chacun est libre, ici, non de critiquer ou de réformer les mœurs,⁰ mais de les fuir,⁰ de s'en aller dans le désert ou dans une autre ville. Les villes sont ouvertes, ouvertes sur le monde, ouvertes sur l'avenir⁰. . .

JACQUES. — Vous connaissez sans doute *L'Amérique au jour le jour* de Simone de Beauvoir?

JEAN. — Oh! oui. C'est déjà un vieux livre, mais c'est un livre très sympathique.

JACQUES. — Et qui exprime bien ce mythe de l'Amérique dont je vous parlais.

PHIL. — Et dites-moi, connaissez-vous le vieux livre de Jean Giraudoux, *Amica America?* En général, les Européens parlent tous de la jeunesse de l'Amérique; seul Giraudoux a parlé de l'ancienneté de l'Amérique. «L'Amérique est mon vieux continent», disait-il.

JACQUES. — Et il ne se trompait pas. A côté de l'Amérique jeune, il y a aussi une très vieille Amérique. C'est l'Amérique du 18ᵉ siècle, de la Déclaration de l'Indépendance américaine et du *Bill of Rights*. Après tout, sur le plan des idées, l'Amérique et la France ne sont pas très loin l'une de l'autre.

PATTY. — C'est vrai. Moi, je trouve que vous comprenez très bien l'Amérique pour un jeune Français qui la visite pour la première fois.

JACQUES. — C'est un grand compliment, madame. Merci! (*Tout le monde rit*)

HÉLÈNE. — Vous voyez bien! Il a dit merci!

PATTY. — Il s'américanise, c'est tout. Pauvre garçon!

HÉLÈNE. — Oh! Pourquoi? Jacques sait bien que nous apprécions la culture française.

PHIL. — C'est quand même une consolation, mon vieux.

PATTY. — Je connais une consolation bien moins littéraire . . .

PHIL. — Ah? Laquelle?

PATTY. — Mais le champagne, mon chou. . . . le champagne.

PHIL. — Là, d'accord! Je suis français cent pour cent.

JACQUES. — Bien sûr! (*Il chante*)

> C'est à boire, à boire, à boire,
> C'est à boire qu'il nous faut . . .

PATTY. — (*Elle continue la chanson*) Oh! Oh! Oh! Oh! . . . Comptez sur les Français quand il s'agit de culture! . . .

Exercices

1. Questions sur la lecture. Répondez aux questions par des phrases complètes.

    1. Pourquoi Patty dit-elle qu'elle va bientôt rougir? 2. Pourquoi est-elle surprise quand Phil lui fait des compliments? 3. Qu'est-ce qu'on dit à une personne qui vous fait des compliments aux États-Unis? Et en France? 4. Pourquoi

la famille de Jean riait-elle quand il est revenu de France? **5.** Qui peut-on tutoyer en français? Est-ce qu'on tutoie une personne qu'on connait depuis peu de temps? **6.** Quelle coutume américaine Jacques trouve-t-il difficile? Pourquoi? **7.** Qu'est-ce que l'Amérique représente pour les Français de la génération de Jacques? **8.** Quelle est la première chose qui a frappé Jacques en Amérique? **9.** Quels écrivains français ont parlé de New York dans leurs œuvres? Qu'est-ce que Sartre a dit des maisons des villes américaines en général? **10.** Qu'est-ce que Patty, Phil et leurs invités ont fait à la fin de la soirée?

2. Répondez aux questions par des phrases complètes.

a) **1.** Qu'est-ce qu'un *gratte-ciel?* Y en a-t-il dans la ville que vous habitez? **2.** Quand se sert-on d'une recette (de cuisine)? Connaissez-vous des recettes (de cuisine)? Lesquelles? **3.** Donnez des synonymes de: *des compliments, les mœurs. (Employez chaque expression dans une phrase.)* **4.** Qu'est-ce qu'une *plaine?* Y a-t-il des plaines dans l'état où vous habitez? Où? **5.** Avez-vous eu *des déceptions* dans votre vie à l'université? Quand? Pourquoi?

Complétez les phrases en employant des mots du vocabulaire de la leçon 40.

b) **1.** Dans les rues de la ville, les autos s'arrêtent devant les __. **2.** En France, quand on rencontre une personne, on lui donne une __. **3.** Cet étudiant fait le maximum d'efforts, il __. **4.** La dame qui reçoit des invités chez elle est la __. **5.** Une personne qui aime vivre seule aime __. **6.** Les membres d'une famille française se disent *tu;* ils __. **7.** L'Amérique n'est pas un pays, c'est un __. **8.** Tous les gens qui sont nés presque à la même époque forment une __.

3. Faites des phrases complètes avec chaque expression.

1. celle qui **2.** celui dont **3.** ce que **4.** ceux de **5.** celles que **6.** celui de **7.** ceux qui **8.** ce qui

4. Voici les réponses à des questions. Formulez les questions en employant des *pronoms interrogatifs.*

1. C'est moi qui suis arrivé le premier. **2.** Je préfère celles qui ne parlent pas trop. **3.** Ce que vous dites m'amuse. **4.** Cette serviette est à Barbara. **5.** Il parle toujours de sa fiancée. **6.** Nous nous servons d'un stylo pour écrire. **7.** Jean et Charles lui ont fait des compliments. **8.** En France, on se serre la main quand on se rencontre. **9.** Il était étonné de la grandeur des États-Unis. **10.** Il s'intéresse à la politique internationale.

5. *Composition:*

a) Jacques écrit à un de ses amis français et il lui raconte son arrivée aux États-Unis; il lui parle de ses premières impressions d'Amérique.

b) Vous êtes allé dans un autre pays ou vous avez visité une ville très différente de la ville où vous habitez. Quelles étaient vos impressions? Qu'avez-vous observé et pensé?

c) Les distractions de votre ville.

Vocabulaire

NOMS

un abattoir[0]
une amitié[0]
un amphithéâtre
l'avenir[0] (m.)
un bouquin[0]
un canyon
une cité
une comédie musicale
un compliment
un continent
un coup
une coutume[0]
une déception[0]

un feu[0] rouge (vert)
une génération
un geste
le goût[0]
une grandeur
un gratte-ciel[0]
une hauteur[0]
une légende
une maîtresse de maison[0]
une maladie[0]
les mœurs[0] (f.)
un monopole
un mythe

une plaine
une poignée de main[0]
une recette (de cuisine)[0]
un réflexe conditionné
un rôti
le sang[0]
un sentiment[0]
la solitude
un soulagement[0]
un sourire[0]
un tutoiement[0]
un vouvoiement[0]

ADJECTIFS

accueillant(e)[0]
aéré(e)[0]
assaisonné(e)[0]
barbare
courtois(e)[0]
embarrassé(e)

émouvant(e)[0]
étrange
fabuleux(se)
inoubliable[0]
intime[0]
légendaire

lointain(e)[0]
marin(e)[0]
noble
normal(e)
prometteur (se)[0]

propre
reconnaissant(e)[0]
salé(e)[0]
solennel(le)[0]
souriant(e)[0]

VERBES

attraper[0]
avancer
compter sur
correspondre (3)
critiquer
défendre (3)

élever (un enfant[0])
être bien[0] (mieux)
faire de son mieux[0]
faire peur[0]
fuir (3)[0]
impliquer

intituler
(se) joindre (à, 3)
mériter
pousser
prétendre (3)
réformer

retenir (3)[0]
risquer
ruisseler[0]
(se) serrer la main[0]
(se) tutoyer[0]

MOTS INVARIABLES ET EXPRESSIONS

à la rigueur[0]
à la mesure de
aucunement[0]
généreusement

quelque part[0]
sur le plan de
tellement

GRAMMAIRE GÉNÉRALE

Le temps et les temps

A. Étudiez le passage suivant:

«**J'ai lu** la semaine dernière *Le Deuxième sexe* de Simone de Beauvoir. **J'avais** déjà **lu** *Les Mandarins* il y a un an.

— **Aviez-vous lu** autre chose de Simone de Beauvoir avant?

— Non, **je n'avais** rien **lu** d'elle, mais **j'avais lu** un roman de Sartre: *La Nausée.*

— **Aviez-vous lu** autre chose de Sartre avant de lire *La Nausée?*

— Non, **c'était** mon premier Sartre. Mais **j'étais** bien préparé. **J'avais lu** beaucoup d'œuvres de Gide et de Proust.

— Et que **lisiez-vous** avant de lire Gide et Proust?

— **Je lisais** surtout des auteurs classiques du 17e siècle.

— Que **lisez-vous** maintenant?

—**Je lis** une œuvre de Camus depuis quelques jours. **Je suis en train de lire** *l'Étranger.* Je le **lis** depuis trois jours, je l'**ai commencé** lundi dernier.

— Mais vous ne l'**avez pas encore terminé?**

— Non, pas encore. Je l'**aurai terminé** probablement demain ou après-demain.

— Et que **lirez-vous** après?

— Je **vais lire** un roman de James Baldwin quand j'**aurai terminé** *l'Étranger* de Camus. Cela me **changera** les idées. L'**avez-vous lu?**

— Je **viens de terminer** «*Another Country*». C'**est** un livre passionnant. Je **venais de lire** Richard Wright quand je l'**ai commencé.** Ils sont très différents, mais le même esprit de révolte les anime.»

Il y a en français comme en anglais, *trois dimensions temporelles:* le PASSÉ, le PRÉSENT, le FUTUR.

Notons d'abord que le temps joue un grand rôle dans les choses humaines. Tout ce qui existe existe dans le temps. Mais qu'est-ce que le temps? Est-ce que le temps lui-même existe? Les philosophes ont souvent parlé du paradoxe du temps: le passé n'existe plus, le futur n'existe pas encore et le présent n'existe pas du tout.

En français, le mot *temps* a deux sens: temps («*tense*») et temps («*time*»); c'est-à-dire qu'il faut distinguer en français un *problème de grammaire* qui est le problème du *temps d'un verbe* et le problème du *temps en général.* Les deux problèmes sont liés: cependant, il ne faut pas les confondre. Il faut donc distinguer un problème de *grammaire* et un problème de *pensée.*

Cette idée devient plus claire si nous comprenons que le temps est à la fois subjectif et objectif, absolu et relatif. Le temps est objectif, absolu: une semaine, un mois, un an, un siècle. Le temps est aussi subjectif, relatif: c'est mon expérience personnelle du temps. Par exemple, une classe intéressante me paraît courte; le temps passe vite. Une classe ennuyeuse me paraît longue; le temps passe lentement. Évidemment, mon attitude est subjective et ne dépend que de moi, mais il faut ajouter que très souvent, les attitudes les plus subjectives sont modifiées par une *certaine tradition sociale et culturelle*. Il y a des *attitudes françaises* comme il y a des *attitudes américaines*. Voilà pourquoi, quand nous étudions une langue étrangère, nous avons des difficultés à employer correctement les temps des verbes. Nous sommes devant une autre expérience humaine du TEMPS en général.

Par exemple, la phrase **Quand je serai à Paris, j'irai voir vos amis** représente une attitude typiquement française par rapport à l'emploi du futur. Pour un esprit français, cette action est absolument au futur. Mais la phrase «*When I am in Paris, I shall go see your friends*» représente une attitude typiquement anglo-saxonne. Pour un esprit anglais ou américain, cette phrase n'est pas absolument au futur; elle est partiellement au présent. En conséquence, l'étudiant américain doit non seulement apprendre les structures d'une langue étrangère, mais aussi, il doit apprendre à penser, dans une certaine mesure, selon les normes d'un autre peuple.

On peut représenter ainsi les différents temps français par rapport aux dimensions temporelles:

Dimensions	PASSÉ[1]	PRÉSENT	FUTUR
Temps	*Passé composé* *Imparfait* *Plus-que-parfait*	*Présent*	*Futur* *Futur antérieur*

Notons d'abord qu'il n'y a qu'un seul *présent* en français. Il n'y a pas de présent progressif ni de présent accentué comme en anglais. Il y a cependant comme en anglais, deux futurs; le *futur simple* et le *futur antérieur*. Mais il y a 7 temps passés en français. Nous avons déjà étudié les trois temps du passé les plus employés. En français, l'idée du passé est plus complexe, plus variée qu'en anglais. Les Français font des distinctions que nous ne faisons pas. On peut dire en général que le passé, le présent et le futur sont plus strictement séparés en français qu'en anglais.

Pour employer correctement les temps du passé, n'oubliez pas que les *quatre temps de base* sont: *le présent, le futur, le passé composé* ou *l'imparfait*.

---

[1] Il y a 4 autres temps du passé en français (le passé simple, le passé antérieur, le passé surcomposé, le plus-que-parfait surcomposé). Les temps du passé en français forment un système très complexe. Nous allons parler seulement des trois temps principaux mentionnés plus haut.

EXEMPLES: Je **vais** à l'université **aujourd'hui.**
J'**irai** à l'université **demain.**
Je **suis allé(e)** à l'université **hier.**
J'**allais** à l'école primaire quand j'**étais** petit.

D'une façon générale, on peut dire qu'on emploie le *présent* en français, quand une action est absolument au présent. On emploie le *futur* quand une action est absolument au futur. Voilà pourquoi on dit:

J'**étudie** le français **depuis** six mois.
Je **suis** ici **depuis** deux heures.
Quand je **serai** à Paris, j'**irai** voir vos amis.

Nous avons vu dans la leçon 35 que la différence entre le *passé composé* et l'*imparfait* est très souvent une différence subjective plutôt qu'objective, c'est-à-dire, c'est une différence d'attitude. Nous avons vu aussi que, objectivement, il y a dans chaque phénomène temporel une idée de durée et une idée de moment. Nous disons que le temps passe, que le temps dure et que le temps s'arrête. Cette distinction (moment/durée) est spécialement importante pour l'emploi des temps du passé.

L'hiver dernier, il **faisait** froid.
L'hiver dernier, il **a fait** froid.

Dans le premier cas, je considère *l'hiver dernier* comme une *durée;* dans le deuxième cas, je considère *l'hiver dernier* comme un *moment* limité dans le temps. Mon attitude a changé.

J'étudie le français **depuis** deux ans. (durée)
J'ai commencé à étudier le français **il y a** deux ans. (moment)
Pendant que mon père regardait la télévision, (durée) je faisais mes exercices de français. (durée)
Pendant que mon père regardait la télévision, (durée) j'ai téléphoné à un ami. (moment)

B. Les temps relatifs: *Plus-que-parfait* et *futur antérieur.*

Le *plus-que-parfait* et le *futur antérieur* sont des temps *relatifs.* Ce sont des temps secondaires et dépendants. Leur fonction est une fonction de *relation.*

Le *plus-que-parfait* indique une action passée qui est antérieure à une autre action passée.

Le *futur antérieur* indique une action future qui est antérieure à une autre action future.

On peut distinguer cette relation par le diagramme suivant:

Dimensions:	PASSÉ		PRÉSENT	FUTUR	
Temps	*plus-que-parfait*	*passé composé, imparfait*	*présent*	*futur antérieur*	*futur*

GRAMMAIRE GÉNÉRALE

Examinons le passage suivant:

Je **suis arrivé** à l'université à huit heures du matin. Je travaille à la bibliothèque. Je **finirai** mes classes aujourd'hui à trois heures.

Hier, nous **avons eu** un examen de français et j'**étais** bien fatigué. Heureusement, j'**avais** beaucoup **étudié.**

La semaine dernière, nous **avons eu** un examen de français aussi; j'**avais** beaucoup moins **étudié** et j'**ai obtenu** une très mauvaise note. Mais j'**ai** mieux **réussi** hier, j'en **suis** sûr. C'est ce que je **verrai** demain après que mon professeur m'**aura rendu** mon examen.

Je le **verrai** encore mieux à la fin du semestre quand j'**aurai terminé** mon cours.

Il y a dans le texte qui précède: 3 moments passés et 3 moments futurs.

Moments passés: *huit heures du matin, hier, la semaine dernière*
Moments futurs: *3 heures, demain, la fin du semestre*

Ces moments passés ou futurs déterminent les éléments temporels du passage par rapport au présent. Au passé, les verbes sont au *passé composé* ou à l'*imparfait*. Au futur, les verbes sont au *futur*.

En relation avec ces moments principaux, il y a deux autres moments passés et deux autres moments futurs:

Moments secondaires passés: le temps avant *hier;* le temps avant *la semaine dernière.*
Moments secondaires futurs: le temps avant *demain;* le temps avant *la fin du semestre.*

Ces moments du passé et du futur sont secondaires par rapport aux moments principaux; ils sont *relatifs*. On emploie donc au passé: *le plus-que-parfait;* au futur: *le futur antérieur.*

c. Étudiez les exemples suivants:

Je **vais lire** un roman de James Baldwin.
J'**allais lire** un roman de James Baldwin.
Je **viens de terminer** «*Another Country*».
Je **venais de terminer** «*Another Country*».

Entre les différentes dimensions temporelles, il y a des zones marginales où on emploie des expressions spéciales pour exprimer le temps. Ces expressions existent parce qu'il est impossible de séparer complètement le passé, le présent et le futur. Il y a entre le présent et le futur, une zone marginale qui s'appelle le *futur proche;* et entre le présent et le passé, une zone marginale qui s'appelle le *passé récent*. Entre le passé et le plus-que-parfait, il y a une troisième zone marginale.

Je vais lire veut dire: **je lirai bientôt. Je viens de lire** veut dire: très récemment, il y a quelques instants, **j'ai fini de lire.**

Je venais de lire veut dire que déjà dans le passé, mais peu de temps auparavant, **j'avais fini de lire.** Au contraire, **j'allais lire** est une sorte de futur dans le passé. C'est une zone de passage entre le passé et le plus-que-parfait. Au contraire, le futur antérieur indique une sorte de passé dans le futur. La relativité du temps nous permet de confondre passé, présent et futur. C'est parce que la notion du temps, en français comme en anglais, est très subjective.

EXEMPLE : Quand **j'aurai écrit** ma lettre, **je la mettrai** à la poste.

La proposition «je la mettrai à la poste» est manifestement au futur. Logiquement, c'est un vrai futur. Mais la proposition «Quand j'aurai écrit ma lettre» contient deux idées: l'une, d'écrire une lettre au futur et l'autre, de finir d'écrire cette lettre. L'anglais va beaucoup plus loin que le français dans cette voie et emploie un passé (*present perfect*) pour exprimer cette sorte d'idée.

When I *have written* my letter, I shall mail it.

La relativité du temps nous permet d'assimiler: passé, présent et futur.

Il n'est donc pas contradictoire de dire que le passé peut, *philosophiquement parlant*, être considéré comme un présent ou un futur, que le futur peut être considéré comme un passé et que le présent peut être confondu avec les deux.

L'idée de temps peut même disparaître complètement: «**Être ou ne pas être,**» disait Hamlet. C'est l'*infinitif*.

(Albert Monier)

Les «bouquins» s'achètent à la librairie . . . ou chez les bouquinistes,
au bord de la Seine.

Un souvenir du passé.

SIXIÈME ÉCHELON

PHOTOGRAPHIES DU 6ᵉ ÉCHELON :
Aspects culturels de la France

DE
L'UNIVERSALITÉ
DE LA
LANGUE FRANÇAISE

DISCOURS

QUI A REMPORTÉ LE PRIX
A L'ACADÉMIE DE BERLIN
EN 1784

PAR

RIVAROL

Qu'est-ce qui a rendu la langue française universelle?

Pourquoi mérite-t-elle cette prérogative?

Est-il à présumer qu'elle la conserve?

———

UNE telle question proposée sur la langue latine auroit flatté l'orgueil de Rome, et son histoire l'eût consacrée comme une de ses belles époques : jamais en effet pareil hommage

2

41

POINTS DE REPÈRE

Il faut que nous **fassions** attention en classe.

*

Le professeur veut que nous **réfléchissions** avant de répondre.

Il est possible que vous **ayez** raison.

J'ai peur que vous ne **compreniez** pas ma question.

*

Je suis sûr que Paul **a** une Cadillac.

Je doute que Paul **ait** une Cadillac.

*

Je désire **obtenir** mon diplôme.

Mon père désire que j'**obtienne** mon diplôme.

*

Je regrette que vous ne **puissiez** pas venir **samedi prochain.**

*

DÉVELOPPEMENT GRAMMATICAL

1. Il faut que nous **fassions** attention en classe.

Comparez:

Il **fait** mauvais.	Je voudrais qu'il **fasse** beau.
Nous **avons** un examen final dans notre classe de français.	Il est possible que nous **ayons** un examen la semaine prochaine.
Vous **pouvez** finir votre composition ce soir.	Je doute que vous **puissiez** finir votre composition ce soir.
Je **ferai** des économies pour aller en Europe.	Il faut que je **fasse** des économies pour aller en Europe.
Votre mère **est** malade.	Je suis désolé que votre mère **soit** malade.
Paul **a obtenu** son diplôme de l'université.	Ses parents sont contents qu'il **ait obtenu** son diplôme de l'université.
Suzanne **est partie** pour le Mexique hier.	Je suis surpris que Suzanne **soit partie** hier pour le Mexique.

◼ Dans la première colonne, il y a des propositions indépendantes dont le verbe est au présent, au futur ou au passé composé de l'*indicatif*. Ces phrases expriment *un simple fait* ou un état que tout le monde peut constater.

Dans la deuxième colonne, au contraire, les verbes en caractères gras sont dans des *propositions subordonnées* introduites par la conjonction **que** et ils dépendent d'un verbe principal: *je voudrais, il est possible, je doute, il faut, je suis désolé, ses parents sont contents, je suis surpris.* Les verbes des propositions subordonnées sont au *présent du subjonctif:* **fasse, ayons, puissiez, soit;** et au *passé du subjonctif:* **ait obtenu, soit partie.**

◼ L'*indicatif* est un MODE. Le *subjonctif* est un autre MODE, c'est-à-dire une manière de présenter une action ou un état. (*Cf.* fin du 6e échelon. Grammaire générale.)
Le *subjonctif* est un MODE qui a *quatre temps:*

$$2 \text{ temps simples:} \begin{cases} le\ présent \\ l'imparfait \end{cases}$$

$$2 \text{ temps composés:} \begin{cases} le\ passé\ (\text{ou } parfait) \\ le\ plus\text{-}que\text{-}parfait \end{cases}$$

Nous allons étudier le *présent du subjonctif* et le *passé du subjonctif.* Ce sont les temps qui sont employés couramment dans la conversation et dans la correspondance. Les deux autres temps (*imparfait* et *plus-que-parfait*) sont des temps littéraires. On les emploie très peu dans le français parlé, mais on les trouve fréquemment dans les textes littéraires.

GRAMMAIRE

Étudiez les exemples suivants:

A quelle heure faut-il que vous **arriviez** à l'université?

Il faut que j'**arrive** à l'université à huit heures du matin.

Pour quelle date faut-il que vous **finissiez** votre rapport d'histoire?

Il faut que je le **finisse** pour la fin du mois.

Quand faut-il que vous **rendiez** votre composition de français au professeur?

Il faut que je lui **rende** cette composition demain.

Faut-il que vous **sachiez** ces dates pour votre examen d'histoire?

Oui, il faut que je **sache** toutes ces dates par cœur.

Faut-il que vous **preniez** l'autobus tous les jours?

Oui, il faut que je **prenne** l'autobus parce que je n'ai pas d'auto.

■ Dans ces exemples, il y a des verbes du 1er groupe (arriver), du 2e groupe (finir) et du 3e groupe (rendre, savoir, prendre).

Voici la conjugaison du *subjonctif présent* des verbes **arriver, finir, rendre:**

arriver	finir	rendre
que j' arrive	que je finisse	que je rende
que vous arriv**iez**	que vous finiss**iez**	que vous rend**iez**
que tu arrive**s**	que tu finisse**s**	que tu rend**es**
que nous arriv**ions**	que nous finiss**ions**	que nous rend**ions**
qu'il arrive	qu'il finisse	qu'il rende
qu'elle arrive	qu'elle finisse	qu'elle rende
qu'ils arriv**ent**	qu'ils finiss**ent**	qu'ils rend**ent**
qu'elles arriv**ent**	qu'elles finiss**ent**	qu'elles rend**ent**

■ Au *subjonctif présent*, tous les verbes (excepté **avoir** et **être**) ont *les mêmes terminaisons.*

	Singulier	*Pluriel*
1)	**e**	**ions**
2)	**iez, es**	**iez**
3)	**e**	**ent**

■ 1) Le radical est le *radical* de la *troisième personne du pluriel du présent de l'indicatif.*

choisir	ils **choisissent**	Il faut que je **choisisse.**
réfléchir	ils **réfléchissent**	Il faut que je **réfléchisse.**
réussir	ils **réussissent**	Il faut que je **réussisse.**
lire	ils **lisent**	Il faut que je **lise.**
écrire	ils **écrivent**	Il faut que j' **écrive.**
partir	ils **partent**	Il faut que je **parte.**
sortir	ils **sortent**	Il faut que je **sorte.**

2) Les verbes du troisième groupe qui *changent de radical* au présent de l'indicatif (prendre, boire, voir, vouloir, recevoir, etc.) changent aussi de radical au présent du subjonctif, à la 1ʳᵉ et à la 2ᵉ personne du pluriel.

Voilà la conjugaison du *subjonctif présent* des verbes **prendre** et **voir**:

prendre	voir
que je **prenne**	que je **voie**
que vous **preniez**	que vous **voyiez**
que tu **prennes**	que tu **voies**
que nous **prenions**	que nous **voyions**
qu'il **prenne**	qu'il **voie**
qu'elle **prenne**	qu'elle **voie**
qu'ils **prennent**	qu'ils **voient**
qu'elles **prennent**	qu'elles **voient**

Voilà encore quelques verbes usuels dont le radical change au *subjonctif présent* comme à l'*indicatif:*

	INDICATIF	SUBJONCTIF
recevoir	(ils **reçoivent** nous **recevons**)	que je **reçoive** que nous **recevions** qu'ils **reçoivent**
boire	(ils **boivent** nous **buvons**)	que je **boive** que nous **buvions** qu'ils **boivent**
venir	(ils **viennent** nous **venons**)	que je **vienne** que nous **venions** qu'ils **viennent**
obtenir	(ils **obtiennent** nous **obtenons**)	que j'**obtienne** que nous **obtenions** qu'ils **obtiennent**

3) Un petit nombre de verbes ont un *radical spécial* au subjonctif présent:

a) Ils se conjuguent *sans changement de radical* au subjonctif présent:

faire:	que je **fasse**	que nous **fassions**	qu'ils **fassent**
pouvoir:	que je **puisse**	que nous **puissions**	qu'ils **puissent**
savoir:	que je **sache**	que nous **sachions**	qu'ils **sachent**

et

falloir:	(il faut) qu'il **faille**
pleuvoir:	(il pleut) qu'il **pleuve**

b) Ils se conjuguent *en changeant de radical* au subjonctif présent:

aller: que j'**aille**   que nous **all**ions   qu'ils **aill**ent
vouloir: que je **veuille**   que nous **voul**ions   qu'ils **veuill**ent

4) Voici la conjugaison au *subjonctif présent* des verbes **être** et **avoir**:

être		avoir	
que je	**sois**	que j'	**aie**
que vous	**soyez**	que vous	**ayez**
que tu	**sois**	que tu	**aies**
que nous	**soyons**	que nous	**ayons**
qu'il	**soit**	qu'il	**ait**
qu'elle	**soit**	qu'elle	**ait**
qu'ils	**soient**	qu'ils	**aient**
qu'elles	**soient**	qu'elles	**aient**

2. Le professeur veut que nous **réfléchissions** avant de répondre.
Il est possible que vous **ayez** raison.
J'ai peur que vous ne **compreniez** pas ma question.

Comparez:

1) Vous ne faites pas attention.
Je veux que vous **fassiez** attention.

Mon ami ne vient pas me voir.
Je voudrais que mon ami **vienne** me voir.

Nous parlons français, nous répondons et nous posons des questions en français.
Le professeur exige que nous **parlions** français, que nous **répondions** et que nous **posions** des questions en français.

■ On emploie le *subjonctif après un verbe principal* (ou une expression) qui exprime *une volonté*, c'est-à-dire après les verbes:

vouloir ⎫
désirer ⎬ que . . .
souhaiter ⎭

exiger ⎫
ordonner ⎬ que . . . .
permettre ⎭

défendre ⎫
accepter ⎬ que . . .
attendre ⎭

2) Je vais à la banque.
Il faut que **j'aille** à la banque.

Vous lisez le dernier roman de Robbe-Grillet.
Il est nécessaire que vous **lisiez** le dernier roman de Robbe-Grillet.

Nous arrivons toujours à l'heure.
Je doute que nous **arrivions** à l'heure aujourd'hui.

Cette étudiante est malade.
Il se peut (= il est possible) que cette étudiante **soit** malade.

■ On emploie le *subjonctif après un verbe principal* (ou une expression) qui exprime *une nécessité, une possibilité, un doute*, c'est-à-dire après des verbes ou des expressions comme :

Il faut
Il est nécessaire
Il est possible
Il est impossible
Il est douteux } que ...
Il est rare
Il est utile
Il est inutile

Il est important
Il est indispensable
Il n'est pas certain
                    (sûr)
Je doute } que ...
Je ne suis pas sûr
                    (certain)

3) Vous avez un A à votre examen.

Je suis heureux que vous **ayez** un A à votre examen.

Chez moi, nous ne regardons pas la télévision pendant les repas.

Mon père déteste que nous **regardions** la télévision pendant les repas.

Jeannette ne comprend pas votre question.

Je suis surpris qu'elle ne **comprenne** pas ma question.

Nous invitons nos amis pendant le week-end.

Ma mère préfère que nous **invitions** nos amis pendant le week-end.

Je n'ai pas assez d'argent pour aller en Europe.

Il est (c'est) dommage que je n'**aie** pas assez d'argent pour aller en Europe.

Il fait froid.

J'ai peur qu'il **fasse** froid ce soir.

Je ne veux pas sortir demain soir.

Je regrette que vous ne **vouliez** pas sortir demain soir.

Je me reposerai pendant quelques jours.

Il vaut mieux que vous vous **reposiez** pendant quelques jours.

■ On emploie le *subjonctif après un verbe principal* (ou une expression) qui exprime un *sentiment personnel*, une *émotion* (peur, surprise, regret, goût, préférence, joie, tristesse, etc.) c'est-à-dire après des verbes ou des expressions comme :

avoir peur
être surpris
être étonné
s'étonner
aimer
aimer mieux } que ...
préférer
détester
être content
être mécontent
être ravi

être enchanté
être heureux
être désolé
être furieux
se réjouir
regretter } que ...
Il est étonnant
Il est regrettable
Il vaut mieux
Il est préférable
Il est dommage

3. Je suis sûr que Paul **a** une Cadillac.

Je doute que Paul **ait** une Cadillac.

Comparez :

Je crois que cet étudiant **est** intelligent.

Je dis que les examens **sont** difficiles à l'université.

Il est vrai que nous **apprenons** le subjonctif.

Il est probable que nous **réussirons** à l'examen final.

Le professeur est sûr que nous **répondrons** correctement.

Il est certain que nous **sommes** vivants maintenant.

Je doute que cet étudiant **soit** intelligent.

J'ai peur que les examens **soient** difficiles à l'université.

Il est indispensable que nous **apprenions** le subjonctif.

Il est possible que nous **réussissions** à l'examen final.

Le professeur n'est pas sûr que nous **répondions** correctement.

Il est douteux que nous **soyons** vivants dans cent ans.

■ Dans la 1ʳᵉ colonne, les verbes des propositions subordonnées sont à l'*indicatif* parce qu'ils dépendent d'un verbe principal qui indique *une constatation, une certitude* (croire, penser, espérer, affirmer, dire, savoir, voir, être sûr [certain], il est vrai, évident, probable, etc.).

Dans la 2ᵉ colonne, les verbes des propositions subordonnées sont au *subjonctif* parce qu'ils dépendent d'un verbe principal qui indique *un doute, une nécessité, une émotion*.

NOTEZ : a) N'employez *pas le subjonctif* après les verbes : **croire, espérer, penser** à la forme affirmative.

Je crois que votre père **a** raison.

Nous pensons que nos amis **viendront** ce soir.

J'espère que Paul vous **a téléphoné**.

Après **croire, penser,** négatifs ou interrogatifs, le subjonctif est possible pour indiquer le doute :

Croyez-vous vraiment que vos amis **sachent** la vérité?

Je ne crois pas que vous **connaissiez** cette histoire.

Pensez-vous vraiment que Paul **veuille** y aller?

b) On emploie le *subjonctif* après : **il est possible.**

On *n'emploie pas le subjonctif* après : **il est probable.**

Il est possible que j'**aille** chez vous ce soir.

Il est probable que j'**irai** chez vous ce soir.

Il est possible que nous **ayons** un examen la semaine prochaine.

Il est probable que nous **aurons** un examen la semaine prochaine.

4. Je désire **obtenir** mon diplôme.

Mon père désire que j'**obtienne** mon diplôme.

Comparez:

a) Je veux **devenir** architecte.

Mon père veut que je **devienne** architecte.

Je préfère **savoir** la vérité.

Mes parents préfèrent que je **sache** la vérité.

Je suis content d'**aller** à cette soirée.

Je suis content que vous **alliez** à cette soirée.

Il a peur d'**arriver** en retard à l'aéroport.

Il a peur que nous **arrivions** en retard à l'aéroport.

b) Je crois **avoir** une bonne note à l'examen.

Je crois que vous **avez** une bonne note à l'examen.

J'espère **rencontrer** vos amis.

J'espère que nous **rencontrerons** vos amis.

Elle est sûre d'**avoir** raison.

Elle est sûre que vous **avez** raison. (avez eu, aviez, aurez)

■ Dans la 1ʳᵉ colonne, chaque phrase contient deux *verbes* qui *ont le même sujet*. Le premier verbe est conjugué; le deuxième verbe est à *l'infinitif*.

NOTEZ: Certains verbes (ou expressions verbales) sont suivis d'une *préposition* devant l'infinitif (Voir leçon 29). (pp. 222–3)

Dans la 2ᵉ colonne chaque phrase contient deux verbes qui n'ont pas le même sujet: chaque phrase *a son propre sujet*. Quand les deux verbes ont un *sujet différent*, on emploie le *deuxième verbe* à *l'indicatif* ou au *subjonctif*.

Voilà quelques phrases contenant deux verbes qui ont le même sujet:

J'aime mieux			Je suis étonné de		
Je désire			Je suis content de		
Je déteste	**rester** ici.		Je suis désolé de	**rester** ici.	
Je préfère			Je suis ravi de		
Je souhaite			Je suis heureux de		
Je veux			Je suis satisfait de		
			Je suis fier de		

J'ai besoin de			J'espère		
J'ai envie de			Je pense		
J'ai hâte de	**rester** ici.		Je sais	**reconnaître** mes amis.	
J'ai honte de			Je crois		
J'ai peur de			Je suis sûr de		
etc.					

GRAMMAIRE

Mais quand les deux verbes ont un sujet différent:

J'aime (mieux)		Je suis étonné	
Je désire		Je suis content	
Je déteste	que vous **restiez** ici.	Je suis désolé	
Je souhaite		Je suis ravi	que vous **restiez** ici.
Je veux		Je suis heureux	
Je préfère		Je suis satisfait	
		Je suis fier	

J'ai besoin		J'espère	
J'ai envie		Je pense	
J'ai hâte	que vous **restiez** ici.	Je sais	
J'ai honte		Je crois	
J'ai peur		Je suis sûr	
		J'affirme	que vous **reconnaissez**
		Je vois	**(avez reconnu, recon-**
		Je dis	**naîtrez)** vos amis.
		Je déclare	
		Il est vrai	
		Il est certain (sûr)	
		Il est évident	

■ Les expressions impersonnelles suivies d'un infinitif ont un sens très général, très impersonnel.

Il faut		Il est (im)possible	
Il vaut mieux	**rester** ici.	Il est préférable	
Il est (c'est) dommage[1] de **rester** ici.		Il est regrettable	de **rester** ici.
Il est étonnant		Il est (in)utile	
Il est important	de **rester** ici.	Il est urgent	
Il est indispensable			

■ Les expressions impersonnelles employées avec un verbe conjugué (qui a son propre sujet) ont un sens plus précis, plus particulier que lorsqu'elles sont employées avec l'infinitif.

Il faut		Il est naturel	
Il vaut mieux		Il est préférable	
Il est (c'est) dommage	que vous	Il est rare	que vous
Il est important	**restiez** ici.	Il est regrettable	**restiez** ici.
Il est indispensable		Il est (in)utile	
Il est (im)possible		Il est urgent	

[1] On emploie souvent **c'est dommage** («dommage» est un nom) à la place de «il est dommage».

Étudiez les phrases suivantes:

> Je suis content que vous **veniez** chez moi **demain.**
> Il est possible que nous **ayons** un examen **la semaine prochaine.**
> Mon ami regrette que je ne **puisse** pas le voir **dimanche prochain.**
> Je suis désolé que vous **soyez** obligé de travailler **l'été prochain.**

■ Le *subjonctif présent* est souvent employé pour indiquer une *action future*. L'idée du futur est indiquée par une expression de temps ou par le sens de la phrase.

———————

REMARQUES sur le verbe **falloir:**

a) Ne dites pas: «Il me faut aller à la poste».

Dites: «**Il faut que j'aille à la poste**».

b) Dites cependant avec une expression de temps:

Il me faut dix minutes pour aller à l'université.

Combien de temps **vous faut-il** (lui faut-il) pour faire cet exercice?

c) Dites encore avec un nom:

Il me faut ce livre.

Il nous faut une autre voiture.

Exercices

1. Donnez le *subjonctif présent* des formes suivantes en plaçant au commencement de la phrase les expressions: **il est possible, il se peut** ou **il faut.**

1. Il va en ville. 2. Nous pouvons danser. 3. Ils font des courses. 4. Vous écrivez à l'agence de voyages. 5. Il veut sortir. 6. Je viens vous voir. 7. Nous nous dépêchons. 8. Elle se met à travailler. 9. Il faut attendre. 10. Elle a de l'argent. 11. Je sors de la classe. 12. Vous êtes en retard. 13. Je m'en vais. 14. Il s'endort. 15. Elle réfléchit à ce problème.

2. Écrivez le verbe à la forme convenable (*indicatif* ou *subjonctif*).

a) 1. Je voudrais que nous (partir) de bonne heure et que nous (faire) un pique-nique. 2. Le professeur exige que nous (corriger) nos fautes. 3. Il ne permet pas que nous (arriver) en retard. 4. Voulez-vous que mon frère vous (accompagner) à l'aéroport? 5. Il désire que nous (être) prêts à six heures. 6. Son professeur veut qu'elle (apprendre) le vocabulaire qu'elle ne (savoir) pas. 7. Ma mère veut que je (savoir) faire la cuisine. Elle dit que c'(être) très utile. 8. Mon père souhaite que je (devenir) avocat. 9. Ses parents acceptent qu'elle (aller) à l'étranger et qu'elle (faire) ses études de médecine.   **10.** Mes amis disent que je (être) toujours en retard ; ils souhaitent que je (être) à l'heure.

b) **1.** Nous sommes bien contents que vous (pouvoir) faire ce voyage.   **2.** Mon frère a peur que je ne (comprendre) pas ce problème et que je n'en (voir) pas la solution.   **3.** J'espère que vous (être) satisfait de vos examens.   **4.** Je préfère que vous (venir) tout de suite chez moi et que nous (aller) ensuite au restaurant.   **5.** Ils veulent que nous leur (téléphoner) parce qu'ils savent que notre voiture (être) au garage.   **6.** Je regrette que nous ne (avoir) pas le temps de vous accompagner.   **7.** J'aime mieux que nous (faire) ces visites maintenant.   **8.** Êtes-vous content que votre père (venir) vous voir?   **9.** Je m'étonne que vos amis ne (vouloir) pas aller à la conférence.   **10.** Nous pensons que les hommes (avoir) de bonnes raisons d'avoir peur de la bombe atomique.

3. Joignez les éléments suivants pour faire une phrase avec l'*infinitif* ou avec le *subjonctif*.

1. Mes amis viendront en vacances chez moi / je suis heureux   **2.** On va à l'aéroport pour prendre l'avion / il faut   **3.** Jean et Charles s'en vont en France sans passeport / il est impossible   **4.** Je m'endormirai pendant la conférence / il se peut   **5.** Les passagers débarquent de l'avion / ils ont hâte   **6.** Mes parents ne me prennent pas au sérieux / je déteste   **7.** Je suis obligé de partir en juin / je regrette   **8.** Nous avons des vacances plus souvent / je voudrais   **9.** Nous comprenons le subjonctif / le professeur n'est pas sûr   **10.** Je ne fais pas mon lit / ma mère n'aime pas   **11.** Elle habite dans une maison d'étudiantes / elle est contente   **12.** Nous avons de mauvaises notes / nous sommes furieux

4. Écrivez un paragraphe en employant beaucoup de verbes au *subjonctif:*

Quand je suis à la maison, il faut que ___ et que ___
Mes parents veulent que ___ et que ___
Mon père n'accepte pas que ___ ni que ___
Ma mère permet que ___ et que ___
Je suis content que ___, mais je suis furieux que ___.

42

Lire, relire et comprendre

(*Une interview imaginaire*)

(La lecture suivante est une interview imaginaire où nous essayons de répondre à beaucoup de questions que les étudiants de première année posent à leurs professeurs. Il se peut que vous y trouviez certaines de vos propres questions.)

Un Étudiant. — Combien de temps me faudra-t-il pour apprendre le français? 5

Le Professeur. — Dans une certaine mesure, vous savez déjà le français. Bien entendu, c'est relatif. Mais en quelques mois, il est possible à un adulte de connaître une langue étrangère assez bien pour parler avec les gens du pays et pour pouvoir se débrouiller.

Un Étudiant. — Que veut dire «se débrouiller»? 10

Le Professeur. — «Se débrouiller» veut dire «se tirer d'affaire».

L'Étudiant. — Mais que veut dire «se tirer d'affaire»?

Le Professeur. — Vous vous débrouillez, vous vous tirez d'affaire, quand d'une manière ou d'une autre, vous sortez d'une situation difficile par vos propres moyens. 15

Un Autre Étudiant. — Je ne comprends pas. Que veut dire «se débrouiller» en anglais?

Le Professeur. — Vous savez bien que je refuse toujours de traduire les nouvelles expressions en anglais. Il est indispensable que vous réfléchissiez à l'expression et aux exemples que je vous donne et que vous essayiez d'en deviner[0] le sens. C'est 20 par ce travail personnel que vous apprendrez le français.

Un Étudiant. — Mais il me semble que nous perdons beaucoup de temps ainsi.

Le Professeur. — Quelquefois on gagne du temps en le perdant. Il est possible qu'il soit plus facile de traduire en effet; mais chaque fois que vous traduisez, vous perdez une occasion de réfléchir et de penser en français. Quand vous parlez en 25 anglais, vous ne traduisez pas.

Un Étudiant. — Oui, c'est vrai, mais l'anglais est ma langue maternelle.

Le Professeur. — Cela ne fait[0] rien. L'anglais n'est pas ma langue maternelle, mais je pense en anglais. Je pense aussi en français, c'est-à-dire dans ma langue maternelle. 30

Un Étudiant. — Et vous ne traduisez jamais?

Le Professeur. — Non, jamais. Si je traduis, je ne peux pas parler du tout. Les gens pensent très souvent que parler une langue étrangère, c'est traduire rapidement d'une langue à l'autre. Ce n'est pas vrai. On ne sait une seconde langue que lorsqu'on la parle spontanément et tout à fait sans passer par sa propre langue. Quand vous traduisez, vous créez un obstacle entre la nouvelle langue et vous-même. Au lieu d'arriver à la signification[0] des mots par la voie française, vous changez de voie. Vous prenez la voie anglaise et vous compliquez terriblement votre propre processus mental. Il faut qu'une langue se pense pour qu'elle puisse 5 exister.

Un Étudiant. — C'est trop philosophique. Je ne comprends pas.

Le Professeur. — Je m'explique. Une langue n'est pas seulement un phénomène du monde extérieur. C'est aussi un phénomène intérieur mental qui appartient à notre subjectivité. Une langue est une création très humaine et même très 10 personnelle. On l'a souvent dit: le langage caractérise l'homme.

Un Étudiant. — Vous voulez dire que les animaux ne parlent pas? Je parle à mon chien et il me comprend.

Le Professeur. — Oui, mais il ne vous répond pas.

L'Étudiant. — Si. Il aboie,[0] il me salue[0] quand je rentre à la maison. Il remue[0] la 15 queue[0] et montre sa joie de me voir.

Le Professeur. — Mais il ne vous parle pas. Il ne vous a jamais dit «bonjour» ou «au revoir».

Un Étudiant. — C'est vrai. Mais les perroquets[0] parlent.

Le Professeur. — Oh, c'est tout à fait différent. C'est purement mécanique. Les 20 perroquets parlent, mais ils ne répondent pas. Ils peuvent imiter le langage humain, mais ils ne peuvent pas l'inventer. Si je dis «bonjour» à mon perroquet, il me dira toujours des mots qu'il a appris par cœur;[0] il n'inventera jamais une nouvelle réponse.

Un Étudiant. — Alors, si je vous comprends bien, il ne faut pas que nous traduisions; 25 il faut que nous parlions spontanément.

Le Professeur. — Oui.

L'Étudiant. — Mais moi, je ne parle pas spontanément. J'hésite. Je cherche mes mots, souvent je balbutie.[0] Comment voulez-vous que je parle spontanément si mes connaissances du français sont trop limitées? 30

Le Professeur. — Notez que déjà, vous parlez spontanément *par moments*. Il y a déjà certaines choses que vous pouvez dire presque sans réfléchir. Mais vous voulez aller trop vite. Naturellement, il y a beaucoup d'autres choses que vous ne savez pas encore dire en français. Vous les apprendrez.

Un Étudiant. — Alors, parler spontanément, c'est parler sans réfléchir? 35

Le Professeur. — Non. C'est parler et réfléchir simultanément. Voilà la vraie spontanéité. Quand vous parlez en anglais, vous ne formez pas vos phrases mentalement avant de les prononcer. Vous les formez en même temps que vous parlez. Très souvent, vous découvrez votre pensée en l'exprimant. Il faut que vous appreniez à faire la même chose en français. 40

L'Étudiant. — Mais comment?

Deux écrivains d'origine étrangère.
On peut ne pas être né en France
et écrire en français.

Eugène Ionesco.

(The Bettmann Archive)

Samuel Beckett.

(Guy Suignard)

LE PROFESSEUR. — Mais vous le faites déjà: par la pratique,[0] par l'exercice, par la conversation. On apprend à parler en parlant. C'est pourquoi vous avez un professeur.

L'ÉTUDIANT. — Il faut donc que nous vous imitions?

LE PROFESSEUR. — Oui, il faut que vous m'imitiez, mais il faut aussi que vous inven- 5
tiez vous-mêmes votre propre expression. La chose importante n'est pas d'imiter, mais d'inventer. Pensez à votre perroquet: il imite, mais il n'invente pas. Le langage est une invention humaine.

UN ÉTUDIANT. — Est-ce que les enfants n'apprennent pas les langues plus facilement et mieux que les grandes personnes? 10

LE PROFESSEUR. — Ça, c'est un grand problème. D'abord, les enfants n'apprennent pas les langues facilement comme on le dit trop souvent. N'oubliez pas que les enfants ne sont pas de petits adultes. Ce sont des êtres[0] très différents. Les enfants n'apprennent pas seulement leur langue; ils apprennent à parler. Ils inventent le langage. Et ce processus est souvent très difficile et pénible[0] pour l'enfant. Un 15
enfant qui change de pays et de langue est souvent pendant une période de temps traumatisé par cette expérience. Il se peut même qu'il refuse de parler et qu'il tombe dans un mutisme[0] total. Mais c'est un fait: quand un enfant commence à parler une nouvelle langue, il la parle presque toujours parfaitement, c'est-à-dire sans accent et tout à fait correctement. Chez l'adulte, le processus 20
est plus rapide, moins traumatisant, c'est-à-dire moins intime et plus rationnel. Dans votre classe de français, vous apprenez en une année, dix fois ou vingt fois plus que les petits enfants français dans le même temps et vos connaissances sont de nature différente.

UN ÉTUDIANT. — Est-ce que nous saurons le français un jour aussi bien que les 25
Français?

LE PROFESSEUR. — Oui et non. C'est-à-dire mieux et moins bien. Il est vrai qu'on n'a qu'une seule langue maternelle comme on n'a qu'un seul père ou qu'une seule mère. Mais dans certaines circonstances, on peut connaître une seconde langue mieux que la première langue. Tout le monde sait, par exemple, que 30
Joseph Conrad n'était pas anglais. Samuel Beckett, qui est irlandais, écrit en français et est devenu très célèbre. Mais en général, c'est notre première langue qui reste dominante puisque c'est par elle que nous avons découvert le langage.

UN ÉTUDIANT. — Il y a trop de choses que je ne sais pas dire en français. Comment est-ce que je peux enrichir mon vocabulaire? Mon problème est un problème 35
de vocabulaire.

LE PROFESSEUR. — Je ne suis pas d'accord. Votre problème n'est pas d'*abord* un problème de vocabulaire, c'est un problème d'attitude. Dans la conversation normale, on ne se sert que de quelques centaines de mots. Vous avez déjà un vocabulaire de près de 2.000 mots en français et à la fin de l'année, votre vocabu- 40
laire comptera près de 3.000 mots. C'est très suffisant tant[0] que vous n'avez pas

Paul Valéry (1871-1945).

besoin d'un vocabulaire technique particulier. Racine a écrit ses tragédies avec un vocabulaire de 1.200 à 1.400 mots et les linguistes disent que le français fondamental exige un vocabulaire de 1.300 à 1.500 mots. Au fond, la grammaire et la syntaxe sont plus importantes que le vocabulaire. Lorsque vous aurez étudié les structures essentielles de la langue française, vous verrez que votre expression 5 se sera considérablement améliorée.[0] Mais c'est votre attitude qui est la plus importante. Il faut que vous vous mettiez dans la langue et que la langue française entre en vous. Alors, vous commencerez vraiment à parler français.

UN ÉTUDIANT. — Mais pourquoi faut-il que j'apprenne le français?

LE PROFESSEUR. — Je ne sais pas. Pourquoi l'étudiez-vous? 10

L'ÉTUDIANT. — Je ne sais pas non plus. Parce que l'université exige[0] que nous suivions des cours de langue pendant deux ans pour le B.A.

LE PROFESSEUR. — Alors, cette raison est bonne si vous n'en avez pas d'autre. Qui a une autre raison pour étudier le français?

UN ÉTUDIANT. — C'est à vous de répondre, monsieur. Vous évitez[0] la question. 15

LE PROFESSEUR. — Eh bien, je vais y répondre puisque vous insistez. Il y a à la fois[0] toutes sortes de raisons pour étudier le français et aucune. Mais il en est de même[0] de toutes les études. N'oubliez pas que vous étudiez le français dans un certain contexte culturel parce que vous êtes des étudiants d'université. Les meilleures raisons pour étudier le français sont certainement des raisons culturelles et 20 historiques. La langue française comme d'autres langues, a joué un très grand rôle dans l'histoire culturelle de l'Occident et, au fond, c'est pourquoi nous l'étudions.

UN ÉTUDIANT. — Puisque vous parlez de culture française, quand est-ce que nous pourrons commencer à lire des textes littéraires en français? 25

LE PROFESSEUR. — En deuxième année, nous commencerons à lire des textes littéraires. Mais d'abord, il faut que vous complétiez vos connaissances des structures de base de la langue. Avant de commencer à lire des textes littéraires, il faut que vous sachiez le subjonctif; il faut aussi que je vous apprenne le passé simple. Ce n'est pas un temps difficile et on l'emploie beaucoup en littérature. 30

UN ÉTUDIANT. — Est-ce que la langue littéraire est très différente de la langue de tous les jours en français?

LE PROFESSEUR. — Assez différente. C'est surtout une langue beaucoup plus complexe, faite de phrases plus longues et qui se composent de beaucoup de propositions subordonnées. Dans la conversation courante, nous nous servons de phrases 35 plus courtes et d'expressions plus conventionnelles. Mais la langue littéraire est beaucoup plus élaborée. Paul Valéry a très bien exprimé cette différence par une formule d'une extraordinaire lucidité: «La Poésie, disait-il, est un langage dans un langage».

UN ÉTUDIANT. — Comment faut-il que nous lisions un texte littéraire? Le problème 40 du vocabulaire est vraiment très décourageant.

Le Professeur. — Moins décourageant que vous ne l'imaginez. D'abord, les textes classiques du 17e et du 18e siècles ne sont pas très difficiles du point de vue du vocabulaire. Les textes de la Renaissance, du 19e et du 20e siècles au contraire présentent de nombreux problèmes de vocabulaire.

Un Étudiant. — Et les textes du Moyen Age? 5

La Professeur. — Ils sont écrits en ancien français. La langue moderne ne permet pas de les lire comme l'anglais moderne ne permet de lire ni Chaucer ni les auteurs qui le précèdent. Pour comprendre ces textes anciens, il faut une étude spéciale. Mais souvenez-vous qu'un texte littéraire est un contexte et très souvent, c'est par le contexte qu'on découvre le sens des mots. 10

Un Étudiant. — Qu'est-ce qu'un «contexte»?

Le Professeur. — Un contexte, c'est un texte avec tous les éléments qui l'accompagnent: idées, images, préoccupations[0] et jugements de l'écrivain, période historique, etc. . . . Parfois un mot qui n'est pas clair en soi[0] devient clair quand on le place dans son contexte. Or, ce contexte change d'auteur en auteur. Le 15 contexte de Gide n'est pas le contexte de Montaigne. Le contexte de Camus n'est pas le contexte de Proust. Par exemple, si je dis: «madeleine», à quoi pensez-vous?

Un Étudiant. — A l'église de la Madeleine, à Paris.

Un Autre Étudiant. — A la Bible. 20

Un Autre Étudiant. — A une femme.

Un Autre Étudiant. — A ma sœur. Elle s'appelle Madeleine.

Le Professeur. — Vous voyez. Le sens de ce mot change selon le contexte où vous le placez. Mais personne n'a répondu: «Je pense à Proust».

Les Étudiants. — ? ? ? 25

Un Étudiant. — Quel rapport y a-t-il entre Proust et «madeleine»?

Le Professeur. — Un des passages-clés de l'œuvre de Proust s'appelle «la scène de la madeleine». Il s'agit d'un gâteau et c'est en mangeant un de ces gâteaux avec du thé que Proust a commencé à découvrir le secret de son passé. C'est un autre contexte, une autre association pour le mot «madeleine». 30

Un Étudiant. — Mais pour lire un texte littéraire, il faut absolument traduire.

Le Professeur. — Absolument pas. En traduisant, vous allez éviter le problème de la lecture.

Un Étudiant. — Mais alors, comment allons-nous faire?

Le Professeur. — N'oubliez pas que vous avez déjà lu un certain nombre de textes 35 sans les traduire. Dans quelques semaines, nous allons commencer à lire des textes plus difficiles. D'abord, je vous présenterai le nouveau texte en classe dans son contexte. Je vous expliquerai les nouvelles expressions. Et je vous parlerai du contenu du texte. Donc, au moment de le lire, vous verrez qu'il vous est déjà un peu familier. Ensuite, il faut que vous vous serviez de votre lexique en français 40 qui est fait spécialement pour cet exercice de lecture et qui contient les expressions difficiles pour vous.

Marcel Proust (1871-1922).

(Du côté de chez Swann, p. 57,
Le Livre de Poche, Gallimard)

Et tout d'un coup le souvenir m'est apparu. Ce goût, c'était celui du petit morceau de madeleine que le dimanche matin à Combray (parce que ce jour-là je ne sortais pas avant l'heure de la messe), quand j'allais lui

UN ÉTUDIANT. — Pouvons-nous nous servir d'un dictionnaire français-anglais pour gagner du temps?

LE PROFESSEUR. — Vous voulez dire pour *perdre* du temps. Non. Il faut que vous appreniez à lire en français. L'anglais, vous le savez déjà.

UN ÉTUDIANT. — Si nous nous servons d'un dictionnaire bilingue, vous ne le saurez   5 pas.

LE PROFESSEUR. — C'est vrai. Mais vous serez la première victime, car vous saurez beaucoup moins de français. Un autre conseil: Quand vous commencerez à lire un nouveau texte en français, lisez-le à haute voix.[0] Ce sera pour vous un double exercice: de prononciation et de lecture individuelle.   10

UN ÉTUDIANT. — Mais cela va prendre beaucoup de temps! Nous lirons trop lentement.

QUARANTE-DEUXIÈME LEÇON

LE PROFESSEUR. — Oh, mon Dieu! Mais pourquoi vouloir aller si vite? Justement, je veux que vous lisiez *lentement*. Les jeunes Américains lisent en général trop rapidement. Ils confondent *comprendre* et *apprendre*. Ils confondent aussi la lecture des textes scientifiques et des textes littéraires. On lit un texte scientifique pour les informations qu'il contient. Un texte littéraire est, au contraire, une sorte de 5 voix humaine qu'on apprécie pour sa beauté et pour les idées qu'elle exprime.[0] Il faut que vous preniez le temps de l'entendre. Il faut qu'elle pénètre en vous.

UN ÉTUDIANT. — Comment peut-on savoir qu'on a compris un texte littéraire?

LE PROFESSEUR. — Nous comprenons un texte littéraire par un acte individuel que nous appelons «intuition». Quand nous saisissons[0] intuitivement le sens d'un 10 texte, nous sentons[0] que «nous avons compris».

UN ÉTUDIANT. — Et si nous nous trompons?

LE PROFESSEUR. — Je vous corrigerai.

UN ÉTUDIANT. — Et si vous vous trompez?

LE PROFESSEUR. — Dans ce cas-là, vous me corrigerez. 15

UN ÉTUDIANT. — Mais c'est vous le professeur!

LE PROFESSEUR. — Vous avez raison, mais la littérature est très subjective. Je peux me tromper comme vous et il est possible que vos intuitions soient meilleures que les miennes.

L'ÉTUDIANT. — Alors, il n'y a pas de critères objectifs en littérature? 20

LE PROFESSEUR. — Oui et non. Nous ne pouvons pas *savoir* en littérature comme nous pouvons *savoir* en sciences. Il faut interpréter davantage. Mais certaines interprétations sont justifiées; d'autres ne le sont pas.

UN ÉTUDIANT. — Alors, comment est-il possible d'être sûr?

LE PROFESSEUR. — Par le texte. Il supporte[0] certaines interprétations; il est impossible 25 de lui en donner d'autres.

UN ÉTUDIANT. — On ne peut donc jamais être sûr?

LE PROFESSEUR. — Je suis obligé de répondre encore une fois oui et non. Par sa subjectivité, la littérature s'adresse à nous personnellement; mais par son objectivité, elle nous permet de rendre notre subjectivité universelle. Proust a 30 très bien exprimé ce double aspect de la littérature dans cette scène de la «madeleine» dont je vous parlais il y a un moment: «Grave incertitude, toutes les fois que l'esprit se sent dépassé par lui-même, quand lui, le chercheur, est le pays obscur où il doit chercher . . .»

UN ÉTUDIANT. — Je ne sais pas si je vais aimer l'étude de la littérature. J'aime les 35 choses plus positives.

LE PROFESSEUR. — Un peu de patience. Vous verrez bien.

UN ÉTUDIANT. — Eh bien! moi! Je pense que nous verrons très mal.

LE PROFESSEUR. — Quoi? Déjà un jeu[0] de mots? Mais dites-moi, est-ce que vous ne vous moquez pas de moi? Comment faut-il que je comprenne votre phrase? 40

L'ÉTUDIANT. — Par le contexte, monsieur, par le contexte!

Exercices

1. Questions sur la lecture. Répondez par des phrases complètes.

1. Quel est votre principal problème quand vous apprenez une langue étrangère?
2. Quelle(s) langue(s) étrangère(s) avez-vous étudiée(s)? 3. Où et à quel âge avez-vous commencé à les étudier? 4. Pensez-vous qu'il soit plus facile d'apprendre une langue étrangère quand on est très jeune? Pourquoi? Avez-vous eu cette expérience? 5. Pourquoi le professeur refuse-t-il de traduire en anglais le verbe *se débrouiller?* 6. A son avis, qu'est-ce qu'il faut que les étudiants fassent? 7. Dites-vous déjà certaines choses sans réfléchir en français? Quoi, par exemple? Dans quelles circonstances? 8. Quelle différence y a-t-il entre le «langage» de certains animaux et le langage humain? 9. Comment apprend-on à parler, d'après le professeur? 10. Quelle est la différence entre la langue littéraire et la langue de tous les jours? 11. Qui est Paul Valéry? 12. Qui est Chaucer? 13. Pourquoi ne faut-il pas se servir d'un dictionnaire bilingue? 14. Pourquoi la langue moderne ne permet-elle pas de lire les textes du Moyen Age? 15. Pourquoi lit-on un texte scientifique? Qu'est-ce qui est important quand on lit un texte scientifique? 16. Pourquoi le professeur dit-il: «Je veux que vous lisiez lentement»?

2. Écrivez le verbe à la forme convenable (l'*indicatif* ou le *subjonctif*).

1. Il faut que vous (choisir) un modèle. 2. Il est dommage qu'elle ne (être) pas très attentive car je suis sûr qu'elle (pouvoir) réussir. 3. Il ne faut pas que les étudiants (faire) de traduction parce qu'ils (perdre) l'occasion d'améliorer leurs connaissances. 4. Il est vrai que votre professeur (avoir) raison et qu'il est préférable que vous ne (traduire) pas. 5. Il est absolument nécessaire que vous (apprendre) le français par le français. 6. Il est douteux que vous (pouvoir) lire ce livre très vite, mais je suis certain que vous (être) capable de le comprendre. 7. Je crois que vous (faire) beaucoup de progrès et que vous (se débrouiller) très bien en conversation courante. 8. Il est probable que votre chien vous (comprendre), mais je doute qu'il vous (répondre) un jour.

3. Avec les éléments suivants, faites: a) une phrase avec un *subjonctif* ou un *indicatif*
b) une phrase avec un *infinitif*.

EXEMPLE: Sa mère ne veut pas / Suzanne sort le soir.
a) Sa mère ne veut pas que Suzanne **sorte** le soir.
b) Sa mère ne veut pas **sortir** le soir.

1. Mon père aime / nous faisons les courses le samedi. 2. Je suis content / vous allez mieux. 3. Nous sommes désolés / vous êtes obligé de partir. 4. Votre mère désire / vous savez la vérité. 5. Il est possible / ce jeune homme réussit dans la vie. 6. Nous savons / vous dansez très bien. 7. Ses parents veulent / elle fera ce voyage. 8. Il vaut mieux / nous attendons ici. 9. Il faudra / vous vous lèverez tôt. 10. Ils regrettent / vous vous en allez.

4. Finissez les phrases avec l'*indicatif* ou le *subjonctif*.

  1. Je déteste que ___ **2.** Nous savons que ___ **3.** Il est évident que ___ **4.** Je ne crois pas que ___ **5.** Attendez-vous que ___ **6.** Elle exige que ___ **7.** Il se peut que ___ **8.** Nous affirmons que ___ **9.** Mes amis disent que ___ **10.** J'espère que ___

5. *Composition:*

  a) Vos difficultés quand vous avez commencé à apprendre le français.
  b) Pourquoi étudiez-vous le français?

Vocabulaire

NOMS

un acte	un critère	un linguiste	une préoccupation[0]
un adulte	un être[0]	la lucidité	une queue[0]
un aspect	une image	le mutisme[0]	une signification[0]
une association	une information	un obstacle	la spontanéité
une centaine de	une interprétation	une occasion	une structure
une circonstance	une intuition	un perroquet[0]	la subjectivité
une connaissance	une invention	un phénomène	la syntaxe
un contexte	un jeu[0] de mots	la pratique[0]	une victime
une création	une langue maternelle		

ADJECTIFS

culturel(le)	indispensable	objectif(ve)	technique
décourageant(e)	individuel(le)	pénible[0]	traumatisant(e)
élaboré(e)	justifié(e)	rationnel(le)	traumatisé(e)
essentiel(le)	limité(e)	scientifique	urgent(e)
fondamental(e)	littéraire		

VERBES

aboyer[0]	se débrouiller	cela ne fait rien[0]	remuer[0]
(s')adresser à	deviner[0]	imiter	saisir (2)[0]
améliorer[0]	enrichir (2)	(s')informer	saluer[0]
balbutier[0]	Il en est de même[0]	inventer	sentir[0] (cf. *dormir*, 3)
caractériser	éviter[0]	interpréter	supporter[0]
contenir (cf. *tenir*, 3)	exiger[0]	pénétrer	il vaut mieux (valoir)[0]
créer	exprimer[0]		

MOTS INVARIABLES ET EXPRESSIONS

à haute voix[0]	en soi[0]	mentalement	spontanément
à la fois[0]	intuitivement	par cœur[0]	tant que[0]

43

POINTS DE REPÈRE

Je suis étonné que Paul **ait accepté** ce poste.

Il est possible que je me **sois trompé**.

*

Je suis venu **pour que** vous ne **soyez** pas seul.

Je vous donnerai des renseignements **avant que** vous ne **partiez.**

Elle est sortie **sans que** j'**aie** le temps de lui parler.

*

Cet article **est écrit** par un journaliste connu.

Les mots nouveaux **ont été expliqués** par le professeur.

*

Ils sont allés **au** Brésil et **en** Argentine.

*

DÉVELOPPEMENT GRAMMATICAL

1. Je suis étonné que Paul **ait accepté** ce poste.

Il est possible que je me **sois trompé**.

Comparez :

Vous avez invité Annie à votre soirée.	Je suis content que vous **ayez invité** Annie à votre soirée.
J'ai mal dormi la nuit dernière.	Il est dommage que j'**aie** mal **dormi** la nuit dernière.
Nous ne sommes pas allés à ce concert.	Je regrette que nous **ne soyons pas allés** à ce concert.
Ma sœur est partie seule pour l'Europe.	Je suis désolé que ma sœur **soit partie** seule pour l'Europe.
Jean et Charles se sont ennuyés à la dernière soirée de Barbara.	Il est possible que Jean et Charles **se soient ennuyés** à la dernière soirée de Barbara.
Je me suis bien amusé(e) pendant les grandes vacances.	Mes parents sont contents que je **me sois bien amusé(e)** pendant les grandes vacances.

■ Les verbes en caractères gras sont des verbes au *passé du subjonctif*.

Le passé du subjonctif est un *temps composé*.

*Passé du subjonctif = auxiliaire (**avoir** ou **être**) au subjonctif présent + participe passé du verbe.*

Les verbes qui se conjuguent avec **être** aux temps composés de l'indicatif, se conjuguent aussi avec **être** aux temps composés du subjonctif.

Voilà par exemple le *passé du subjonctif* des verbes **faire** et **aller:**

faire			aller		
que j'	**aie**	**fait**	que je	**sois**	**allé(e)**
que vous	**ayez**	**fait**	que vous	**soyez**	**allé(e)(s)(es)**
que tu	**aies**	**fait**	que tu	**sois**	**allé(e)**
que nous	**ayons**	**fait**	que nous	**soyons**	**allés(es)**
qu'il	**ait**	**fait**	qu'il	**soit**	**allé**
qu'elle	**ait**	**fait**	qu'elle	**soit**	**allée**
qu'ils	**aient**	**fait**	qu'ils	**soient**	**allés**
qu'elles	**aient**	**fait**	qu'elles	**soient**	**allées**

GRAMMAIRE

NOTEZ : Les verbes *pronominaux* sont conjugués aussi avec **être** au passé du subjonctif.

Je suis content que **vous vous soyez bien amusé(e)**.

Le professeur était furieux que **nous nous soyons servis** de ce dictionnaire.

Je regrette qu'il **ne se soit pas souvenu** de mon adresse.

Il est possible que je **me sois trompé(e)** de date.

L'accord du participe passé est *le même qu'à l'indicatif.*

◼ *Le passé du subjonctif* indique qu'une action a été faite à un moment du passé, c'est-à-dire dans le passé par rapport au moment où on parle.

Je suis heureux (*maintenant*) que vous **ayez réussi** à votre examen (*la semaine dernière*).

Nous sommes étonnés que nos amis n'**aient** pas **téléphoné** hier soir.

Je doute qu'elle **soit venue** pendant notre absence.

Le passé du subjonctif indique aussi qu'une action sera complètement finie à un certain moment.

Il faut que j'**aie fini** cette composition ce soir.

Son père veut qu'elle **soit rentrée** à minuit.

Remarquez la *différence* entre l'emploi de l'*indicatif* passé et du *subjonctif* passé:

Je suis certain que **nous nous sommes rencontrés.**

Il est probable que **je me suis trompé(e).**

Le professeur pense que cet étudiant **a réussi.**

Je doute que **nous nous soyons rencontrés.**

Il est possible que **je me sois trompé(e).**

Le professeur est content que cet étudiant **ait réussi.**

(Cf. leçon 41. Emploi de l'indicatif ou du subjonctif.)

---

2. Je suis venu **pour que** vous ne **soyez** pas seul.

Je vous donnerai des renseignements **avant que** vous ne **partiez**.

Elle est sortie **sans que** j'**aie** le temps de lui parler.

Étudiez les phrases suivantes:

Je vais vous donner quelques adresses **avant que** vous ne **partiez** pour Paris la semaine prochaine.

Combien de temps resterez-vous à Paris? — J'y resterai **jusqu'à ce que** je **sois fatigué** de voyager et **jusqu'à ce que** j'**aie** envie de rentrer.

Je vous accompagnerai à l'aéroport. **Pour que** vous n'**attendiez** pas seul, je resterai avec vous **jusqu'à ce que** votre avion **parte**.

Vous ne semblez pas comprendre le subjonctif. Je vais vous l'expliquer très soigneusement **afin que** vous le **compreniez** une fois pour toutes.

J'ai bien envie de voir ce nouveau film. Allons au cinéma ce soir, **à moins que** vous ne **préfériez** faire autre chose, bien entendu.

Bien sûr, allons-y! **pourvu que** vous me **rameniez** chez moi, car je n'ai pas de voiture.

Je vous ramènerai volontiers. J'allais vous le proposer **sans que** vous me le **demandiez.**

Vous êtes très aimable. **Quoique** nous **soyons** amis, j'hésitais à vous le demander; j'habite si loin du cinéma.

Cela ne fait rien. **Bien que** ce cinéma **soit** très loin, j'ai très envie de voir ce film.

■ *Après certaines conjonctions* de subordination, on emploie *le subjonctif*. Voici la liste des principales conjonctions de subordination qui sont suivies du subjonctif.

Avant que, jusqu'à ce que indiquent une *idée de temps.*

> Ma mère m'a téléphoné **avant que** vous n'arriviez.
> J'attendrai ici **jusqu'à ce que** votre classe soit finie.

Pour que, afin que indiquent une *idée de but.*

> Paul est venu chez moi **pour que** je lui prête un livre.
> Je le lui ai prêté **afin qu'**il puisse faire son devoir.

A moins que, pourvu que indiquent *une idée de condition.*

> J'irai à ce concert **à moins qu'**il n'y ait plus de places.
> J'irai à ce concert **pourvu qu'**il y ait encore des places.

Sans que indique une *idée de restriction.*

> Il a pris cette décision **sans qu'**on sache pour quelle raison.

Bien que, quoique indiquent *une idée de concession ou de contraste.*

> J'irai en Europe l'été prochain **bien que** je n'aie pas beaucoup d'argent.
> Il n'ont pas réussi à l'examen **quoiqu'**ils aient beaucoup travaillé pendant le semestre.

NOTEZ: 1) Toutes les conjonctions de subordination ne sont pas suivies par le subjonctif.

> Je vous demande une explication **quand** je ne **comprends** pas.
> Je vous ai téléphoné **parce que** je **voulais** vous parler.
> Je lirai le journal **pendant que** vous **finirez** votre travail.

2) Dans les cas suivants employez un *infinitif avec une préposition* (à la place du subjonctif) quand *les deux verbes ont le même sujet*:

> Je finirai ma composition **avant de me coucher.**
> Je travaillerai beaucoup **pour avoir** de bonnes notes.
> Ma mère m'a téléphoné **afin de savoir** l'heure de mon arrivée.
> Il est parti **sans dire** au revoir.

ATTENTION: Dans la langue très soignée et dans la langue littéraire, on trouve **ne** devant le verbe après **avant que** et **à moins que**. Ce mot **ne** n'a pas de sens négatif: ... avant que vous **ne** partiez; ... à moins que vous **ne** préfériez.

3. Cet article **est écrit** par un journaliste connu.

Les mots nouveaux **ont été expliqués** par le professeur.

Comparez:

Les étudiants de français **organisent** cette soirée.

Cette soirée **est organisée** par les étudiants de français.

Un acteur célèbre **fera** une conférence.

Une conférence **sera faite** par un acteur célèbre.

Jean **a préparé** les programmes.

Les programmes **ont été préparés** par Jean.

La secrétaire **avait envoyé** les lettres.

Les lettres **avaient été envoyées** par la secrétaire.

Je doute que le professeur **serve** le dîner.

Je doute que le dîner **soit servi** par le professeur.

■ Les verbes de la première colonne sont à la FORME ACTIVE: le *sujet* de chaque verbe *fait l'action* exprimée par ce verbe. Le verbe est au *présent*, au *passé* ou au *futur de l'indicatif*, ou au *présent du subjonctif*.

Les verbes de la deuxième colonne sont à la FORME PASSIVE: le *sujet* de chaque verbe *ne fait pas l'action* exprimée par le verbe. L'action est faite par *l'agent*.

■ Un verbe à la forme passive est composé du verbe **être** + le *participe passé* du verbe.

REMARQUEZ:

1) Tous les temps d'un verbe à la forme passive sont des temps composés avec le verbe **être.**

2) Le temps et le mode du verbe **être** indiquent le temps et le mode du verbe à la forme passive:

La lettre **est**	traduite par Paul.	(*présent*)
La lettre **était**	traduite par Paul.	(*imparfait*)
La lettre **sera**	traduite par Paul.	(*futur*)
La lettre **a été**	traduite par Paul.	(*passé composé*)
La lettre **avait été**	traduite par Paul.	(*plus-que-parfait de l'indicatif*)
Il faut que la lettre **soit**	traduite par Paul.	(*présent du subjonctif*)

3) Le *participe passé* du verbe à la forme passive *s'accorde* avec *le sujet*.

Les devoirs ont été corrigés par le professeur.
Les étudiants seront félicités par leurs parents.
Les lettres avaient été traduites par la secrétaire.

Étudiez le diagramme suivant:

Le professeur	explique	le texte de la lecture.
↓	↓	↓
sujet	*verbe à la forme active*	*complément d'objet direct*
Le texte de la lecture	**est expliqué**	**par le professeur.**
↓	↓	↓
sujet	*verbe à la forme passive*	*agent*

■ L'objet direct du verbe à la forme active devient le sujet du verbe à la forme passive.

Par conséquent, *seuls* les verbes qui peuvent avoir un complément d'objet direct, c'est-à-dire *les verbes transitifs directs*, peuvent s'employer à la forme passive.

Le complément d'agent est introduit le plus souvent par la préposition **par.**

Lorsque le sujet du verbe actif est **on,** on ne mentionne pas l'agent du verbe passif.

> On a signé le traité de Versailles en 1919.
> Le traité de Versailles a été signé en 1919.

> On a construit Notre-Dame de Paris aux 12e et 13e siècles.
> Notre-Dame de Paris a été construite aux 12e et 13e siècles.

---

4. Ils sont allés **au** Brésil et **en** Argentine.

Étudiez les phrases suivantes:

> Mes parents sont allés **en** France, **en** Belgique, **en** Hollande, **au** Danemark, **en** Suède, **en** Norvège et **en** Finlande.
> Jean a passé ses vacances **au** Canada, puis **au** Mexique.
> L'année prochaine, il ira **au** Japon et **en** Birmanie.
> Il revient **de** Colombie et **du** Brésil.

■ Employez **en** devant un nom de pays *féminin*. Les noms de pays terminés par un **e** sont des noms féminins:

la France	**en** France
la Pologne	**en** Pologne
l'Autriche	**en** Autriche
la Grèce	**en** Grèce
la Turquie	**en** Turquie

Employez **de** devant ces noms: (Elle vient) **de** France, **de** Pologne, etc.

Une exception: *le* Mexique.

■ Employez **au** (**aux**) devant un nom de pays *masculin*, commençant par une consonne:

le Mexique	**au** Mexique
le Liban	**au** Liban
le Pakistan	**au** Pakistan
le Vénézuela	**au** Vénézuela
le Maroc	**au** Maroc, etc.
les États-Unis	**aux** États-Unis

On dit aussi: { les Antilles   **aux** Antilles

                { les Iles Hawaii   **aux** Iles Hawaii

Employez **du** ou **des** devant ces noms: (Il arrive) **du** Liban, **des** États-Unis, etc.

■ Employez **en** devant un nom de pays *masculin* commençant par une *voyelle:*

l'Iran	**en** Iran
l'Israël	**en** Israël
l'Uruguay	**en** Uruguay
l'Afghanistan	**en** Afghanistan, etc.

Employez **d'** devant ces noms: (Il revient) **d'**Iran, **d'**Israël, etc.

■ Pour les états de la fédération américaine, on emploie les mêmes règles:

la Californie	**en** Californie
la Floride	**en** Floride
la Virginie	**en** Virginie
et le Texas	**au** Texas
le Nouveau-Mexique	**au** Nouveau-Mexique

Quand un état n'a pas de genre déterminé, on dit: **dans l'état de** . . .

        Mes parents habitent **dans l'état de** New York.
        J'ai voyagé **dans l'état de** Washington.

Exercices

1. Donnez *le passé du subjonctif* des formes suivantes. (Employez devant chaque forme: **il est possible, il se peut** ou **il est dommage.**)

    1. Nous sommes arrivés à sept heures.   2. Elle ne se souvient pas de votre adresse.   3. Il ne vous a pas pris au sérieux.   4. Nous avons vendu notre voiture. 5. J'oublie cette histoire.   6. Vos amis restent à la campagne.   7. Le professeur nous a expliqué ces mots.   8. Vous les finissez pour vendredi prochain.   9. Ils nous les envoient avant la fin du mois.   10. Nous nous sommes rencontrés il y a un an.   11. Vous n'étiez pas d'accord.   12. Vous perdez votre temps en passant

par cette rue.   **13.** Je me trompe de numéro de téléphone.   **14.** Elle ne se sert pas de son livre.   **15.** On se moque de vous.

2. Complétez les phrases suivantes en employant le verbe au *passé du subjonctif* ou au *passé composé de l'indicatif*.

    1. Il faut que je (lire) ce livre avant la fin de la semaine.   **2.** Il est possible que votre amie (faire) une erreur; mais il est probable qu'elle ne (se tromper) pas. **3.** Je ne suis pas certain que vous (avoir raison), mais je suis sûr que votre ami (avoir tort).   **4.** J'espère que mon père me (envoyer) de l'argent; cependant je doute qu'il me (envoyer) 1.000 dollars!   **5.** Je suis étonné que mon frère (accepter) cette situation à l'étranger; je crois qu'il ne (pouvoir) pas la refuser. **6.** Il se peut que les étudiants (comprendre) les règles et qu'ils (se souvenir) du vocabulaire le jour de l'examen; d'ailleurs, je sais qu'ils (prendre) leur travail au sérieux.   **7.** Il est naturel que votre père (être) surpris de votre décision; mais je suis certain qu'il la (approuver).   **8.** Il est possible que nos amis (partir) en auto; mais il est probable qu'ils (partir) en avion.   **9.** J'espère que vous (aller) au laboratoire la semaine dernière, mais je ne suis pas sûr que vous y (aller) tous les jours.   **10.** Le professeur croit que cette étudiante (faire) ses études en France; pourtant il doute qu'elle (obtenir) un diplôme français.

3. Écrivez le verbe au mode et au temps convenables.

    1. Reposez-vous ici jusqu'à ce que je (être) de retour.   **2.** J'appellerai un taxi pour que vous ne (arriver) pas en retard à l'aéroport.   **3.** Mon frère viendra nous voir aussitôt que ses examens (être) finis.   **4.** Votre père vous (envoyer) un chèque afin que vous ne (manquer) pas d'argent.   **5.** Nous ne dînons jamais avant que mon père ne (revenir).   **6.** Vous lui annoncerez cette nouvelle quand vous le (voir).   **7.** Mon père lisait le journal pendant que mon frère (écouter) des disques.   **8.** Le professeur parle distinctement afin que tout le monde le (comprendre).   **9.** Voici de l'argent pour que vous (pouvoir) prendre votre billet d'avion.

4. Écrivez à la forme passive.

    1. Dans les avions, les hôtesses de l'air servent les repas.   **2.** Le professeur a corrigé les fautes.   **3.** Mes amis m'ont raconté cette histoire.   **4.** Ses parents l'ont accompagné à l'aéroport.   **5.** Le professeur a interrogé les étudiants. **6.** Tous ses amis la félicitaient.   **7.** Suzanne a trouvé les clés.   **8.** On a construit la Tour Eiffel à la fin du 19e siècle.   **9.** Les Francs ont envahi la Gaule. **10.** Christophe Colomb a découvert l'Amérique à la fin du 15e siècle.   **11.** Autrefois, les Espagnols ont colonisé la Californie.   **12.** On photographie souvent les gens célèbres.

5. Employez la *préposition* convenable (**en, au** ou **aux**) devant les noms de pays.

    1. Pérou **2.** Bolivie **3.** Vietnam **4.** Chine **5.** Syrie **6.** Congo **7.** Algérie **8.** Allemagne **9.** Suisse **10.** Danemark **11.** Autriche **12.** Portugal **13.** Irak **14.** Canada **15.** Mexique **16.** Irlande **17.** Belgique **18.** Brésil **19.** Japon **20.** Russie

GRAMMAIRE

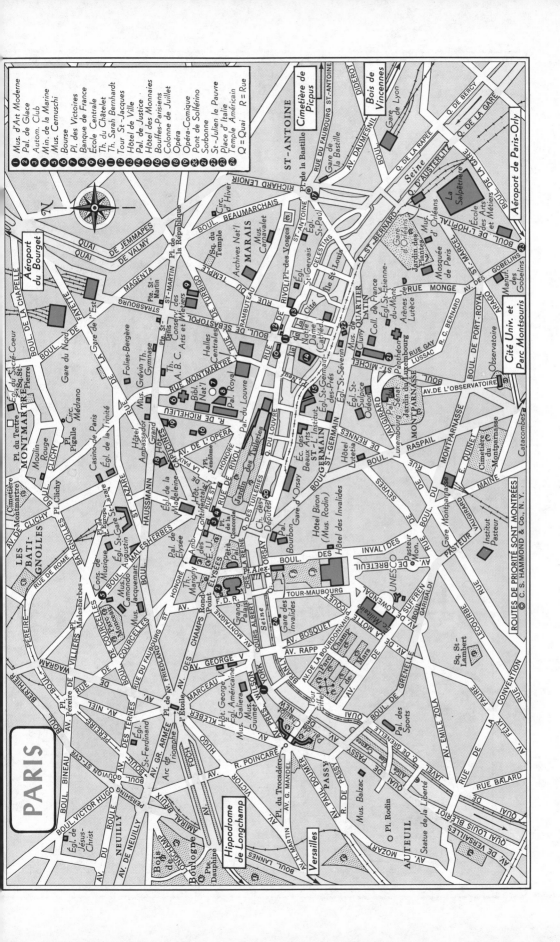

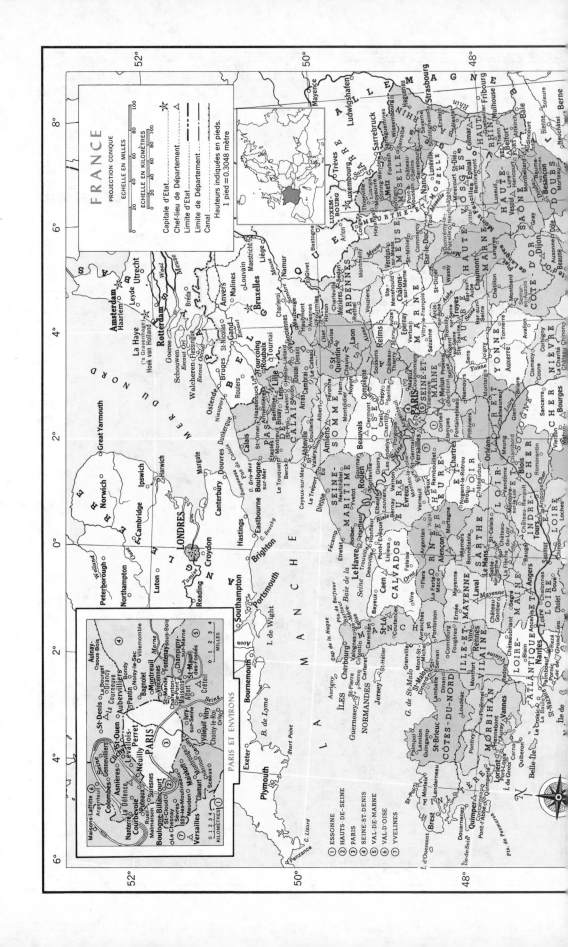

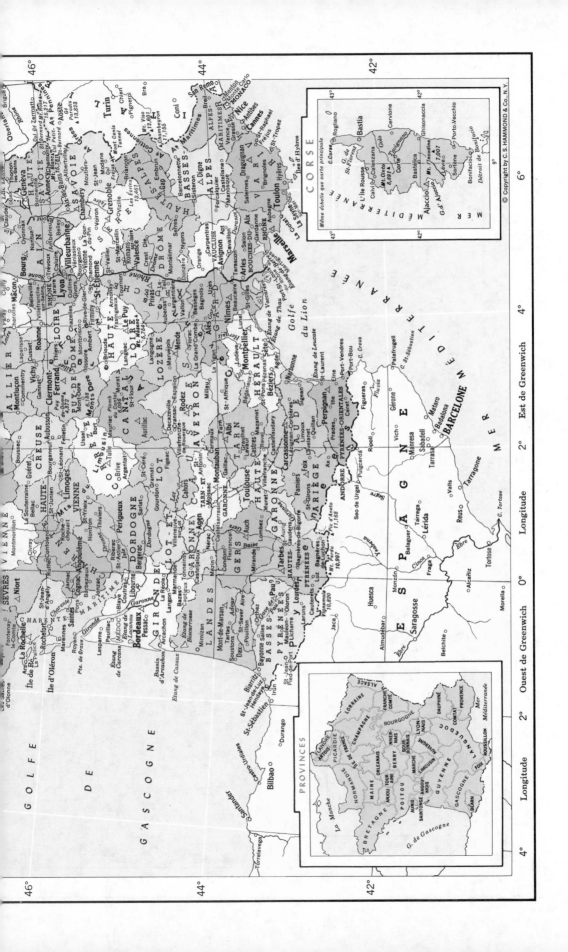

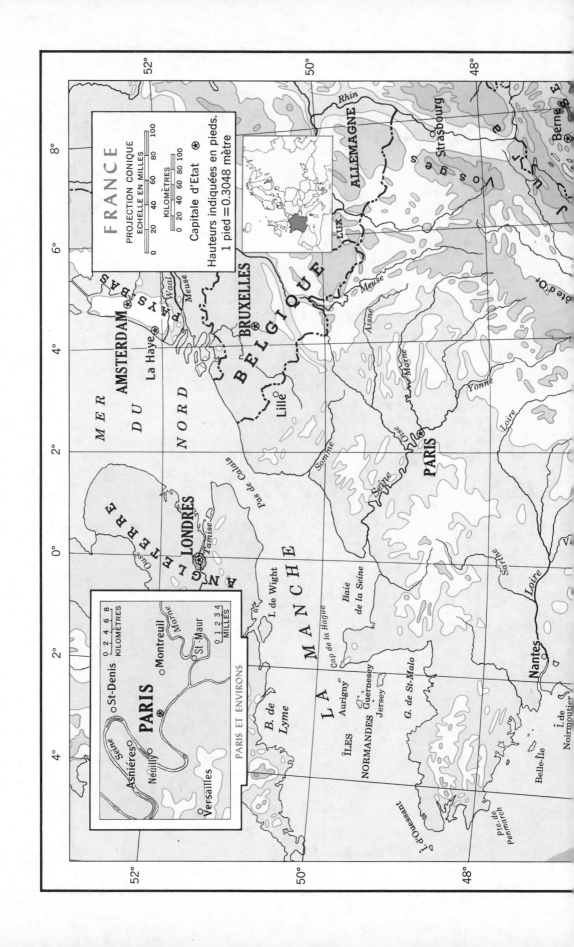

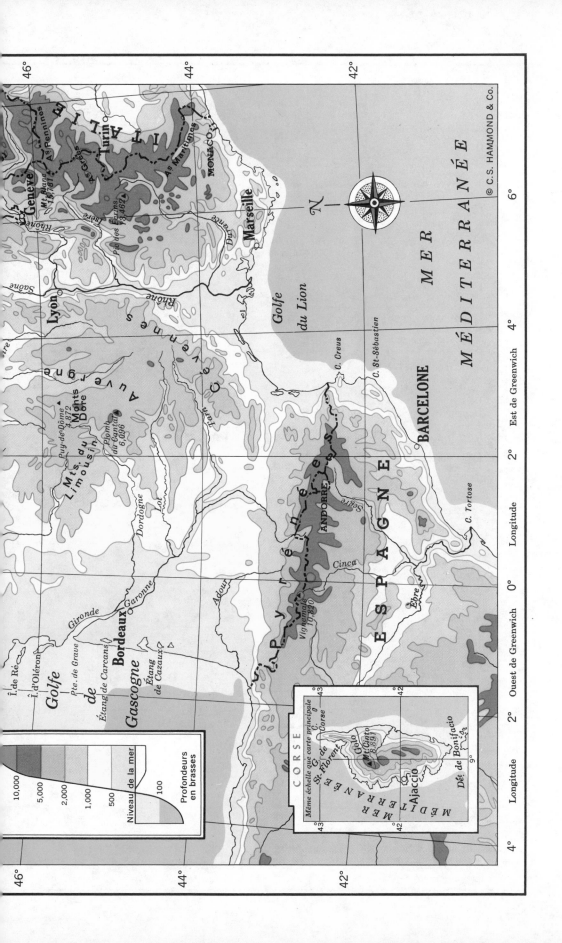

46°
44°
42°

ITALIE

Genève
Turin

Mt. Blanc
15,781

A^{es} Pennines
A^{es} Grées
A^{es} Maritimes

MONACO

Isère
Rhône

Pic des Écrins
13,462

MONACO

Marseille

Durance

N

MER

MÉDITERRANÉE

© C.S. HAMMOND & Co.

Saône

Lyon

Rhône

Golfe
du Lion

C. Creus

C. St-Sébastien

BARCELONE

Est de Greenwich

6°

4°

Cévennes

Auvergne

Mts. du Limousin

Puy-de-Dôme
4,872
Plomb
du Cantal
6,096

Tarn

ANDORRE

Ségre

Pyrénées

C. Tortose

Cinca

Ebre

E S P A G N E

2°

Longitude

0°

Dordogne

Lot

Gironde

Garonne

Bordeaux

Adour

Vignemale
10,820

Ouest de Greenwich

2°

Î. de Ré
Î. d'Oléron

Golfe

de

Gascogne

Pte. de Grave
Étang de Carcans

Étang
de Cazaux

10,000
5,000
2,000
1,000
500

Niveau de la mer

100

Profondeurs
en brasses

C O R S E

Même échelle que carte principale

43°

Corse

St-Florent

Golo

Mt Cinto
8,891

G. de

Ajaccio

Dét. de Bonifacio

MER

MÉDITERRANÉE

42°

9°

43°

42°

Longitude

4°

46°

44°

42°

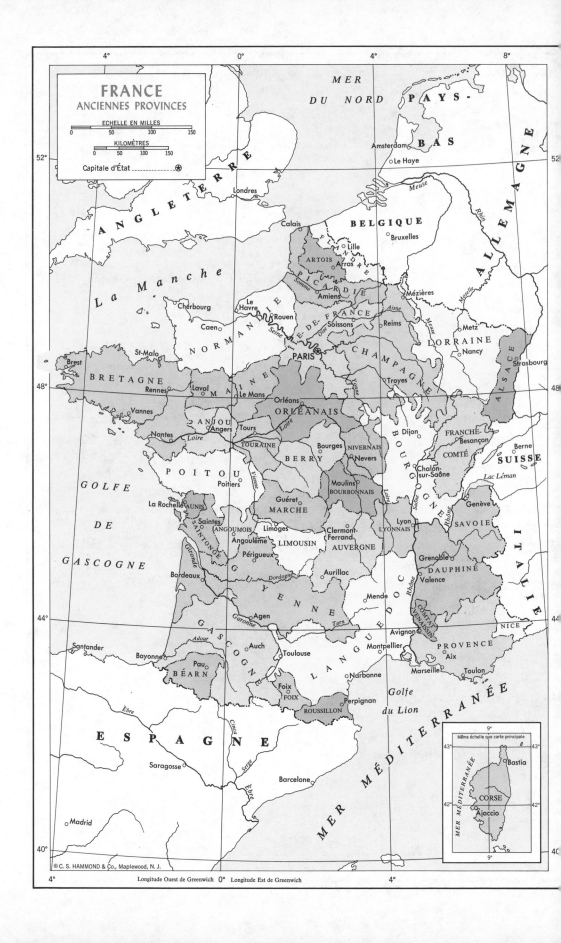

FRANCE
ANCIENNES PROVINCES

ECHELLE EN MILLES
0   50   100   150

KILOMÈTRES
0   50   100   150

Capitale d'État .... ⊛

MER DU NORD   PAYS-BAS

Amsterdam
Le Haye

ANGLETERRE

Londres

BELGIQUE

Calais
Lille
ARTOIS
Arras
Bruxelles
Mézières

ALLEMAGNE

La Manche

Cherbourg
Le Havre
Rouen
Caen
PICARDIE
Amiens
Soissons
Reims
ILE-DE-FRANCE
Metz
LORRAINE
Nancy
Strasbourg
ALSACE

Meuse
Somme
Aisne
Oise
Meuse
Moselle
Rhin

St-Malo
Brest
NORMANDIE
PARIS
CHAMPAGNE
Troyes

BRETAGNE
Rennes
Laval
Le Mans
MAINE
Orléans
ORLÉANAIS
Dijon
FRANCHE-
COMTÉ
Besançon
Berne
SUISSE

Vannes
ANJOU
Angers
Tours
TOURAINE
Loire
BERRY
Bourges
NIVERNAIS
Nevers
BOURGOGNE
Chalon-
sur-Saône
Lac Léman

Nantes
Loire
POITOU
Poitiers
Vienne
Moulins
BOURBONNAIS
Loire
Genève
SAVOIE

GOLFE
La Rochelle
AUNIS
MARCHE
Guéret
Lyon
LYONNAIS
Rhône

DE
Saintes
ANGOUMOIS
Limoges
LIMOUSIN
Clermont-
Ferrand
AUVERGNE
Grenoble
DAUPHINÉ

GASCOGNE
Angoulême
SAINTONGE
Périgueux
Aurillac
Valence
Rhône

Bordeaux
GUYENNE
Dordogne
Mende
COMTAT
VENAISSIN
NICE

Agen
Garonne
Tarn
Avignon
PROVENCE

Santander
Adour
Auch
Toulouse
Montpellier
Aix

Bayonne
GASCOGNE
Pau
BÉARN
LANGUEDOC
Narbonne
Marseille
Toulon

Foix
FOIX
Perpignan
ROUSSILLON
Golfe
du Lion

Ebre
Cinca
Segre

ESPAGNE

Saragosse
Barcelone

MER MÉDITERRANÉE

Madrid

© C. S. HAMMOND & Co., Maplewood, N. J.

Longitude Ouest de Greenwich   0°   Longitude Est de Greenwich

Même échelle que carte principale

MER MÉDITERRANÉE
Bastia
CORSE
Ajaccio

44

Situation physique et géographique de la France

La France occupe une place centrale en Europe occidentale à la fois par sa position culturelle et par sa position physique et géographique. Les Français personnalisent volontiers leur pays et le voient comme une sorte de réalité physique et morale ayant les attributs d'une vraie personne. Il importe[0] donc de connaître cette réalité concrète. 5

Si vous regardez la carte d'Europe, vous verrez que la France est limitée au nord-ouest par la Manche, le Pas-de-Calais et la Mer du Nord. A l'ouest, elle est limitée par l'Océan Atlantique. Au sud, elle touche à[1] l'Espagne. Plus loin, vers l'est et jusqu'à Monaco et la frontière italienne, elle rejoint la Méditerranée. A l'est, elle est contiguë[0] à trois autres nations européennes: l'Italie, la Suisse, et l'Allemagne. 10 Au nord-est, elle est limitée par le Luxembourg et la Belgique. La France se trouve donc au centre même[2] des grandes civilisations européennes, situation qui explique en partie son rôle historique dans le développement général de la civilisation occidentale. La France est à la fois un pays de culture méditerranéenne et de culture germanique. En effet, la Loire, fleuve[0] qui divise la France 15 en deux parties, est une sorte de ligne de démarcation irrégulière qui sépare le nord du sud du pays. Au sud de la Loire, la France est vraiment un pays latin. Mais au nord de la Loire, c'est un pays latinisé. Il y a des raisons historiques et culturelles qui expliquent cette division qui vient du temps des anciens Romains, colonisateurs de la Gaule, et des Francs, peuple[0] germanique qui a donné son 20 nom à la France. Cette division entre le nord et le sud reste, de façon générale, encore valable[0] aujourd'hui. C'est la vieille division entre la *Gallia togata* et la *Gallia bragata*, c'est-à-dire entre la Gaule de la toge romaine et la Gaule du pantalon germanique. Cette ligne de démarcation explique aussi, encore aujourd'hui, la différence entre la cuisine du sud et la cuisine du nord; au nord, 25 c'est la cuisine au beurre; au sud, c'est, comme en Italie, la cuisine à l'huile. Elle explique aussi une différence entre la manière de parler dans le nord et dans le sud. Dans le Midi,[3] le français prend une légère résonance italienne. C'est le souvenir d'une ancienne différence de langue: langue d'*oc* dans le sud, langue d'*oïl* dans le nord. 30

[1] **toucher à** notez l'emploi de la préposition.
[2] **au centre même** absolument au centre.
[3] **Le Midi** le sud de la France.

A cet égard, il est intéressant de remarquer que la vieille province romaine dans le
Midi s'appelle la Provence (de *provincia*). Dans le sud-ouest, il y a une autre
vieille province qui s'appelle le Languedoc (de *langue d'oc*). Cette différence
entre le nord et le sud n'est donc pas artificielle. Elle correspond à une réalité
du pays. En fait, un sociologue américain a observé que l'alcoolisme n'existe 5
guère dans le Midi de la France comme il n'existe pas non plus en Italie ou en
Espagne, mais qu'il représente un problème dans le nord de la France comme
d'ailleurs en Allemagne, en Angleterre, pays du nord, et aux États-Unis, pays
d'origine anglo-saxonne.

Pour situer physiquement et géographiquement un pays, il faut étudier ses grandes 10
chaînes de montagnes, ses massifs, comme on les appelle. En Amérique, par
exemple, il est impossible de comprendre notre continent sans connaître les
Montagnes Rocheuses. En France, les plus hautes montagnes sont les Alpes et les
Pyrénées.

Les Alpes et les Pyrénées sont des montagnes de plus de 2.000[4] mètres d'altitude. Les 15
Alpes séparent la France de l'Italie et de la Suisse; les Pyrénées constituent une
véritable barrière naturelle entre la France et l'Espagne. Il y a aussi une chaîne
de vieilles montagnes au milieu du pays entre la frontière de l'est et la côte de

---

[4] **2.000 mètres** c'est-à-dire plus de 6.000 pieds. Le Mont Blanc a une altitude de 4.800 mètres (15.000 pieds
environ).

La Seine à Paris.

l'ouest qu'on appelle le Massif Central. Un peu au nord et à l'ouest des Alpes
françaises, il y a les montagnes du Jura. Un peu plus au nord encore, il y a les
Vosges. On voit donc que, physiquement, de l'ouest à l'est, la France est d'abord
une grande plaine fertile de 200 mètres d'altitude maximum. Bien entendu, il y a
en Bretagne, en Normandie, dans le Maine et dans le Poitou, quelques collines 5
ou petites montagnes; mais dans l'ensemble, cette grande plaine va du nord au
sud sans interruption. C'est cette plaine qui est divisée par la Loire. Les deux
divisions s'appellent le Bassin Parisien et le Bassin d'Aquitaine. Pourquoi *bassin?*
A l'origine, un bassin est un récipient. En effet, ces deux bassins sont des réci-
pients qui reçoivent les eaux qui viennent des montagnes et qui coulent[0] vers 10
la mer.

Il est évident que les fleuves[0] viennent de ces montagnes. Les principaux fleuves
français sont: la Seine, la Loire, la Garonne, le Rhône et, fleuve plutôt européen
que français, le Rhin.

La Seine est un fleuve célèbre; tout le monde connaît la chanson qui porte son nom. 15
C'est un grand fleuve navigable qui prend sa source dans le plateau de Langres
non loin de la ville de Dijon, traverse[0] la France en allant vers le nord-ouest et,

(Albert Monier)

A Paris, neige et brouillard.

(French Government Tourist Office)

A Chamonix, neige et soleil.

enfin, se jette⁰ dans la Manche. La Seine est célèbre aussi parce qu'elle divise la ville de Paris en Rive Gauche et en Rive Droite, comme la Loire divise la France en nord et en sud.

La Loire, célèbre par ses châteaux que les rois de France ont habités, est le fleuve le plus long et le plus irrégulier de France. Elle prend sa source dans le Massif 5 Central; après un cours de 1.020 kilomètres et beaucoup de méandres, elle se jette dans l'Atlantique. La Garonne prend sa source en Espagne dans les Pyrénées et se jette aussi dans l'Atlantique. Au printemps, la Garonne est un véritable torrent considéré comme dangereux.

Le Rhône prend sa source en Suisse, entre en France et après avoir traversé le Jura 10 méridional, reçoit la Saône à Lyon; il coule⁰ du nord au sud entre le Massif Central et les Alpes et se jette enfin dans la Méditerranée. C'est aussi un fleuve dangereux et difficilement navigable.

LECTURE

Le Rhin est le grand fleuve de l'Europe occidentale. Son cours est de 1.320 kilomètres. Sur 181 kilomètres, il constitue l'une des frontières de la France. Il prend sa source en Suisse, traverse le lac de Constance, tourne vers le nord-ouest, traverse la plaine d'Alsace, entre à Cologne et se divise en deux bras pour traverser la Hollande. Il se jette finalement dans la Mer du Nord. 5

Le climat français est tempéré. Dans l'ensemble, il fait humide et assez doux[0] à l'ouest. Dans le sud-ouest, les hivers ne sont pas rigoureux, mais les étés sont chauds et orageux.[0] Le climat parisien est agréable, mais humide en hiver, assez chaud en été. Il neige rarement dans la région parisienne. A l'est, le climat est plus rigoureux. Il neige en hiver; les étés sont chauds et secs. Le climat méditerra- 10 néen est particulièrement agréable et rappelle le climat de la Californie du Sud aux États-Unis. Il fait chaud en été, d'une chaleur sèche. Les hivers sont doux;[0] il pleut souvent. Mais quand le mistral[0] souffle,[0] il fait vraiment très froid. Quand on le compare au climat de l'Amérique du Nord, le climat français paraît très modéré, beaucoup moins excessif. La France ne connaît jamais les 15 grandes rigueurs[0] de New York, de la Nouvelle-Angleterre ou du Mid-West. Elle n'a pas les mêmes grandes chaleurs en été et, en hiver, elle n'a pas les mêmes grands froids. ,

Il n'y a pas de race française, tout le monde le sait, mais il y a une nation française qui s'est lentement constituée au cours des siècles, sur ce territoire qu'on appelait 20 autrefois le royaume[0] de France. Ce royaume était divisé en provinces qui se sont rattachées les unes après les autres au trône de France. De là est née l'unité nationale française. Les anciennes provinces avaient un certain nombre de caractéristiques: lois, coutumes, monnaie, costumes; elles avaient aussi une certaine unité géographique. Mais au moment de la Révolution de 1789, le 25 gouvernement révolutionnaire a décidé de diviser la France en départements, simples unités administratives. Chaque département a un chef-lieu, sorte de capitale provinciale. Ainsi Lyon, très vieille ville, célèbre par ses fabriques de tissus de soie, est le chef-lieu du département du Rhône; Marseille, seconde ville de France et grand port sur la Méditerranée, est le chef-lieu du département 30 des Bouches-du-Rhône; le Havre, autre grand port de commerce sur la Manche est le chef-lieu du département de la Seine-Maritime.

Bien que la division de la France en provinces ne soit plus officielle, on continue à parler de la Normandie, de la Bretagne, de la Bourgogne ou de la Champagne. On attribue même certains traits[0] de caractère aux habitants de ces provinces. 35 On prétend que les Normands sont avares,[0] ou du moins très économes,[0] que les Bretons sont rêveurs,[0] que les Provençaux sont exubérants et que les gens du Midi, en général et de Marseille en particulier[0], exagèrent toujours! Mais naturellement, il ne faut pas trop généraliser.

La France moderne est un pays de grande production agricole[0] et industrielle. La plus forte proportion des terres labourables[0] se trouvent dans le nord. On y cultive principalement le blé et la betterave.[0] En Bourgogne, en Champagne, comme dans le sud de la France et dans d'autres régions, se trouvent les vignobles[0] qui produisent[0] les vins français célèbres dans le monde entier. Les plus grandes mines de charbon[0] 5 françaises sont dans les départements du Nord, du Pas-de-Calais et en Lorraine. On trouve du pétrole[0] dans le Bassin parisien, en Alsace et en Aquitaine; les gisements[0] sont pourtant d'un rendement[0] modeste si on les compare à ceux du Moyen-Orient, de l'Amérique du Nord ou de l'Amérique latine.

Il est facile de voyager en France en train, en avion, en autocar ou en voiture. Le 10 moyen le plus commode et le plus employé est certainement le chemin de fer. Les lignes principales et secondaires traversent le pays en un réseau[0] complexe dont Paris est le centre. On utilise les «cars»[5] aussi, surtout pour les transports entre les villes. Bien entendu, l'avion est le moyen de transport le plus rapide et de nombreuses lignes aériennes relient les principales villes françaises et européennes. 15

Voilà un bref aperçu[0] de la France physique et géographique. Avant de le terminer, il faut mentionner une industrie française très importante à la fois pour la France et pour nous: le tourisme. A peu[0] près un million d'Américains visitent l'Europe tous les ans. Sur ce nombre 800.000 environ vont en France. C'est un peu moins que le nombre de Belges et d'Allemands qui visitent la France, mais sensible- 20 ment plus que le nombre d'Anglais, d'Espagnols ou d'Italiens. On a toujours dit que les Français voyageaient peu; pourtant, cette situation commence à changer. Depuis quelques années, le nombre de touristes français qui vont à l'étranger a considérablement augmenté. Où vont-ils de préférence? En Espagne, en Italie, en Belgique, en Suisse, en Allemagne, c'est-à-dire dans les pays 25 limitrophes de la France. Mais les Français vont aussi en Angleterre, aux Pays-Bas, en Yougoslavie, au Portugal, en Grèce et même aux États-Unis. Depuis 1961 le nombre de Français qui viennent aux États-Unis a augmenté de plus de 37%.

Exercices

1. Questions sur la lecture. Répondez aux questions par des phrases complètes.
     1. Quels sont les pays qui ont une frontière commune avec la France? Situez-les.
     2. Quel peuple a donné son nom à la France? D'où venait ce peuple?   3. Quel peuple a colonisé la France autrefois? Dans quelle partie de la France ce peuple s'est-il établi?   4. Quels peuples ont colonisé l'Amérique du nord? Quand? (*Indiquez le siècle ou les siècles.*)   5. Dans quelles parties de l'Amérique du Nord

---

[5] **un car** = un autocar.   Les autobus circulent **dans** les villes.   Les autocars circulent **entre** les villes.

ces peuples s'étaient-ils établis? **6.** Dans votre état, y a-t-il des souvenirs de cette colonisation? Quels souvenirs? **7.** Où sont les Montagnes Rocheuses? **8.** Où sont les Alpes et les Pyrénées en France? **9.** Quels sont les grands fleuves français? **10.** Qu'est-ce qui rend la région de la Loire célèbre? **11.** A quel climat, le climat de la région méditerranéenne ressemble-t-il? **12.** Qu'est-ce qu'un «département» français? A quelle époque la France a-t-elle été divisée en départements? Comment était-elle divisée avant? **13.** Citez deux ports de commerce importants en France. Où se trouvent-ils? **14.** Qu'est-ce qu'on cultive dans le nord de la France? Et dans le sud? **15.** Comment peut-on voyager en France?

2. Donnez le *passé du subjonctif* des formes suivantes. (Changez seulement le présent du subjonctif.)

1. Il faut que nous arrivions avant 8 heures. **2.** Je voudrais qu'il réussisse à son examen. **3.** Il est possible que nos amis partent sans leurs enfants. **4.** Je ne crois pas que vous finissiez ce travail ce soir. **5.** Nous ne sommes pas sûrs que vous fassiez de votre mieux. **6.** Le professeur n'est p⊾s content que nous traduisions ces expressions. **7.** Il est furieux que nous nous servions d'un dictionnaire. **8.** Je doute qu'il comprenne nos difficultés. **9.** Je voudrais qu'il soit plus indulgent. **10.** Je suis heureux qu'il nous parle de la géographie de la France.

3. Écrivez le verbe au mode et au temps convenables.

1. Nous attendrons votre ami pourvu qu'il nous (dire) quand il (venir) nous voir. **2.** Nous irons à l'église à pied à moins qu'il ne (pleuvoir) et qu'il ne (faire) trop froid. **3.** Nous faisons les exercices après que le professeur (expliquer) la grammaire. **4.** Jeannette a toujours l'air contente bien qu'elle (avoir) beaucoup de difficultés avec sa famille. **5.** Les étudiants restent dans la classe jusqu'à ce que le professeur (partir). **6.** Nous avons dîné avant qu'il ne (aller) à l'aéroport. **7.** Mes amis préfèrent que je (envoyer) les livres par avion. **8.** Nous nous coucherons tôt afin que je (pouvoir) me lever tôt. **9.** Je partirai sans que mes parents (savoir) la date de mon retour. **10.** Interrogez-la avant qu'elle ne (s'en aller). **11.** Paul vient me voir pour que nous (parler) de ses projets. **12.** Vos parents sont-ils contents que vous (faire) ce beau voyage? **13.** Le professeur veut que nous (finir) d'étudier ce chapitre.

4. Changez les phrases 7 à 13 de l'exercice 3 en imaginant que le 2ᵉ verbe de chaque phrase a le même sujet que le premier.

5. Écrivez une phrase avec chaque expression.

1. pour **2.** pour que **3.** avant **4.** avant de **5.** avant que **6.** afin de **7.** afin que **8.** à moins que **9.** jusqu'à ce que **10.** sans

6. *Composition:*

L'état où vous habitez. Parlez de sa situation physique et géographique.

Vocabulaire

NOMS

l'alcoolisme (*m.*)
une altitude
un aperçu[0]
un attribut
une barrière
un bassin
la betterave[0]
une caractéristique
une chaîne de montagnes
le charbon[0]
un colonisateur
un continent
un département
l'est (*m.*) (à l'est)
un fleuve[0]
les Francs
un gisement[0]

une industrie
une ligne de démarcation
un massif
un méandre
une mine de charbon
le mistral[0]
le nord (au nord)
l'ouest (à l'ouest)
le pétrole[0]
un peuple[0]
un port (de commerce)
une position
une production
une proportion
une province
une race
un récipient

la région
un rendement[0]
un réseau[0]
une révolution
la rigueur[0]
les Romains
un royaume[0]
un sociologue
la source
le sud (au sud)
un territoire
un torrent
un trait[0] de caractère
un trône
une unité
un vignoble[0]

ADJECTIFS

aérien(ne)
agricole[0]
artificiel(le)
avare[0]
central(e)
concret/concrète
contigu(ë)[0]
dangereux
  /dangereuse

doux / douce[0]
écono me[0]
excessif
exubérant
fertile
géographique
germanique
industriel(le)
labourable[0]

limitrophe
local(e)
méditerranéen(ne)
modéré(e)
modeste
moral(e)
navigable
officiel(le)

orageux[0]
  /orageuse
rêveur[0]
  /reveuse
révolutionnaire
rigoureux
  /rigoureuse
situé(e)
valable[0]

VERBES

augmenter
(se) constituer
couler[0]
cultiver

généraliser
il importe[0]
se jeter[0]
occuper

personnaliser
prendre sa source
prétendre (cf. *rendre*, 3)
produire (3)[0]

situer
souffler[0]
traverser[0]

MOTS INVARIABLES ET EXPRESSIONS

à peu[0] près

de plus en plus

en fait

en particulier[0]

45

POINTS DE REPÈRE

A la fin du semestre, je suis fatigué parce que j'ai un examen dans chaque classe.
Si je n'**avais** pas d'examens, je ne **serais**
pas si fatigué à la fin du semestre.

*

L'été dernier, j'ai travaillé parce que j'avais besoin d'argent.
Si j'**avais eu** de l'argent, j'**aurais voyagé** en
Europe; je **serais allé** en France.

*

Le professeur **voudrait** vous voir.

*

Le professeur a annoncé que l'examen **serait** facile.

*

Vous faites encore beaucoup de fautes.
Vous **devriez** travailler plus sérieusement.
Je n'ai pas compris l'explication.
J'**aurais dû** poser une question au professeur.

*

DÉVELOPPEMENT GRAMMATICAL

1. A la fin du semestre, je suis fatigué parce que j'ai un examen dans chaque classe.
Si je n'**avais** pas d'examens, je ne **serais** pas si fatigué à la fin du semestre.

Étudiez le texte suivant:

Si j'étais riche . . .

Si j'étais riche, je n'**irais** pas me bâtir une ville en campagne,[1] et mettre au fond d'une province les Tuileries[2] devant mon appartement. Sur le penchant de quelque agréable colline bien ombragée, j'**aurais** une petite maison rustique, une maison blanche avec des contrevents verts; et quoiqu'une couverture de chaume soit en toute saison la meilleure, je **préférerais** . . . la tuile, parce qu'elle a l'air plus propre et plus gaie que le chaume, qu'on ne couvre pas autrement les maisons dans mon pays et que[3] cela me **rappellerait** un peu l'heureux temps de ma jeunesse. J'**aurais** pour cour une basse-cour, et pour écurie une étable avec des vaches. . . . J'**aurais** un potager pour jardin, et pour parc un joli verger. . . .

Jean-Jacques Rousseau (*Émile*)

■ Dans ce texte, les verbes en caractères gras sont au *conditionnel*. Le conditionnel est un MODE, une manière d'exprimer une idée ou un fait. Le conditionnel a *deux temps:*

un temps *simple:*   le conditionnel *présent.*
un temps *composé:* le conditionnel *passé.*

Je n'irais pas, j'aurais, rappellerait, je préférerais sont les verbes: **aller, avoir, rappeler, préférer** au *conditionnel présent.*

Voici le *conditionnel présent* des verbes **aller** et **avoir:**

aller	avoir
j' irais	j' aurais
vous iriez	vous auriez
tu irais	tu aurais
nous irions	nous aurions
il irait	il aurait
elle irait	elle aurait
ils iraient	ils auraient
elles iraient	elles auraient

---

[1] **en campagne** en français moderne = à la campagne.   [2] **Les Tuileries** palais royal, situé à Paris, près du Louvre, et détruit en 1871. Une partie du jardin des Tuileries actuel occupe son emplacement.   [3] **et que . . .** la conjonction **que** répète et remplace une autre conjonction déjà exprimée. Ici **que** remplace **parce que . . .**

■ On voit que le conditionnel des verbes est formé au présent avec:
le *radical* du *futur simple* + les *terminaisons* de *l'imparfait*.

Ainsi:

1) **parler**	je parler**ais**,	nous parler**ions**,	ils parler**aient**
donner	je donner**ais**,	nous donner**ions**,	ils donner**aient**
2) **finir**	je finir**ais**,	nous finir**ions**,	ils finir**aient**
réussir	je réussir**ais**,	nous réussir**ions**,	ils réussir**aient**
3) **vendre**	je vendr**ais**,	nous vendr**ions**,	ils vendr**aient**
lire	je lir**ais**,	nous lir**ions**,	ils lir**aient**
partir	je partir**ais**,	nous partir**ions**,	ils partir**aient**

Verbes irréguliers (au futur et au conditionnel):

aller	j'**ir**ais,	nous **ir**ions,	ils **ir**aient
envoyer	j'**enverr**ais,	nous **enverr**ions,	ils **enverr**aient
faire	je **fer**ais,	nous **fer**ions,	ils **fer**aient
pouvoir	je **pourr**ais,	nous **pourr**ions,	ils **pourr**aient
recevoir	je **recevr**ais,	nous **recevr**ions,	ils **recevr**aient
savoir	je **saur**ais,	nous **saur**ions,	ils **saur**aient
venir	je **viendr**ais,	nous **viendr**ions,	ils **viendr**aient
voir	je **verr**ais,	nous **verr**ions,	ils **verr**aient
vouloir	je **voudr**ais,	nous **voudr**ions,	ils **voudr**aient
avoir	j'**aur**ais,	nous **aur**ions,	ils **aur**aient
être	je **ser**ais,	nous **ser**ions,	ils **ser**aient
falloir	il **faudr**ait		
valoir	il **vaudr**ait (mieux)		

Reprenons maintenant le texte de J.-J. Rousseau. L'auteur *n'est pas riche*. Il décrit *la maison qu'il aurait s'il était riche*. La possession de cette maison *dépend* donc *d'une certaine condition qui n'est pas réalisée dans le présent*, qui est *un fait supposé*.

Le conditionnel est le mode des actions soumises à une condition qui n'est pas réalisée dans le présent ou dans le passé.
La *condition* elle-même n'est *pas exprimée au conditionnel*, mais *à l'imparfait* de l'indicatif.

■ Avec **si** + verbe à l'*imparfait*, le verbe principal est au *conditionnel présent*.

Si nous *étions* encore enfants, nous **irions** à l'école élémentaire.
Si j'*étais* professeur de français, je **donnerais** des A à tous les étudiants de la classe.
Si nous *étions* au XXIe siècle, nous **ferions** probablement des voyages sur la lune.
Beaucoup de gens **seraient** plus heureux si l'injustice *disparaissait* du monde.
Nous **pourrions** organiser une soirée si les examens *étaient* terminés.
Que **feriez-**vous si vous *saviez* exactement le jour de votre mort?

NOTEZ: La proposition principale est parfois placée en tête de la phrase. Il n'y a jamais de conditionnel (ou de futur) après **si** exprimant une condition.

2. L'été dernier, j'ai travaillé parce que j'avais besoin d'argent.
Si j'**avais eu** de l'argent, j'**aurais voyagé** en Europe; je **serais allé** en France.

Comparez:

Cet étudiant n'a pas réussi à son dernier examen.

S'il avait travaillé plus sérieusement, il **aurait eu** une meilleure note.

Dimanche dernier, il a plu toute la journée.

S'il n'avait pas plu, nous **aurions fait** un pique-nique à la campagne.

Je ne savais pas que vous étiez malade.

Je vous **aurais téléphoné** et je **serais allé** vous voir à l'hôpital si j'avais su cela.

Mes grands-parents étaient américains; je suis né aux États-Unis et l'anglais est ma langue maternelle.

Si mes grands-parents avaient été français, je **serais** probablement **né** en France, j'**aurais appris** le français pendant mon enfance.

■ Les verbes en caractères gras de la deuxième colonne sont des formes du *conditionnel passé* des verbes: **avoir, faire, téléphoner, aller, naître, apprendre.**

■ *Le conditionnel passé* est formé avec:

l'*auxiliaire* (**avoir** ou **être**) au *conditionnel présent* + le *participe passé* du verbe.

Voici le *conditionnel passé* des verbes **faire** et **aller**:

faire		aller	
j' aurais fait		je serais allé(e)	
vous auriez fait		vous seriez allé(e, s, es)	
tu aurais fait		tu serais allé(e)	
nous aurions fait		nous serions allés(es)	
il aurait fait		il serait allé	
elle aurait fait		elle serait allée	
ils auraient fait		ils seraient allés	
elles auraient fait		elles seraient allées	

■ Les verbes *pronominaux* se conjuguent évidemment avec **être.**

Nous nous **serions** amusés si nous y étions allés avec nos amis.
Ils se **seraient** ennuyés s'ils avaient assisté à la conférence.

La forme *interrogative* et la forme *négative* ont la même construction que pour les autres temps composés:

Seriez-vous **allé** au cinéma? — Non, je **n'**y serais **pas** allé.
Vos parents **auraient**-ils **accepté** cette invitation? — Non, ils **ne** l'auraient **pas** acceptée.

■ Le *conditionnel passé* indique une action soumise à une condition qui n'a pas été réalisée dans le passé. *La condition* elle-même n'est pas exprimée au conditionnel, mais dans ce cas au *plus-que-parfait de l'indicatif.*

■ Avec **si** + verbe au *plus-que-parfait*, le verbe principal est au *conditionnel passé.*

> Si je n'*avais* pas *travaillé* l'été dernier, je n'**aurais** pas **pu** aller à l'université cette année.
> Si le père de Jean n'*était* pas *allé* en France, il n'**aurait** pas **épousé** une Française.
> Les étudiants **se seraient souvenus** de cette règle s'ils *avaient* mieux étudié.

NOTEZ : La proposition principale est parfois placée en tête de la phrase.

EN RÉSUMÉ, voici comment s'organisent les temps dans les phrases de condition :

> *Si* nous *avons* le temps, nous **irons** au théâtre ce soir.
> *Si* nous *avions* le temps, nous **irions** au théâtre plus souvent.
>   (mais nous n'y allons pas parce que nous sommes trop occupés.)
> *Si* nous *avions eu* le temps, nous **serions allés** au théâtre pendant le week-end dernier.
>   (mais nous n'y sommes pas allés parce que nous étions trop occupés.)
> *Si* vous *allez* voir ce film, vous vous **amuserez** bien.
> *Si* vous *alliez* voir ce film, vous vous **amuseriez** bien.
> *Si* vous *étiez allé* voir ce film, vous vous **seriez bien amusé.**

c'est-à-dire :

LA CONDITION	LE RÉSULTAT
si + présent	futur
si + imparfait	conditionnel présent
si + plus-que-parfait	conditionnel passé

3. Le professeur **voudrait** vous voir.

Étudiez les phrases suivantes :

> Je **voudrais** vous parler.
> **Pourriez**-vous venir me voir demain ?
> Nous **aimerions** mieux aller au théâtre.
> J'**aurais voulu** partir plus tôt.
> Ils **auraient préféré** rester chez eux.

Dans ces cas, le conditionnel n'exprime pas une action soumise à une condition. Il indique un *désir*, un *souhait* ou il est employé simplement par *politesse*, pour atténuer la brutalité d'un ordre ou d'une déclaration. «Je veux; je voulais; pouvez-vous; nous aimons mieux; ils préféraient» sont plus énergiques que les mêmes formes au conditionnel.

4. Le professeur a annoncé que l'examen **serait** facile.

Comparez:

Je sais que Jean **partira** dans deux jours.

Je savais que Jean **partirait** deux jours plus tard.

Nous espérons que nos amis **seront** à l'heure.

Nous espérions que nos amis **seraient** à l'heure.

Le professeur dit qu'il y **aura** un examen et qu'il **sera** assez difficile. Il ajoute qu'il **faudra** savoir les verbes parfaitement.

Le professeur a dit qu'il y **aurait** un examen et qu'il **serait** assez difficile. Il a ajouté qu'il **faudrait** savoir les verbes parfaitement.

Les étudiants demandent s'ils **pourront** choisir les sujets de composition et si le professeur **répondra** à leurs questions pendant l'examen.

Les étudiants ont demandé s'ils **pourraient** choisir les sujets de composition et si le professeur **répondrait** à leurs questions pendant l'examen.

◼ En comparant les deux séries d'exemples, on voit que les verbes en caractères gras sont dans des *propositions subordonnées.*

Dans la première colonne, ces verbes sont au *futur.* Ils dépendent des verbes principaux: «Je **sais,** nous **espérons,** le professeur **dit,** les étudiants **demandent...**» qui sont au *présent de l'indicatif.*

Dans la deuxième colonne, ces verbes sont au *conditionnel présent.* Ils dépendent des verbes principaux: «Je **savais,** nous **espérions,** le professeur **a dit,** les étudiants **ont demandé . . .**» qui sont au *passé de l'indicatif* (passé composé ou imparfait).

◼ Le conditionnel est employé dans une proposition subordonnée pour exprimer *le futur par rapport à un certain moment du passé.* Quand le verbe principal est au *passé,* le *futur est remplacé par le conditionnel.*

Voici quelques exemples supplémentaires:

Charles **dit** qu'il **fera** sa composition après le dîner.

Charles **a dit** qu'il **ferait** sa composition après le dîner.

Les étudiants **se demandent** s'ils **auront** assez de temps pour finir l'examen.

Les étudiants **se demandaient** s'ils **auraient** assez de temps pour finir l'examen.

Robert ne **sait** pas s'il **comprendra** les gens quand il **sera** en France.

Robert ne **savait** pas s'il **comprendrait** les gens quand il **serait** en France.

Robert **croit** que ses parents l'**accompagneront** jusqu'en France.

Robert **croyait** que ses parents l'**accompagneraient** jusqu'en France.

GRAMMAIRE

NOTEZ : Il y a une différence entre **si** qui indique une condition et **si** qui indique une question indirecte (= si oui ou non).

Après **si,** conjonction de condition, on n'emploie *pas le futur;* on n'emploie *pas le conditionnel:*

> **Si** j'**ai** assez d'argent, j'irai en Europe.
> **Si** j'**avais** assez d'argent, j'irais en Europe.
> **Si** les étudiants n'**avaient** pas d'examens, ils seraient plus heureux.

Après **si** indiquant une question indirecte, *il est possible* d'employer le futur ou le conditionnel. Dans ce cas, **si** n'est jamais au commencement de la phrase.

> Je me demande **si** mes amis **m'attendront** à l'aéroport.
> Je me demandais **si** mes amis **m'attendraient** à l'aéroport.

---

5. Vous faites encore beaucoup de fautes.

> Vous **devriez** travailler plus sérieusement.

Je n'ai pas compris l'explication.

> J'**aurais dû** poser une question au professeur.

Étudiez les phrases suivantes:

> Vous avez mal aux yeux? Vous **devriez** aller chez le médecin.
> Cet étudiant arrive en retard tous les jours. Il **devrait** partir plus tôt.
> Annie est très fatiguée. Elle **devrait** se reposer.
> Nous n'avons pas vu nos amis depuis longtemps. Nous **devrions** leur téléphoner.
> Quand les étudiants ne comprennent pas une explication, ils **devraient** poser une question à leur professeur.

■ Le verbe **devoir** *au conditionnel présent* indique une suggestion, un conseil, quelque chose qui serait préférable, ou quelquefois un regret.

Voilà le *conditionnel présent* du verbe **devoir:**

> Je **devrais** téléphoner à mes amis.
> Vous **devriez** aller chez le dentiste.
> Tu **devrais** te reposer.
> Nous **devrions** acheter une nouvelle voiture.
>
> Il **devrait** faire attention.
> Elle **devrait** faire attention.
>
> Ils **devraient** travailler plus sérieusement.
> Elles **devraient** travailler plus sérieusement.

Étudiez les phrases suivantes:

Hier, j'ai fait des fautes stupides dans l'examen. **J'aurais dû** faire attention.

Il y a eu un accident parce que la voiture allait trop vite. Le conducteur **aurait dû** rouler plus lentement.

Vous avez été absent pendant deux jours la semaine dernière. Vous **auriez dû** étudier chez vous.

Le professeur était en retard ce matin. Les étudiants sont partis sans attendre. Ils **auraient dû** l'attendre et être plus patients.

Nous sommes arrivés trop tard à l'aéroport pour dire au revoir à nos amis. Nous **aurions dû** quitter la maison plus tôt.

■ Le *conditionnel passé* du verbe **devoir** est: **j'aurais dû, vous auriez dû,** etc. Comme **devoir** au conditionnel présent, **devoir** au *conditionnel passé* indique une suggestion, un conseil, un regret au sujet de quelque chose qu'on aurait dû faire dans le passé, qu'*il aurait été préférable de faire dans le passé.*

Exercices

1. Donnez le conditionnel présent des verbes suivants.

1. Je le sais. 2. Nous la voyons. 3. Elle en fait. 4. Il peut partir. 5. Il y en a. 6. Nous en achetons. 7. J'en suis surpris. 8. Il nous faut un interprète. 9. Je viens plus tôt. 10. Ils n'y restent pas. 11. Nous partons en train. 12. Je veux la finir. 13. Vous vous ennuyez. 14. Elle s'en souvient. 15. Ils ne se servent pas de leur livre. 16. Pouvez-vous venir? 17. Il vaut mieux rester ici. 18. Vous ne vous trompez pas.

2. Mettez le verbe entre parenthèses au temps et au mode convenables suivant le sens de la phrase.

1. Si les enfants (savoir) ce que nous (savoir), ils ne (vouloir) pas grandir. 2. Elle va passer son examen la semaine prochaine; si elle ne (réussir) pas, son père (être) très mécontent. 3. Si vous (avoir) besoin d'argent, vous (chercher) du travail, n'est-ce pas? 4. Oui, et si je n'en (trouver) pas, je (mettre) une annonce dans le journal. 5. Beaucoup d'étudiants (avoir) de meilleures notes s'ils ne (faire) pas de fautes stupides. 6. Si tous les peuples (parler) la même langue, beaucoup de problèmes (être) résolus. 7. Je (aller) plus souvent au concert si les professeurs ne nous (donner) pas tant de devoirs. 8. Si les chiens (pouvoir) parler, nous (dire)-ils ce qu'ils pensent des hommes? 9. Et s'ils nous (dire) leur opinion, est-ce que nous (être) toujours contents de nous? 10. Si nous ne (avoir) pas assez d'argent, nous (essayer) d'en gagner.

3. Complétez les phrases.

1. Si j'avais le temps pendant le prochain week-end ___. **2.** Mes parents seraient très fâchés si ___. **3.** Si nous avions des vacances maintenant ___. **4.** Si quelqu'un m'invitait à faire le tour du monde ___. **5.** Feriez-vous des études à l'université si ___? **6.** Nous pourrions sortir ce soir si ___. **7.** Si vous partiez pour l'étranger ___. **8.** Je serais très heureux si ___. **9.** Si vous quittiez l'université plus tôt ___. **10.** Il faudrait que je gagne ma vie si ___.

4. Répondez à chaque question par trois ou quatre phrases.

Que feriez-vous si :
1. Vous étiez le président de l'université?
2. On vous donnait 10.000 dollars?
3. Vous ne saviez ni lire ni écrire?
4. Vous étiez le professeur de français?
5. Votre père vous offrait une Cadillac?

5. Changez les phrases suivantes en mettant le verbe principal au passé.

1. Je suis sûr que Jean obtiendra son diplôme. **2.** Ses parents pensent qu'il deviendra avocat. **3.** J'espère que vous viendrez me voir. **4.** Mon père ne croit pas que je réussirai. **5.** Ses amis savent qu'il ira à l'étranger. **6.** Le professeur dit que nous parlerons très bien à la fin du semestre. **7.** Je crois que les étudiants sauront répondre aux questions de l'examen. **8.** On nous dit que l'examen ne sera pas difficile. **9.** Il est certain qu'il y aura des phrases au subjonctif. **10.** Nous espérons que chacun pourra finir à l'heure.

46

Situation culturelle de la France

Puisque ce livre est destiné à de jeunes Américains qui étudient la langue française, nous allons essayer d'examiner dans ce chapitre la question suivante: Y a-t-il aujourd'hui des raisons objectives pour étudier la langue et la civilisation françaises? Après tout, il faut d'abord constater qu'il y a beaucoup d'autres langues plus en usage dans le monde que le français. Si on en croit les statistiques, la 5 langue française comme l'arabe, est parlée par environ 65.000.000 de personnes. En tout premier lieu vient le chinois que parlent environ 750.000.000 de personnes. Ensuite, c'est l'anglais avec 265.000.000; puis le russe: 200.000.000; puis l'hindi et l'espagnol avec 150.000.000. L'allemand et le japonais sont parlés par à peu près 90.000.000 de personnes, le bengali[1] par 70.000.000. Enfin le 10 français et l'arabe: 65.000.000. Pourquoi donc étudierions-nous cette dixième langue du monde plutôt que le chinois ou le russe?

La réponse est très simple. Après notre langue maternelle, nous étudions les langues étrangères pour des raisons de culture plutôt que pour des raisons d'utilité générale. Bien entendu, nous pourrions avoir des raisons spéciales d'ordre 15 utilitaire[0] pour apprendre telle[0] ou telle langue. Un consul, un voyageur, un homme d'affaires (on dit aussi *businessman* en français) qui partirait pour les Philippines pourrait avoir besoin d'apprendre le tagal[2] et cette expérience enrichirait sa culture. Cependant le mot *culture* n'a pas toujours la même signification. La culture est d'abord une affaire d'étude personnelle et cette étude (ou 20 ces études) se fait en fonction de notre monde intellectuel. Or, notre monde matériel et intellectuel est européen, judéo-chrétien, gréco-latin et occidental. Il y a sans doute d'autres mondes, mais voilà le nôtre. Analyser la philosophie de Platon ou d'Aristote, lire l'Ancien ou le Nouveau Testament, étudier la chute de l'empire romain ou la généalogie des rois de France, décider d'apprendre 25 le français plutôt que le chinois, c'est reconnaître qu'on appartient à une certaine culture. Bref, nous nous identifions par nos études avec ce monde occidental qui est un héritage[0] historique. Il ne faut donc pas chercher de raisons à priori pour étudier le français; il n'y en a pas. Ou s'il y en avait, il y en aurait d'aussi valables pour étudier le swahili.[3] Quelles raisons de culture pourrait-on donc trouver 30 pour justifier l'étude du français?

[1] **le bengali** langue parlée au Bengale, région située au nord de l'Inde.
[2] **le tagal** langue parlée aux îles Philippines.
[3] **le swahili** langue largement répandue dans certaines régions de l'Afrique.

LECTURE

L'art aux temps préhistoriques: les grottes de Lascaux.

La France est une très vieille civilisation dont les origines remontent aux temps préhistoriques. Certes,[0] il est un peu absurde de dire, comme on l'a dit longtemps en
France, que les Gaulois de 59 avant J.-C.[4] sont les ancêtres des Français modernes.
Rien ne survit[0] de ces premiers Gaulois. Nous connaissons un peu leurs institutions et leurs mœurs, mais leur langue a complètement disparu. Cependant une 5
chose reste: la romanisation de la Gaule qui, par les conquêtes romaines, est
devenue partie intégrante de la latinité. Pendant ces premiers siècles, l'histoire

[4] **59 avant J.-C.** Début de la conquête de la Gaule par Jules César.

(Peter Buckley)

L'art romain en Gaule: Théâtre antique d'Arles.

L'art romain en Gaule: Aqueduc dit Le Pont du Gard.

humaine de ce futur territoire «français» est une histoire d'assimilation culturelle et raciale. Les Gaulois, relativement sans culture à côté des Romains évolués et civilisés, ont été intégrés[0] à la culture romaine, christianisés lorsque Rome est devenue chrétienne, enfin totalement romanisés. Entre 59 avant J.-C. et l'année 476, date officielle de la chute de l'Empire Romain d'Occident,[5] les Gaulois 5 disparaissent et les Gallo-Romains font leur apparition dans l'histoire. Autrement[0] dit, il y a sur le futur territoire français, pendant une période qui dure environ cinq siècles, une lutte[0] féroce de forces sociales et culturelles. Si on parle aujourd'hui une langue qui s'appelle «le français», c'est parce que, peu à peu, on a cessé de parler gaulois au-delà des Alpes et qu'on a commencé à parler latin. 10

Pourtant le latin de la période gallo-romaine était encore loin du français. Pour que le latin devienne du français, il a fallu une seconde convulsion sociale. Il a fallu que des Germains se mettent à parler latin. Nous pensons trop facilement aujourd'hui que la France n'est qu'un pays latin. Au fond, la France est en grande partie un pays d'origine germanique. 15

En 257, en 275 et encore en 406 les Francs qui ont donné à la France son nom, envahissent la Gaule, en prennent possession et s'y installent, si[0] bien que la «Gaule civilisée devient la France barbare», selon la formule d'un écrivain contemporain. Il serait impossible de donner ici une image juste et fidèle[0] du développement de la civilisation humaine sur le territoire de la France. Disons seulement que, après 20 les premières invasions, il a fallu près de 700 ans pour que la France arrive à un niveau de civilisation et de culture véritables. Lentement l'axe du monde occidental se déplace. Petit à petit, Paris remplace Rome et devient la capitale d'un nouveau monde, européen et occidental.

[5] l'Empire Romain d'Occident partie de l'Empire romain dont la capitale était Ravenne.

Par deux fois, dans le courant de l'histoire européenne, la France a détenu[0] l'hégémonie[0] mondiale. La première fois, au 13ᵉ siècle, lorsque la France et surtout
la ville de Paris, ont été considérées comme le véritable centre du monde médiéval ;
la deuxième fois, sous le règne de Louis XIV et jusqu'à la Révolution française
de 1789, lorsque la culture et la civilisation françaises sont devenues un modèle   5
pour les autres nations européennes. Un Italien du 13ᵉ siècle, Brunetto Latini,
professeur de Dante, nous apporte un témoignage[0] précieux à ce sujet. Pour
écrire son *Trésor*, véritable encyclopédie médiévale, il se sert de la langue française car, déclare-t-il :

> « Et se aucuns demandoit por quoi cist livres est escriz en roman, selonc le langage   10
> des François, puisque nos somes Ytaliens, je diroie que ce est por i.i. raisons : l'une,
> car nos somes en France et l'autre porce que la parleure est plus delitable et plus
> commune à toutes gens. »
>
> Brunet Latin, Li Tresors, Livre 1

c'est-à-dire :

> « Et si quelqu'un demande pourquoi ce livre est écrit en langue romane et en fran-   15
> çais, puisque nous sommes Italiens, je dirai que c'est pour deux raisons : l'une que
> nous sommes en France ; et l'autre que le parler y est plus délectable et que beau-
> coup de gens l'utilisent. »

Voilà un premier hommage rendu à l'universalité de la langue française. A une
époque où les idées s'exprimaient plus normalement en latin qu'en langue   20
vulgaire, il est remarquable qu'un savant[0] et un érudit[0] puisse dédaigner[0] aussi
bien sa propre langue, l'italien, que la langue internationale de l'époque,
le latin, pour écrire en français. Dès la fin du Moyen Age, cependant, cette
situation change et pendant deux siècles et demi, le centre du monde intellectuel
et culturel occidental sera non pas en France, mais en Italie ou en Espagne.   25

L'époque française par excellence est sans conteste l'âge de Louis XIV. Assumant le
pouvoir[0] royal en 1661, Louis XIV inaugure une période d'absolutisme français
en politique, de classicisme en littérature et de prestige universel pour le royaume
de France. C'est à partir de 1661 qu'un véritable monde français s'affirme et
bientôt s'impose à tous les esprits. Grosso modo, ce monde de la domination   30
française se maintiendra jusqu'à la Révolution de 1789. A ce moment-là, depuis
longtemps ruiné par les insuffisances d'un système économique qui ne répondait
plus aux exigences de la vie moderne, le monde de la grandeur française s'écroule.[0]
Un instant, Napoléon croira faire revivre cette grandeur ; mais Waterloo[6] mettra
le point final à l'hégémonie française. Un autre pays, l'Angleterre, plus moderne,   35
plus démocratique et surtout plus efficacement industrialisé, prendra la relève ;
et derrière l'Angleterre, une autre nation, les États-Unis, commence à s'affirmer.

---

[6] Près de cette ville qui se trouve en Belgique, Napoléon 1ᵉʳ a livré une dernière bataille aux Anglais et aux Prus-
siens (1815). La victoire des armées anglaise et prussienne marque la fin du 1ᵉʳ Empire et la chute de Napoléon.

Déjà Voltaire, en 1726, admire la supériorité des Anglais dans le domaine du commerce et de la vie concrète. Dans la dixième de ses *Lettres Anglaises*, il écrit:

> Le Commerce, qui a enrichi les Citoyens en Angleterre, a contribué à les rendre libres, et cette liberté a étendu le Commerce à son tour; de là s'est formée la grandeur de l'État . . .
>
> . . . Je ne sais . . . lequel est le plus utile à un État, ou un Seigneur[0] bien poudré qui sait précisément à quelle heure le roi se lève, à quelle heure il se couche, . . . ou un Négociant[0] qui enrichit son Pays, donne de son cabinet[0] des ordres à Surate et au Caire, et contribue au bonheur[0] du monde.

Les *Lettres Anglaises* de Voltaire sont effectivement une critique de la situation politique et sociale française au 18e siècle. Cependant, elles sont l'expression de la véritable universalité française. Le dix-huitième siècle est «l'âge des lumières». C'est pendant cette période que la mentalité moderne, scientifique plutôt que métaphysique, prend forme. Dans ses *Lettres Anglaises*, Voltaire parle du système philosophique de Locke, base de toute la pensée empirique moderne, même de nos jours.[0] Il parle aussi de la religion anglicane, des Quakers, des Presbytériens, du gouvernement anglais, du système parlementaire britannique, de Bacon, de Newton, de Pope, de la vaccination contre la variole,[0] déjà pratiquée en Angleterre, mais considérée comme dangereuse en France et même condamnée par le Parlement de Paris[7] en 1763. Les *Lettres Anglaises* cependant, sont importantes pour la littérature et pour la culture françaises, car si, d'une part,[0] elles célèbrent la supériorité anglaise, d'autre part,[0] elles donnent à la France, un chef d'œuvre[0] de littérature et de critique. Mais voici ce qui est curieux pour la littérature française de cette époque: le monde moderne se construit en réalité ailleurs qu'en France; il se construit surtout en Angleterre et en Amérique. Pourtant, c'est en France qu'il *s'exprime*. L'hégémonie politique française, déjà dépassée par l'histoire, tourne à l'hégémonie intellectuelle et littéraire. La langue française deviendra la langue internationale par excellence, jouant le rôle autrefois joué par le latin, rôle qu'elle conservera jusqu'à la création, en 1919, de la SOCIÉTÉ DES NATIONS (S.D.N.) où elle partagera avec l'anglais, la gloire d'être reconnue comme langue internationale. Une génération plus tard, avec la fondation de l'ORGANISATION DES NATIONS UNIES (O.N.U.), les langues officielles seront: l'anglais, le français, le chinois, le russe et l'espagnol. Mais au 18e siècle, nous sommes encore loin de la diversité du monde contemporain. A cette époque, la langue universelle par excellence, la langue de la diplomatie et de la culture, c'est le français, employé pour la première fois comme langue internationale officielle à la Paix[0] de Rastadt[8] en 1714. L'universalité de la langue française

---

[7] A cette époque, le **Parlement** de Paris était le premier corps de justice du royaume de France, et non une assemblée législative.

[8] **La Paix de Rastadt** a terminé la dernière des guerres de Louis XIV: la guerre de Succession d'Espagne (1700-1713) entre la France d'une part, l'Autriche, l'Angleterre et la Hollande d'autre part. La cause de cette guerre était l'avènement du petit-fils de Louis XIV au trône d'Espagne.

est si bien reconnue par le monde du 18ᵉ siècle qu'à la fin du siècle, en 1782, l'Académie de Berlin propose comme sujet de concours, «*Qu'est-ce qui fait la langue française la langue universelle de l'Europe? Par où mérite-t-elle cette prérogative? Peut-on présumer qu'elle la conserve?*» C'est Antoine Rivarol qui remporte la victoire et qui reçoit le prix. Au début de son essai: *Discours sur l'universalité de la langue* 5 *française*, il salue ce «monde français» si typique de l'époque qu'il mérite d'être comparé au «monde romain» d'autrefois. Voici ce que Rivarol écrit:

> Le temps semble être venu de dire le *monde français*, comme autrefois le *monde romain;* et la philosophie, lasse⁰ de voir les hommes toujours divisés par les intérêts divers de la politique, se réjouit⁰ maintenant de les voir, d'un bout de la terre à l'autre, se 10 former en république, sous la domination d'une même langue. Spectacle digne d'elle, que cet uniforme et paisible empire des lettres qui s'étend sur la variété des peuples, et qui, plus durable et plus fort que l'empire des armes, s'accroît également des fruits de la paix et des ravages de la guerre.

Aujourd'hui, il faudrait sans doute parler d'un monde américain, d'un monde russe, 15 d'un monde africain, d'un monde européen. En réalité, le monde américain appartient à ce dernier; il en est la manifestation la plus récente, de même que⁰ le monde russe. Mais au 18ᵉ siècle, le «monde européen» est surtout français de ton, de culture, d'idées. Voici comment un grand savant français, historien des idées, Paul Hazard, a caractérisé cette domination culturelle française dans 20 son livre: *La Crise de la Conscience européenne:*

> Dans la salle d'études de ce château qui veut imiter Versailles, appliqué à diriger l'éducation du jeune seigneur, vous trouverez un précepteur⁰ français. Les habits, les robes, les perruques⁰ sont à la française. A qui demanderait-on des leçons de danse, sinon au maître des élégances, au *French dancing master* qui dispute la place 25 aux Italiens? Descendez jusqu'aux cuisines, vous y trouverez chefs et (cuisiniers) qui accommodent⁰ les plats à la française, sommeliers qui débouchent⁰ des flacons⁰ de vins français.
>
> . . . .
>
> Non seulement à l'italien, à l'espagnol, mais au latin qui formait un des liens⁰ de la communauté européenne, le français se substitue. «Tout le monde veut savoir 30 parler français; on regarde cela comme une preuve⁰ de bonne éducation; . . . il y a telle ville où pour une école latine, on peut bien compter dix ou douze de françaises; on traduit partout des ouvrages des Anciens et les savants commencent à craindre⁰ que le latin ne soit chassé de son ancienne possession.»
>
> . . . .
>
> Le Latin sent la scolastique, la théologie; il a comme une odeur de passé; il cesse 35 peu à peu d'appartenir à la vie. Excellent instrument d'éducation, il ne suffit plus quand on sort des classes. Le français apparaît comme une nouvelle jeunesse de la civilisation: il modernise les qualités latines. Il est clair; il est solide; il est sûr: il est vivant.

· ·

Les Français sont *à la mode*. Ce gallicisme[0] s'implante[0] en Italie à la fin du 17e
siècle en même temps qu'on expose aux vitrines des magasins des poupées vêtues à
la mode de Paris, à la dernière du jour. Les Anglais ne l'emploient pas moins; les
dames arrangent[0] leurs cheveux *as the mode is;* les libraires recommandent *The à la
mode secretary;* Thomas Brown dans *The Stage-Beaux tossed in a Blanket,* raille[0] 5
l'Hypocrisie à la mode; Farquhar dans *The Constant Couple* oppose «*The à la mode
Londres*» à «*The à la mode France*». Steele met au théâtre «*The Funeral, or Grief à la
mode*» et Addison nous donne dans le prologue qu'il écrit pour cette comédie le
secret de cet engouement:[0]

> Our author . . .   10
> Two ladies errant has exposed to view:
> The first a damsel, travelled in romance;
> The other more refined: she comes from France . . .

Or peu de temps après que la France a établi cet empire, une rivale apparaît; et
cette rivale, chose inouie,[0] est une puissance du nord.   15

La rivale à laquelle Paul Hazard fait allusion est, nous l'avons vu, l'Angleterre. Au
18e siècle, le monde français est à son apogée. S'agira-t-il dorénavant[0] d'un
déclin[0]? Oui et non. La puissance[0] politique d'un pays n'est pas toujours le seul
signe de son influence culturelle. Certes la France est aujourd'hui un pays
comptant à peu près 50.000.000 de personnes. Si on comparait ce chiffre[0] avec 20
les 186.500.000 des États-Unis, avec les 224.800.000 de la Russie soviétique, les
750.000.000 de la Chine communiste ou les 441.600.000 de l'Inde, il paraîtrait
minime. En effet, depuis la deuxième guerre mondiale, il y aurait une sorte de
complexe d'infériorité en France. Simone de Beauvoir et Jean-Paul Sartre, parmi
d'autres, en ont parlé: complexe d'un pays autrefois grand et qui est devenu 25
petit. Mais voici un fait étonnant: le rayonnement[0] culturel de la France dépasse
de loin sa réalité physique, géographique et démographique. Ce phénomène
s'explique en partie par le passé de la France; il s'explique aussi par une activité
intellectuelle et artistique qui, encore de nos jours, continue et reste unique au
monde.   30

Exercices

1. Questions sur la lecture. Répondez par des phrases complètes.
   a) 1. Quelle est la langue qui se parle le plus dans le monde d'après les statistiques? Combien de personnes la parlent? 2. A quel rang le français vient-il?
   Où parle-t-on espagnol? allemand? français? 3. Qui sont Platon et
   Aristote? A quelle époque vivaient-ils? 4. Pourquoi peut-on dire que le
   monde américain est «européen et judéo-chrétien»? 5. Quels sont les

peuples qui ont contribué à former la France moderne? **6.** A quelles époques la France a-t-elle détenu l'hégémonie mondiale? **7.** Quelles nations étaient le centre du monde occidental aux 14e et 15e siècles? **8.** En quelle langue s'exprimaient les érudits et les savants au Moyen Age? **9.** Quel siècle appelle-t-on «le siècle de Louis XIV»? Quelle sorte de politique ce roi a-t-il instituée? **10.** Quel événement historique marque la fin de l'hégémonie française?

b) **1.** Quelle bataille a mis fin à l'empire de Napoléon 1er? Contre qui se battait-il? Quand? **2.** Pourquoi les *Lettres Anglaises* de Voltaire sont-elles importantes pour la France? **3.** A quels points de vue l'influence de la France est-elle dominante au 18e siècle? **4.** Quand a-t-on créé la Société des Nations? Après quel événement historique? **5.** Quelles langues peut-on parler à l'O.N.U.? **6.** Qui a célébré l'universalité de la langue française? Quand? **7.** Qu'est-ce qui caractérise le «monde européen» du 18e siècle? **8.** De quoi Paul Hazard parle-t-il quand il parle de *Versailles*? Où est cette ville? Qu'est-ce qu'on y voit? **9.** Pourquoi est-ce qu'on abandonne le latin pour le français au 18e siècle? **10.** Comment le goût pour le français se manifeste-t-il? Quelles modes françaises copie-t-on?

2. Mettez au *conditionnel passé* l'exercice 1 de la leçon 45.

3. Répondez par quelques phrases.

a) Que feriez-vous si vous étiez une jeune fille (au lieu d'être un jeune homme) ou un jeune homme (au lieu d'être une jeune fille)?

b) Qu'est-ce que vous auriez fait si vous étiez né prince ou roi? — si vous aviez vécu au temps de la Guerre d'Indépendance ou au temps de la Guerre Civile?

4. Répondez aux questions par des propositions subordonnées. (Faites les changements nécessaires.)

EXEMPLE : «Irez-vous au cinéma pendant le week-end?»
— Qu'est-ce que Jacques vous a demandé?
— Il **m'**a demandé **si** j'**irais** au cinéma pendant le week-end.

1. «Serez-vous encore occupé ce soir? Resterez-vous chez vous?»
Qu'est-ce que votre ami vous a demandé?

2. «Jeannette et moi, nous allons étudier ensemble pour préparer notre examen. Nous travaillerons très tard et nous ferons du bon travail.»
Qu'est-ce que vous lui avez répondu?

3. «Je passerai mes vacances au bord de la mer avec mes amis. Nous nous amuserons beaucoup et nous visiterons les endroits intéressants».
Qu'est-ce que vous avez dit au professeur?

4. «Est-ce que vous vous souviendrez du vocabulaire? Pourrez-vous répondre aux questions?»
Qu'est-ce que le professeur voulait savoir?

5. Mettez le verbe entre parenthèses au temps et au mode convenables selon le sens de la phrase.

    1. L'été dernier, mes parents (partir) pour l'Europe si ma mère ne (tomber) pas malade en juin.   **2.** Hier, je (pouvoir) vous rapporter ce livre de la bibliothèque si vous me (dire) que vous en (avoir) besoin.   **3.** Au dernier examen de sociologie, je (obtenir) une mauvaise note parce que je ne (avoir) pas le temps de travailler. Si je (avoir) plus de temps, je (répondre) aux questions plus correctement.   **4.** Si les Francs ne (envahir) pas la Gaule, la France (s'appeler) autrement.   **5.** Nous (arriver) à l'heure si nous (prendre) un taxi pour aller au théâtre.   **6.** Si mes amis ne (venir) pas chez moi pour mon dernier anniversaire, je (aller) chez eux.   **7.** Si mes grands-parents ne (émigrer) pas aux États-Unis, je (naître) en Europe.   **8.** Si Christophe Colomb ne (découvrir) pas le Nouveau Monde, les pays d'Europe ne (coloniser) pas l'Amérique.

6. *Compositions:*

    a) Si une fée vous permettait de faire trois souhaits, qu'est-ce que vous souhaiteriez? Pourquoi?

    b) Si vous pouviez acheter une maison, comment la choisiriez-vous? Pourquoi? Imaginez votre vie dans cette maison. (*Employez des verbes au conditionnel.*)

    c) Comment se sont formés les États-Unis? Donnez les principaux faits historiques. (*Employez évidemment les temps du passé.*)

Vocabulaire

NOMS

l'absolutisme (*m.*)	une critique	un historien	un prologue
un ancêtre	un déclin[0]	un hommage	une puissance[0]
l'Ancien (le Nouveau) Testament	un diplomate	un homme d'affaires	un rayonnement[0]
l'arabe (*m.*)	un discours	un humaniste	un(e) rival(e)
une assimilation	la diversité	une idéologie	un savant[0]
l'axe (*m.*)	une domination	un instrument	la scolastique
le bengali	un empire	la jeunesse	un secret
le bonheur[0]	une encyclopédie	un lien[0]	un seigneur[0]
un cabinet[0]	un engouement[0]	une lutte[0]	une statistique
un chef-d'œuvre[0]	un érudit[0]	un modèle	le swahili
un chiffre[0]	une exposition[0]	un négociant[0]	un témoignage[0]
une chute	un flacon[0]	la paix[0]	un ton
le classicisme	une force	une perruque[0]	un traité
une communauté	un gallicisme[0]	le polonais	l'universalité (*f.*)
un complexe (d'infériorité)	une généalogie	le pouvoir[0]	l'utilité (*f.*)
une conquête	une hégémonie[0]	un précepteur[0]	la vaccination
un consul	un héritage[0]	le prestige	la variole[0]
une convulsion	l'hindi (*m.*)	une preuve[0]	une victoire

ADJECTIFS

anglican(e)
chrétien(ne)
christianisé(e)
concret / concrète
délectable
démocratique
démographique
destiné(e) à

empirique
evolué(e)
fidèle[0]
gallo-romain(e)
gréco-latin(e)
industrialisé(e)
inouï(e)[0]
judéo-chrétien(ne)

juste
las(se)[0]
matériel(le)
métaphysique
minime
parlementaire
préhistorique

racial(e)
royal(e)
ruiné(e)
suprême
tel(le)[0]
universel(le)
utilitaire[0]

VERBES

accommoder[0]
s'affirmer
arranger[0]
assumer
chasser
condamner
conserver
contribuer à
craindre (3)[0]

déboucher[0]
dédaigner[0]
détenir[0] (cf. *tenir*, 3)
disputer
s'écrouler[0]
envahir (2)[0]
exposer
s'identifier
s'implanter[0]

s'imposer
inaugurer
intégrer[0]
justifier
maintenir (cf. *tenir*, 3)
prendre forme
prendre la relève

prendre possession
présumer
se réjouir de[0] (2)
remporter une victoire
revivre (cf. *vivre*, 3)
se substituer
survivre[0] (3)

MOTS INVARIABLES ET EXPRESSIONS

à priori
autrement[0] dit
certes[0]

de même que[0]
de nos jours[0]
dorénavant[0]

d'une part / d'autre part[0]
efficacement
grosso modo

par excellence
partout
si[0] bien que

47

POINTS DE REPÈRE

Charles et Jean **sont partis** pour l'Europe en juin et ils en **sont revenus** en septembre.

Chateaubriand **partit** pour l'Amérique en avril 1791 et il en **revint** en décembre.

*

Nous **savons** que votre mère **est** malade.

Nous **savions** que votre mère **était** malade.

*

Il voulait savoir **ce que** j'**avais fait** et **si** nous **irions** à la conférence.

Je lui ai dit **de ne pas** partir.

*

DÉVELOPPEMENT GRAMMATICAL

> **1.** Charles et Jean **sont partis** pour l'Europe en juin et ils en **sont revenus** en septembre. Chateaubriand **partit** pour l'Amérique en avril 1791 et il en **revint** en décembre.

Étudiez le texte suivant:

> Lorsque j'**arrivai** à Philadelphie, le général Washington n'y était pas; je **fus** obligé de l'attendre une huitaine de jours . . . Une petite maison, ressemblant aux maisons voisines, était le palais du président des États-Unis: point de gardes, pas même de valets. Je **frappai;** une jeune servante **ouvrit.** Je lui **demandai** si le général était chez lui; elle me **répondit** qu'il y était. Je **répliquai** que j'avais une lettre à lui remettre. La servante me **demanda** mon nom, difficile à prononcer en anglais et qu'elle ne **put** retenir. Elle me **dit** alors doucement: «*Walk in, sir.* Entrez, monsieur», et elle **marcha** devant moi dans un de ces étroits corridors qui servent de vestibule aux maisons anglaises: elle m'**introduisit** dans un parloir où elle me **pria** d'attendre le général. . . . Au bout de quelques minutes, le général **entra** . . . Je lui **présentai** ma lettre en silence; il l'**ouvrit, courut** à la signature qu'il **lut** tout haut avec exclamation. Nous nous **assîmes.** Je lui **expliquai** tant bien que mal le motif de mon voyage. Il me **répondit** par monosyllabes anglais et français, et m'écoutait avec une sorte d'étonnement; je m'en **aperçus** et je lui **dis** avec un peu de vivacité: «Mais il est moins difficile de découvrir le passage du nord-ouest que de créer un peuple comme vous l'avez fait. —*Well, well, young man!* Bien, bien, jeune homme», **s'écria**-t-il en me tendant la main. Il m'**invita** à dîner pour le jour suivant, et nous nous **quittâmes.**
>
> Chateaubriand.
Voyage en Amérique

■ Voilà comment Chateaubriand (1768–1848) raconte son entrevue avec le général Washington dans son *Voyage en Amérique.* Il raconte au passé un souvenir de sa jeunesse (cette rencontre a eu lieu en 1791) et il emploie l'imparfait et le *passé simple.* Tous les verbes en caractères gras dans le texte sont au passé simple. Le passé simple est le temps de la *narration historique.* Ce temps n'est pas employé dans la conversation. C'est un *temps littéraire.* On emploie encore aujourd'hui le passé simple, dans une œuvre littéraire. Simone de Beauvoir, par exemple, en parlant de son roman *Le Sang des Autres* raconte, comment, en 1945, l'épithète «existentialiste» s'est attachée à ses œuvres comme aux œuvres de Sartre; le passage suivant est tiré du dernier volume des Mémoires de Simone de Beauvoir *La Force des Choses:*

> Roman sur la Résistance, il fut aussi catalogué roman existentialiste. Ce mot désormais, était automatiquement accolé aux œuvres de Sartre et aux miennes. . . . Nous protestâmes en vain. Nous finîmes par reprendre à notre compte l'épithète dont tout le monde usait pour nous désigner.
>
> Ce fut donc une «offensive existentialiste» que, sans l'avoir concerté, nous déclenchâmes en ce début d'automne. Dans les semaines qui suivirent la publication de mon

roman, les deux premiers volumes des *Chemins de la Liberté* parurent, et les premiers numéros des *Temps Modernes*. Sartre donna une conférence — «*L'existentialisme est-il un humanisme?*» — et j'en fis une au Club «Maintenant» sur le roman et la métaphysique. *Les Bouches inutiles* furent jouées. Le tumulte que nous soulevâmes nous surprit . . . Je fus projetée dans la lumière publique. Mon bagage était léger, mais on associa mon nom à celui de Sartre que, brutalement la célébrité saisit . . . Au Flore, on nous regardait, on chuchotait. A la conférence de Sartre, il vint une telle foule que la salle ne put la contenir; ce fut une bousculade effrénée et des femmes s'évanouirent.

Simone de Beauvoir

■ Vous avez sans doute remarqué que le *passé simple* comme le *passé composé*, est un temps de *narration* qui exprime l'action pure. La seule différence entre ces deux temps est une *différence de distance*. Comme la littérature implique une certaine notion de distance, le passé simple y est naturellement à sa place. Mais dans la conversation de tous les jours, dans la correspondance, on emploie le *passé composé*.

De nos jours, le *passé composé remplace* de plus en plus le *passé simple*, même dans la littérature.

■ Voici *le passé simple* des verbes **parler** et **finir**:

	parler		**finir**
je	parl**ai**	je	fin**is**
vous	parl**âtes**	vous	fin**îtes**
tu	parl**as**	tu	fin**is**
nous	parl**âmes**	nous	fin**îmes**
il	parl**a**	il	fin**it**
elle	parl**a**	elle	fin**it**
ils	parl**èrent**	ils	fin**irent**
elles	parl**èrent**	elles	fin**irent**

Le passé simple des *verbes des 1er et 2e groupes* est formé de la même manière, c'est-à-dire: on ajoute ces terminaisons au radical de l'infinitif.

Ainsi, voici la *3e personne du singulier et du pluriel* de quelques verbes de ces groupes:

il dîn**a**	il réfléch**it**
ils dîn**èrent**	ils réfléch**irent**
il écout**a**	il chois**it**
ils écout**èrent**	ils chois**irent**
il travaill**a**	il réuss**it**
ils travaill**èrent**	ils réuss**irent**
il voyag**ea**	il roug**it**
ils voyag**èrent**	ils roug**irent**

NOTEZ : Le verbe **aller** a un passé simple comme les verbes en **-er**:

J'all**ai**, vous all**âtes**, nous all**âmes**, il all**a**, ils all**èrent**.

Les verbes en **-ger** (nager, protéger, voyager, etc.) prennent un **e** devant **a**:

Je voyag**eai**, nous voyag**eâmes**.

Les verbes en **-cer** (commencer, lancer) ont un **ç** devant **a**:

Je commen**çai**, il commen**ça**.

Voici le *passé simple* des verbes du 3ᵉ groupe :

	rendre		recevoir
je	rend**is**	je	reç**us**
vous	rend**îtes**	vous	reç**ûtes**
tu	rend**is**	tu	reç**us**
nous	rend**îmes**	nous	reç**ûmes**
il	rend**it**	il	reç**ut**
elle	rend**it**	elle	reç**ut**
ils	rend**irent**	ils	reç**urent**
elles	rend**irent**	elles	reç**urent**

(**c** → **ç** devant **u** pour conserver le son de **c**)

■ Les verbes du 3ᵉ groupe (irréguliers) ont un passé simple en **-is**, ou en **-us**.

Voici le passé simple des verbes le plus communément employés:

INFINITIF	PASSÉ SIMPLE	INFINITIF	PASSÉ SIMPLE
attendre	j'attendis	*boire*	je bus
descendre	je descendis	*connaître*	je connus
dire	je dis	*croire*	je crus
entendre	j'entendis	*falloir*	il fallut
faire	je fis	*lire*	je lus
mettre	je mis	*pouvoir*	je pus
partir	je partis	*savoir*	je sus
perdre	je perdis	*vivre*	je vécus
prendre	je pris		
répondre	je répondis	*avoir*	j'eus[ʒy]
sortir	je sortis	*être*	je fus
vendre	je vendis		
voir	je vis		

NOTEZ : Les formes particulières du passé simple des verbes:

venir (et de ses composés) { Je vins, ils vinrent / Il devint, ils devinrent

tenir (et de ses composés) { Je tins, ils tinrent / Il obtint, ils obtinrent

2. Nous **savons** que votre mère **est** malade.

Nous **savions** que votre mère **était** malade.

Comparez :

Jean **croit** que Charles **est** chez lui.
Je **sais** que Betty **a** envie d'une voiture.
→ Jean **croyait** que Charles **était** chez lui.
Je **savais** que Betty **avait** envie d'une voiture.

Je **pense** que vous vous **êtes trompé** d'adresse.
Paul **dit** qu'il **a oublié** l'heure du rendez-vous.
→ Je **pensais** que vous vous **étiez trompé** d'adresse.
Paul **a dit** qu'il **avait oublié** l'heure du rendez-vous.

Nous **espérons** qu'ils **viendront** nous voir pendant le week-end.
Je **suis** sûr que nous ne **pourrons** pas aller au Mexique.
→ Nous **espérions** qu'ils **viendraient** nous voir pendant le week-end.
J'**étais** sûr que nous ne **pourrions** pas aller au Mexique.

Je **sais** que Bob ne **voulait** pas partir en bateau.
Je **pense** que vous **aviez** raison.
↔ Je **savais** que Bob ne **voulait** pas partir en bateau.
Je **pensais** que vous **aviez** raison.

◼ Dans la première colonne, les verbes subordonnés dépendent d'un *verbe principal au présent :* on emploie le *temps de l'indicatif* qui est *nécessaire pour le sens* de la phrase, dans la proposition subordonnée.

Dans la deuxième colonne, les verbes subordonnés dépendent d'un *verbe principal au passé :* les *temps des verbes changent* dans la proposition subordonnée.

Cette question de la CONCORDANCE DES TEMPS avec un verbe principal *au passé* est très importante. Il faut la respecter quand on parle et plus encore quand on écrit.

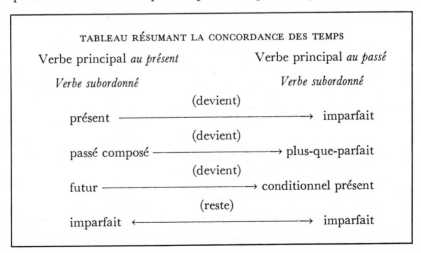

TABLEAU RÉSUMANT LA CONCORDANCE DES TEMPS

Verbe principal *au présent*   Verbe principal *au passé*

Verbe subordonné   *Verbe subordonné*

                      (devient)
présent ————————————————————→ imparfait

                      (devient)
passé composé ———————————————→ plus-que-parfait

                      (devient)
futur ——————————————————————→ conditionnel présent

                      (reste)
imparfait ←———————————————————→ imparfait

3. Il voulait savoir **ce que** j'**avais fait** et **si** nous **irions** à la conférence. Je lui ai dit **de ne pas** partir.

Étudiez les phrases suivantes:

a) Le professeur me dit: «Ouvrez votre livre, lisez la lecture, mais ne traduisez pas.»

b) Le professeur me dit aussi: «Votre composition est assez bonne, mais vous n'avez pas bien employé les temps du passé.» Il ajoute: «Je vais vous montrer vos fautes et vous les corrigerez.»

c) Le professeur me demande: «Qu'est-ce que vous n'avez pas bien compris? Faut-il que je recommence mes explications? Pourquoi faites-vous toujours cette erreur?»

Dans ces trois groupes de phrases, on répète les paroles exactes de la personne qui parle: les phrases sont au *discours direct*. (Notez le signe de ponctuation qui indique le discours direct: « » et qu'on appelle des *guillemets*.)

Dans la phrase (*a*), on répète des *ordres*.

Dans le groupe de phrases (*b*), on répète des *déclarations*, des faits.

Dans le groupe de phrases (*c*), on répète des *questions*.

Étudiez les phrases suivantes:

a) Le professeur me dit **d'**ouvr**ir mon** livre, **de lire** la lecture, mais **de ne pas traduire.**

b) Le professeur me dit aussi **que ma** composition est assez bonne, mais **que je** n'**ai** pas bien employé les temps du passé. Il ajoute **qu'il va me** montrer **mes** fautes et **que je les corrigerai.**

c) Le professeur me demande **ce que je** n'**ai** pas bien compris. Il me demande aussi **s'**il faut qu'**il recommence ses** explications **et** pourquoi **je fais** toujours cette erreur.

■ Dans les phrases précédentes on rapporte ou *on raconte* à une autre personne *ce que quelqu'un dit ou demande*. Les phrases qui étaient au discours direct sont maintenant au *discours indirect*.

Remarquez les changements:

— Les phrases du discours indirect ne sont plus indépendantes; elles sont subordonnées et elles dépendent d'un verbe principal.

— Il y a des changements dans les pronoms, les possessifs et les personnes.

— La ponctuation est différente.

■ Pour transcrire *un ordre* au discours indirect au *présent* ou au *passé*, employez:

un verbe principal + **de** + *un infinitif*

Le verbe principal est généralement:

> dire
> demander
> recommander
> répéter
> écrire
> téléphoner
> conseiller
> ordonner, etc.

(A la forme négative, **ne pas** est *devant* l'infinitif.)

■ Pour transcrire *une déclaration* au discours indirect au *présent*, employez:

un verbe principal + **que** + *un verbe conjugué* à un temps de l'*indicatif*

Le verbe principal est généralement:

> affirmer
> annoncer
> dire
> déclarer
> ajouter
> répondre
> répliquer, etc.

■ Pour transcrire *une question* au discours indirect au *présent*, employez:

un verbe principal + *un mot interrogatif* + *un verbe conjugué* à un temps de l'*indicatif*

Le verbe principal est généralement:

> demander
> se demander
> vouloir savoir, etc.

ATTENTION: Le mot interrogatif est:

Si (= si oui ou non): la question porte sur l'*action* ou sur l'*état*.
Qui: la question porte sur le *sujet* ou *objet* représentant des *personnes*.
Ce qui: la question porte sur le *sujet* représentant une *chose* ou une *idée*.
Ce que: la question porte sur l'*objet* représentant une *chose* ou *une idée*.
Pourquoi, comment, combien, quand, lequel, quel...etc. sont d'autres mots interrogatifs.

■ Le *discours indirect au passé* suit les règles de la concordance des temps. Au *discours indirect et au passé* voici les groupes de phrases que nous avons étudiées:

a) Le professeur m'**a dit** d'ouvrir mon livre, de lire la lecture, mais de ne pas traduire.

b) Le professeur m'**a dit** que ma composition **était** assez bonne, mais que je n'**avais** pas bien **employé** les temps du passé. Il m'**a dit** aussi qu'il **allait** me montrer mes fautes et que je les **corrigerais**.

c) Le professeur m'**a demandé** ce que je n'**avais** pas bien **compris**. Il m'**a demandé** aussi s'il **fallait** qu'il recommence ses explications et pourquoi je **faisais** toujours cette erreur.

■ Dans la transcription d'un texte au discours indirect, il y a donc:

un problème de *construction* (ordre des mots).

un problème de *coordination* ou de *subordination* (emploi d'une préposition, d'un adverbe ou d'une conjonction).

un problème d'*emploi des temps* selon que le verbe principal est au présent ou au passé.

Voici un dialogue au discours direct, puis au *discours indirect au passé* qui illustre les règles précédentes:

DISCOURS DIRECT:

Robert «Betty n'est pas venue en classe aujourd'hui. Était-elle ici hier? Viendra-t-elle demain au concert avec nous? Qu'est-ce qui se passe? Qu'est-ce qu'elle a? Qui l'a vue? Où est-elle?»

Phil «Je ne l'ai pas vue samedi parce qu'elle était chez ses parents. Il est possible qu'elle soit malade. Je vais passer chez elle prendre de ses nouvelles.»

Robert «C'est inutile. Ne va pas chez elle, mais téléphone-lui.»

DISCOURS INDIRECT AU PASSÉ:

Robert **a dit à** Phil *que* Betty n'**était** pas **venue** en classe *ce jour-là*. Il *lui* **a demandé** *si* elle était *là la veille* et *si* elle **viendrait** au concert avec *eux le lendemain*. *Il* **voulait savoir** *ce qui* se **passait**, *ce que* Betty **avait**, *qui* l'**avait vue** et où elle **était**.

Phil **a répondu** qu'*il* n'**avait** pas **vu** Betty *le samedi* parce qu'elle était chez ses parents. *Il* **a ajouté** *qu'il* **était** possible qu'elle soit malade *et qu'il* **allait** passer chez elle prendre de ses nouvelles.

Robert **a répliqué** *que* c'**était** inutile. *Il* **a dit à** Phil *de ne pas* **aller** chez Betty, mais *de lui* **téléphoner**.

Notez les *changements* dans les *expressions de temps:*

aujourd'hui → ce jour-là

hier ————→ la veille

demain ————→ le lendemain

Exercices

1. Mettez les phrases suivantes au *passé composé*.

   1. Elle obtint son diplôme en juin.   2. Ils acceptèrent notre invitation.   3. Je fis mes bagages le jour même.   4. Ils devinrent bons amis.   5. Elle lut la lettre sans dire un mot.   6. Ses amis l'emmenèrent à la campagne.   7. Nous apprîmes sa mort quelques mois plus tard.   8. Nous fûmes très étonnés.   9. Sa mère voulut assister à la cérémonie.   10. On leur permit de quitter la classe.   11. Pourquoi vécurent-ils si longtemps à Londres?   12. Il fut malade pendant deux mois.   13. Elle sortit en pleurant.   14. Ils ne se parlèrent pas de toute la soirée.   15. Je lui offris de l'accompagner à l'aéroport.

2. Écrivez le texte de Chateaubriand (page 394) en employant le *passé composé:* «Lorsque je **suis arrivé** . . .»

3. Mettez les phrases suivantes au discours indirect en commençant chaque phrase par: **Je vous demande, Je voudrais savoir** ou **Je ne sais pas . . .**

   1. Avez-vous compris la dernière lecture du livre?   2. Qu'est-ce qui vous plaît dans la vie?   3. Qu'est-ce que vous avez vu pendant votre voyage?   4. Qu'est-ce que nous allons lui donner pour son anniversaire?   5. Vos amis sont-ils venus vous voir?   6. Pourquoi êtes-vous parti si vite?   7. Qu'est-ce qui a eu lieu en 1492?   8. Qu'est-ce que votre ami a pensé du film?   9. Qu'est-ce que vous ferez pendant les vacances?   10. Qu'est-ce qui vous intéresse en général?   11. Vous souviendrez-vous de toutes les règles à l'examen?   12. Quand vous êtes-vous inscrit à l'université?   13. Continuerez-vous vos études ici?   14. Qu'est-ce qui a surpris Jean à son arrivée à Paris?   15. Voulez-vous que j'y aille avec vous?

4. Mettez les phrases de l'exercice précédent au *passé* (et au style indirect) en commençant chaque phrase par: **Je me suis demandé** ou **Je ne savais pas . . .**

Vie de Charlemagne d'Eginhard.
Charlemagne (742-814).

Invictiſſ. & Clementiſſ. Roman.
Imperatori

KAROLO
AUSTRICO, EIUS NO-
MINIS V. HISPANIARUM, PAN-
noniæ, Dalmatiæ, Siciliǽque regi longè po-
tentiſſimo, HERMANNUS à Nuenare ſacri
Imperij Germānici Comes, perpe-
tuam fœlicitatem.

Uum noſtro ævo
rei literariæ ſtudioſi ho-
mines ingenij fœlicitate
& dicendi copia pollen-
tes, quicquid ad Philoſo-
phiæ cumulum ſive divi-
næ ſive humanæ facere potuit, abundè per-
ſecuti fuerint, viſum eſt mihi aliquando
pruden-

a 2

48

Initiation à la littérature française

Il est impossible de dire quand on commença à parler français sur le territoire de la future nation française. Tout ce que nous savons, c'est que petit à petit[0] le latin classique se détériora et que, sur l'ancien territoire romain, de nouvelles langues romanes[1] (le français, l'italien, le provençal, l'espagnol, le portugais, le romanche, le roumain) se développèrent. Ce changement eut lieu très 5 probablement au 6e siècle. De toute façon, on parlait français dès le 9e siècle car les *Serments de Strasbourg* de 842 en attestent.[0] Les *Serments de Strasbourg* sont, bien entendu, un document politique et non pas une œuvre littéraire. Mais il faut se rendre[0] compte que, pendant tout le Moyen Age, la langue latine, et non pas les langues nationales, fut considérée, officiellement, comme la seule 10 langue digne d'exprimer la pensée et la culture. Les nations européennes elles-mêmes n'existaient pas telles que nous les connaissons. Elles se constituèrent lentement après la chute de l'Empire Romain dont le Saint Empire Romain Germanique perpétuait le souvenir sur le plan social et politique; sur le plan religieux, le souvenir de l'ordre romain était perpétué par l'Église Catholique 15 qu'on appelait justement l'Église Romaine. «Rome» ne signifiait plus Jules César ou Auguste, mais Léon III ou Jules II. La Rome des empereurs devint la Rome des Papes.

L'ère médiévale s'étend sur une période d'à peu près 1.000 ans du 6e siècle jusqu'à 1453, date de la prise[0] de Constantinople par les Turcs, que l'on considère 20 un peu arbitrairement comme la fin du Moyen Age. «Le Moyen Age» est un terme inventé au 17e siècle pour désigner la période qui se situe entre l'Antiquité et l'âge moderne.

Pendant très longtemps et jusqu'au 19e siècle, on ignora presque tout de la littérature médiévale. Pourtant, depuis le 19e siècle, des érudits et des hommes de 25 lettres ressuscitent[0] cette vieille littérature. L'étude des textes anciens nous permet aujourd'hui de connaître le monde médiéval beaucoup mieux que par le passé.[0] C'est un monde qui fut remarquable à sa façon et bien que nous en soyons éloignés par des siècles d'histoire, nous sommes obligés de constater que nos institutions modernes, nos idées, notre monde chrétien, nos inventions lui doivent 30

---

[1] **romanes** (roman): les langues **romanes** sont dérivées du latin. On parle aussi d'architecture **romane**, première manifestation de l'architecture médiévale. En anglais, on parle de "Romance languages" et de "Romanesque architecture".

beaucoup. Pour un esprit moderne, ce sont surtout les Cathédrales qui, avec leurs vitraux[0], résument[0] et symbolisent toute cette époque. Les cathédrales, chefs d'œuvre de l'architecture de tous les temps, représentent sur le plan technique un triomphe de construction que même les Romains ne connaissaient pas. L'arc brisé des ogives crée de merveilleuses perspectives et d'étonnants jeux d'har- 5 monie visuelle; les vitraux,[0] dont l'art est perdu de nos jours, projettent encore aujourd'hui sur les murs, des couleurs chaleureuses[0] et vives[0] que nous admirons. Il nous est difficile de comprendre le dédain d'un Gibbon pour ces «monuments à la superstition».

Les Serments
   de Strasbourg (842).

La littérature médiévale est trop riche et trop variée pour qu'on puisse en donner ici une idée complète. Nous allons donc nous limiter à trois aspects de cette littérature qui sont les plus caractéristiques: les *Chansons de Geste*, les romans courtois, et le théâtre.

Les Chansons de Geste sont de longs romans en vers qui racontent les exploits de 5 Charlemagne et d'autres héros du Moyen Age. On les appelle des épopées, mais elles sont beaucoup moins complexes, moins artistiques que les épopées antiques.[0] La *Chanson de Roland* est la plus célèbre parmi ces chansons de geste.

La Chanson de Roland raconte les aventures de Charlemagne et de ses douze pairs,[0] plus particulièrement un épisode de l'expédition de Charlemagne en Espagne, 10 où, revenant de Saragosse, ses troupes subirent[0] une défaite en franchissant[0] les Pyrénées. Le héros de l'histoire est Roland, compagnon de Charlemagne. Restant à l'arrière-garde[0] des troupes françaises, Roland et son ami Olivier, se virent entourés par 100.000 Sarrasins après avoir été livrés[0] par Ganelon, le grand traître[0] de la littérature médiévale française. La catastrophe aurait pu être évitée 15 si Roland avait consenti à sonner plus tôt de son cor[0] pour faire revenir Charlemagne; mais il refusa d'abord par orgueil. Cependant, voyant que son armée allait être perdue, il prit son «oliphant»[2] et en sonna. Cet effort lui coûta la vie.

La Cathédrale d'Albi

(Permission SPADEM 1967 by French Reproduction Rights Inc.)

---

[2] **un oliphant** (olifant): sorte d'instrument de musique à vent, qui ressemble à un cor.

Représentation moderne d'un Miracle du Moyen Age par les
«Théophiliens», groupe de théâtre médiéval de la Sorbonne.

Les romans courtois sont d'une autre inspiration. Au lieu de raconter des faits[0] d'armes, ils racontent des histoires psychologiques et sentimentales. Comme l'indique la désignation «courtois», avec les romans courtois, la grande tradition du roman de l'amour idéal commence. Il ne s'agit plus maintenant de Charlemagne, mais du roi Arthur, de sa reine Geneviève, du Chevalier Lancelot; ou bien du roi 5 Marc, de Tristan et d'Iseut. Alors que la *Chanson de Roland* reste anonyme, la littérature courtoise sort de l'anonymat et porte déjà le nom d'un grand maître du genre: Chrétien de Troyes, le Proust, a-t-on dit, du 12e siècle. Ces romans peuvent nous paraître très naïfs aujourd'hui, mais ils ne manquent[0] pas de charme et ils sont justement remarquables parce qu'ils expriment une nouvelle 10 sensibilité. Cette nouvelle sensibilité qui caractérise dorénavant les rapports entre les sexes, s'exprime à travers des aventures fantastiques d'amour, de magie, de bonnes et de mauvaises fées.[0] Les mœurs s'adoucissent[0] et se disciplinent. Cette recherche de raffinement et de civilisation, du moins dans les hautes classes de la société, est bien loin de la brutalité des premières époques.   15

Le théâtre médiéval sortit de l'Église. La messe,[0] on l'a très souvent dit, est déjà une sorte de drame: un sacrifice et une tragédie. Quittant l'intérieur de l'Église pour se jouer sur les parvis,[0] les histoires de la Bible, le drame liturgique de Noël et de Pâques prirent vie et forme. Bientôt un véritable théâtre naquit de ces tentatives,[0] un théâtre de *mystères* et de *miracles*, et parfois de comédie satirique dont le 20 *Jeu d'Adam* (12e siècle) est un brillant exemple. Écrit par un clerc anonyme du 12e siècle, il raconte l'histoire de la chute d'Adam et d'Ève, le meurtre[0] d'Abel par Caïn et annonce l'avènement du Christ. La scène de la tentation d'Ève par le serpent est encore bien savoureuse,[0] même pour un esprit moderne. Avec le temps, ces spectacles du Moyen Age devinrent de plus en plus irrévérencieux et 25 l'ordre établi que représentait l'Église s'en alarma.[0] En 1548, un arrêt du Parlement de Paris interdit les «mystères sacrés». Ce fut la fin d'un genre littéraire et bientôt de toute une époque.

Avant de parler de la Renaissance, disons un mot du plus grand poète médiéval français, François Villon. Tous les thèmes du Moyen Age finissant se trouvent 30 réunis dans ses recueils[0] de poèmes (*Le Petit Testament* et le *Grand Testament*). Émouvante, belle d'une beauté qu'on dirait aujourd'hui d'avant-garde, la poésie de Villon chante la tragédie de l'existence humaine. Comme un leitmotiv, revient sans cesse son obsession de la mort, qui fait de sa poésie une véritable «danse macabre». On pense aux rondes de squelettes[0] que la sculpture de 35 l'époque aimait représenter. Le lyrisme morbide de cette poésie nous touche et évoque parfois celui, plus violent, d'un Jean Genet, à notre époque.

(The Bettmann Archive)

La Dame à la Licorne, célèbre tapisserie médiévale aux merveilleuses couleurs.

La Renaissance passa d'Italie en France au début du 16e siècle. Le siècle de Rabelais[3] et de Montaigne[4], de Ronsard[5] et de la Pléiade est un siècle «humaniste» plutôt que théologique; il annonce le commencement des temps modernes.

Voilà comment RABELAIS dans son livre sur les aventures de *Gargantua* et de *Pantagruel* définit sa propre époque; c'est Gargantua qui écrit à son fils Pantagruel: 5

> Maintenant toutes ces disciplines sont restituées, les langues enseignées: la grecque, sans laquelle il est impossible de se dire savant, avec l'hébraïque et la latine. . . . le monde entier est plein de gens savants, de doctes professeurs, de grandes bibliothèques et je suis bien d'avis que ni au temps de Platon, ni au temps de Cicéron, il n'y eut jamais, comme aujourd'hui autant de facilité pour l'étude.   10

[3] **Rabelais** (1494? –1553) médecin, écrivain, humaniste.
[4] **Montaigne** (1533–1592) écrivain et moraliste.
[5] **Ronsard** (1524–1585) poète et chef d'une école littéraire fondée par 7 écrivains: *La Pléiade*.

LECTURE

Cette étude dont parle Rabelais est l'étude humaniste de l'homme, de sa morale[0] et de ses convictions. Inévitablement[0] l'étude de l'homme en général devint l'étude de l'homme individuel. MICHEL DE MONTAIGNE en fit l'œuvre de toute sa vie. Il dit dans la préface de ses *Essais:* «Je suis moi-même la matière de mon livre».

5

La Renaissance se détourna[0] du Moyen Age, méprisant[0] ses vieilleries et inventant, dans la tradition de l'antiquité gréco-romaine, de nouveaux genres littéraires: des épopées à l'antique, des odes, bientôt des tragédies; et enfin un nouveau genre importé d'Italie et destiné à faire fortune: le sonnet. Bref, toute cette nouvelle littérature qui se dessine au moment de la Renaissance contenait en puissance[0] les éléments du futur classicisme français. Une véritable République des Lettres (le terme est de l'époque) s'établit et devint une force sociale capable d'agir[0] sur l'opinion publique et de faire opposition aux traditions de l'Église et de la Sorbonne. Sur le plan technique, deux innovations firent naître le livre moderne: l'invention de l'imprimerie[0] à caractères mobiles par Gutenberg vers 1440 et la découverte de l'art de la gravure.[0]

10

15

On ne peut parler de la Renaissance sans mentionner la peinture italienne qui, jusqu'aux Impressionnistes français du 19e siècle, représentera la grande tradition de la peinture européenne. La peinture italienne, grâce aux théories de Léonard de Vinci, de Raphaël, de Michel-Ange et d'autres, était basée sur une notion de ressemblance. Il fallait que l'objet peint ressemblât[6] au modèle.

20

La plaisante et Joyeuse Histoire
du grand Géant Gargantua.
François Rabelais (1494?-1553)

(Photographie Giraudon)

LA
Plaisante, &
IOYEVSE
histoyre du grand
Geant Gargantua.
Prochainement reueue, & de beaucoup
augmentée par l'Autheur mesine.

A Valence,
Chés Claude LaVille.
1547.

---

[6] **ressemblât:** voici un exemple de l'imparfait du subjonctif.

QUARANTE-HUITIÈME LEÇON

Le Château Moulin dans la vallée de la Loire.

Cette tradition de parfaite ressemblance devint le critère universel de la bonne peinture en France comme ailleurs. En comparaison de l'école italienne et de l'école
flamande, l'école française du 16e siècle paraît pauvre. Seul François Clouet,
justement fils d'un peintre flamand, s'impose par ses portraits. Pourtant, dans
le domaine des arts visuels, la tradition médiévale continue à produire des chefs 5
d'œuvre de tapisserie[0] et de miniatures.

Le Château de Fontainebleau (16ᵉ siècle).

L'architecture est un des grands arts de la Renaissance française. A Paris, le Louvre
en est un brillant exemple, et les châteaux de la vallée de la Loire, berceau[0] de
la Renaissance en France, ne sont pas moins remarquables que les cathédrales.
Chambord, Amboise, Blois, et d'autres rivalisent, bien que dans un tout autre
esprit, avec Chartres, Reims, Notre-Dame de Paris. Fontainebleau, petite ville 5
de l'Ile-de-France,[7] proche de Paris, fut le centre d'une activité artistique qui
porte le nom d'École de Fontainebleau. Conçu[0] dans le style italien, selon le goût
du jour, le château de Fontainebleau, que le roi François Iᵉʳ préférait à ses autres
résidences, exprimait une nouvelle conception de la vie. De larges fenêtres
s'ouvrant sur des jardins élégants et sur un beau lac, aéraient et éclairaient[0] la 10
demeure[0] royale. Les peintres Il Rosso et le Primatice, s'inspirant de la mytholo-
gie grecque et romaine, couvrirent de fresques les galeries du château. Le corps
humain, caché et drapé dans les vieilles cathédrales, se dénuda;[0] un nouvel
érotisme, une nouvelle liberté de mœurs proclamèrent leurs droits que la littérature de l'époque reflétait. 15

Avant de quitter la Renaissance, rappelons que le Nouveau Monde et l'Amérique
en furent les découvertes.

[7] **L'Ile-de-France** la province qui entoure Paris.

LE
MEDECIN
MALGRE' LUY,
COMEDIE.
Par I. B. P. DE MOLIERE.

Repreſentée pour la premiere fois à
Paris, ſur le Theatre du Palais
Royal ; le Vendredy 6. du mois
d'Aouſt 1666.

Par la Troupe du ROY.

LE MEDECIN MALGRÉ LUY

Le dix-septième siècle est le grand siècle français par excellence, le siècle de Louis
XIV. C'est aussi, du point de vue des idées et de la culture, le siècle de Corneille,
de Molière, de Racine; le siècle de Descartes et de Pascal.

Louis XIV assuma le pouvoir royal à la mort de Mazarin, le 8 mars 1661. Cette date
est l'une des plus importantes de l'histoire de France pour les arts et les lettres. 5
Le régime[0] qui commença avec Louis XIV fut un régime absolutiste, dictatorial
et, il faut bien le dire, totalitaire. Tout le monde connaît le mot célèbre, apocryphe[0] sans doute, du nouveau roi: «L'État, c'est moi». Que Louis XIV ait
prononcé ces mots ou non, peu[0] importe; ils expriment bien l'attitude du nouveau
roi qui, à ses propres yeux comme aux yeux de ses contemporains, était roi «de 10
droit divin».

Sous Louis XIV, la littérature française se développa et se perfectionna. La période
du classicisme français commençait. Le roi protégea les arts et encouragea les
écrivains en leur donnant des pensions qui leur permettaient de vivre; pourtant
il y avait une censure rigoureuse et la liberté de l'expression, telle que nous la 15
connaissons, était encore très loin d'être admise.

Trois écrivains, presque à eux seuls, semblent résumer par leur réputation, l'essence
de cette période classique en France: PIERRE CORNEILLE (1606–1684), MOLIÈRE
(1622–1673) et JEAN RACINE (1639–1699). Tous les trois étaient des écrivains
de théâtre et firent du théâtre, le genre littéraire dominant du 17e siècle à 20
l'égal[0] du théâtre élisabéthain en Angleterre ainsi[0] que du théâtre grec, principale source d'inspiration du théâtre français. Corneille et Racine étaient surtout
des auteurs de tragédies; grâce à la réputation et au succès de leurs œuvres,
la tragédie en cinq actes resta, jusqu'au 19e siècle, le grand genre littéraire
par excellence en France. Molière faisait des comédies dont l'humour n'a rien 25
perdu de son éclat[0] même de nos jours; elles déclenchaient[0] dans les salles de
spectacle du 17e siècle, une nouvelle sorte de rire qu'un contemporain de
Molière appelait, en sortant d'une représentation du *Misanthrope*, «le rire dans
l'âme». L'humour de Molière est beaucoup moins brutal, moins féroce, plus
civilisé et plus intellectuel que celui de ses prédécesseurs. Le grand maître de 30
l'humour français avant Molière avait été Rabelais. Mais là où l'humour de
Rabelais reste souvent grossier[0] et violent, l'humour de Molière se fait plus fin,
ambigu et parfois même tragique. «Rire est le propre[0] de l'homme», avait dit
Rabelais. Le mot aurait pu être de Molière qui encore aujourd'hui nous fait
rire aussi spontanément qu'il faisait rire les gens de sa propre époque. *Les* 35
Précieuses Ridicules, *Le Misanthrope*, le *Bourgeois Gentilhomme* sont aussi parfaitement
comiques de nos jours qu'au 17e siècle.

Deux savants[0] du 17ᵉ siècle méritent de retenir un instant notre attention. Il s'agit de Descartes et de Pascal, importants pour le développement de la science et même pour un mouvement aussi révolutionnaire que l'Existentialisme. En 1637, Descartes publia le *Discours de la Méthode* dans lequel il jetait les bases de la méthode scientifique moderne. Descartes, philosophe de la raison humaine, 5 s'oppose à Pascal, philosophe du cœur et défenseur de la foi[0] religieuse contre la raison. Tout le monde connaît l'aphorisme célèbre de celui-ci: «Le cœur a ses raisons que la raison ne connaît pas». Il exprime ainsi une conception de l'homme qui est plus proche du mysticisme que du rationalisme cartésien.[0]

En architecture et en peinture, le 17ᵉ siècle français est beaucoup moins remarquable 10 qu'en littérature. Le Château de Versailles reste, bien entendu, le monument absolu de l'architecture officielle de Louis XIV. Son intérêt aujourd'hui est bien plus historique qu'esthétique. Les châteaux de la Renaissance nous charment encore; Versailles nous écrase.[0] Sa magnificence réelle semble plutôt faite pour nous inspirer des sentiments de respect devant le Roi Soleil que des senti- 15 ments de joie et de plaisir purement artistiques. Voici d'ailleurs ce que dit à ce sujet, un historien français contemporain:

> Si Louis XIV est intervenu personnellement dans l'orientation des lettres et des arts, c'est d'abord qu'il inspira aux écrivains et aux artistes le goût de la puissance et la recherche du prestige. Par une loi qui semble une constante[0] des dictatures 20 et que l'on retrouve dans une histoire toute récente, le nouveau régime favorise un art où le faste[0] déployé, où la richesse étalée inspiraient au spectateur le respect de la force, un art dont la colonnade du Louvre est le juste symbole.

Avant de quitter le 17ᵉ siècle, arrêtons-nous un instant pour réfléchir au sens d'un terme très souvent employé dans toute étude littéraire ou artistique, le terme 25 *classique*. L'emploi de ce terme est souvent une source de confusion. Tâchons donc d'en saisir[0] le sens.

Strictement employé, le terme *classique* désigne la période de la littérature française qui commence vers 1660 et qui va jusqu'à la mort de Louis XIV en 1715. Sont donc «classiques», les dernières œuvres de Corneille, les grandes œuvres de 30 Racine, de la Fontaine; mais il faut comprendre cependant, que le mot «classique» s'emploie souvent dans un autre sens: un sens critique qui implique un jugement de valeur.

Etymologiquement parlant, le terme «classique» (latin: *classicus*) s'applique à tout ce qui n'est pas vulgaire (latin: *proletarius*). Il y a à la base du mot *classique*, 35 une idée de classe sociale, d'excellence et de supériorité. La littérature française classique est donc tout simplement la littérature qui est considérée comme la meilleure, la plus digne d'admiration et d'imitation. Il se trouve que par un hasard de l'histoire, la période la plus admirée en littérature française, se situe

Un symbole de l'Ancien Régime: le Château de Versailles (17e siècle).

entre les années 1660 et 1700 ou 1715, années qui correspondent au règne de Louis XIV. Pourtant le classicisme n'est pas lié à la chronologie par une nécessité quelconque; il est lié à notre jugement personnel des œuvres et des talents. La période élisabéthaine est la période classique en Angleterre; la Renaissance est la période classique en Italie et en Espagne; en Allemagne, c'est le 18e siècle et 5 la période romantique.

Ces distinctions nous permettent de comprendre pourquoi nous appelons «classiques» les grandes œuvres de l'antiquité gréco-romaine ainsi que les langues grecque et latine. Encore une fois, il s'agit d'un phénomène de valeur. Une longue tradition d'admiration des civilisations antiques qui a commencé avec la Renaissance, 10 a fait que, traditionnellement, les hommes ont admiré par-dessus tout la Grèce et Rome. Le grec et le latin sont donc des langues classiques, c'est-à-dire dignes à priori de notre admiration. Avec le temps, ce jugement de valeur est devenu un jugement de fait et nous disons aujourd'hui, sans aucune attitude particulière d'admiration, «langues classiques» comme nous disons «langues romanes» ou 15 «langues germaniques».

Ces considérations seront utiles lorsque nous parlerons du Romantisme qui, dès le début du 19e siècle, s'opposa au Classicisme.

Le dix-huitième siècle en France est un siècle de critique sociale et intellectuelle, de science, et de philosophie. Les grands écrivains de l'époque s'appellent 20 MONTESQUIEU (1689–1755), VOLTAIRE (1694–1778), et ROUSSEAU (1712–1778). La grande œuvre du 18e siècle, œuvre de DIDEROT (1713–1784) et de D'ALEMBERT (1717–1783) s'appelle *l'Encyclopédie*. Qu'est-ce que *l'Encyclopédie?*

L'histoire de *l'Encyclopédie* se confond avec presque toute l'histoire des lettres françaises de cette époque. En 1727, on avait publié à Londres une encyclopédie qui 25 s'appelait *Cyclopedia or Universal Dictionary of the Arts and Sciences* d'Ephraïm Chambers. Voyant dans cette entreprise la possibilité d'un succès de librairie en France, un éditeur français, Le Breton, proposa à Diderot de traduire l'ouvrage anglais. Diderot accepta et l'entreprise reçut le privilège du Roi en 1746. En 1751, les deux premiers tomes⁰ parurent⁰ et eurent un grand succès. Il ne s'agissait 30 plus d'une simple traduction, mais d'une œuvre originale qui allait soulever beaucoup de controverses. En dépit des attaques de l'Église et de nombreuses difficultés, les auteurs réussirent à publier les 5 tomes suivants jusqu'à ce que le Pape eût condamné⁸ l'ouvrage en 1758. Les dix derniers tomes parurent enfin en 1765; en 1772, on publia les derniers volumes⁰ de planches. Pourquoi 35 *l'Encyclopédie* fut-elle considérée comme dangereuse pour la société et pour la religion?

---

⁸ **eût condamné**: exemple de plus-que-parfait du subjonctif.

(Photo Hachette)

Le café Procope au 18e siècle.

De gauche à droite en partant du haut:
Buffon, Gilbert, Diderot, D'Alembert,
Marmontel, Le Nain, J. B. Rousseau,
Voltaire, Piron, D'Holbach.

CAFÉ PROCOPE
ICI
PROCOPIO DEI COLTELLI
FONDA EN 1686
LE PLUS ANCIEN CAFÉ DU MONDE
ET LE PLUS CÉLÈBRE. CENTRE
DE LA VIE LITTÉRAIRE ET PHILOSOPHIQUE
AU 18E ET AU 19E SIÈCLES.
IL FUT FRÉQUENTÉ PAR
LA FONTAINE, VOLTAIRE,
LES ENCYCLOPÉDISTES
BENJAMIN FRANKLIN. DANTON. MARAT.
ROBESPIERRE, NAPOLÉON BONAPARTE,
BALZAC, VICTOR HUGO,
GAMBETTA, VERLAINE
ET ANATOLE FRANCE

Une planche de l'Encyclopédie.

En réalité, *l'Encyclopédie*, matérialiste et d'esprit subversif, était un instrument de critique qui allait préparer la Révolution française. Dirigée contre l'ordre établi et s'inspirant d'une idée de libre examen[0] dans tous les domaines de l'activité humaine, l'Encyclopédie minait[0] l'autorité absolue et travaillait à la libération de tous les hommes. Notre propre tradition de liberté d'expression doit beaucoup   5
au travail des Encyclopédistes. Feignant d'être naïfs, s'en tenant[0] aux faits, cachant leurs idées les plus révolutionnaires sous des titres inoffensifs, les Encyclopédistes défendaient la liberté humaine, la tolérance et prêchaient une philosophie de justice universelle qui devenait un plaidoyer[0] en faveur des opprimés[0] de toute la terre. Ils avaient compris que l'objectivité intellectuelle peut devenir   10
une arme bien efficace contre une société de privilégiés et d'oppresseurs. S'agissait-il de définir le terme «*Réfugiés*», Diderot écrivait:

> C'est ainsi que l'on nomme les protestants français que la Révocation de l'Édit de Nantes[9] a forcés de sortir de France. . . . Louis XIV en persécutant les Protestants, a privé son royaume de près d'un million d'hommes industrieux qu'il a sacrifiés aux   15
> vues[0] intéressées et ambitieuses de quelques mauvais citoyens qui sont les ennemis de toute liberté de penser, parce qu'ils ne peuvent régner qu'à l'ombre de l'ignorance.

S'agissait-il de définir «*la paix*», Diderot écrivait: «La guerre est un fruit de la dépravation des hommes; c'est une maladie convulsive et violente du corps   20
politique . . . Si la raison gouvernait les hommes, . . . on ne les verrait point se livrer inconsidérément aux fureurs de la guerre.» Pour définir «*législateur*», il écrivait:

> L'éducation des enfants sera pour le *législateur*, un moyen efficace pour attacher les peuples à la patrie. . . . En Suède, le roi n'est pas le maître de l'éducation de son   25
> fils; il n'y a pas longtemps qu'à l'assemblée des États de ce royaume, un sénateur dit au gouverneur de l'héritier[0] de la couronne: Apprenez-lui que ce n'est pas pour servir aux caprices[10] d'une douzaine de souverains que les peuples de l'Europe sont faits.

Enfin, s'agissait-il de discuter l'autorité politique, Diderot écrivait bien dangereuse-   30
ment, comme ses ennemis se hâtèrent de le constater: «Aucun homme n'a reçu de la nature le droit de commander aux autres. La liberté est un présent du ciel, et chaque individu de la même espèce a le droit d'en jouir[0] aussitôt qu'il jouit de la raison.»

On pourrait continuer indéfiniment, mais il est facile de comprendre par ces exemples   35
le climat intellectuel de la France du 18e siècle. Que ce soient les Encyclopédistes, que ce soit Montesquieu qui, dans *l'Esprit des Lois*, essaie de dégager l'essence de lois positives, que ce soit Voltaire, qui dans *Candide*, raille la société

---

[9] **L'Édit de Nantes,** rendu en 1598, garantissait aux protestants un certain nombre de libertés et de droits. La Révocation de l'Édit de Nantes, 1685, amena l'émigration de nombreux protestants.
[10] **servir aux caprices:** être employé pour satisfaire les caprices de . . .

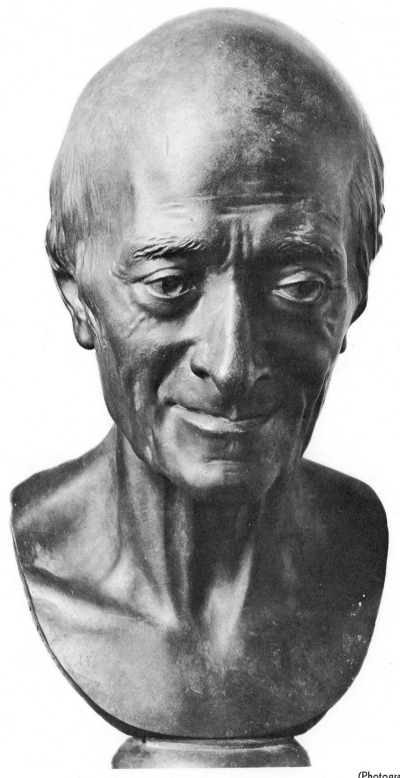

Voltaire (1694-1778).

de son temps et son optimisme officiel, ou Rousseau, l'auteur du *Contrat Social*, un même souci[0] de libération anime les meilleurs écrivains de cette époque. Leurs œuvres contenaient le germe de toute une révolution sociale. Cette révolution n'éclata[0] qu'en 1789, mais elle avait été préparée, inconsciemment parfois, par des auteurs qui comprenaient que la littérature peut être un instrument d'action 5 sociale. Jean-Paul Sartre résume ce travail littéraire du 18e siècle de la façon suivante:

«. . . il nous faut prouver aujourd'hui ce qui allait[0] de soi au 18e siècle. Un ouvrage de l'esprit était alors un acte doublement, puisqu'il produisait des idées qui devaient être à l'origine de bouleversements[0] sociaux et puisqu'il mettait en 10 danger son auteur. Et cet acte, quel que soit le livre considéré[11], se définit toujours de la même manière: *il est libérateur*. Au temps des Encyclopédistes, (il s'agit) . . . de contribuer par sa plume à la libération politique de l'homme[0] tout court. L'appel que l'écrivain adresse à son public bourgeois, c'est, qu'il le veuille ou non[12], une incitation à la révolte; celui qu'il lance dans le même temps à la classe dirigeante, 15 c'est une invite[0] à la lucidité, à l'examen critique de soi-même, à l'abandon de ses privilèges. La condition de Rousseau ressemble beaucoup à celle de Richard Wright écrivant à la fois pour les Noirs éclairés[0] et pour les Blancs: devant la noblesse,[0] il *témoigne* et dans le même temps, il invite ses frères roturiers[0] à prendre conscience d'eux-mêmes. Ses écrits et ceux de Diderot, de Condorcet, ce n'est pas seulement 20 la prise de la Bastille qu'ils ont préparée de longue date, c'est aussi la nuit du 4 août.»[13]

Jean-Paul Sartre
(*Qu'est-ce que la littérature?*)

Le dix-neuvième siècle français fut dominé par deux grands mouvements littéraires: Le Romantisme et le Réalisme. A la fin du siècle, le Symbolisme annonça une nouvelle sensibilité qui marqua le commencement de la mentalité moderne. 25

Dans le domaine des arts, l'Impressionnisme, dès 1875, renouvela pour la première fois depuis les maîtres italiens de la Renaissance, tout l'art de la peinture. Ces mouvements si différents en eux-mêmes, seront pourtant reliés les uns aux autres par bien des affinités.[0] Essayons de les définir.

Au début du siècle, le Romantisme se présenta comme un véritable mouvement de 30 révolte et même de révolution en art, «un quatre-vingt-neuf littéraire»,[14] disait-on. Dès l'abord, le Romantisme s'opposa au Classicisme et se distingua par rapport à lui. Les grands maîtres du romantisme français sont LAMARTINE (1790–1869), MUSSET (1810–1857), VIGNY (1797–1863), et VICTOR HUGO (1802–1885). Ce dernier, considéré comme le chef de l'école romantique, triompha de 35

---

[11] **quel que soit le livre considéré**: pour tout livre, pour n'importe quel livre.
[12] **qu'il le veuille ou non**: s'il le veut ou non.
[13] **4 août 1789**: L'Assemblée Nationale abolit les privilèges féodaux et proclame la Déclaration des Droits de l'Homme.
[14] **un quatre-vingt-neuf littéraire**: allusion à la date de 1789 qui marque le commencement de la révolution politique et sociale en France.

HERNANI,
ou
L'HONNEUR CASTILLAN,
DRAME,
PAR VICTOR HUGO,
REPRÉSENTÉ A PARIS, SUR LE THÉATRE-FRANÇAIS,
LE 25 FÉVRIER 1830.

A BRUXELLES,
AU BUREAU DU RÉPERTOIRE,
CHEZ ODE ET WODON, IMPRIMEURS LIBRAIRES,
RUE DES PIERRES, No 57.
1830.

Victor Hugo (1802-1885), chef de l'École romantique. Ci-dessous, la première représentation d'Hernani (1830). La bataille n'a pas encore commencé.

(Photographie Giraudon)

l'école classique avec son drame *Hernani* en 1830. Cette première représentation d'*Hernani* racontée par Théophile Gautier, fait penser à certaines manifestations surréalistes où le scandale semble être le sens même d'une révolte contre le passé et contre l'ordre établi. «Épater⁰ le bourgeois» disait Gautier. Par⁰ là, il visait⁰ une certaine classe sociale et à travers cette classe, des critères esthétiques qui   5 semblaient démodés pour la génération de 1830. Le Romantisme était en effet une révolte de l'individu contre la société; de l'artiste contre le capitaliste. Il se réclamait⁰ pour cela, d'une tradition européenne et médiévale (romane, d'où romantisme) contre la tradition gréco-latine et classique. Le Romantisme, il faut le dire, fut un mouvement allemand et anglais avant d'être un mouvement 10 littéraire français. Johann Goethe fournit le prototype d'un nouveau héros, *Werther* qui devint en France, le *René* de Chateaubriand, l'*Olympio* de Victor Hugo. Le héros romantique était tout l'opposé de ce que les classiques français avaient admiré. Le héros romantique était sentimental, mélancolique, subjectif; attiré par le suicide, la folie, il était souvent la victime de son imagination; il 15 confondait facilement le réel et l'imaginaire. Mais en même temps, c'était un grand aristocrate, une nouvelle sorte d'aristocrate: un artiste. Son aristocratie n'était pas une aristocratie de naissance ni d'argent, c'était une aristocratie de talent, de génie, de sensibilité. L'artiste était un être rare, damné, qui n'était jamais à sa place dans ce monde matérialiste et sordide. Non-conformiste, 20 pathologique, génial, il était condamné à être aliéné parmi les hommes parce que son idéalisme et sa ferveur s'opposaient au matérialisme et au cynisme de ses contemporains. Mais surtout, c'était un égocentrique, un homme obsédé par son propre moi,⁰ qu'il étalait⁰ avec une sorte d'exhibitionnisme méthodique dans ses poèmes où, bien sûr, il s'agissait le plus souvent d'amour. C'est justement le 25 traducteur du *Faust* de Goethe, Gérard de Nerval, qui donne la plus parfaite expression de la solitude et du désarroi⁰ romantiques dans son sonnet intitulé *El Desdichado:*

> Je suis le ténébreux, — le veuf, — l'inconsolé,

et la première strophe se termine par deux vers d'une grande beauté: 30

> Ma seule *étoile* est morte, et mon luth constellé
> Porte le *soleil noir* de la *Mélancolie.*

On a longtemps opposé Romantisme et Réalisme. Il n'est pas difficile aujourd'hui, de comprendre que, par la théorie de *l'art pour l'art*, le Réalisme est le développement et le prolongement du Romantisme en littérature. Les maîtres du Réalisme en 35 France sont d'abord Balzac,[15] qui se rattache⁰ encore à l'école romantique, Flaubert[16] et à la fin du siècle, Emile Zola[17] dont le Naturalisme est le développement ultime⁰ du Réalisme.

---

[15] **Balzac** 1799–1850
[16] **Flaubert** 1821–1880
[17] **Zola** 1840–1902

Comme l'indique le terme *réalisme* lui-même, l'école réaliste, par une méthode d'observation et de description objectives, s'attacha⁰ à la peinture rigoureuse du réel. Le chef-d'œuvre de cette école est *Madame Bovary* de Gustave Flaubert publié en 1857. Ce roman raconte l'histoire d'une bourgeoise⁰ de province ; pour vaincre⁰ l'ennui de son existence à côté d'un mari stupide et crédule, elle se livre⁰ 5 à une série d'aventures sentimentales qui précipitent⁰ sa propre ruine et celle de son mari. Cette histoire, mince en soi, tirée d'un fait⁰ divers, semble inoffensive aujourd'hui ; pourtant *Madame Bovary* provoqua un scandale. Flaubert fut attaqué et même, on lui fit un procès.⁰ Il fut acquitté⁰, mais non sans avoir été traîné⁰ dans la boue pour avoir peint la femme française sous un jour⁰ vicieux, et surtout 10 pour sa méthode réaliste qui, par un choix de détails trop précis, semblait apporter dans la peinture exacte et précise de la réalité, une sorte de trouble sensuel. Ses accusateurs allèrent jusqu'à voir dans la scène de la mort de Madame Bovary, une sensualité quasi⁰ érotique qui risquait de détruire le dénouement⁰ fort moral de l'histoire.   15

C'est que le Réalisme comme le Romantisme, est une révolution dans la condition de l'artiste moderne. Comme la science, l'art devient objectif et autonome. Tous les sujets sont permis au talent de l'artiste, au génie de l'écrivain, dont le seul souci⁰ est de trouver l'expression parfaite que le sujet réclame.⁰ Pour Flaubert ce fut *le mot juste* et la méthode de la description objective et scientifique. Voilà ce 20 qui scandalisait ses contemporains. Le critique, Raoul Duval écrivait à l'époque :

> On dit que M. Gustave Flaubert . . . est fils du célèbre chirurgien de Rouen et je
> ne m'en étonne point : je l'aurais plutôt deviné à voir comme il manie⁰ lui-même
> le bistouri,⁰ et comme il le promène avec tranquillité dans la gangrène . . . C'est
> vraiment en opérateur artiste qu'il fait couler le sang . . . avec impassibilité, sinon 25
> avec amour.

C'était vrai ; en effet, avec le Réalisme, tous les sujets commencèrent à être admis en littérature : la prostitution, l'alcoolisme, toutes les difformités humaines, les crimes les plus horribles, les anomalies de toutes les sortes. Avec Zola qui voulait apporter dans le domaine du roman les méthodes de la science expérimentale, 30 les dernières barrières tombèrent. La littérature s'affranchit⁰ des contraintes⁰ de la bienséance conventionnelle et se trouva prête pour les aveux⁰ de Gide, les extravagances de l'entreprise surréaliste, les révélations existentialistes.

Un autre mouvement littéraire, surtout poétique, marqua profondément la deuxième partie du 19ᵉ siècle : le Symbolisme. Comme le roman français s'était renouvelé 35 par un contact direct avec le réel, la poésie se réfugiait dans l'idéalisme et se renouvela par un recours à la musicalité pure du vers. Les grands noms de cette période sont ceux de VERLAINE, de RIMBAUD, de MALLARMÉ. Mais leur prédécesseur, père de toute la poésie moderne, selon T. S. Eliot, ce fut CHARLES BAUDELAIRE dont *les Fleurs du Mal* devinrent comme *Madame Bovary*, l'objet d'un 40

(French Embassy Press and Information Division)

Du figuratif à l'abstrait:
Portraits de femmes.
François Clouet (1520-1572);
Auguste Renoir (1841-1919);
Pablo Picasso (1881-   ).

(The Bettmann Archive)

(Philip Gendreau)

procès. Le titre du volume indiquait à lui seul le projet du poète: trouver la beauté et le bien là où traditionnellement résidaient la laideur et le mal.

L'art de la peinture n'avait pas été renouvelé, du moins de façon radicale,[18] depuis les peintres de la Renaissance italienne et les grands maîtres flamands. A partir de 1875, une nouvelle technique se révèle, qui permet au peintre de représenter 5 non pas la réalité extérieure, mais la réalité intérieure, créée par l'impression visuelle. Il s'agissait dorénavant pour le peintre, de projeter sur sa toile le monde de sa propre conscience. S'inspirant de leurs prédécesseurs naturalistes, (Courbet, Corot, Manet), les peintres impressionnistes: Monet, Degas, Renoir, Van Gogh, les dépassèrent.⁰ Chez Seurat, la technique se spécialisa et devint le *pointillisme* 10 qui rend⁰ la réalité non pas par des couleurs unies et des lignes continues, mais par une infinité de points qui ne s'organisent en formes qu'à distance et vues sous un certain angle.

Il est évident pour nous, aujourd'hui, que le Romantisme fut le point de départ de l'art moderne. Les Romantiques furent les premiers à donner au monde subjectif 15 l'importance qu'il a encore de nos jours. Pour les classiques, l'art devait imiter la nature; pourtant Pascal disait: «. . . on ne sait pas en quoi consiste l'agrément (le plaisir) qui est l'objet de la poésie. On ne sait ce que c'est que ce modèle naturel qu'il faut imiter . . .» Bien entendu, le modèle était la nature. Cependant à la fin du 19e siècle, Oscar Wilde disait dans une boutade⁰ célèbre que la 20 nature imitait l'art.

Ce renversement systématique, cette confusion du monde subjectif et du monde objectif, du monde imaginaire et du monde réel, du monde intérieur et du monde extérieur, sont caractéristiques de l'art et de la littérature du 20e siècle. En effet, que reste-t-il lorsque la figure classique disparaît? Des formes pures, 25 abstraites, des couleurs, des lignes! Voilà qui est clair en peinture où, à partir de Picasso, la peinture abstraite, c'est-à-dire non-figurative, devient la forme normale de l'art contemporain. Mais quelle en est la signification? Nulle pour les uns, totale pour les autres. Voilà justement un grand dilemme de l'art moderne. L'artiste classique trouvait ses normes⁰ dans la nature; l'artiste moderne 30 les trouve dans son imagination libérée. Comment comprendre alors un art dont l'extrême subjectivité se soucie peu des critères qui le rendent compréhensible? C'est peut-être impossible. Et il faut bien constater que ni le Surréalisme ni le Pop-Art et l'Op-Art d'aujourd'hui, n'ont résolu⁰ le problème. Il se peut cependant qu'avec le temps, on trouve de nouveaux critères qui rendront à l'art sa 35 signification universelle.

---

[18] **de façon radicale** complètement et absolument.

Deux grands mouvements littéraires dominent le 20e siècle, comme le Romantisme et le Réalisme dominent le 19e siècle : le Surréalisme, à partir de 1924 et l'Existentialisme à partir de 1940.

Le Surréalisme, dont le fondateur est ANDRÉ BRETON, est né surtout d'une révolte contre le réalisme et le matérialisme du 19e siècle. Ce mouvement d'avant- 5 garde qui a laissé son empreinte[0] dans tous les domaines de l'activité de notre temps, s'inspire de[0] Freud, du Romantisme européen et même du marxisme, pour s'affirmer comme une véritable révolution artistique du 20e siècle. S'attaquant au rationalisme sous toutes ses formes et à la superstition de l'ordre et de la logique, le Surréalisme exige la liberté totale de l'homme. Poussant 10 l'exploration de la subjectivité humaine plus loin que jamais, les Surréalistes opposent au réel, le *surréel* qui s'exprime dans nos rêves, plus réels que les perceptions à l'état de veille.[0] L'écrivain essaie de saisir l'essence de cette surréalité par une technique spéciale qui s'appelle l'écriture automatique. D'inspiration freudienne (libre association des idées), l'écriture automatique, que n'importe[0] 15 qui peut pratiquer en laissant aller sa plume sur le papier sans y faire attention, a pour but d'être l'expression de notre réalité intérieure la plus authentique. Le résultat sera un poème, mais un poème qui ne sera ni construit ni artificiel, une sorte de poésie pure qui émane[0] de notre être[0] le plus intime.

Voici la définition que donne André Breton lui-même du Surréalisme : 20

> *Surréalisme*, n.m. Automatisme psychique pur par lequel on se propose[0] d'exprimer, soit[0] verbalement, soit[0] par écrit, soit[0] de toute autre manière, le fonctionnement réel de la pensée en l'absence de tout contrôle exercé par la raison, en dehors de toute préoccupation esthétique et morale.

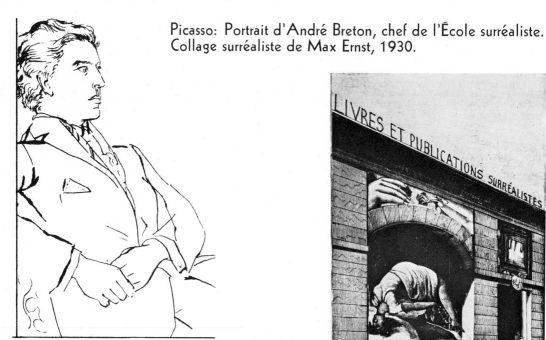

Picasso: Portrait d'André Breton, chef de l'École surréaliste.
Collage surréaliste de Max Ernst, 1930.

(Breton, Poésie & autre, Gallimard)

Simone de Beauvoir et Jean-Paul Sartre à Rome, en 1963.

A côté du Surréalisme, l'Existentialisme de JEAN PAUL SARTRE et de SIMONE DE
BEAUVOIR paraît bien austère. En réalité, l'Existentialisme doit beaucoup au
Surréalisme, même s'il en est la contestation et la dénégation. Pour l'Existentialisme, le Surréalisme est un mouvement anarchique alors que l'Existentialisme
est un mouvement d'ordre et de raison. S'inspirant de Freud, de Marx et de la   5
phénoménologie moderne, l'Existentialisme a l'ambition de sauver non pas
notre ordre social, mais de construire une réalité humaine plus rationnelle et

plus authentique. Sur le plan social et politique, l'existentialisme est une sorte de marxisme corrigé. Persuadé que notre société est basée sur la violence et sur l'exploitation des hommes, l'Existentialiste est en fait le descendant des Encyclopédistes et des philosophes du 18ᵉ siècle. Comme ceux-ci, il veut libérer les hommes par un acte de critique radicale. Mais c'est aussi un idéaliste, athée le 5 plus souvent, car il croit que les choses existent parce que nous en avons conscience.⁰ Bref, le terme «existentialiste», qu'on a appliqué à l'entreprise de Sartre, désigne un programme de libération sociale, morale et concrète qui affirme l'importance des idées et de la volonté humaines dans les choses matérielles. Quant⁰ au sens purement philosophique de ce terme, voici comment en 10 1944, Sartre le précisait:

> En termes philosophiques, tout objet a une essence et une existence. Une essence, c'est-à-dire un ensemble constant de propriétés; une existence, c'est-à-dire une certaine présence effective dans le monde. Beaucoup de personnes croient que l'essence vient d'abord et l'existence ensuite . . . L'existentialiste tient,⁰ au contraire, 15 que chez l'homme — et chez l'homme seul — l'existence précède l'essence.

Les œuvres existentialistes sont aujourd'hui célèbres dans le monde entier. Qui ne connaît *La Nausée* et *Huis-Clos* de Sartre? Pourtant ses œuvres techniques de philosophie, *l'Être et le Néant, Critique de la Raison Dialectique*, ne sont connues que des spécialistes. De Simone de Beauvoir, tout le monde connaît *Le Deuxième Sexe,* 20 *les Mandarins,* et maintenant les trois volumes de ses mémoires: *Mémoires d'une Jeune Fille Rangée, la Force de l'Age, la Force des Choses*, qui resteront certainement parmi les grands documents du 20ᵉ siècle.

Quand on parle de Simone de Beauvoir et de Sartre, il faut parler aussi d'ALBERT CAMUS, (1913–1960), ami des existentialistes et auteur du livre, *L'Étranger*, qui a 25 profondément ému⁰ le grand public pendant la deuxième guerre mondiale. Par sa philosophie de l'Absurde, Camus croyait répondre aux Existentialistes et fonder une morale sur l'absence de toute valeur dans le monde. C'est la substance d'un livre d'essais, très intéressant, *le Mythe de Sisyphe*. Partant du principe que le suicide est le seul problème philosophique sérieux et que l'homme est par défini- 30 tion étranger dans un monde indifférent et irrationnel, Camus trouve sa libération dans une révolte contre cette condition Absurde dont il porte en lui-même le sentiment profond. «Qu'est-ce qu'un homme révolté?» demandait Camus en 1951? «Un homme qui dit non — mais s'il refuse, il ne renonce pas; c'est aussi un homme qui dit oui.» Mais à quoi faut-il dire oui? Comme Sisyphe, il faut 35 dire oui à une vie de lutte et d'effort qui est par⁰ delà tout espoir. «La lutte elle-même vers les sommets, suffit à remplir un cœur d'homme».

Deux autres écrivains de la première moitié du 20ᵉ siècle méritent d'être mentionnés dans cette rapide perspective: MARCEL PROUST (1871–1922) et ANDRÉ GIDE (1869–1951). 40

André Gide (1869-1951).

Marcel Proust reste certainement le plus grand romancier français du 20ᵉ siècle. Son grand œuvre, *A la Recherche du Temps Perdu*, raconte l'histoire de toute une partie de la société française entre 1870 et 1920. En vrai disciple de Balzac, Proust a créé une Comédie Humaine[19] de la fin du 19ᵉ siècle et du début du 20ᵉ siècle. Le monde qu'il créa est un monde aristocratique et snob, mais c'est un ⁵ monde réel, œuvre d'un artiste extraordinaire. Il nous attire comme tout monde imaginaire et complet en soi; il a l'attrait⁰ d'une irrésistible évasion.⁰ Mais il nous attire aussi par sa peinture de l'artiste aliéné, à la recherche de lui-même et qui, en dépit des difficultés, finit par découvrir l'expression parfaite de son génie.

Tout⁰ autre est André Gide, qui s'impose aujourd'hui autant par la force de sa person- ¹⁰ nalité que par ses livres. Il est peut-être difficile à la génération d'aujourd'hui de comprendre le symbole qu'était Gide pour la génération des années 20 et 30. Il représentait pour la jeunesse d'Europe, d'Amérique et de Russie, la révolte et l'indépendance de l'individu contre toutes les institutions sociales. Grand bourgeois, respectant la tradition et la société, Gide respectait aussi l'homme ¹⁵ individuel qu'il peignait dans ses inévitables conflits avec l'ordre établi. *L'Immoraliste, Les Faux-Monnayeurs, Thésée*, son *Journal* et beaucoup d'autres œuvres de

[19] *La Comédie Humaine* est le titre général de l'ensemble des romans de Balzac (1799–1850).

Gide font partie du patrimoine[0] intellectuel des meilleurs esprits de notre temps. Près de la fin de sa vie, à l'âge de 77 ans, — il devait mourir en 1951 à 82 ans — il écrivait:

> Si je compare à celui d'Oedipe mon destin,[0] je suis content: je l'ai rempli. Derrière moi, je laisse la cité d'Athènes. Plus encore que ma femme et mon fils, je l'ai chérie. J'ai fait ma ville. Après moi saura l'habiter immortellement ma pensée. C'est consentant que j'approche la mort solitaire. J'ai goûté des biens[0] de la terre. Il est doux de penser qu'après moi, les hommes se reconnaîtront plus heureux, meilleurs et plus libres. Pour le bien de l'humanité future, j'ai fait mon œuvre. J'ai vécu.   5

Il y aurait, naturellement, beaucoup d'autres choses à dire sur la littérature 10 française. Il a fallu se contenter[0] d'un simple cadre[0] général qui situe les différentes périodes historiques, les auteurs qui les ont marquées, les idées qui les caractérisent. Parmi les littératures mondiales, la littérature française est l'une des plus riches. Centrale par rapport à la culture européenne, elle en fournit l'une des clés les plus précieuses. Elle nous permet de comprendre le passé et de 15 démêler[0] le présent. Elle nous oriente par rapport aux grands problèmes intellectuels du monde. L'historien, Michelet écrivait au 19e siècle: «Pour obtenir droit de cité[20] en Europe, il faut qu'une idée passe par la France».

Effectivement, la langue et la littérature françaises sont depuis des siècles de puissants instruments de culture. S'adressant à l'homme individuel, la littérature française 20 l'invite depuis Montaigne à faire l'inventaire[0] de lui-même et des autres; elle provoque en lui le choc d'une prise de conscience[0] personnelle. «La culture, c'est — écrit Sartre — la conscience[0] en perpétuelle évolution que l'homme prend de lui-même et du monde dans lequel il vit, travaille et lutte. Si cette prise de conscience est juste . . . nous laisserons un héritage valable à ceux qui nous 25 suivent.»

Exercices

1. Questions sur la lecture. Répondez par des phrases complètes.

   1. Qu'est-ce que le *Moyen Age?*   2. Quelles œuvres littéraires a-t-on écrites en France au Moyen Age?   3. Qu'est-ce qui reste du Moyen Age au point de vue artistique?   4. Quelle est la différence entre les épopées du Moyen Age et les romans courtois?   5. Pourquoi a-t-on interdit les représentations des «mystères sacrés» en 1548?   6. Quel est le siècle de la Renaissance en France? Quels sont les auteurs les plus célèbres?   7. Dans quelle tradition se placent les auteurs de

---

[20] **obtenir droit de cité:** ici, être reconnu officiellement.

la Renaissance française? Quels monuments français datent de cette époque? **8.** Quel était le critère universel de la bonne peinture avant l'époque moderne? **9.** Comment appelle-t-on le 17e siècle? Pourquoi? **10.** Quels sont les grands auteurs français classiques? Qu'est-ce qu'ils ont écrit?

2. Répondez aux questions par des phrases complètes.

1. Comment appelle-t-on le 18e siècle? Pourquoi? **2.** Quel événement historique a eu lieu à la fin de ce siècle? Par quoi cet événement avait-il été préparé? **3.** Quels auteurs du 18e siècle sont très célèbres? Indiquez une œuvre de chacun d'eux. **4.** Quels mouvements littéraires et artistiques ont dominé le 19e siècle? **5.** Qu'est-ce qui caractérise le Romantisme? **6.** Dans quels pays d'Europe le romantisme est-il né? **7.** De qui est *Madame Bovary?* A quel mouvement littéraire son auteur se rattache-t-il? **8.** De quels peintres impressionnistes avez-vous entendu parler? Avez-vous vu des tableaux de ces peintres? Où? **9.** Quels sont les deux mouvements littéraires importants au 20e siècle, en France? A quel moment ont-ils existé? **10.** Avez-vous lu des œuvres de Jean-Paul Sartre ou d'Albert Camus? Si oui, lesquelles?

3. Mettez le verbe principal au passé (*passé composé* ou *imparfait* selon le sens) et faites les changements nécessaires.

1. Je sais qu'il arrivera aujourd'hui. **2.** Êtes-vous sûr qu'il a téléphoné? **3.** Nous pensons qu'elle réussira à l'examen. **4.** Le professeur répète qu'il faut que nous apprenions le vocabulaire. **5.** Mes amis croient que je suis parti pour l'Europe la semaine dernière. **6.** Je suis certain qu'ils sauront se débrouiller. **7.** Pensez-vous qu'il sera un bon diplomate? **8.** Il espère que ses parents n'apprendront pas brutalement cette mauvaise nouvelle. **9.** Elle affirme que nous nous sommes trompés. **10.** Nous savons qu'il est possible que sa mère vienne le voir.

4. Mettez au style indirect et au passé (employez des verbes et des mots de liaison).

JEAN Qu'est-ce que tu as, Charles? Qu'est-ce qui s'est passé? As-tu des ennuis? Tu as l'air bien découragé.

CHARLES Aujourd'hui, tout va mal. D'abord, ce matin, je ne me suis pas réveillé à l'heure et je suis arrivé en retard à la classe d'histoire. Puis, le professeur m'a posé une question et je n'ai pas su répondre. Enfin, je me suis disputé avec Laura; elle a été très désagréable et elle ne veut plus me voir.

JEAN Ne t'inquiète pas. Laura est capricieuse comme toutes les femmes. Demain, elle aura oublié cette dispute. Téléphone-lui et invite-la à aller au cinéma.

5. *Composition:*

a) Racontez au passé un épisode de l'histoire des États-Unis, ou l'histoire de votre ville.

b) Vous avez visité un lieu historique. Racontez votre visite.

GRAMMAIRE GÉNÉRALE

Le Mode

Étudiez les passages suivants:

1) «. . . Incompréhensible que Dieu soit, et incompréhensible qu'il ne soit pas; que l'âme soit avec le corps, que nous n'ayons point d'âme; que le monde soit créé, qu'il ne le soit pas, etc.; que le péché originel soit, et qu'il ne soit pas.»

Pascal, Pensées, 230

2) «. . . les alliances avec plus grand que soi sont sujettes toujours à de fâcheux inconvénients. Je ne veux point qu'un gendre puisse à ma fille reprocher ses parents, et qu'elle ait des enfants qui aient honte de m'appeler leur grand-maman . . . et je veux un homme, en un mot, qui m'ait obligation de ma fille et à qui je puisse dire: «Mettez-vous là, mon gendre, et dînez avec moi!»

Molière, Le Bourgeois Gentilhomme

3) «. . . j'ai tant vu de choses extraordinaires qu'il n'y a plus rien d'extraordinaire. — Croyez-vous, dit Candide, que les hommes se soient toujours mutuellement massacrés comme ils font aujourd'hui? qu'ils aient toujours été menteurs, fourbes, perfides, ingrats, brigands, faibles, volages, lâches, envieux, gourmands, ivrognes, avares, ambitieux, sanguinaires, calomniateurs, débauchés, fanatiques, hypocrites et sots? — Croyez-vous, dit Martin, que les éperviers aient toujours mangé des pigeons quand ils en ont trouvé? — Oui, sans doute, dit Candide. — Eh bien! dit Martin, si les éperviers ont toujours eu le même caractère, pourquoi voulez-vous que les hommes aient changé le leur?»

Voltaire, Candide

Dans les exemples précédents, certains verbes sont au *subjonctif*. Qu'est-ce que le subjonctif?

Le subjonctif est un MODE. Et qu'est-ce qu'un mode? Nous savons que le mot *mode* veut dire *manière*. Le mode d'un verbe indique par conséquent la manière dont l'action est faite. Il y a 5 modes principaux en français:

l'indicatif
le subjonctif
l'impératif
l'infinitif
le conditionnel

Parlons d'abord de l'INDICATIF. *L'indicatif indique*, c'est-à-dire que l'indicatif (dans tous ses temps) est le mode des déclarations, de la réalité concrète, des faits. Si je dis: **«Il fait beau; il ne pleut pas»**; **«je vous vois, mais je ne vous entends pas»**; **«le livre est sur la table»**, j'emploie le mode de la certitude. En général, nos affirmations sont inconscientes car nous ne doutons pas de la réalité d'une chose que nous voyons ou que nous pouvons toucher. Mais la réalité n'est pas toujours aussi claire.

Examinez les phrases suivantes:

Il faut **que je vous voie** demain.

Il est possible **qu'il fasse beau** demain.

Je doute **que vous restiez** jusqu'à la fin si vous allez voir ce mauvais film.

Mon père veut **que j'aille** en France.

Je suis heureux **que vous ayez accepté** mon invitation.

Dans ces phrases, le verbe des propositions subordonnées est au SUBJONCTIF. Pourquoi? C'est parce que, dans la proposition principale, il y a une expression qui modifie l'action du verbe de la proposition subordonnée. Si je dis: «Nous nous verrons demain», j'énonce un simple fait. Mais si je dis: **«Il faut que je vous voie** demain», j'ajoute une idée de *nécessité* exprimée par **Il faut que.**

Si je dis: «Il fera beau demain», c'est une simple affirmation. Je ne doute pas de la vérité de mon assertion. Mais si je dis: **«Il est possible qu'il fasse** beau demain», j'introduis une idée de possibilité.

Si je dis: «Vous ne resterez pas jusqu'à la fin si vous allez voir ce mauvais film», c'est encore une affirmation. Je suis sûr que vous ne resterez pas. Mais si je dis: **«Je doute que vous restiez** jusqu'à la fin si vous allez voir ce mauvais film», j'introduis dans mon affirmation un élément de *doute*. Ce doute m'oblige à *changer de mode verbal* dans la proposition subordonnée.

Si je dis: «J'irai en France l'été prochain», j'exprime une certitude. Même si je n'y vais pas, je suis sûr d'y aller au moment où je parle. Je suis dans le domaine des faits. Mais si je dis: **«Mon père veut que j'aille** en France», j'introduis un élément de *volonté*. Ma propre volonté n'est plus suffisante. Elle est subordonnée à la volonté de mon père.

Si je dis: «Vous avez accepté mon invitation», «j'en suis très heureux», j'affirme encore une fois. Il y a deux faits de la même valeur:

Vous avez accepté mon invitation . . . je suis heureux.

Mais si je dis: **«Je suis heureux que vous ayez accepté** mon invitation», l'un des faits (que vous ayez accepté) est subordonné à l'autre (Je suis heureux). Il y a subordination par rapport à un état d'*émotion* ou à un *sentiment*.

Il devient clair que :

1) le *subjonctif* est un *mode de subordination* et s'emploie dans des propositions subordonnées.

2) le subjonctif dépend de certaines conditions préalables : conditions de *nécessité*, de *possibilité*, de *doute*, de *volonté*, de *sentiment*.

3) le subjonctif exprime une certaine attitude devant la réalité, *attitude* de *doute*, d'*hésitation*, d'*incertitude*, d'*émotivité*, d'*infériorité*, de *dépendance*.

Voilà pourquoi, on n'emploie pas le subjonctif après certaines expressions comme :

> Il est certain que . . .
> Il est sûr que . . .
> Il est probable que . . .
> Il est évident que . . .
> Il est vrai que . . .

Mais après ces mêmes expressions au négatif ou à l'interrogatif, on peut employer le subjonctif car leur certitude est annulée par la négation ou par l'interrogation.

> Il n'est pas certain qu'il **vienne** demain.
> Il n'est pas très probable que je **puisse** aller en Europe l'été prochain.
> Il n'est pas vrai que tous les gens **soient** capables de faire les mêmes choses.
> Est-il certain qu'il **vienne** demain ?
> Est-il vrai que tous les gens **soient** capables de faire les même choses ?

Reprenons maintenant les textes de Pascal, de Molière et de Voltaire qui se trouvent au début de ce chapitre.

1) Pourquoi tout ce passage est-il au subjonctif ? C'est parce que Pascal parle de questions où la certitude absolue et rationnelle est impossible. L'existence de Dieu, les rapports du corps et de l'âme, la création du monde, le péché originel, sont des questions si vastes qu'elles dépassent la compréhension humaine. Pascal pense et dit que ces questions sont «incompréhensibles». On voit sans difficulté que des attitudes très différentes sont exprimées par les phrases :

> Il est certain que Dieu est.
> Il est incompréhensible que Dieu soit.

L'incompréhension humaine met l'intelligence humaine dans une position de grande infériorité. Cela justifie l'emploi du subjonctif.

2) Ces phrases tirées du *Bourgeois Gentilhomme* sont prononcées par Madame Jourdain. Elle se révolte contre la stupidité de son mari et elle emploie des *négations* et des expressions de *volonté*.

3) Le naïf Candide pose une question dont la réponse est douteuse. Il est hésitant, il est dans une attitude d'émotivité et d'incertitude et c'est pourquoi Voltaire emploie ici le subjonctif.

GRAMMAIRE GÉNÉRALE

On voit que le subjonctif joue un rôle très important en français. Il faut dire cependant, que c'est un mode dont l'importance a diminué depuis l'époque latine. En anglais, son rôle est très affaibli. Il est possible d'écrire et de parler sans employer le subjonctif; mais il n'est pas possible de lire sans le rencontrer. Il est possible qu'il disparaisse un jour. Déjà les auteurs contemporains l'emploient moins que les auteurs classiques. Mais s'il disparaît, il ne sera plus possible d'exprimer certaines nuances en français.

Un dernier exemple de mode: en musique, il y a deux modes: le *mode* majeur et le mode mineur. L'utilisation de ces modes en musique nous fournit un excellent exemple de ce que nous avons appelé une *différence d'attitude*. Sans pousser l'analogie trop loin, on peut comparer le mode majeur en musique à l'indicatif en grammaire et le mode mineur au subjonctif.

Remarquons encore que le mot «subjonctif» est composé de deux éléments: un préfixe *sub* qui indique une idée de subordination et le radical «jonctif» (de *jonction*, l'élément qui est *joint*) c'est-à-dire l'élément qui est *relié* à autre chose. Autrement dit, le subjonctif ne s'emploie pas généralement seul, mais dans une proposition subordonnée quand il y a une condition préalable de nécessité, de possibilité, de doute, de volonté, de sentiment.

Ces principes sont des éléments de base. On peut rencontrer des exceptions.

* * *

L'IMPÉRATIF est le *mode du commandement*. Il y a une différence de ton, de *manière* entre:

Vous faites votre travail.

et

Faites votre travail!

Vous vous en allez.

et

Allez-vous-en!

Il est peut-être plus difficile de comprendre que L'INFINITIF est un mode. L'infinitif est la forme du verbe la plus proche du substantif. L'infinitif est le même à toutes les personnes, mais il a deux temps: le présent et le passé.

parler (*présent*)   **partir** (*présent*)
avoir parlé (*passé*)   **être parti** (*passé*)

Il peut même être considéré comme un substantif:

le parler français, le souvenir, le savoir-faire,
le savoir, le pouvoir, l'être, un être

L'infinitif est donc un *mode* à moitié verbal, à moitié substantif.
C'est le verbe dans un sens *absolu*, *infini*, un *infinitif*.

LE CONDITIONNEL est, naturellement le mode qu'on emploie dans des phrases conditionnelles, c'est-à-dire dans les phrases qui dépendent d'une condition, présente ou passée qui n'a pas été ou qui n'est pas réalisée.

Le conditionnel a aussi d'autres significations: il indique une atténuation de la pensée. C'est pourquoi on l'emploie avec certains verbes (vouloir, pouvoir) quand on veut être très poli.

Parfois le conditionnel n'est plus un mode; il devient *un temps* et il est employé pour exprimer le futur après un verbe principal qui est au passé.

> Il *viendra* à huit heures.
> Il a dit qu'il **viendrait** à huit heures.

GRAMMAIRE GÉNÉRALE

APPENDICE

LISTE DES VERBES IRRÉGULIERS

Le chiffre après le verbe renvoie au tableau des verbes français.

abattre 25, *battre*
accueillir 7, *cueillir*
admettre 32, *mettre*
aller 5
apercevoir 15, *recevoir*
apparaître 24, *connaître*
appartenir 11, *venir*
apprendre 21, *prendre*
attendre 22, *rendre*
s'assoir (je m'assieds, nous nous
    asseyons, ils s'asseyent; part.
    passé: assis)
avoir 1
battre 25
boire 26
commettre 32, *mettre*
comprendre 21, *prendre*
concevoir 15, *recevoir*
conduire 23
confondre 22, *rendre*
connaître 24
consentir 8, *dormir*
construire 23, *conduire*
convaincre (part. passé: con-
  vaincu)
convenir 11, *venir*
courir 6
ouvrir 10, *offrir*
craindre 20
croire 27
cueillir 7
découvrir 10, *offrir*
décevoir 15, *recevoir*
décrire 29, *écrire*
défaire 30, *faire*
défendre 22, *rendre*
déplaire 33, *plaire*
descendre 22, *rendre*
détruire 23, *construire*

devenir 11, *venir*
devoir 12
dire 28
disjoindre 20, *craindre*
disparaître 24, *connaître*
dormir 8
écrire 29
élire 31, *lire*
s'endormir 8, *dormir*
entendre 22, *rendre*
entretenir 11, *venir*
envoyer (futur: j'enverrai)
être 2
faire 30
falloir (il faut, il fallait,
  il faudra, faille, fallu)
feindre 20, *craindre*
fondre 22, *rendre*
interdire 28, *dire*
intervenir 11, *venir*
joindre 20, *craindre*
lire 31
mentir 8, *dormir*
mettre 32
mourir 9
naître (part. passé: né(e);
  passé simple: je naquis)
obtenir 11, *venir*
offrir 10
ouvrir 10, *offrir*
paraître 24, *connaître*
parcourir 6, *courir*
partir 8, *dormir*
parvenir 11, *venir*
peindre 20, *craindre*
percevoir 15, *recevoir*
perdre 22, *rendre*
permettre 32, *mettre*
plaindre 20, *craindre*
plaire 33

pleuvoir 13
poursuivre 36, *suivre*
pouvoir 14
prendre 21
prévenir 11, *venir*
prévoir 18, *voir*
promettre 32, *mettre*
recevoir 15
reconnaître 24, *connaître*
redire 28, *dire*
rejoindre 20, *craindre*
remettre 32, *mettre*
rendre 22
répondre 22 *rendre*
retenir 11, *venir*
revoir 18, *voir*
rire 34
satisfaire 30, *faire*
savoir 16
sentir 8, *dormir*
servir 8, *dormir*
sortir 8, *dormir*
souffrir 10, *offrir*
sourire 34, *rire*
soutenir 11, *venir*
se souvenir 11, *venir*
suffire 35
suivre 36
surprendre 21, *prendre*
se taire 33, *plaire*
tenir 11, *venir*
valoir 17
vendre 22, *rendre*
venir 11
vivre 37
voir 18
vouloir 19
vaincre (part. passé: vaincu)

NOTE: La conjugaison du verbe **falloir** et de quelques verbes dont certaines formes sont peu employées (**s'asseoir, convaincre, naître, vaincre**) est donnée partiellement dans la liste ci-dessus et non dans le tableau des verbes français.

LES VERBES FRANÇAIS
Les verbes auxiliaires **avoir** et **être**

		INDICATIF PRÉSENT	IMPARFAIT	FUTUR	IMPÉRATIF
1. avoir	*j'*	ai	avais	aurai	
	tu	as	avais	auras	aie
	il	a	avait	aura	
	nous	avons	avions	aurons	ayons
	vous	avez	aviez	aurez	ayez
	ils	ont	avaient	auront	
2. être	*je*	suis	*j'*étais	serai	
	tu	es	étais	seras	sois
	il	est	était	sera	
	nous	sommes	étions	serons	soyons
	vous	êtes	étiez	serez	soyez
	ils	sont	étaient	seront	

Verbes du 1ᵉʳ groupe (en **-er**) se conjuguent comme:

3. parler	*je*	parle	parlais	parlerai	
	tu	parles	parlais	parleras	parle
	il	parle	parlait	parlera	
	nous	parlons	parlions	parlerons	parlons
	vous	parlez	parliez	parlerez	parlez
	ils	parlent	parlaient	parleront	

Verbes du 2ᵉ groupe (en **-ir,** avec suffixe **-iss**) se conjuguent comme:

4. finir	*je*	finis	finissais	finirai	
	tu	finis	finissais	finiras	finis
	il	finit	finissait	finira	
	nous	finissons	finissions	finirons	finissons
	vous	finissez	finissiez	finirez	finissez
	ils	finissent	finissaient	finiront	

Verbes du 3ᵉ groupe

5. aller	*je*	vais	*j'*allais	*j'*irai	
	tu	vas	allais	iras	va
	il	va	allait	ira	
	nous	allons	allions	irons	allons
	vous	allez	alliez	irez	allez
	ils	vont	allaient	iront	

I. VERBES EN **-ir**

6. courir	*je*	cours	courais	courrai	
	tu	cours	courais	courras	cours
	il	court	courait	courra	
	nous	courons	courions	courrons	courons
	vous	courez	couriez	courrez	courez
	ils	courent	couraient	courront	

SUBJONCTIF PRÉSENT	PASSÉ SIMPLE	PARTICIPE PRÉSENT	PARTICIPE PASSÉ	
aie	eus	ayant	eu	
aies	eus			
ait	eut			
ayons	eûmes			
ayez	eûtes			
aient	eurent			
sois	fus	étant	été	
sois	fus			
soit	fut			
soyons	fûmes			
soyez	fûtes			
soient	furent			
parle	parlai	parlant	parlé	COMME *parler:* Tous les verbes du 1re groupe.[1]
parles	parlas			
parle	parla			
parlions	parlâmes			
parliez	parlâtes			
parlent	parlèrent			
finisse	finis	finissant	fini	
finisses	finis			
finisse	finit			
finissions	finîmes			
finissiez	finîtes			
finissent	finirent			
j'aille	j'allai	allant	allé	
ailles	allas			
aille	alla			
allions	allâmes			
alliez	allâtes			
aillent	allèrent			
coure	courus	courant	couru	COMME *courir·:* **parcourir**
coures	courus			
coure	courut			
courions	courûmes			
couriez	courûtes			
courent	coururent			

[1] Certains verbes en **-eter** ou **-eler** modifient légèrement leur radical devant une syllabe qui contient un **e**: acheter — j'achète, nous achèterons; appeler — j'appelle, il appellera; jeter — je jette, il jettera. Les verbes en **-oyer** et **-uyer** changent **y** en **i** devant un **e** muet: employer — j'emploie, nous emploierons; appuyer — j'appuie, il appuiera.

LES VERBES FRANÇAIS

		INDICATIF PRÉSENT	IMPARFAIT	FUTUR	IMPÉRATIF
7. cueillir	*je*	cueille	cueillais	cueillerai	
	tu	cueilles	cueillais	cueilleras	cueille
	il	cueille	cueillait	cueillera	
	nous	cueillons	cueillions	cueillerons	cueillons
	vous	cueillez	cueilliez	cueillerez	cueillez
	ils	cueillent	cueillaient	cueilleront	
8. dormir	*je*	dors	dormais	dormirai	
	tu	dors	dormais	dormiras	dors
	il	dort	dormait	dormira	
	nous	dormons	dormions	dormirons	dormons
	vous	dormez	dormiez	dormirez	dormez
	ils	dorment	dormaient	dormiront	
9. mourir	*je*	meurs	mourais	mourrai	
	tu	meurs	mourais	mourras	meurs
	il	meurt	mourait *	mourra	
	nous	mourons	mourions	mourrons	mourons
	vous	mourez	mouriez	mourrez	mourez
	ils	meurent	mouraient	mourront	
10. offrir	*j'*	offre	offrais	offrirai	
	tu	offres	offrais	offriras	offre
	il	offre	offrait	offrira	
	nous	offrons	offrions	offrirons	offrons
	vous	offrez	offriez	offrirez	offrez
	ils	offrent	offraient	offriront	
11. venir	*je*	viens	venais	viendrai	
	tu	viens	venais	viendras	viens
	il	vient	venait	viendra	
	nous	venons	venions	viendrons	venons
	vous	venez	veniez	viendrez	venez
	ils	viennent	venaient	viendront	

II. VERBES EN -oir

		INDICATIF PRÉSENT	IMPARFAIT	FUTUR	IMPÉRATIF
12. devoir	*je*	dois	devais	devrai	
	tu	dois	devais	devras	dois
	il	doit	devait	devra	
	nous	devons	devions	devrons	devons
	vous	devez	deviez	devrez	devez
	ils	doivent	devaient	devront	
13. pleuvoir	*il*	pleut	pleuvait	pleuvra	
14. pouvoir	*je*	peux	pouvais	pourrai	
	tu	peux	pouvais	pourras	
	il	peut	pouvait	pourra	
	nous	pouvons	pouvions	pourrons	
	vous	pouvez	pouviez	pourrez	
	ils	peuvent	pouvaient	pourront	

SUBJONCTIF PRÉSENT	PASSÉ SIMPLE	PARTICIPE PRÉSENT	PARTICIPE PASSÉ		
cueille	cueillis	cueillant	cueilli	COMME *cueillir:*	
cueilles	cueillis			**accueillir**	
cueille	cueillit			**recueillir**	
cueillions	cueillîmes				
cueilliez	cueillîtes				
cueillent	cueillirent				
dorme	dormis	dormant	dormi	COMME *dormir:*	
dormes	dormis			**s'endormir**	**sortir**
dorme	dormit			**mentir**	**partir**
dormions	dormîmes			**sentir**	**consentir**
dormiez	dormîtes			**servir**	
dorment	dormirent				
meure	mourus	mourant	mort		
meures	mourus				
meure	mourut				
mourions	mourûmes				
mouriez	mourûtes				
meurent	moururent				
offre	offris	offrant	offert	COMME *offrir:*	
offres	offris			**couvrir**	**souffrir**
offre	offrit			**ouvrir**	**découvrir**
offrions	offrîmes				
offriez	offrîtes				
offrent	offrirent				
vienne	vins	venant	venu	COMME *venir:*	
viennes	vins			**devenir**	**entretenir**
vienne	vint			**revenir**	**retenir**
venions	vînmes			**advenir**	**appartenir**
veniez	vîntes			**intervenir**	**détenir**
viennent	vinrent			**parvenir**	**contenir**
				survenir	**obtenir**
				tenir	
doive	dus	devant	dû		
doives	dus				
doive	dut				
devions	dûmes				
deviez	dûtes				
doivent	durent				
pleuve	plut	pleuvant	plu		
puisse	pus	pouvant	pu		
puisses	pus				
puisse	put				
puissions	pûmes				
puissiez	pûtes				
puissent	purent				

		INDICATIF PRÉSENT	IMPARFAIT	FUTUR	IMPÉRATIF
15. recevoir	*je*	reçois	recevais	recevrai	
	tu	reçois	recevais	recevras	reçois
	il	reçoit	recevait	recevra	
	nous	recevons	recevions	recevrons	recevons
	vous	recevez	receviez	recevrez	recevez
	ils	reçoivent	recevaient	recevront	
16. savoir	*je*	sais	savais	saurai	
	tu	sais	savais	sauras	sache
	il	sait	savait	saura	
	nous	savons	savions	saurons	sachons
	vous	savez	saviez	saurez	sachez
	ils	savent	savaient	sauront	
17. valoir	*je*	vaux	valais	vaudrai	
	tu	vaux	valais	vaudras	vaux
	il	vaut	valait	vaudra	
	nous	valons	valions	vaudrons	valons
	vous	valez	valiez	vaudrez	valez
	ils	valent	valaient	vaudront	
18. voir	*je*	vois	voyais	verrai	
	tu	vois	voyais	verras	vois
	il	voit	voyait	verra	
	nous	voyons	voyions	verrons	voyons
	vous	voyez	voyiez	verrez	voyez
	ils	voient	voyaient	verront	
19. vouloir	*je*	veux	voulais	voudrai	
	tu	veux	voulais	voudras	veuille
	il	veut	voulait	voudra	
	nous	voulons	voulions	voudrons	veuillons
	vous	voulez	vouliez	voudrez	veuillez
	ils	veulent	voulaient	voudront	

III. VERBES EN **-dre**

		INDICATIF PRÉSENT	IMPARFAIT	FUTUR	IMPÉRATIF
20. craindre	*je*	crains	craignais	craindrai	
	tu	crains	craignais	craindras	crains
	il	craint	craignait	craindra	
	nous	craignons	craignions	craindrons	craignons
	vous	craignez	craigniez	craindrez	craignez
	ils	craignent	craignaient	craindront	
21. prendre	*je*	prends	prenais	prendrai	
	tu	prends	prenais	prendras	prends
	il	prend	prenait	prendra	
	nous	prenons	prenions	prendrons	prenons
	vous	prenez	preniez	prendrez	prenez
	ils	prennent	prenaient	prendront	

SUBJONCTIF PRÉSENT	PASSÉ SIMPLE	PARTICIPE PRÉSENT	PARTICIPE PASSÉ	
reçoive	reçus	recevant	reçu	COMME *recevoir:*
reçoives	reçus			**apercevoir**
reçoive	reçut			**concevoir**
recevions	reçûmes			**décevoir**
receviez	reçûtes			**percevoir**
reçoivent	reçurent			
sache	sus	sachant	su	
saches	sus			
sache	sut			
sachions	sûmes			
sachiez	sûtes			
sachent	surent			
vaille	valus	valant	valu	
vailles	valus			
vaille	valut			
valions	valûmes			
valiez	valûtes			
vaillent	valurent			
voie	vis	voyant	vu	COMME *voir:*
voies	vis			**revoir**
voie	vit			**prévoir** (futur: je prév**oir**ai)
voyions	vîmes			
voyiez	vîtes			
voient	virent			
veuille	voulus	voulant	voulu	
veuilles	voulus			
veuille	voulut			
voulions	voulûmes			
vouliez	voulûtes			
veuillent	voulurent			
craigne	craignis	craignant	craint	COMME *craindre:*
craignes	craignis			les verbes en **-aindre,**
craigne	craignit			**-eindre** et **-oindre:** plaindre,
craignions	craignîmes			**atteindre, éteindre, feindre,**
craigniez	craignîtes			**peindre, joindre, rejoindre,**
craignent	craignirent			**disjoindre**
prenne	pris	prenant	pris	COMME *prendre:*
prennes	pris			**apprendre**
prenne	prit			**comprendre**
prenions	prîmes			**reprendre**
preniez	prîtes			**surprendre**
prennent	prirent			

		INDICATIF PRÉSENT	IMPARFAIT	FUTUR	IMPÉRATIF
22. rendre	*je*	rends	rendais	rendrai	
	tu	rends	rendais	rendras	rends
	il	rend	rendait	rendra	
	nous	rendons	rendions	rendrons	rendons
	vous	rendez	rendiez	rendrez	rendez
	ils	rendent	rendaient	rendront	

IV. VERBES EN **-uire**

		INDICATIF PRÉSENT	IMPARFAIT	FUTUR	IMPÉRATIF
23. conduire	*je*	conduis	conduisais	conduirai	
	tu	conduis	conduisais	conduiras	conduis
	il	conduit	conduisait	conduira	
	nous	conduisons	conduisions	conduirons	conduisons
	vous	conduisez	conduisiez	conduirez	conduisez
	ils	conduisent	conduisaient	conduiront	

V. VERBES EN **-aître**

		INDICATIF PRÉSENT	IMPARFAIT	FUTUR	IMPÉRATIF
24. connaître	*je*	connais	connaissais	connaîtrai	
	tu	connais	connaissais	connaîtras	connais
	il	connaît	connaissait	connaîtra	
	nous	connaissons	connaissions	connaîtrons	connaissons
	vous	connaissez	connaissiez	connaîtrez	connaissez
	ils	connaissent	connaissaient	connaîtront	

VI. VERBES EN **-re**

		INDICATIF PRÉSENT	IMPARFAIT	FUTUR	IMPÉRATIF
25. battre	*je*	bats	battais	battrai	
	tu	bats	battais	battras	bats
	il	bat	battait	battra	
	nous	battons	battions	battrons	battons
	vous	battez	battiez	battrez	battez
	ils	battent	battaient	battront	
26. boire	*je*	bois	buvais	boirai	
	tu	bois	buvais	boiras	bois
	il	boit	buvait	boira	
	nous	buvons	buvions	boirons	buvons
	vous	buvez	buviez	boirez	buvez
	ils	boivent	buvaient	boiront	
27. croire	*je*	crois	croyais	croirai	
	tu	crois	croyais	croiras	crois
	il	croit	croyait	croira	
	nous	croyons	croyions	croirons	croyons
	vous	croyez	croyiez	croirez	croyez
	ils	croient	croyaient	croiront	
28. dire	*je*	dis	disais	dirai	
	tu	dis	disais	diras	dis
	il	dit	disait	dira	
	nous	disons	disions	dirons	disons
	vous	dites	disiez	direz	dites
	ils	disent	disaient	diront	

SUBJONCTIF PRÉSENT	PASSÉ SIMPLE	PARTICIPE PRÉSENT	PARTICIPE PASSÉ		
rende	rendis	rendant	rendu	COMME *rendre:*	
rendes	rendis			**attendre**	**confondre**
rende	rendit			**défendre**	**fondre**
rendions	rendîmes			**descendre**	**répondre**
rendiez	rendîtes			**entendre**	**perdre**
rendent	rendirent			**vendre**	
conduise	conduisis	conduisant	conduit	COMME *conduire:*	
conduises	conduisis			**construire**	**introduire**
conduise	conduisit			**déduire**	**(re)produire**
conduisions	conduisîmes			**instruire**	**réduire**
conduisiez	conduisîtes			**détruire**	**traduire**
conduisent	conduisirent				
connaisse	connus	connaissant	connu	COMME *connaître:*	
connaisses	connus			**paraître**	
connaisse	connut			**reparaître**	
connaissions	connûmes			**disparaître**	
connaissiez	connûtes				
connaissent	connurent				
batte	battis	battant	battu	COMME *battre:*	
battes	battis			**abattre**	
batte	battit			**combattre**	
battions	battîmes			**débattre**	
battiez	battîtes				
battent	battirent				
boive	bus	buvant	bu		
boives	bus				
boive	but				
buvions	bûmes				
buviez	bûtes				
boivent	burent				
croie	crus	croyant	cru		
croies	crus				
croie	crut				
croyions	crûmes				
croyiez	crûtes				
croient	crurent				
dise	dis	disant	dit	COMME *dire:*	**redire**
dises	dis				
dise	dit			*Mais:*	
disions	dîmes			**contredire** — vous contredisez	
disiez	dîtes			**interdire** — vous interdisez	
disent	dirent			**prédire** — vous prédisez	

		INDICATIF PRÉSENT	IMPARFAIT	FUTUR	IMPÉRATIF
29. écrire	*j'*	écris	écrivais	écrirai	
	tu	écris	écrivais	écriras	écris
	il	écrit	écrivait	écrira	
	nous	écrivons	écrivions	écrirons	écrivons
	vous	écrivez	écriviez	écrirez	écrivez
	ils	écrivent	écrivaient	écriront	
30. faire	*je*	fais	faisais	ferai	
	tu	fais	faisais	feras	fais
	il	fait	faisait	fera	
	nous	faisons	faisions	ferons	faisons
	vous	faites	faisiez	ferez	faites
	ils	font	faisaient	feront	
31. lire	*je*	lis	lisais	lirai	
	tu	lis	lisais	liras	lis
	il	lit	lisait	lira	
	nous	lisons	lisions	lirons	lisons
	vous	lisez	lisiez	lirez	lisez
	ils	lisent	lisaient	liront	
32. mettre	*je*	mets	mettais	mettrai	
	tu	mets	mettais	mettras	mets
	il	met	mettait	mettra	
	nous	mettons	mettions	mettrons	mettons
	vous	mettez	mettiez	mettrez	mettez
	ils	mettent	mettaient	mettront	
33. plaire	*je*	plais	plaisais	plairai	
	tu	plais	plaisais	plairas	plais
	il	plaît	plaisait	plaira	
	nous	plaisons	plaisions	plairons	plaisons
	vous	plaisez	plaisiez	plairez	plaisez
	ils	plaisent	plaisaient	plairont	
34. rire	*je*	ris	riais	rirai	
	tu	ris	riais	riras	ris
	il	rit	riait	rira	
	nous	rions	riions	rirons	rions
	vous	riez	riiez	rirez	riez
	ils	rient	riaient	riront	
35. suffire	*je*	suffis	suffisais	suffirai	
	tu	suffis	suffisais	suffiras	suffis
	il	suffit	suffisait	suffira	
	nous	suffisons	suffisions	suffirons	suffisons
	vous	suffisez	suffisiez	suffirez	suffisez
	ils	suffisent	suffisaient	suffiront	

SUBJONCTIF PRÉSENT	PASSÉ SIMPLE	PARTICIPE PRÉSENT	PARTICIPE PASSÉ	
écrive	écrivis	écrivant	écrit	COMME *écrire:*
écrives	écrivis			**décrire**
écrive	écrivit			**prescrire**
écrivions	écrivîmes			
écriviez	écrivîtes			
écrivent	écrivirent			
fasse	fis	faisant	fait	COMME *faire:*
fasses	fis			**refaire**
fasse	fit			**défaire**
fassions	fîmes			**satisfaire**
fassiez	fîtes			
fassent	firent			
lise	lus	lisant	lu	COMME *lire:*
lises	lus			**relire**
lise	lut			**élire**
lisions	lûmes			
lisiez	lûtes			
lisent	lurent			
mette	mis	mettant	mis	COMME *mettre:*
mettes	mis			**admettre** **permettre**
mette	mit			**commettre** **promettre**
mettions	mîmes			**démettre** **soumettre**
mettiez	mîtes			
mettent	mirent			
plaise	plus	plaisant	plu	COMME *plaire:*
plaises	plus			**déplaire**
plaise	plut			**se taire** (sans circonflexe à la
plaisions	plûmes			3e pers. sing. du présent de
plaisiez	plûtes			l'indicatif)
plaisent	plurent			
rie	ris	riant	ri	COMME *rire:*
ries	ris			**sourire**
rie	rit			
riions	rîmes			
riiez	rîtes			
rient	rirent			
suffise	suffis	suffisant	suffi	
suffises	suffis			
suffise	suffit			
suffisions	suffîmes			
suffisiez	suffîtes			
suffisent	suffirent			

		INDICATIF PRÉSENT	IMPARFAIT	FUTUR	IMPÉRATIF
36. suivre	*je*	suis	suivais	suivrai	
	tu	suis	suivais	suivras	suis
	il	suit	suivait	suivra	
	nous	suivons	suivions	suivrons	suivons
	vous	suivez	suiviez	suivrez	suivez
	ils	suivent	suivaient	suivront	
37. vivre	*je*	vis	vivais	vivrai	
	tu	vis	vivais	vivras	vis
	il	vit	vivait	vivra	
	nous	vivons	vivions	vivrons	vivons
	vous	vivez	viviez	vivrez	vivez
	ils	vivent	vivaient	vivront	

SUBJONCTIF PRÉSENT	PASSÉ SIMPLE	PARTICIPE PRÉSENT	PARTICIPE PASSÉ	
suive	suivis	suivant	suivi	COMME *suivre:*
suives	suivis			**poursuivre**
suive	suivit			
suivions	suivîmes			
suiviez	suivîtes			
suivent	suivirent			
vive	vécus	vivant	vécu	
vives	vécus			
vive	vécut			
vivions	vécûmes			
viviez	vécûtes			
vivent	vécurent			

LEXIQUE

Les chiffres (2) et (3) indiquent le groupe du verbe; le chiffre (26), (28), etc. indique la leçon où le mot apparaît pour la première fois.

A

un **abattoir** (40) le bâtiment où on tue les animaux (bœufs, moutons, porcs).

abattre (3) (34) démolir (≠ construire).

abonder (34) être en *abondance;* être très nombreux (employé seulement pour les choses).

aboyer (42) Quand un chien crie, il *aboie.*

accommoder (46) préparer la nourriture.

accueillant(e) (40) gentil, aimable, affable.

accueillir (3) **(accueilli)** (28) recevoir avec amabilité un voyageur, un visiteur.

un **achat** (28) 1) l'action d'acheter quelque chose. 2) la chose qu'on achète.

acquitter (48) déclarer innocent, c'est-à-dire non coupable.

un **adieu** (28) Quand on quitte une personne pour longtemps, on lui fait ses *adieux.*

(s')adoucir (2) (48) devenir plus doux, plus aimable ou plus poli.

aéré(e) (40) Un endroit où l'air circule librement est *aéré.*

une **affinité** (48) une tendance à se joindre.

(s')affranchir (2) (48) se libérer, se rendre libre.

agir (sur) (2) (48) avoir une influence sur.

il s'agit de (36) il est question de . . . (dans un livre, un article, une conversation).

agricole (44) adjectif dérivé du nom *agriculture.*

ailleurs (34) à un autre endroit, dans un autre lieu.

ainsi que (48) et aussi, de même que.

(s')alarmer (48) avoir peur, craindre.

aller de conserve (48) aller de compagnie, en suivant la même voie.

aller: ce qui allait de soi (48): ce qui était évident, ce qui était compris par tout le monde.

alors que (38) pendant que (avec une idée d'opposition). *Alors que* je travaillais, mon ami écoutait la radio. *Alors que* vous n'avez presque pas d'argent, vous dépensez sans compter.

améliorer (42) rendre *meilleur,* apporter une *amélioration.*

une **amitié** (40) la relation qui existe entre des *amis.*

des **anchois** (28) Les *anchois* sont de petits poissons fumés et salés qu'on mange comme hors-d'œuvre ou qu'on emploie dans certaines salades.

un **âne** (34) un animal de la même famille, mais plus petit que le cheval et qui a de longues oreilles; **à dos d'âne** (34) sur un âne.

une **angoisse** (36) une sorte de peur physique et mentale.

antique (48) qui date de l'*Antiquité* (= la période historique antérieure à l'ère chrétienne).

apercevoir (3) **(aperçu)** (30) commencer à voir, en général à une certaine distance.

un **aperçu** (44) une idée générale de quelque chose.

un **apéritif** (28) une boisson (alcoolisée en général) ou une sorte de vin qu'on prend avant un repas.

apocryphe (48) dont l'authenticité est douteuse.

appartenir (3) **(appartenu)** (34) 1) Quand une personne *possède* quelque chose, cette chose lui *appartient.* 2) faire partie de, être une partie de.

un **argot** (34) un langage spécial employé dans certains groupes sociaux.

arranger (les cheveux) (46) coiffer.

une **arrière-garde** (48) la partie d'une armée qui reste derrière pour protéger les troupes.

assaisonné(e) (40) En France, on *assaisonne* la salade avec de l'huile et du vinaigre.

assister à (38) être présent à un événement, à une cérémonie, à une classe.

(s')attacher à (48) avoir pour but, donner toute son attention à.

atteindre (3) **(atteint)** (28) arriver à.

atterrir (2) (30) Un avion *atterrit* quand il vient sur la terre.

un **atterrissage** (30) l'action de venir sur *la terre* (atterrir) pour un avion.

attester (48) donner une preuve de, assurer la réalité de.

attirer (34) exercer une force d'attraction.

un **attrait** (48) un charme, ce qui plaît (verbe: *attirer*).

attraper (une maladie) (40) contracter une maladie.

aucunement (40): **ne . . . aucunement** (adverbe de négation) ne . . . pas du tout.

autour de (34) préposition qui indique une position sur une circonférence. La terre tourne *autour du* soleil. Il y a des forêts *autour de* Paris.

autrement dit (46) en d'autres mots.

avare (44) Une personne *avare* aime garder son argent; elle ne veut pas le dépenser.

un **avènement** (34) une arrivée, une venue, un commencement.

l'avenir *m.* (40) le futur.

avertir (2) (28) annoncer quelque chose à quelqu'un, informer quelqu'un de quelque chose.

un **aveu** (48) une confession. (*avouer* une faute).

un **avion à hélices** (28) Primitivement, les avions avaient des *hélices* (comme les bateaux) pour pouvoir avancer. (Les avions à hélices sont remplacés par les avions *à réaction* = les jets.)

B

le **baccalauréat** (38) le diplôme français qu'on obtient à la fin des études secondaires.

balbutier (42) parler en hésitant, en cherchant les mots, en répétant certaines syllabes.

banal (e) (36) ordinaire.

une **barbe** (32) Au 19e siècle, les hommes portaient souvent la moustache et la barbe.

un **berceau** (48) 1) au sens propre = un lit d'enfant. 2) au sens figuré = le lieu de naissance, l'origine.

la **betterave** (44) une plante dont on extrait le sucre.

bien: être bien (40) (*mieux*) être à l'aise physiquement. Dans un fauteuil confortable, on est *bien*. Quand il pleut, on *est mieux* à la maison que dehors.

le **bien-être** (28) le confort.

les **biens de la terre** (48) les richesses que la vie nous offre.

le **blé** (34) une céréale. Avec le *blé*, on fait le plus souvent du pain.

blesser (28) faire mal, causer une blessure, causer une souffrance physique, une fracture, une contusion. On transporte *les blessés* à l'hôpital dans une ambulance.

boire (3) (**bu**) (26) absorber un liquide. Quand on a soif, on *boit*.

une **boîte de nuit** (34) une sorte de café où on voit aussi un spectacle, où on entend des chanteurs.

bondé(e) (26) plein de gens. Un autobus *bondé*. Une salle de cinéma *bondée*.

le **bonheur** (46) l'état de celui qui est *heureux, content*.

à **bord (de)** (28) sur un bateau, dans un avion.

bouger (28) faire un (ou des) mouvement(s).

un **bouleversement** (48) un changement complet.

un **bouquin** (40) Dans le langage familier, un *bouquin* est un livre.

une **bourgeoise** (48) une femme de la classe moyenne. (la *bourgeoisie* = la classe moyenne).

une **boutade** (48) une phrase dite par plaisanterie.

une **boutique** (34) un petit magasin.

briller (30) Le soleil *brille* quand il fait beau.

brouiller (30) mettre la confusion ou le désordre dans quelque chose.

un **buffet** (26) une table couverte de toutes sortes de choses à manger: viande, légumes, fruits, desserts. On choisit les choses qu'on préfère.

C

un **cabinet** (46) la salle où un médecin, un commerçant, un avocat reçoivent leurs clients.

un **cadre** (48) ici, les lignes principales.

des **caoutchoucs** *m.* (26) Le *caoutchouc* est une matière imperméable. Les pneus des autos sont en *caoutchouc*. Quand il pleut, on porte *des caoutchoucs* sur ses chaussures pour les protéger de l'humidité.

carré(e) (34) Un *carré* est une figure géométrique qui a quatre côtés égaux et quatre angles droits.

cartésien(ne) (48) dérivé de la philosophie de Descartes.

une **ceinture** (28) On porte une *ceinture* autour de la taille (= le milieu du corps). Dans un avion, dans une auto, on emploie *une ceinture* de sécurité.

les **cendres** (36) les restes d'une personne morte.

un **cercle français** (32) un club français.

certes (46) certainement.

une **chaire** (38) Dans les universités, les professeurs ont *une chaire* de biologie, de géographie, d'histoire moderne, etc.

chaleureux (euse) (48) adjectif dérivé de *chaleur* (= *chaud*, au sens figuré).

un **chansonnier** (34) A Paris, les *chansonniers* écrivent et chantent des chansons satiriques.

un **chanteur** (*f.* **une chanteuse**) (32) une personne qui chante, en général professionnellement.

le **charbon** (44) un minéral solide et noir qu'on trouve dans la terre. On fait du feu avec du *charbon*. On emploie le *charbon* dans l'industrie.

un **chariot** (28) une petite voiture qu'on emploie pour transporter divers objets, des marchandises. Les clients du supermarché mettent leurs achats dans un *chariot*.

des **chaussettes** *f.* (26) Les hommes et les garçons portent des *chaussettes* aux pieds. Les chaussettes sont en nylon ou en coton (les femmes portent *des bas*).

un **chef-d'œuvre** (46) un travail parfait, la meilleure œuvre d'un artiste ou d'un auteur.

un **chemin** (28) littéralement: un chemin est une petite route dans la campagne. Quand on **perd son chemin,** on ne sait plus dans quelle direction il faut aller.

un **chemin de fer** (34) moyen de transport par le train.

chercher (26) Quand on ne trouve pas un objet, on *cherche* cet objet (dans sa poche, sur la table, dans la maison).

un **chiffre** (46) la représentation d'un *nombre*. 7, 9, 15 sont des *chiffres*.

un **choix** (28) substantif dérivé de *choisir*.

citer (34) faire une *citation* = donner comme illustration quelques phrases d'un livre, d'un article, etc.

par **cœur** (42) par la mémoire. On apprend un poème *par cœur*.

la **colère** (32) une violente irritation. Quand on est *en colère*, on montre son irritation par des cris et des gestes.

commode (34) pratique.

concevoir (3) (**conçu**) (48) créer, inventer.

un **concours** (38) une compétition.

conduire (3) (**conduit**) (32) diriger une auto, une voiture.

confondre (3) (**confondu**) (32) faire une *confusion* entre deux choses, deux personnes.

la **conscience** (48) l'esprit; **avoir conscience de** (48) remarquer; **une prise de conscience** Cf. prendre conscience de (48) remarquer, connaître par l'esprit.

un **consentement** (26) Quand vous acceptez de faire quelque chose, vous *consentez* à la faire (*consentir*), vous donnez votre *consentement*.

une **consommation** (30) la boisson qu'on prend dans un café, dans un bar.

une **constante** (48) une qualité invariable.

(se) **contenter de** (48) être satisfait par.

contigu(ë) (44) très proche, adjoint.

contourner (30) passer autour de, faire le tour de.

les **contraintes** (*f.*) **de la bienséance** (48) les limites imposées par les bonnes manières.

convenir à (38) être convenable (bon pour).

le **cor** (48) instrument de musique à vent, sorte de trompette.

une **côte** (26) le bord de la mer.

une **côtelette** (28) une partie du corps de certains animaux comme le mouton, le veau, le porc.

couler (44) passer (en parlant d'une rivière et de l'eau en général).

un **couronnement** (38) la fin, le point le plus haut.

un **cours** (26) une leçon; l'ensemble des leçons sur un certain sujet, ou pendant une certaine période.

au **cours de** (28) pendant la durée de.

courtois(e) (40) poli et aimable.

une **coutume** (40) une habitude ancienne dans une famille, dans une société.

un **couturier** (36) l'homme qui crée et invente des modèles de robes.

craindre (3) (**craint**) (46) avoir peur.

croire (3) (**cru**) (25) penser, avoir une certaine opinion au sujet de quelque chose. *Croyance:* la croyance en Dieu.

croustillant(e) (28) Le pain français est *croustillant*, il craque quand on le mange.

cuit(e) (28) (part. passé de **cuire**) le contraire est *cru.* En général, on mange les fruits *crus*, mais on ne mange pas la viande *crue.* On mange la viande *cuite* après l'avoir mise sur le feu pendant un certain temps.

D

débarquer (30) (≠ embarquer) sortir d'un bateau, d'un avion, d'un train.

débarrasser (26) enlever les objets qui sont sur le plateau, sur la table.

déboucher (46) enlever le *bouchon* qui ferme la bouteille.

un **début** (30) un commencement.

un **décalage** (30) une différence.

une **déception** (40) un désappointement, un espoir non réalisé.

décevoir (3) (**déçu**) (36) ne pas satisfaire quelqu'un; désappointer. Je suis *déçu* = je suis désappointé.

déclencher (48) donner naissance à (au sens figuré), être à l'origine de.

un **déclin** (46) une diminution (de force ou de puissance).

un **décollage** (30) l'action de quitter la terre. Un avion *décolle.*

décoller (28) quitter le sol en parlant d'un avion.

un **décor** (36) la décoration d'une scène de théâtre.

découvrir (3) (**découvert**) (32) trouver une chose inconnue ou un pays inconnu.

dédaigner (46) considérer avec *dédain*, c'est-à-dire avec un sentiment de supériorité.

défendre (3) (**défendu**) (40) interdire (≠ permettre, autoriser).

défendu(e) (28) part. passé de *défendre.* Une chose *défendue* est interdite, elle n'est pas permise.

défense de . . . (28) il est interdit de . . . il n'est pas permis de . . . (*une défense* = une interdiction.)

définitif(ve) (38) final(e).

démêler (48) rendre plus clair.

une **demeure** (48) une résidence, une habitation (*demeurer* = habiter).

démodé(e) (32) Une chose *démodée* n'est plus à la *mode.* Elle semble vieille, ancienne.

démolir (2) (34) ≠ construire, bâtir.

un **dénouement** (48) la solution d'un problème (dans un roman, une pièce de théâtre).

(se) **dénuder** (48) (se) montrer sans vêtements (adjectif: *nu* = sans vêtements).

dépasser (48) aller plus loin.

déposer (26) mettre quelque part un objet qu'on a à la main (sur une chaise, par terre, etc.).

le **désarroi** (48) la confusion et le désordre des émotions et des sentiments.

le **dessous: au-dessous de** (28) sous et à certaine distance de.

le **dessus: au-dessus de** (28) sur et à une certaine distance de.

le **destin** (48) la destinée, la vie avec tous ses incidents.

détenir (3) (46) garder, conserver.

une **détente** (32) le contraire de *la tension.*

(se) **détourner** (**de**) (48) s'éloigner de, prendre une autre direction.

deviner (42) trouver le sens d'un mot par un effort d'imagination.

devoir (3) (**dû**) (28) 1) avoir une dette. 2) être obligé de. (38)

une **distraction** (36) un divertissement, un amusement.

dorénavant (46) à partir d'un certain moment, après une certaine date.

la **douane** (32) le service officiel qui contrôle l'entrée des marchandises dans un pays.

un **douanier** (30) l'employé de l'état qui contrôle l'entrée des marchandises dans un pays.

doublé(e) (36) Un film *doublé* est un film dont on a traduit le dialogue.

doux (**douce**) (44) pour une *personne*, le contraire de *doux* est «brutal»; pour le *climat*, doux = tempéré.

le **droit: avoir le droit de** (30) avoir la permission (selon la loi ou la morale).

drôle (36) amusant, comique.

E

un **échange** (34) On fait *un échange* quand on donne une chose pour une autre chose.

échouer (38) (≠ réussir à) quand on n'obtient pas un succès, on *échoue.*

éclairé(e) (48) cultivé(e).

éclairer (48) donner de la lumière.

un **éclat** (48) une qualité brillante.

éclater (48) se manifester avec bruit.

économe (44) Une personne *économe* fait attention à l'argent. Elle ne le dépense pas sans réfléchir.

des **économies** *f.* (26) l'argent qu'on garde, qu'on ne dépense pas immédiatement. On met *ses économies* à la banque.

un **écran** (36) Un film est projeté sur un *écran*.

écraser (48) Nous sommes *écrasés*, c'est-à-dire submergés (au sens figuré) par la grandeur de Versailles.

un **écrivain** (34) une personne (homme ou femme) qui écrit professionnellement.

s'**écrouler** (46) tomber (sur soi-même) au sens propre ou au sens figuré.

une **édition de poche** (34) un livre bon marché.

en **effet** (30) réellement.

efficace (34) qui produit *l'effet* désiré. Ce médicament est *efficace*.

à l'**égal de** (48) autant que.

égard: à cet égard (38) à ce sujet, en ce qui concerne cette question.

élever (**un enfant**) (40) donner à un enfant les soins matériels et les principes moraux et spirituels dont il a besoin pour devenir un adulte.

émaner (48) sortir de (au sens figuré).

embarquer (26) (≠ *débarquer*) entrer dans un bateau, dans un avion ou dans un train.

un **embouteillage** (34) une accumulation de voitures qui bloque la circulation sur une route ou dans une rue.

emmener (26) (≠ *amener*) partir avec quelqu'un pour une certaine destination. Mon ami m'*a emmené* au restaurant.

émouvant(e) (40) Un spectacle *émouvant* provoque des émotions (part. présent du verbe: *émouvoir*).

émouvoir (3) (**ému**) (48) provoquer l'émotion.

empiler (26) mettre des objets *en pile*, les uns sur les autres.

une **empreinte** (48) une marque.

l'**enfer** *m.* (36) le contraire du Paradis.

un **engouement** (46) une préférence subite et irréfléchie pour quelque chose, une admiration exagérée.

enregistrer (28) Quand on voyage en bateau, (en avion ou en train) on ne porte pas soi-même ses propres bagages. La compagnie *enregistre* les bagages et les dirige vers votre destination.

l'**enseignement** *m.* (38) l'action d'enseigner.

enseigner (38) donner à des étudiants certaines connaissances; expliquer des idées, une technique ou une science.

un **ensemble** (38) une collection d'objets ou d'idées.

ensoleillé(e) (32) éclairé(e) par la lumière du soleil.

entendre dire (36) apprendre quelque chose par l'intermédiaire d'une autre personne.

entendre parler de (32) connaître une personne ou une chose de réputation ou de nom.

envahir (2) (46) entrer dans un pays par force et militairement (substantif: une *invasion*).

environ (30) approximativement.

les **environs** (34) les endroits à proximité d'une ville. Il y a des forêts *aux environs de* Paris.

épatant(e) (26) expression familière: excellent, extraordinaire.

épater (48) expression familière pour «étonner».

une **épouse** (26) Dans un couple de gens mariés, il y a l'*époux* = le mari, et l'*épouse* = la femme.

épouser (26) prendre une personne en mariage.

un **érudit** (46) un homme de science, un savant.

une **escale** (28) un arrêt dans un port ou dans un aéroport au cours d'un voyage. Le bateau a *fait escale* en Egypte et en Grèce.

l'**est** (30) (≠ l'ouest) l'orient. Le matin, on voit le soleil à *l'est*.

étaler (48) montrer avec satisfaction (au sens figuré).

une **étape** (30) une partie d'un voyage entre deux arrêts.

une **étoile** (30) un astre. Il y a 50 *étoiles* sur le drapeau américain.

un **étonnement** (32) une surprise.

étonner (26) surprendre (part. passé: *surpris* = étonné).

un **étranger** (32) le citoyen d'un autre pays; **à l'étranger** (26) dans un autre pays.

un **être** (42) une créature; **notre être** (48) notre personnalité.

une **évasion** (48) au sens figuré = une distraction, un changement.

éviter (42) passer à côté d'un obstacle ou d'une difficulté, ignorer cette difficulté.

un **examen: le libre examen** (48) le fait de juger librement selon la raison.

un **excédent** (28) la quantité qui est en supplément de la limite permise.

en **exclusivité** (36) Un cinéma présente un film *en exclusivité:* c'est-à-dire ce film est présenté seulement dans ce cinéma.

exigeant(e) (30) Un professeur qui demande beaucoup de travail à ses étudiants est *exigeant*. Une personne *exigeante* n'est pas satisfaite du minimum. Elle demande le maximum (verbe: *exiger*).

exiger (42) vouloir absolument.

une **exposition** (36) la présentation au public dans une salle (ou un musée) d'une collection d'œuvres d'art.

exprimer (42) dire à haute voix ou par écrit (substantif: une *expression*).

un **extrait de naissance** (26) un document officiel qui indique votre nom et votre (vos) prénom(s), le nom de vos parents et votre date de naissance.

F

une **façon: de cette façon** (32) de cette manière, ainsi.

en **fait** (34) en réalité.

faire: cela ne fait rien (42) cela n'a pas d'importance.

un **fait d'armes** (48) un exploit militaire.

un **fait divers** (48) une histoire vraie racontée dans un journal.

la **farine** (34) On fait le pain et les gâteaux avec de la *farine* (de blé et d'autres céréales).

le **faste** (48) la pompe et la magnificence.

une **fée** (48) une femme imaginaire qui possède un pouvoir surnaturel, magique (*un conte de fées*).

un **feu rouge** (40) Pour régler la circulation dans les rues des villes, il y a des *feux rouges, verts* et *orange*.

fidèle (46) vrai, conforme à la réalité, à la vérité.

une **file** (26) une ligne formée de gens (ou de voitures) qui attendent les uns derrière les autres.

filer (28) expression familière: partir, quitter un endroit rapidement.

un **filet** (28) On met les bagages légers dans *le filet* qui est au-dessus des sièges des voyageurs. Un *filet* sépare aussi un court de tennis en deux parties. On emploie aussi un *filet* pour prendre des poissons.

un **flacon** (46) une bouteille plus ou moins grande.

flâner (32) marcher sans destination précise pour son plaisir.

un **fleuve** (44) une rivière qui va jusqu'à la mer.

la **foi religieuse** (48) la croyance en Dieu.

la **fois: à la fois** (42) en même temps.

en **fonction de** (38) en rapport avec, en relation étroite avec.

fonctionner (34) (bien) marcher; en parlant d'une machine, être en état de marcher.

à **fond** (26) complètement.

au **fond** (26) en réalité, en fait.

une **fondation** (34) l'action de fonder, de créer.

fonder (30) créer, donner l'existence à, établir les bases.

une **formule** (36) une phrase de définition courte et précise qui présente une certaine idée.

fort(e) (34) (≠ faible) puissant.

fou (folle) (32) un *fou* a perdu la raison. Une idée *folle* est une idée déraisonnable, extravagante; **être fou de** (36) être enthousiaste, se passionner pour.

une **foule** (32) un grand nombre de personnes.

fournir (2) (28) Les élèves des écoles publiques ne paient pas leurs livres, ils ne les achètent pas: l'école *fournit* les livres.

la **fraîcheur** (34) la qualité de quelque chose qui est frais ou neuf.

français: à la française (28) à la manière française; à la mode française.

franchir (2) (48) traverser, passer de l'autre côté d'une montagne, d'une rivière, d'une frontière.

freiner (30) diminuer la vitesse d'une auto ou d'un avion, en employant les *freins*.

fréquenter (34) 1) voir assez souvent certaines personnes. 2) aller fréquemment à un endroit.

fuir (3) (fui) (40) s'en aller rapidement, en courant.

G

un **gallicisme** (46) une expression particulière au français, qu'on ne peut pas traduire mot à mot. «Il y a» est *un gallicisme*.

garder (32) conserver.

une **gare** (34) l'endroit où les trains arrivent et d'où ils partent.

(se) **garer** (34) mettre sa voiture à un endroit réservé au parking.

un **genou** (28) l'articulation qui est au milieu de la jambe (pl.: des genoux).

un **gilet de sauvetage** (28) En cas d'accident en mer, les passagers d'un avion ou d'un bateau mettent un *gilet de sauvetage*.

un **gisement (de pétrole)** (44) une énorme masse de pétrole contenue dans la terre.

le **goût** (40) Les choses qu'on mange ont un certain *goût*. Par exemple, le mot *goût* s'emploie en français comme en anglais, pour indiquer un certain discernement esthétique. On dit d'une personne qu'elle a *bon goût* ou *mauvais goût*. On dit aussi d'un objet ou d'une attitude qu'ils sont *de bon goût* ou *de mauvais goût*.

goûter (28) apprécier *le goût* (la saveur) d'une chose en en mangeant une petite quantité.

grâce à (30) à cause de (dans un sens favorable).

un **gratte-ciel** (40) un immeuble très haut de quelques dizaines d'étages.

la **gravure** (48) l'art ou la technique qui consiste à graver, c'est-à-dire à dessiner sur un métal.

grossier (48) sans raffinement, sans délicatesse.

la **guerre** (26) (≠ la paix) un conflit armé entre deux (ou plusieurs) pays. La deuxième *guerre* mondiale (1939–45).

H

une **habitude: avoir l'habitude de** (32) être accoutumé à.

une **hâte: avoir hâte de** (26) être impatient de, avoir le vif désir de.

une **hauteur** (40) la mesure verticale d'un objet (adjectif: *haut*).

un **haut-parleur** (28) une machine qui amplifie la voix. Il y a des *hauts-parleurs* dans les gares et dans les aéroports.

l'**hégémonie** f. (46) la suprématie d'un pays (sur les autres) à une certaine époque.

un **héritage** (46) la fortune que les parents laissent à leurs enfants après leur mort. On parle aussi d'un *héritage* spirituel.

un **héritier** (48) Le fils est l'*héritier* de son père, il lui succède et il reçoit sa fortune (verbe: *hériter*).

l'**homme tout court** (48) l'être humain en général.

une **huile** (28) En France, on prépare pour la salade une sauce faite avec du vinaigre et de l'*huile*.

I

une **île** (34) une terre entourée d'eau. Tahiti est une *île*.

un **immeuble** (34) un bâtiment divisé en appartements ou en bureaux.

imminent(e) (28) très prochain(e).

implanter (46) établir.

il **importe** (44) il faut, il est important.

n'**importe qui** (48) toute personne, chaque personne.

l'**imprimerie** *f.* (48) la technique qui consiste à *imprimer* les livres ou les journaux avec des *caractères* mobiles et de l'encre.

inattendu(e) (28) un événement qu'on n'*attend* pas est *inattendu;* c'est une surprise.

incroyable (30) extraordinaire. Une histoire qu'on ne peut pas *croire* est *incroyable.*

inépuisable (34) sans limites; un trésor *inépuisable.*

inévitablement (48) adverbe dérivé de l'adjectif: *inévitable.* Une chose qu'on ne peut pas *éviter* est *inévitable:* on ne peut y échapper.

inoubliable (40) Une chose qu'on ne peut pas *oublier* est *inoubliable.*

inouï(e) (46) extraordinaire, incroyable.

(s')**inscrire à** (3) (38) mettre son nom sur une liste: Les étudiants, par exemple, *s'inscrivent à* l'Université.

(s')**inspirer de** (48) trouver sa source dans les œuvres ou dans les idées de.

un **instituteur** (**une institutrice**) (38) une personne qui enseigne à l'école élémentaire (ou primaire).

intégrer (46) introduire dans un groupe, dans un ensemble.

interdit(e) (36) défendu(e), non-permis(e).

interrompu(e) (28) part. passé de *interrompre* = causer une interruption.

intime (40) très proche (en parlant des amis) ou très personnel.

une **intimité** (26) en général, les rapports qui existent entre des amis ou entre les membres d'une famille.

un **inventaire** (48) ici, l'analyse de sa personnalité.

une **invite** (48) une invitation.

J

se **jeter** (44) entrer dans (en parlant d'un fleuve ou d'une rivière).

un **jeu de mots** (42) une plaisanterie basée sur des mots qui ont des sens différents.

jouir de (2) (48) être en possession de.

un **jour** (48) ici, un aspect.

jours: de nos jours (46) à notre époque, maintenant.

un **jugement de valeur** (38) est opposé à un *jugement de fait.* Un jugement de valeur est subjectif. Nous donnons une certaine valeur, un certain prix à un objet selon nos goûts, nos préférences, nos principes moraux, etc.

L

là-bas (26) loin de l'endroit où on est.

labourable (44) Une terre est *labourable* quand on peut la cultiver.

laid(e) (34) ≠ beau (belle); Une chose *laide* n'est pas belle.

laisser (32) permettre à (quelqu'un) de.

une **laitue** (28) un légume à feuilles vertes qu'on emploie, en général, pour faire une salade.

lancer (34) créer un mouvement politique, littéraire, une mode, une idée.

las(se) (46) très fatigué(e) (la *lassitude*).

la **légèreté** (28) substantif de *léger.*

lent(e) (32) le contraire de *rapide.*

un **lien** (46) quelque chose qui attache deux personnes (ou deux choses) ensemble, qui les *lie* (lier) au sens propre ou au sens figuré.

un **lieu: avoir lieu** (38) prendre place (pour un événement ou pour une cérémonie). La classe *a lieu* à 10 heures; **au lieu de** (30) à la place de.

le **linge** (26) l'ensemble des sous-vêtements.

livrer (48) donner par trahison.

se **livrer à** (48) passer son temps à.

loger (34) donner une résidence, une habitation à quelqu'un.

une **loi** (38) une règle imposée par un gouvernement.

lointain(e) (40) le contraire de *proche.* (Adverbe: *loin* ≠ près.)

un **loup** (30) une sorte de grand chien sauvage. Avoir **une faim de loup** = avoir très faim.

une **lumière** (30) Le soleil nous donne sa *lumière.* Une lampe nous donne aussi sa *lumière.*

lumineux(se) (28) Une chose *lumineuse* est remarquable par sa *lumière.*

la **lune** (30) Nous voyons le soleil, le jour. La nuit, nous voyons la *lune* et les *étoiles* dans le ciel.

une **lutte** (46) un conflit, une dispute, une résistance.

un **lycée** (38) une école du niveau secondaire en France. (Au lycée, les élèves ont de 10 ans à 17 ans.)

M

la **macédoine de légumes** (28) un mélange de différents légumes coupés en petits morceaux.

une **maison de couture** (36) Un *couturier* est le chef d'une maison de couture. La maison Dior est *une maison de couture.*

une **maîtresse de maison** (40) une dame qui reçoit les invités chez elle.

un **mal: avoir du mal à** (36) avoir des difficultés à.

le **mal de l'air** (30) En bateau, quand la mer est agitée, on a quelquefois *le mal de mer* = une sorte de nausée. En avion, on a quelquefois *le mal de l'air.*

une **maladie** (40) Quand on est *malade,* on a une certaine *maladie.* Le cancer est souvent *une maladie* incurable.

un **malheur** (26) une catastrophe, un fait ou un événement qui vous rend triste ou *malheureux.*

une **manie: avoir la manie de . .** (30) avoir une habitude particulière.

manier le bistouri (48) manipuler le scalpel.

un **mannequin** (36) une jeune femme qui présente les nouveaux modèles d'une collection de mode.

manquer (28) Quand on arrive en retard à l'aéroport, on ne peut pas prendre l'avion; l'avion part sans vous: on le *manque.*

manquer de (48) ne pas avoir, ne pas posséder. Cet homme *manque de* courage.

une **mariée** (26) Le jour de son mariage, la jeune fille est *la mariée.*

marin(e) (40) caractéristique de *la mer* ou proche de la mer.

de **même que** (46) comme; **il en est de même (de)** (42) le même problème se pose au sujet de.

mener (34) **mener une certaine vie** = vivre une certaine vie.

méprisant(e) (48) part. présent du verbe: *mépriser* = dédaigner.

la **messe** (48) la principale cérémonie de l'Église catholique.

la **météorologie** (38) les renseignements qui annoncent (concernent) le temps et la température.

un **metteur en scène** (36) la personne qui dirige les acteurs quand on prépare une pièce.

mettre en marche (28) commencer à actionner une machine.

un **meurtre** (48) l'action de tuer volontairement une personne. L'homme qui commet un meurtre est un *meurtrier.* Caïn est le *meurtrier* d'Abel.

mieux: faire de son mieux (40) faire quelque chose aussi bien que possible.

miner (48) détruire graduellement et lentement.

un **mineur** (**une mineure**) (26) une personne qui a, en général, moins de 21 ans.

minime (46) peu important, peu nombreux.

un **miroitement** (30) La mer réflète la lumière du soleil. Elle brille comme un *miroir.*

le **mistral** (44) un vent particulier du sud-est de la France, qui souffle dans la vallée du Rhône.

mixte (38) Dans une école *mixte,* il y a des garçons et des filles.

une **mode: à la mode** (36) caractéristique d'une manière de s'habiller, d'un goût, d'une préférence, à une certaine époque.

les **mœurs** *f. pl.* (40) les usages, les manières de vivre d'une certaine société à une certaine époque.

le **moi: son propre moi** (48) la personnalité, les sentiments, les émotions et les idées d'une certaine personne. *Le moi* = l'ego.

au **moins** (36) au minimum.

le **moment: au bon moment** (36) au moment favorable; **pour le moment** (32) maintenant, en ce moment.

la **monnaie** (28) l'argent en petites unités. Si vous donnez un dollar pour payer un journal qui coûte 10 cents, on vous rend 90 cents de *monnaie.*

la **morale** (48) les règles qui déterminent *le bien* et *le mal.*

la **morte-saison** (36) le moment de l'année où il n'y a pas beaucoup d'activités.

un **moulin** (34) une machine qui permet de transformer des graines en poudre. (*Ex:* un moulin à café.) Le bâtiment qui contient ce mécanisme. (*Ex:* un moulin à vent.)

la **mousse au chocolat** (28) un excellent dessert préparé avec du chocolat et des œufs.

un **moyen** (34) la méthode ou l'objet qu'on emploie pour faire quelque chose. Le train est *un moyen* de transport.

moyen(**ne**) (28) entre le maximum et le minimum; **une note moyenne** (38) la note intermédiaire obtenue en additionnant toutes les notes et en divisant le total par le nombre de notes.

le **Moyen Age** (34) la période historique entre le 5e et le 15e siècles (en France).

le **mutisme** (42) le fait de ne pas vouloir parler (ou de ne pas pouvoir parler).

N

un **négociant** (46) un commerçant = l'homme qui vend et achète des marchandises.

nettement (30) distinctement.

un **nettoyage** (34) l'action de nettoyer quelque chose, de rendre cette chose *propre.*

un **niveau** (38) un certain degré, une certaine hauteur.

la **noblesse** (48) les personnes nobles, les aristocrates.

nombreux (**nombreuse**) (30) en grand nombre.

une **norme** (48) un principe qu'on utilise comme règle.

une **nourriture** (26) une chose qu'on mange.

de **nouveau** (28) encore une fois.

O

une **œuvre** (38) un travail ou le résultat d'un travail. On parle d'*une œuvre* littéraire, artistique, scientifique.

un **opprimé** (48) la victime d'un oppresseur.

orageux (**temps**) (44) le temps qui annonce l'orage. *Orage* = trouble électrique de l'atmosphère accompagné de pluies violentes.

un **oreiller** (28) Quand on dort dans son lit, on met sa tête sur un *oreiller.*

un **ours** (30) un grand animal féroce brun ou blanc. L'*ours* blanc habite les régions polaires.

P

un **pair** (48) 1) une personne qui a le même rang que vous. 2) Dans le texte, les *pairs* sont les hommes de la noblesse qui accompagnent le roi.

la **paix** (46) le contraire de *la guerre.*

paraître (48) être publié.

par-delà (48) de l'autre côté de (sens figuré dans le texte).

pareil(**le**) (36) semblable, similaire.

par là (48) par cette expression.

une **parole: donner la parole** (32) donner à quelqu'un la permission de parler (dans un club, dans une assemblée).

une **part: d'une part ... d'autre part ...** (46) d'un côté ... de l'autre côté ...; **quelque part** (40) à un endroit indéterminé.

en **particulier** (44) particulièrement, spécialement.

en **partie** (34) partiellement.

partout (26) dans tous les endroits. Je cherche mon stylo *partout*, mais je ne le trouve pas.

un **parvis** (48) la place qui est devant la porte principale d'une église ou d'une cathédrale.

un **passant** (**une passante**) (32) Les gens qui passent dans la rue sont *les passants*.

le **passé: par le passé** (48) autrefois.

se **passer** (36) Un événement *se passe*, c'est-à-dire qu'il a lieu, qu'il arrive.

se **passer** (**de**) (36) On ne peut pas *se passer* d'une chose, quand on ne peut pas vivre sans cette chose. Paul ne peut pas *se passer de* cigarettes. Nous ne pouvons pas *nous passer* d'argent.

passer un examen (38) répondre aux questions d'un examen.

passer la parole à (32) donner (à quelqu'un) la permission de parler, dans une assemblée ou dans un club.

passer pour (32) être considéré comme. Il passe pour Français, mais il est Américain.

un **patrimoine** (48) un héritage.

un **peintre** (34) la personne qui fait des tableaux professionnellement, ou pour son plaisir. Picasso est *un peintre*.

pénible (42) Une chose *pénible* exige un effort; elle est difficile à faire.

permettre (3) (**permis**) (28): donner l'autorisation (= la *permission*) de.

un **perroquet** (42) un oiseau des régions tropicales qui est capable d'apprendre certains mots.

une **perruque** (46) les faux cheveux (qu'on portait au 17e et au 18e siècles).

un **personnage** (36) Dans un roman, dans une pièce de théâtre, il y a des *personnages*.

peser (28) mesurer le *poids* d'un objet en grammes, en onces, etc.

petit à petit (48) graduellement, peu à peu.

le **pétrole** (44) un minéral liquide qu'on extrait de la terre. On raffine le pétrole pour fabriquer l'*essence* qu'on emploie dans les autos. Il y a beaucoup de *pétrole* au Texas.

peu à peu (26) graduellement.

peu importe (48) cela n'a pas d'importance, cela ne fait rien, c'est sans importance.

à **peu près** (44) presque.

un **peuple** (44) tous les citoyens d'un pays.

la **peur: faire peur à** (40) provoquer la peur chez quelqu'un (= effrayer).

une **pièce à succès** (36) une pièce qu'on présente pendant longtemps à cause du succès qu'elle remporte.

pieusement (36) religieusement, respectueusement, avec respect et déférence.

une **piste d'envol** (28) une longue route de ciment dans un aéroport d'où les avions partent et où ils arrivent.

un **plaidoyer** (48) un discours pour la défense de quelqu'un ou de quelque chose.

plaire (3) (**plu**) (36) donner ou apporter un certain *plaisir*. Ce film me *plaît*.

un **plat** (28) Un repas est composé de plusieurs *plats*: un hors-d'œuvre, un plat de viande, une salade, un dessert.

un **plateau** (26) Quand on choisit son repas au buffet de la cafétéria, on met les différentes assiettes sur un *plateau*.

pleurer (28) Quand on est très triste, on *pleure* (≠ rire).

un **poids** (28) Un objet a un certain *poids* qu'on mesure en grammes ou en onces: il est *léger* ou *lourd*.

une **poignée de main** (40) Quand deux personnes se rencontrent, elles se serrent la main: elles se donnent *une poignée de main*.

à **point** (28) On mange le biftek *bien cuit, cuit à point*, ou *saignant*.

un **poste** (38) Quand on devient professeur, on a *un poste de* professeur, une situation, un emploi.

la **poste** (29) le service officiel qui envoie les lettres et les paquets.

un **potage** (26) une sorte de soupe.

pousser (28) donner une impulsion en avant.

le **pouvoir** (46) l'autorité, la possibilité de gouverner.

la **pratique** (42) la partie d'une technique qui complète (ou qui s'oppose à) la théorie.

un **précepteur** (46) le professeur qui vivait dans la maison avec son (ou ses) élève(s) noble(s) et riche(s).

précipiter (48) accélérer.

se **précipiter** (34) aller très rapidement à (chez).

prendre la parole (34) commencer à parler au cours d'une conversation ou d'un débat public.

prendre pour (32) considérer comme. J'ai *pris* ce monsieur *pour* un Français, mais c'était un Américain.

une **préoccupation** (42) un souci, un problème.

une **preuve** (46) ici, une marque.

primaire (38) L'enseignement *primaire* est l'enseignement qu'on reçoit de 6 à 11 ans.

une **prise** (48) nom dérivé de *prendre* = une conquête.

un **procès** (48) On lui fait *un procès* = on l'attaque devant la justice.

un **procès-verbal** (32) un document qui résume une discussion publique.

produire (3) (**produit**) (44) faire, fabriquer.

profond(e) (28) **un profond sommeil** grand, extrême.

un **projet** (26) une idée qu'on a l'intention de réaliser; avoir des *projets* pour le week-end.

projeter (36) On *projette* les images d'un film sur un écran avec un *projecteur*.

promener (26) en général, conduire un enfant, un animal, dans la rue ou dans la campagne.

prometteur (40) qui contient beaucoup de *promesses* (verbe: *promettre*).

propice (34) favorable.

à **propos** (30) à ce sujet.

(se) **proposer de** (48) avoir pour but de.

le **propre de** (48) la qualité particulière de.

la **puissance** (46)   1) la domination, la force. 2) un état souverain.

en **puissance** (48) virtuellement. Une chose qui est *en puissance* n'existe pas encore en réalité.

puissant(e) (28) fort(e).

Q

un **quartier** (32) une partie d'une ville, autour d'un monument, d'une église; par exemple, le Quartier Latin dont la Sorbonne est le centre.

quant à (48) en ce qui concerne.

quasi (48) presque.

une **queue** (42) la partie postérieure du corps d'un animal. Les chiens, les chats ont *une queue*.

R

raconter (32) On *dit* bonjour ou au revoir. On *raconte* une histoire, une aventure, une anecdote.

railler (48) se moquer de.

ralentir (2) (30) aller plus *lent*ement.

une **rangée** (28) une ligne de sièges (= de chaises) dans un cinéma, un théâtre. On dit aussi une *rangée d'arbres*, une *rangée de maisons*.

rappeler (34) remettre en mémoire.

se **rattacher à** (48) être lié à; dépendre de.

un **rayonnement** (46) une qualité brillante qui s'étend et se propage comme les *rayons* d'un cercle; l'influence d'un mouvement politique, littéraire ou artistique.

une **recette de cuisine** (40) le texte qui indique comment et avec quoi on prépare la nourriture (un plat).

un **récit** (32) 1) une histoire. 2) l'action de raconter une histoire.

réclamer (48) exiger, demander.

se **réclamer de** (48) assumer les principes d'une personne ou d'un mouvement pour justifier un point de vue personnel; faire quelque chose «au nom de».

reconnaissant(e) (40) plein de gratitude.

un **recueil** (48) une collection de poèmes, d'essais, etc.

se **réfugier** (34) trouver un abri, *un refuge*.

un **régime** (48) une organisation politique. *L'Ancien Régime* est le gouvernement qui existait en France avant la Révolution de 1789.

réglementaire (28) imposé par les règlements, par la règle ou la loi.

rejoindre (3) (**rejoint**) (32) retrouver quelqu'un à un certain endroit où cette personne vous attend. Je vous *rejoindrai* à sept heures au restaurant.

se **réjouir de** (2) (46) être content de.

une **relève: prendre la relève** (46) remplacer.

relier (34) (48) joindre.

remercier (32) dire *«merci»*.

remettre (3) **un devoir** (38) rendre un exercice écrit au professeur.

remuer (42) agiter.

un **rendement** (44) la production proportionnelle à la quantité totale.

(se) **rendre compte** (48) devenir conscient d'un fait; s'apercevoir d'un fait; remarquer un fait.

rendre (3) (**la réalité**) (48) montrer (la réalité), reproduire (la réalité).

une **renommée** (34) une célébrité, une réputation célèbre.

renouveler (34) faire quelque chose de nouveau.

un **renouvellement** (34) le fait de faire quelque chose de *nouveau*, de *renouveler* quelque chose.

un **renseignement** (28) Avant de faire un voyage, vous avez besoin de *renseignements:* prix du billet de train ou d'avion, heure du départ et de l'arrivée, etc.

la **rentrée (des classes)** (26) le commencement de l'année scolaire. Le retour des élèves à l'école après les vacances d'été.

une **reprise** (36) D'abord, on joue une pièce pour la première fois; plus tard, on *reprend* la pièce: c'est une *reprise*.

un **réseau** (44) un ensemble de lignes de chemin de fer qui couvre un pays ou une province.

résoudre (3) (**résolu**) (48) trouver la solution d'un problème.

ressusciter (48) rappeler à la vie, rendre vivant de nouveau.

résumer (48)   1) être l'abrégé de.   2) faire l'abrégé de.

retenir (40) se souvenir de, garder à la mémoire.

une **réunion** (32) une assemblée de personnes.

réunir (2) (32) assembler, grouper des personnes ou des choses. Le professeur *a réuni* les étudiants chez lui.

réveiller (30) Un grand bruit *réveille* une personne qui dort.

rêveur (44) Les gens *rêveurs* vivent par l'imagination plus que dans la réalité: ils *rêvent*.

la **rigueur** (44) la sévérité d'un climat, le froid extrême; **à la rigueur** (40) si c'est nécessaire.

risquer de (**tomber**) (28) expression idiomatique qui indique *une possibilité* plus ou moins dangereuse.

une **rive** (34) Chaque côté d'un fleuve est *une rive*.

un **roi** (34) un monarque, c'est-à-dire le chef d'une monarchie (*f. une reine*).

romain(e) (34) caractéristique de l'ancienne *Rome*.

un **roman** (38) une œuvre en prose dont les personnages et les événements sont fictifs.

romantique (36) qui appartient ou qui est caractéristique de la littérature romantique.

roturier(e) (48) qui n'est pas noble.

un **royaume** (44) Un *roi* règne sur son *royaume*. Le pays dirigé (gouverné) par un roi.

ruisseler (40) circuler comme l'eau d'un *ruisseau* (= une petite rivière).

S

saisir (2) (42) saisir un objet = prendre. Saisir une idée = comprendre le sens.

salé(e) (40) adjectif dérivé de *sel*.

une **salle d'attente** (30) un endroit où les voyageurs *attendent* le départ prochain d'un train ou d'un avion.

saluer (42) faire un signe, un salut à quelqu'un par politesse.

le **sang** (40) le liquide rouge qui circule dans les artères et les veines.

satisfaire (3) (**satisfait**) (34) apporter une *satisfaction*.

sauf (38) excepté.

un **savant** (46) un homme de science (celui qui *sait*).

savoureux (**euse**) (48) ici, qui a beaucoup de charme.

une **séance** (32) le temps d'une réunion. *La séance a duré trois heures.*

un **seigneur** (46) sous le régime monarchique, un membre de la noblesse (un noble).

un **séjour** (28) le temps qu'on passe dans un endroit. Il a fait *un séjour* d'un mois à Paris.

semblable (28) similaire, pareil.

sembler (26) avoir l'apparence de. Il *semble* très fatigué.

un **sentiment** (40) ici, une impression, une opinion.

sentir (3) (42) 1) éprouver une émotion, un sentiment. 2) avoir la conscience de.

sérieux: prendre au sérieux (36) considérer sérieusement, avec gravité; donner de l'importance à.

(se) **serrer la main** (40) donner la main à une personne en lui disant bonjour ou au revoir.

servir (3) (**servi**) (28) La serveuse (le garçon) *sert* les clients. Elle apporte la nourriture, la boisson et les met sur la table du restaurant.

si bien que (46) de manière que. Vous parlez bas *si bien qu'*on ne vous entend pas.

un **siège** (28) Dans un avion, dans une auto, au cinéma ou au théâtre, vous êtes assis sur *un siège*.

un **signe: faire signe** (30) faire un geste de la main pour attirer l'attention de quelqu'un.

une **signification** (42) le sens d'un mot ou d'une phrase.

un **slip de bain** (26) un vêtement de bain très court pour un homme. Un bikini est une sorte de slip.

en **soi** (42) sans considérer autre chose.

soit . . . soit . . . (48) ou . . . ou . . .

le **sol** (28) un objet qui est par terre est sur *le sol*.

solennel(le) (40) sérieux et grave.

sonner faux (26) ne pas avoir l'air authentique.

un **souci** (48) une idée obsédante, un problème mental.

souffler (44) 1) expirer l'air par la bouche. 2) le vent *souffle* en automne.

souhaiter la bienvenue (28) dire quelques phrases aimables quand on reçoit un visiteur.

un **soulagement** (40) la diminution d'une douleur physique (ou morale) ou d'une tension.

un **soupir: pousser un soupir** (36) respiration forte pour exprimer la fatigue, la douleur ou le plaisir. Après un grand effort physique, on *pousse un soupir* de soulagement. (Cf. *soulagement*.)

souriant(e) (40) (part. passé de *sourire*) = aimable, agréable à voir, accueillant.

un **sourire** (40) verbe: *sourire* = rire de la bouche et des yeux, sans bruit.

un **souvenir** (28) L'image ou l'idée qu'on garde dans la mémoire est *un souvenir*.

un **squelette** (48) l'ensemble des os. On représente souvent la mort sous la forme d'*un squelette*.

subir (2) (48) éprouver, souffrir.

suffire (3) (**suffi**) (26) être suffisant.

suivre (3) (**suivi**) (28) en général, aller derrière quelqu'un. *Suivre un cours* (36) = être présent, assister à chaque leçon, à chaque classe.

supporter (42) accepter, tolérer.

sûr(e) (26) *sûr(e)* est le contraire de *dangereux*.

surtout (26) spécialement, principalement.

surveiller (30) contrôler en regardant quelqu'un avec attention et autorité. Le professeur *surveille* les étudiants pendant un examen.

survivre (3) (**survécu**) (46) vivre (exister) plus longtemps que quelqu'un ou que quelque chose; vivre après quelqu'un.

survoler (30) voler au dessus de.

T

une **table ronde** (38) une discussion organisée entre plusieurs personnes sur un certain sujet.

se **taire** (3) (**tu**) (40) rester silencieux, ne pas parler.

tant que (42) aussi longtemps que.

une **tape** (28) un coup léger de la main.

une **tapisserie** (48) une sorte de tapis qui décore un mur.

tel(le) (46) semblable.

tellement (40) beaucoup, si (+ adjectif).

un **témoignage** (46) 1) une preuve. 2) la déclaration d'une personne qui était présente au moment d'un événement, d'un crime, etc.

tendu(e) (32) part. passé du verbe: *tendre*. Une personne qui est *tendue* n'est pas calme; elle est nerveuse et dans un état de *tension*.

tenir (3) (**tenu**) (48) penser, croire, affirmer.

tenir à (36) vouloir absolument; **s'en tenir à** (48) se limiter à.

une **tentative** (48) un essai = l'action d'essayer. (*tenter de* = essayer)

une **terrasse** (**de café**) (32) l'endroit qui est dans la rue et devant le café, où il y a des tables et des chaises pour les clients.

la **terre** (30) Notre planète est *la terre*. Par extension, *la terre* est aussi le sol. (Cf. *par terre*.)

le **théâtre de répertoire** (36) les pièces qu'un théâtre joue traditionnellement.

la **toilette: faire un peu de toilette** (32) mettre de l'ordre dans ses vêtements, dans ses cheveux.

un **tome** (48) un volume.

toucher (30) venir en contact avec.

un **tour: faire un tour** (36) faire une promenade généralement à pied.

une **tour de contrôle** (28) le bâtiment de l'aéroport d'où on contrôle le départ et l'arrivée des avions.

tourner (**un film**) (36) photographier les différentes scènes du film.

tout à fait (26) complètement.

tout autre (48) très différent.

le **trac: avoir le trac** (32) avoir peur, spécialement dans certaines occasions: un acteur *a le trac* avant de jouer une pièce.

traduire (3) (**traduit**) (26) écrire (ou dire) un texte, une phrase, un mot d'une langue dans une autre langue = faire une *traduction*.

le **train: être en train de** (30) Cette expression indique qu'une action *progresse* à un certain moment.

traîner dans la boue (48) insulter (au sens figuré).

un **trait de caractère** (44) une particularité morale, une caractéristique morale.

un **traître** (48) l'homme qui est coupable de *trahison*, l'homme qui *trahit* (*trahir*), c'est-à-dire qui est d'accord avec l'ennemi.

des **travaux** (*m.*) **pratiques** (38) des exercices qui illustrent (appliquent) une théorie.

à **travers** (40) d'un côté à l'autre d'un obstacle, d'un passage.

traverser (44) passer de l'autre côté de. On *traverse* une rue, une rivière, une frontière.

un **trésorier** (32) la personne qui administre les finances d'un club, d'une société.

une **tribu** (34) un peuple primitif, une communauté primitive.

un **trottoir** (34) De chaque côté d'une rue, il y a un *trottoir*. Les gens qui vont à pied marchent sur le *trottoir*.

une **trousse de toilette** (28) un petit sac (ou une petite valise) qui contient les objets personnels nécessaires pendant un voyage (un rasoir, une brosse à dents).

tuer (36) donner la mort.

un **tutoiement** (40) le fait de s'adresser à quelqu'un en employant la forme familière «*tu*».

(se) **tutoyer** (40) parler à quelqu'un en disant «*tu*».

U

ultime (48) final.

l'**urbanisme** *m.* (34) l'art de construire rationnellement une ville.

un **usage** (30) ici, l'emploi des mots et des expressions.

utilitaire (46) qui a seulement pour but *l'utilité* d'une chose.

V

vaincre (3) (**vaincu**) (48): dominer, surmonter, faire disparaître.

valable (44) qui a une certaine valeur.

préférable.

la **variole** (46) une maladie contagieuse et épidémique qui laisse des marques sur le corps. Pour aller à l'étranger, il faut avoir un certificat de vaccination contre la *variole*.

le **veau** (28) la viande d'un jeune bœuf ou l'animal lui-même.

un **végétarien** (**une végétarienne**) (36) une personne qui mange seulement des légumes.

la **veille: l'état de veille** (48) ≠ l'état de sommeil; l'état de celui qui ne dort pas.

la **vérité** (38) l'expression d'une chose *vraie*, authentique.

un **verre: prendre un verre** (36) boire quelque chose dans un café, le plus souvent, en compagnie d'amis. On commence à dire en «franglais», *prendre un drink*.

le **vertige: avoir le vertige** (30) on a le vertige quand les choses semblent tourner autour de vous.

vif (**vive**) (48) brillant(e).

un **vignoble** (44) une région où on cultive la *vigne* (= la plante qui produit le raisin).

le **vinaigre** (28) un liquide acide qu'on emploie pour préparer une salade.

viser (48) attaquer (sens figuré).

la **vitesse** (28) la rapidité. Les autos roulent plus ou moins *vite*. *La vitesse* est limitée sur les autoroutes; **à toute vitesse** (32) très vite, aussi rapidement que possible.

les **vitraux** (**un vitrail**) (48) les vitres de couleurs qu'on voit aux fenêtres des églises.

vivre (3) (**vécu**) (34) exister.

la **voix: à haute voix** (42) lire à haute voix, c'est-à-dire lire en prononçant les mots à voix sonore.

un **vol** (28) Les avions volent (*voler*). *Le vol* est l'action de *voler*; **à vol d'oiseau** (32) en survolant un pays, une ville.

volontiers (28) avec plaisir, facilement.

les **volumes** (*m.*) **de planches** (48) les volumes composés de pages de dessins qui illustrent un texte.

voué(e) (34) consacré(e) à.

un **vouvoiement** (40) le fait de s'adresser à quelqu'un en employant la forme de politesse: *vous*.

une **vue** (34) la partie d'un pays qu'on *voit*, d'une montagne par exemple.

les **vues intéressées et ambitieuses** (48) les désirs de profit personnel et l'ambition.

INDEX

(Les chiffres — sauf ceux en italiques — renvoient aux leçons.)